南島探検

西表島の沢を歩きつくす

安間繁樹

あっぷる出版社

ナームレー沢．滝（F03）．
高さ5mだが大きな滝壺を持つ．

東海岸

谷底を覗く．相良川の滝（F06），直登直降も不可．

崩壊地（相良川）．台風時，崩壊は各地で頻繁に発生する．

クビワオオコウモリ．低山の沢筋での遭遇が多い．

セマルハコガメ．山中での遭遇は心なごむ．

セイゾウガーラのゴルジュ．下流に向かって傾斜が増し岩石帯となる．

ホーラ川の連瀑帯．
最大の難所．

大見謝川の滝
（F03）．4m垂直．

西田川，サンガラの滝上のナメ床．

クーラ川分水嶺から見る北側の海.

北海岸

ゲータ川の連瀑帯．ここまで登山道がある.

ナダラ川河口のマングローブ.

ユチン川の登山道入口．アダンが茂る低地.

御座岳北沢．深山幽谷を感じさせる．

宇多良川（ウタラ川）．高低差が小さく，滝がない沢．

カーシク川．危険個所の少ない穏やかな沢．

アラバラ川涸れ沢．直下から流れがはじまる．

仲良川．トゥドゥルシ川河口の渡渉地点．

板敷第一支流の出合近く．

西海岸

林床に落ちたサガリバナ．

オオハマボウ．海岸林を代表する樹木．

宇田良浜（ウダラ浜）にあるヤラブの大木.

大原越地から鹿川湾を見る.

ピーミチ川の滝（F07）.

サキシマハブ．沢筋に多い.

崎山半島

ウダラ浜北詰，アミータ川河口.

西表島周辺アジア地域

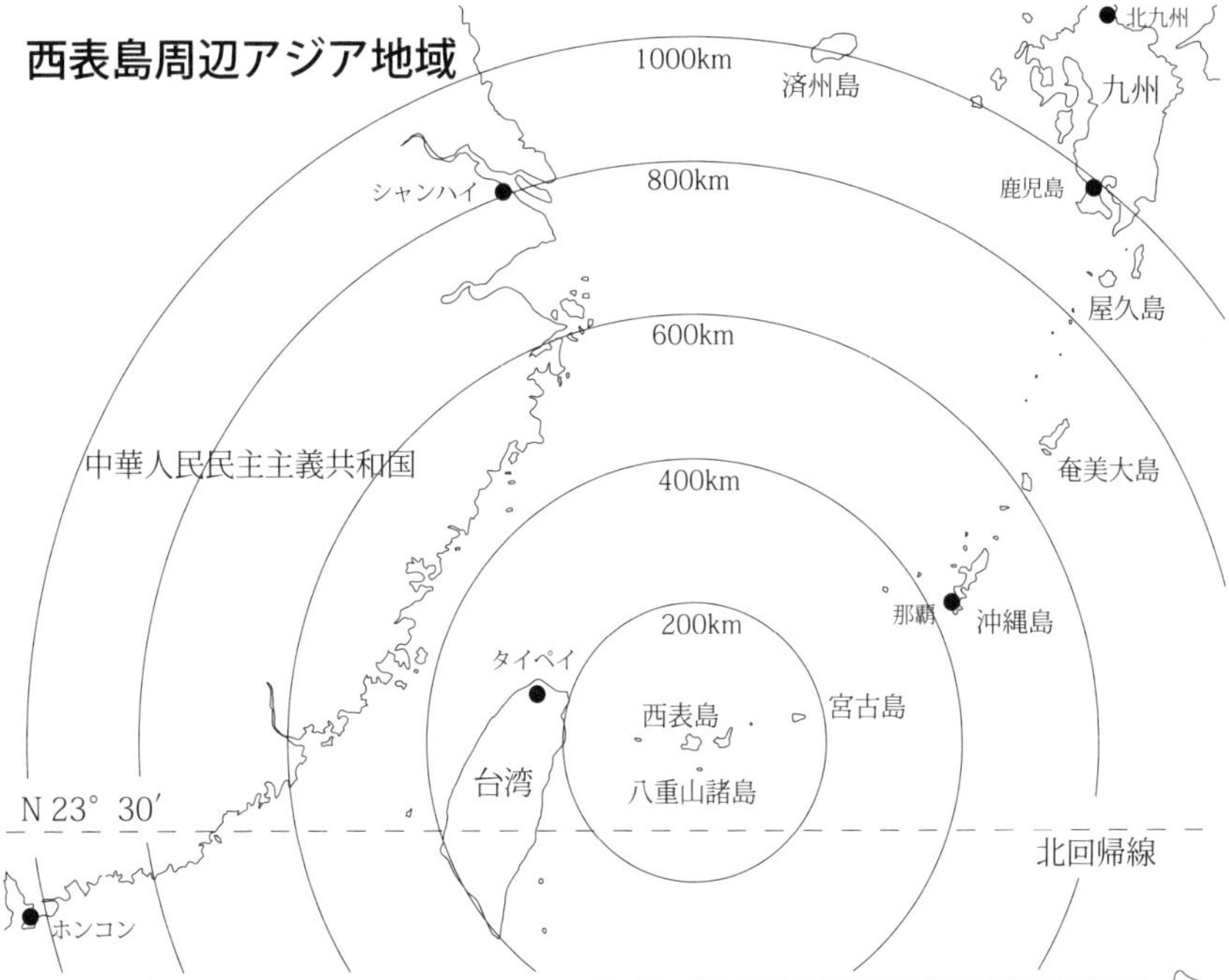

北九州
1000km
済州島
九州
シャンハイ
800km
鹿児島
屋久島
600km
中華人民民主主義共和国
奄美大島
400km
那覇
沖縄島
200km
タイペイ
西表島
宮古島
台湾
八重山諸島
N 23° 30′
北回帰線
ホンコン

八重山諸島

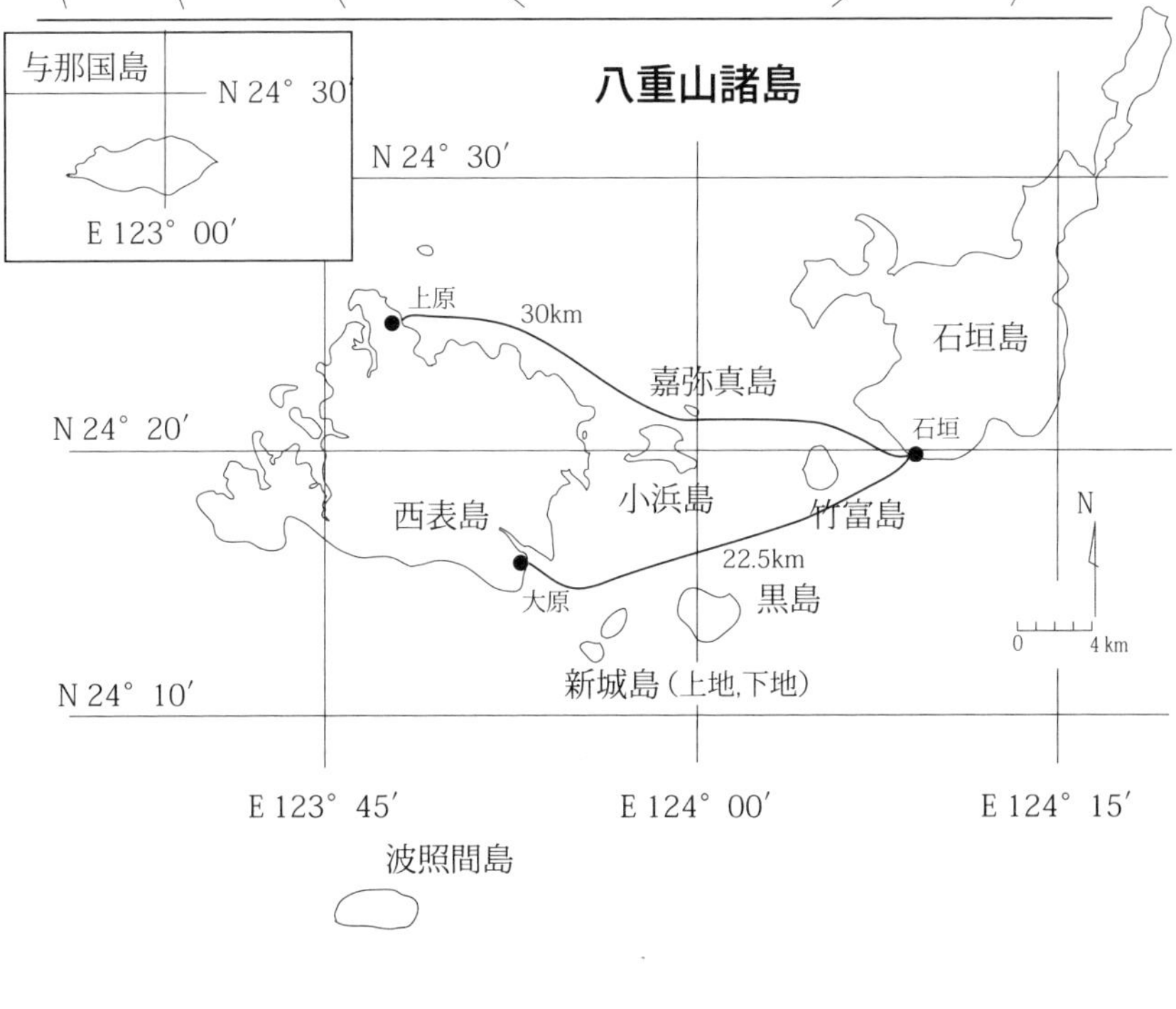

与那国島
N 24° 30′
E 123° 00′
N 24° 30′
上原
30km
石垣島
嘉弥真島
N 24° 20′
石垣
小浜島
竹富島
西表島
N
22.5km
大原
黒島
0
4 km
新城島（上地,下地）
N 24° 10′
E 123° 45′
E 124° 00′
E 124° 15′
波照間島

西表島の河川と山の詳細

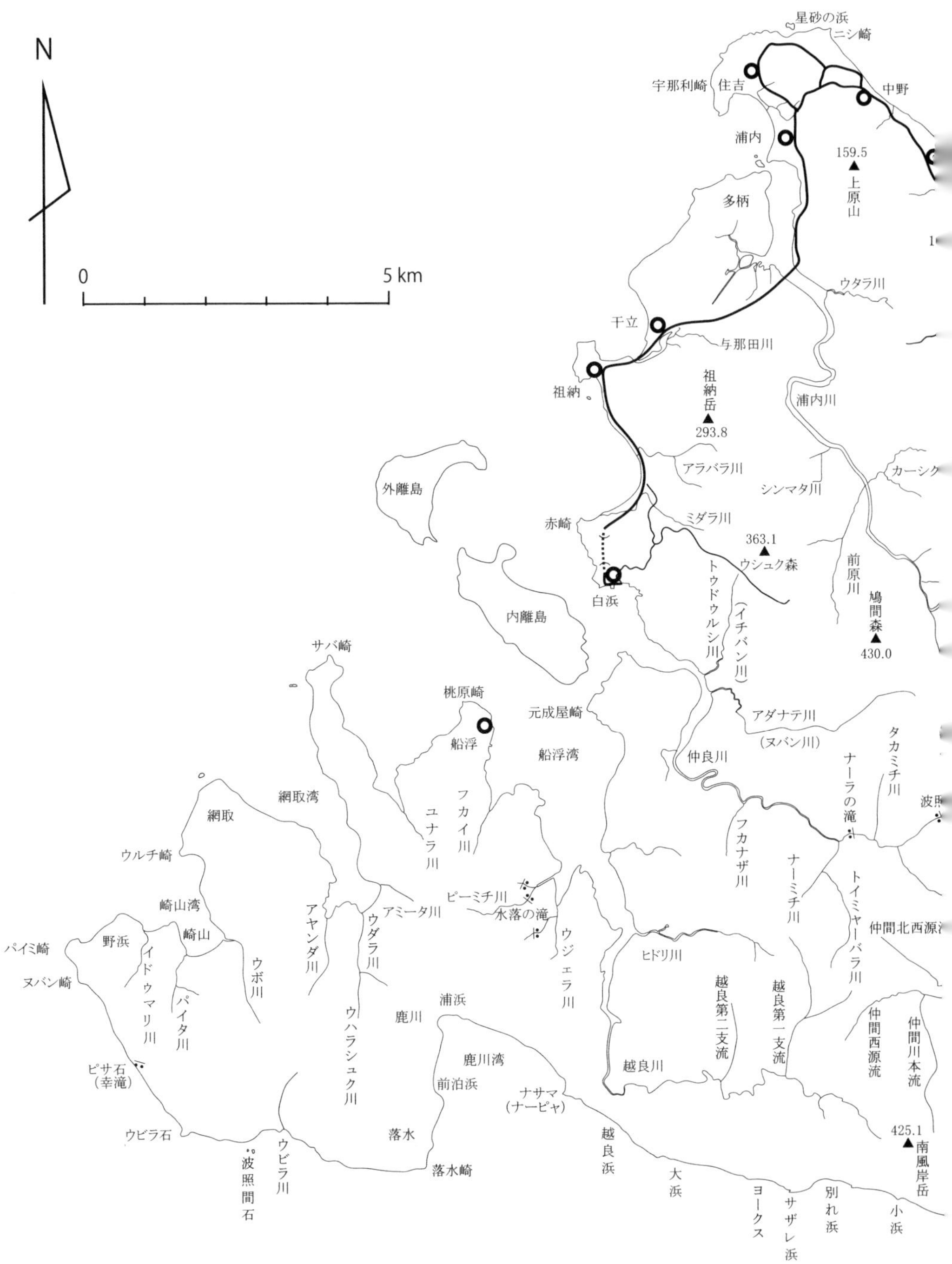
N
0
5 km
星砂の浜
ニシ崎
宇那利崎
住吉
中野
浦内
159.5
上原山
多柄
ウタラ川
干立
与那田川
祖納
祖納岳
293.8
浦内川
外離島
アラバラ川
シンマタ川
カーシク
赤崎
ミダラ川
363.1
ウシュク森
前原川
白浜
トゥドゥルシ川
(イチバン川)
鳩間森
430.0
内離島
サバ崎
桃原崎
元成屋崎
アダナテ川
(ヌバン川)
船浮
船浮湾
仲良川
タカミチ川
ナーラの滝
網取湾
網取
フカイ川
ユナラ川
フカナザ川
ウルチ崎
崎山湾
ピーミチ川
水落の滝
ナーミチ川
トイミャーバラ川
アヤンダ川
アミータ川
ウダラ川
仲間北西源流
パイミ崎
野浜
崎山
イドゥマリ川
ウボ川
ウジェラ川
ヒドリ川
ヌバン崎
パイタ川
浦浜
鹿川
越良第二支流
越良第一支流
仲間西源流
仲間川本流
ウハラシュク川
鹿川湾
前泊浜
越良川
ピサ石
(幸滝)
ナサマ
(ナーピャ)
落水
ウビラ石
ウビラ川
波照間石
落水崎
越良浜
大浜
425.1
南風岸岳
ヨークス
サザレ浜
別れ浜
小浜

まえがき

「西表島のすべての沢を歩きたい」。私は今七五歳。若い頃歩いた西表島の沢を、六〇歳を過ぎてから一つ一つ歩き直している。

西表島の山は、難易度からすれば決して恐れる場所ではない。最高峰の古見岳でさえ標高四七〇メートル、東京都心から近い高尾山にも及ばない。一〇〇〇を超す滝があるが、いずれも脇を迂回できる。他府県の山と違って、どんな崖でもたいてい木が密生しているからだ。また、終日水の中を歩いても、真冬に野宿をして寒い思いをしたとしても、凍傷になったり、凍死するようなことはない。「海を渡って行く」ということで、ちょっとした遠征気分になれるし、自然の水が豊富で、しかも、どこの沢でも安心して生水を飲むことができる。深い森で、南方系の生き物たちとの出会いもある。そのあたりが西表島の魅力だろう。

では何が大変なのか。例えば、千葉県にある房総半島の山には特別に高いピークはない。そのかわり、幾つもの小さな尾根と沢が入り組んで地形を複雑にしている。西表島の山は、これとよく似ている。両者とも、一五〇〇万年前の海底の堆積物が隆起したという共通の地史を持つからである。それでいて、西表島には山道がない。西表島は面積二八一平方キロメートル、房総半島の先端にある南房総市は二三〇平方キロメートル。南房総市の全域が深い森に覆われ、道というものがない状態、それを想像してもらえれば、西表島をイメージできるだろうか。さらに、稜線部には、二万五千分の一の地図でも表せない無数の起伏があり、他府県の山にはないツルアダン等のやっかいな蔓植物が尾根を塞いでいる。ススキやササの群落をかき分けていく「藪漕ぎの常識」は通用しない。森の中では眺望がきかないし、高温多湿で蒸し風呂に入っているようだ。むしろ、そういうことからくる精神的圧迫と疲労、暑さへの適応が西表島を難しい山にしているのではないだろうか。

本書で沢としているものは、「どんな渇水期でも水がある溝または谷」である。しかし、西表島にそういう場所は無数にある。そこで、本書では本流に注ぐ主な支流は扱うが、小さな支流や、支流の支流は扱っていない。全長が短かすぎたり、特徴がなかったりする沢があまりにも多いので、記号で統一しない限り整理ができないからだ。

滝に関しては、国土地理院の定義では、「流水が急激に落下する場所で落差が五メートル以上、常時水が流れているもの」となっている。私は、西表島の滝を「常に水があり、二メートル以上の落差があるもの」と定義している。「二メートル以上」とした理由は、それ以下ならどうにか直登が可能だが、それ以上の高さとなると、五メートルも一〇メートルも同じで、直登は難しいからだ。一旦、二メートルと決めてしまうと、それ以上の落差があれば、直登できる斜面も滝と定義できる。

とはいえ、現場での判定は、自分でも曖昧だ。太く一条に落水していても一メートル程度なら滝と呼べないのか。また、谷の中心にある崖から落水があれば滝なのだが、脇にある崖でも常に水があれば滝と呼ぶべきなのか。崖の一部が明らかに窪んでいて、支流になっているのなら滝と呼んでいいのかも知れないが、そのあたりの判断も自分の中では曖昧だ。誰が見ても滝と呼びたい小瀑もあるし、崖と呼ぶほうがふさわしい滝もある。ただ、滝は目印になりやすい。沢山あったほうが地図を描きやすいし、その沢を覚えやすいことは確かだ。

また、本書では滝の数え方を上流から下流に向かって、F01、F02～と表記している。遡行、沢登りの場合は下流側から数えることが多いのだが、私の山行は源流や分水嶺から下降する場合も多い。そのため、このように表記を統一した。

沢の名前にも随分苦労している。様々な地図や文献、西表島の人たちに尋ねて可能な限りの沢名を記入した。同じ川であっても、時代によって呼称が違うものがある。その場合は両者を併用した。それにしても無名沢が多すぎるが、必要上、本著で扱う沢には仮の名前をつけておいた。なお、本書での「右岸」「左岸」は、水源から下流を見た時の左右を表している。単に「右」「右手」といった場合は進行方向の右を指している。

沢の地図にある「移動距離」とは、GPSに記録された実動距離である。滝や崖の迂回があるから、実際の沢の全長より数値は大きくなっている。また、所要時間も算出しているが、あくまで、私が一五から一八キロの荷物を背負っての移動時間である。

私の山歩きは一本の沢を遡上し別の沢を下降するという、一回で数本の沢を歩くことが多い。これを一回ごとの山行きとしてまとめることが自然かも知れないが、本書では東海岸、北海岸、西海岸、崎山半島の四つの章に分け、それぞれの海岸に開口する川と支流ごとにまとめた。そのため、山行きの行程を連続して読むためには、別の章に移動していただくことになる。しかし、ある特定の沢を知りたい場合、その沢が開口する海岸線を確認することで、容易にページを開くことができると思う。そのため、本書では、このようなまとめ方にした。

私は二〇一七年、『西表島探検』を著した。そこでは西表島の概略、地形や森林の特徴、危険な動植物、山歩きのための装備に関しての詳細を記し、西表島横断の六つのルートを紹介している。興味のある方は、そちらもぜひ、読んで欲しい。

本書はそれに続くもので、前回以降に歩いた沢を紹介している。前回と違うのは、GPSを携行し滝などの目立ったポイントを正確に記録していることである。ただ、私はガイドブックとして本著を書いたつもりはない。紀行文またはエッセイだと考えて欲しい。私はあくまで、五〇年間に渡って見てきた、西表島の自然と歴史、人々の営みを書き残していきたいのである。

目次

第1章　東海岸

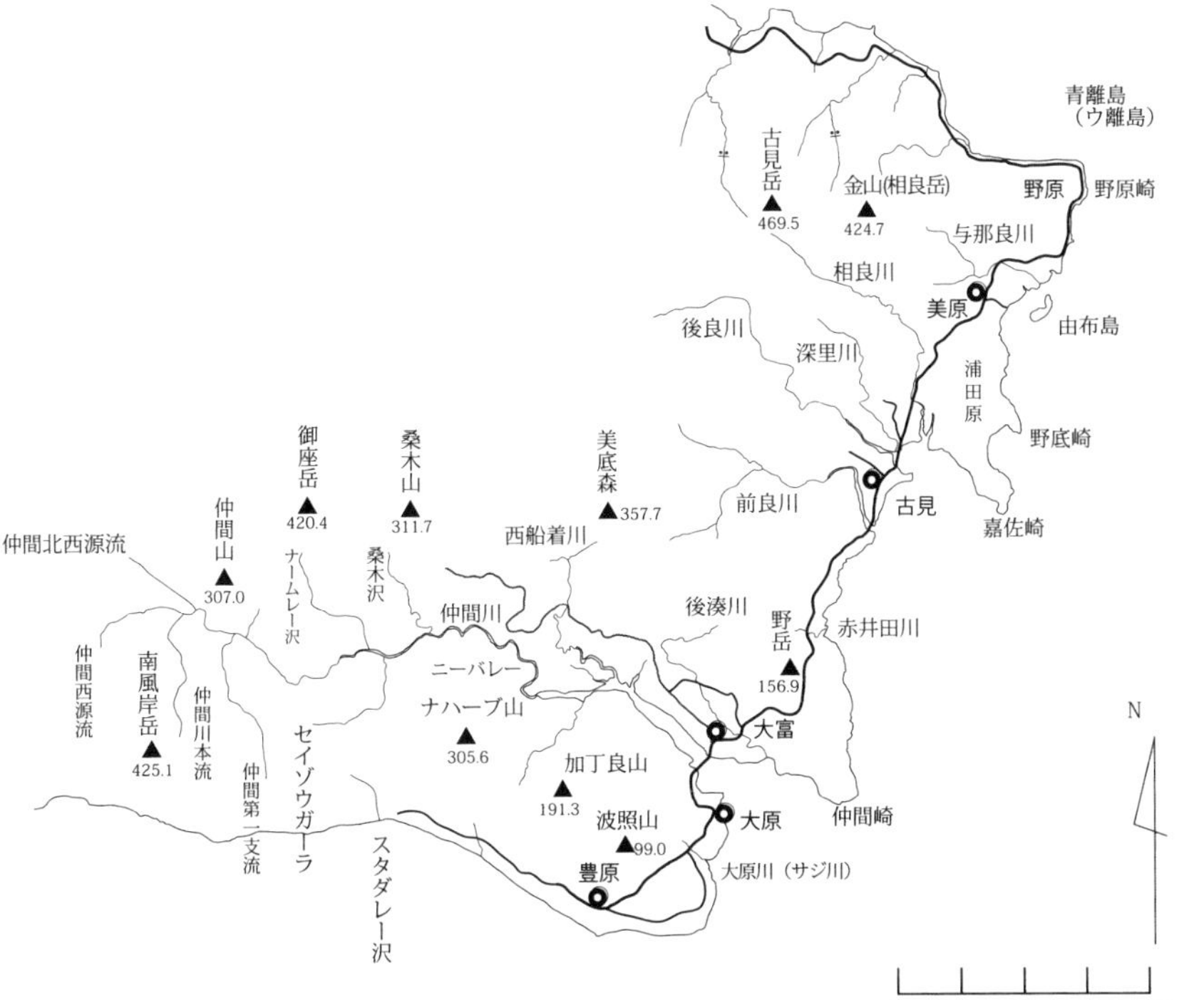

青離島
（ウ離島）
野原
野原崎
古見岳
469.5
金山(相良岳)
424.7
与那良川
相良川
美原
由布島
後良川
深里川
浦田原
野底崎
御座岳
420.4
桑木山
311.7
美底森
357.7
古見
前良川
嘉佐崎
仲間北西源流
仲間山
307.0
ナームレー沢
桑木沢
西船着川
後湊川
野岳
156.9
赤井田川
仲間川
ニーバレー
ナハーブ山
305.6
仲間西源流
南風岸岳
425.1
仲間川本流
セイゾウガーラ
大富
加丁良山
191.3
仲間第一支流
大原
仲間崎
波照山
99.0
豊原
大原川（サジ川）
スタダレー沢
N
0
1
2
3
4 km

前良川（マイラ川）

東海岸のほぼ中央に位置する古見集落は、一九五四年、自由移民として入植した人たちが興した村である。旧古見村は西表島でもっとも古い集落だといわれ、かつて八重山の中心は竹富島でも石垣島でもなく、古見であったという説もある。旧村は一九四〇年代後半まで存続していた。そのため、特に自動車道路の海側には、往時を偲ばせる石垣とフクギが今なお残っている。

古見集落のすぐ南に開口する大きな川が前良川である。河口から分水嶺まで全長約六・二キロメートル。下流域ではマングローブが発達している。オヒルギ、ヤエヤマヒルギ、メヒルギ、マヤプシギ、ヒルギダマシといった樹種の他、サキシマスオウノキ、コミノクロツグ、オオハマボウ、アダン、イボタクサギなど湿地林に生育する代表的な植物が混生する。特に三離御嶽のサキシマスオウノキ群落は、一九七八年、国の天然記念物「古見のサキシマスオウ群落」に指定された。

前良川は、河口から中流域まで川沿いの道はない。しかし、西表島横断山道を辿れば、支流との二俣、ちょうど感潮域の上限まで行くことができる。横断山道は農道終点からずっと林内を歩くが、二俣地点で前良川の岸に出るわけである。

横断山道というのは、古見から入山して峠を越え、浦内川沿いに干立まで下る重要な山道であった。一九六〇年代初頭には、山道に沿って電話線が敷設された。西表島には東海岸の大原と西海岸の祖納に郵便局があり、二つの局を結ぶ回線が東西の唯一の連絡手段だったのである。大原から古見の間と、干立から祖納までは、すでにあった道路に沿って木製の電柱が立てられた。

横断山道には、大富を起点とするルートもあった。まず、大富の共同墓地を通り、モンバナレの田んぼを抜け、仲間川沿いに中流のクワンギと呼ばれる舟着き場まで歩く。そこから山越えをして浦内川へ下るのだが、現在、中間広場と呼ばれている第一山小屋跡付近で古見からの山道に合流していた。しかし、大富からのルートは、古見ルートに比べ山中を二時間以上も余分に歩かなければならなかった。このことから、探検部やワンダーフォーゲル部、急務で横断する村人も、ほとんどが古見ルートを利用していた。

しかし、一九七〇年代に入り大富林道が開通すると、快適で日没後でも安全に歩くことができる大富ルートが好まれるようになり、古見ルートは次第に荒れていった。

前良川遡上

二〇一五年六月一五日（月）晴れ

八時一二分、上原にて大原行きのバスに乗車。九時ちょうど、古見のバス停で下車。一〇分後、足回りを整えて古見を出発する。農道入口は、かつての西表島横断山道の起点である。標識はないが、古見集落の北のはずれ、後良川に一番近い農道がこれに当たる。

現在、横断山道は通行不能である。それでも、二俣までは鮮明な道が続いている。森林事務所や自然保護官事務所の職員が歩いたり、ガイドに案内されたトレッキング客が入ったりするからだ。

今日は、二俣まで山道を利用し、そこから前良川を遡上する予定だ。沖縄地方は四日前に梅雨明けしており、西表島もよく晴れている。しかし、朝のニュースでは、奄美諸島や九州はまれにみる豪雨で被害も多く出ているようだ。

二俣01
前良川に入る.横断山道からは見えない.垣間見える川幅が急に半分に狭まる所.

マングローブ
干潮時の干潟

横断山道（浦内川へ）

分水嶺

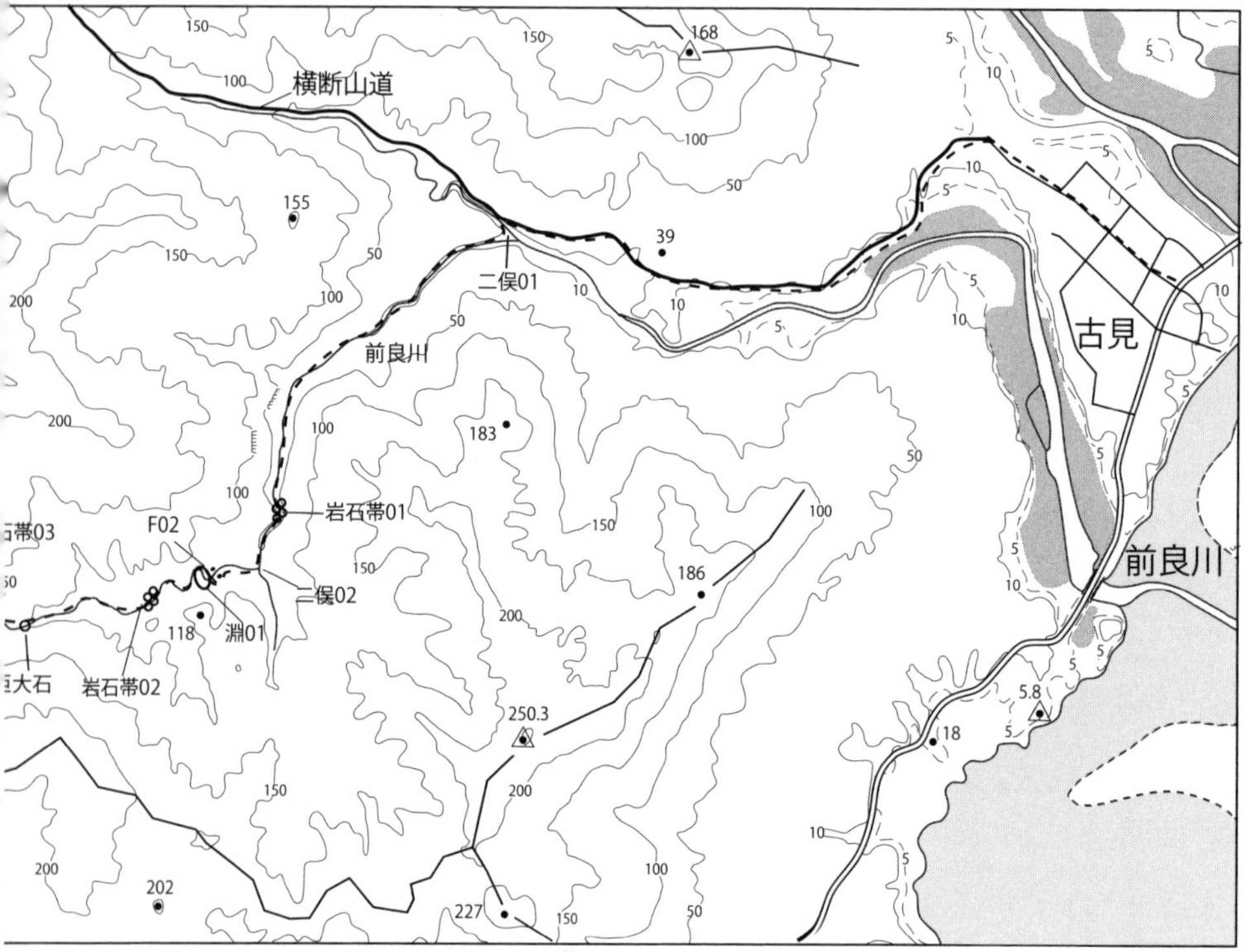

分水嶺

自動車道
（大富・大原へ）

F02
10m,幅10m.滝口は水平で横に伸びる.水は2条.

淵01
2つ連続.さほど深くない.下は右岸,上は左岸を迂回.

二俣02
本流は西に直折.谷幅はほぼ同じだが,本流は明らかに水量がある.

入山：古見から横断山道を辿り,二俣01で沢に下りる.

下山：分水嶺を越えて,西船着川へ下る.

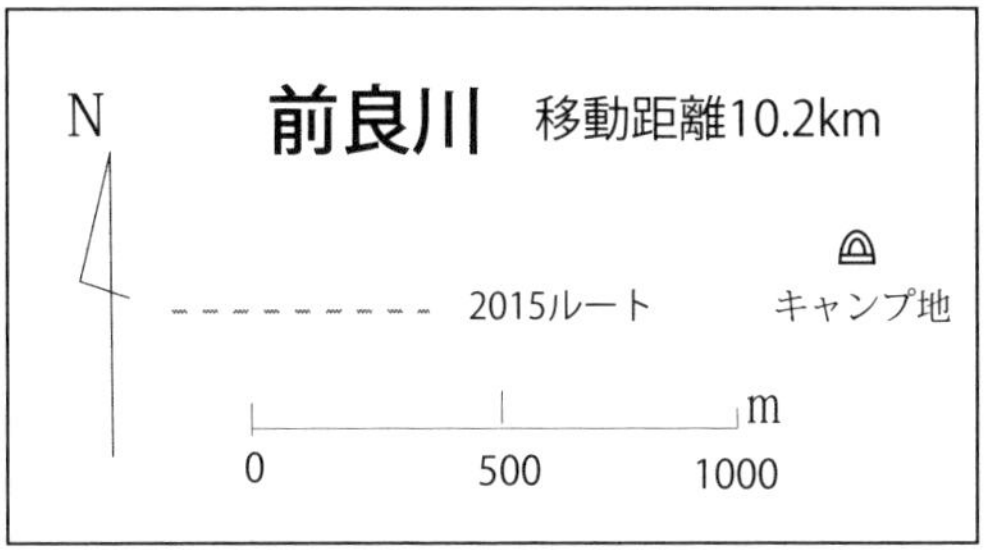

感潮域(全長約2.5km マングローブ1.2km).
古見より2.4km登山道あり.

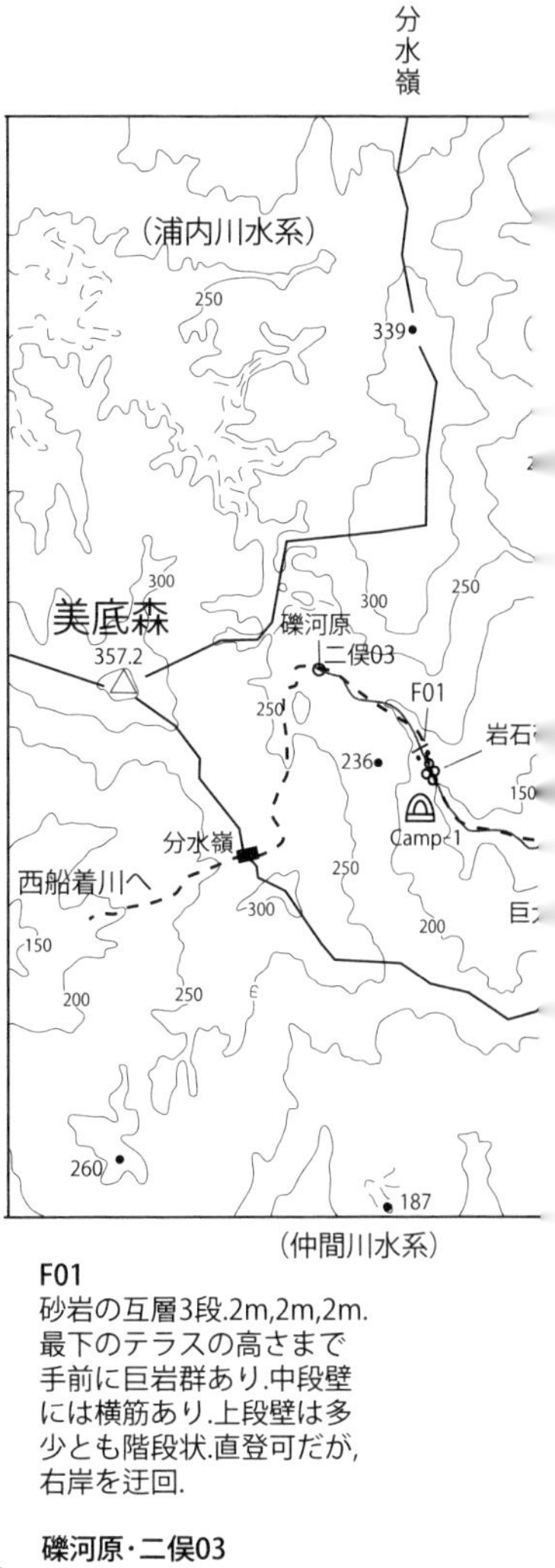

F01
砂岩の互層3段.2m,2m,2m.
最下のテラスの高さまで
手前に巨岩群あり.中段壁
には横筋あり.上段壁は多
少とも階段状.直登可だが,
右岸を迂回.

礫河原・二俣03
前良川は北西に直進した
後,Uターンして南進,西船
着川との分水嶺に至る.左
に折れても小尾根を越え
て同じ前良川源流に出る.

源流域と分水嶺越えの詳細

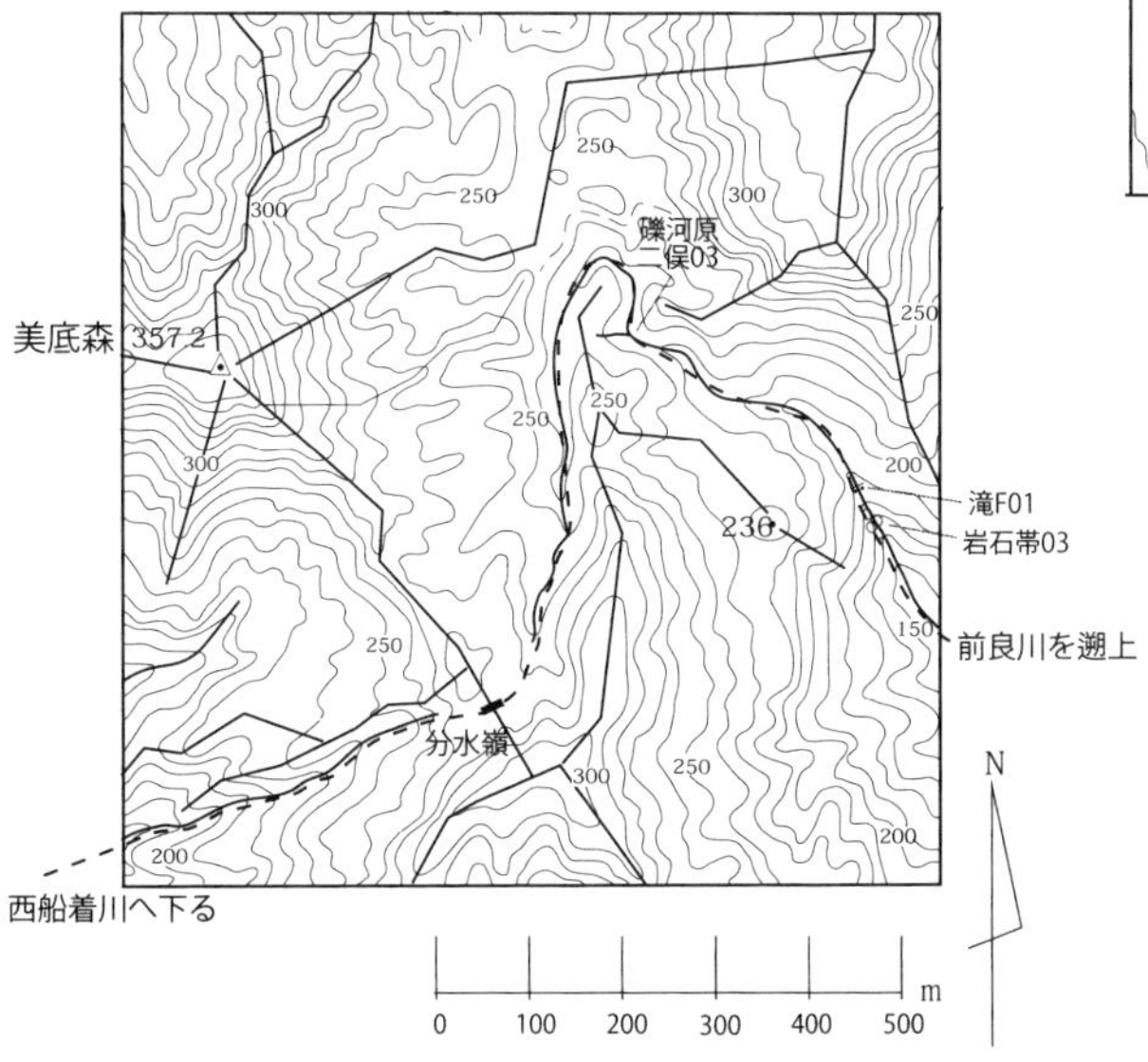

巨大石
左岸を落差1m
で水が流れて
いる.

九時二一分、農道の終点に来た。ここまで〇・七キロメートル。ここからは緩やかな丘陵地帯となり、山中へ分け入っていく。緩やかな上り下りの繰り返し、小さな沢を何本も渡り、薄暗い林内を限りなく前良川岸に近づいていく。

しばらくは眺望のきかない山道、オキナワジイが優占する林だ。やがて、幾分明るい林に変わり、赤いサキシマツツジや白いオキナワキョウチクトウの花が見られるようになると、梢越しに前良川の川面が見えてきた。

一〇時二〇分、川に出た。幅五メートル。ミナミクロダイ、ボラ、大きなユゴイが群れをなして泳いでいる。このあたりまでが感潮域で、すぐ上は渓流になっている。古見からは二・八キロ歩いている。沢沿いになってから、にわかに岩や石まじりの山道に変わったが、林内に比べて、道はむしろ鮮明になっている。川幅が急に狭くなったことに多少戸惑いながら、ここから沢の中を歩くことにした。

一〇時三五分、ちょっとした淀みに出る。川幅一〇メートル、上端に高さ一メートルの小滝があり、滝壺も一メートルの深さがある。淀みの縁を回って、緩やかな階段になった上流を目指すものの、沢が小さいことに不自然さを覚える。荷を降ろし、GPSと地図で現在地を調べてみた。やはりそうだ。道を間違えていた。支流に入ってしまったのだ。仕方なしに、最初に前良川と出会った場所まで引き返した。約一時間のロスである。

ここで、改めて地図を見た。わかったことは、私が立っている場所は支流の左岸だということ。すぐ下流に二俣があり、本流は対岸の土手の向こう側、こちらからは見えていないところにある。横断山道は昔から何度も歩いているが、今日まで、この支流が本流だと思い込んでいた。

鮮明な道を進んだのになぜ、こんな失敗をしてしまったのだろう。後日知ったことだが、その原因は「カヌーツアー」にあった。近年西表島ではカヌーツアーが盛んだ。感潮域を持つ大きな川に限ってのことだが、前良川もその一つだ。前良川では、前良橋からカヌーで出発、マングローブを見ながら一時間半をかけて二俣まで溯る。ここでカヌーを下り、約一五分のトレッキング。ツアーが行き着く所が、前述の小滝なのだ。淀みで遊びランチをとり、再びカヌーで下っていくのである。沢沿いの山道が鮮明なはずである。

一一時三〇分、ようやく前良川本流に入る。川底は砂地、感潮域の上限だが今は水深三〇センチある。一〇〇メートルほど上ると小石ばかりの川原に変わり、グッと浅くなった。川幅八メートル、両側は低い台地で明るい灌木林になっている。

一二時一五分、大きめの岩がちらほらと現れるようになり、勾配が少しずつ増してきた。

一三時四〇分、ほぼ南方向に上ってきたが、ここで沢は二手に分かれる。本流は直角に折れて西へ向かうが、支流に比べて圧倒的に水量が多い。

地図を見ると、支流は真南へ向かい、分水嶺の先は後湊川になっている。昔、大富の高江洲玄徳さんは相棒と、イヌ数匹を連れてイノシシを追っていた。「後湊川やモンバナレ川を詰めて古見へ出ることがある」と聞いたことがあったが、おそらく、このあたりを通っていたのだろう。

高江洲さんは沖縄本島からの開拓団の一人だが、ほとんどイノシシ狩りだけで生活していた。山中でイヌを放ち狩りをさせ、しとめた獲物を回収するのである。イヌの声をたよりに、はぐれずに走り回ることが勝敗の決め手であったが、ごく普通の小イヌを一人前の猟犬に育て上げる腕前は、誰も彼には敵わなかった。

勾配はさらに増し、岩石帯が続く。三〇分ほどスコール。増水が気になる量ではないが、全身ずぶ濡れになってしまう。

一四時ちょうど、初めての滝（F02）。高さ一〇メートル、水が二条になって落ちている。川幅は滝の直下で一〇メートル。直登は無理なので右岸を迂回し、滝上に出る。滝口はテラス状、平らな岩が横に伸びている。すぐ上流は淀みで、ここも右岸を迂回すると、さらにもう一つ丸い淀みがあった。それほど深くないので、斜面から伸びる枝を掴みながら、直接川中を通過したが、少しぬかるんでいた。再び岩石帯。それほど大きな岩ではない。

一五時一五分、巨大な岩。右脇に一メートルの落差で水流がある。

一六時〇五分、無理せず、このあたりでキャンプすることに決める。標高一二〇から一三〇メートルほどと思われる。私はいつも、おおよそ四時にその日のキャンプ地を決めている。若い時のように夕暮れまで歩くことはない。灌木を切り払ってギリギリのスペースを開いた。石ころが多いので、クロツグやシダの葉をたっぷり集め、厚く敷き詰めた。早めにキャンプ地を決めると、こういう作業に時間を費やすことができる。とても快適な床になった。

一八時三〇分、タイワンヒグラシが鳴く。盛夏に入ったしるしだ。一時間前にはイワサキヒメハルゼミが鳴いていた。これは初夏の名残である。八重山の夏といえば五月から九月いっぱいを指しているが、一つの季節の中でも微妙な変化が進んでいるのである。今日はアカショウビンにもセマルハコガメにも遇っている。

久しぶりの山歩きで、とにかく、荷物が重すぎると感じた。持参したものはいつもと変わらないのに、今回は特に重く感じたのだ。若い頃と比べれば当然体力も衰えてきている。もっと荷物の軽量化が必要だ。まず、テントを一人用の小さなものに替えてみようか。ザックも布製ではなく、軽いものに交換しよう。あとは食料の工夫だ。西表島の沢歩きは今後も続けたい。そうなると、まだまだ改善が必要だ。

六月一六日（火）晴れ

六時〇五分、起床。天気がよく、風も穏やかで快適な一夜だった。時折、コノハズクが鳴いていた。ホタルも飛んでいた。ポツン、ポツンと単体だったから、四月に見られるヤエヤマボタルとは違う種類なのだろう。ヤエヤマボタルは常に群れでいて、日没後のわずかな時間だけ点滅する。

今日も天気はよさそうだ。予定では前良川を詰め、分水嶺を越えて西船着川へ降りる。そこからは可能な所まで遡上し、今日のキャンプ地とするつもりだ。

七時、出発。昨日の延長で岩石帯が続く。

七時四五分、滝（F01）。砂岩の層が水平に伸び、大きく三段になっている。それぞれ二メートルの高さ。滝の手前には大きな岩が積もっており、しかも、最下段の棚と同じ高さになっている。岩から棚へは簡単に登ることができる。二段目には何本もの横筋がある。さらに、最上段は多少とも階段状になっている。ここは、慎重にやれば直登できそうだ。しかし、無理は禁物。大事をとって右岸を迂回した。

滝の上流側は少し深みになっていた。沢はキャンプ地あたりから北西へ上っているが、谷全体がかなり明るくなっており、稜線が近いことをうかがわせる。これまでに二つの滝があったが、この先にはないだろうし、危険な場所もないはずだ。

八時五九分、小さな二俣に来た。礫を敷き詰めた傾斜のない川原になっている。左手の沢は真西へ向かっており、その先に南北に走る尾根が見えている。そこが分水嶺なのだろう。迷わずにそちらへ向かう。

一〇時二〇分、分水嶺と思われる尾根に立つ。ところが、どうも様子が変だ。コンパスを見ると、進むべき尾根の向こう側が東になっている。コンパスに大きな狂いが出るはずがない。私は、コンパスの指す西へ下った。

少し経ってわかったことだが、分水嶺だと思った尾根は、本当の分水嶺から北に延びた枝尾根だった。地図上では表せない枝尾根が幾つもあるのだ。西表島の沢に共通する特徴だが、源流域一帯は標高差がなく、小さな尾根と沢が複雑に入り組んでいる。私は二俣から左の沢をまっすぐに登り詰めたつもりなのだが、その間に、幾つかの分岐尾根を越えて、南方向に回り込んでしまったようだ。

コンパスの指示通りに下ると、平らな湿地帯に出た。広い谷で、すぐに前良川の源流だとわかった。先ほどの二俣を直進していれば枝尾根を越える必要もなく、Uターンするような形で、ここに来ることができたのだ。気持ちを落ち着け、一安心して進むと、ごく緩やかな登りとなり、じきに分水嶺に到達した。草木が少な

前良川

二俣 01(前良川本流)
感潮域の上限で,写真の奥からは渓流域.

岩石帯 01
標高50m,傾斜はまだ緩やか.

二俣 03
標高220m,礫が多い川原.北西に上ってきた前良川は，ここからU字型を描いて南へ方向転換.

く、ほとんど障害物のない細い尾根だ。

さあ、ここからは西船着川水系だ。分水嶺を越えるとかなり急峻な下りになるが、じきに西船着川本流との二俣に出た。

※帰宅後、新たなテントを探して店をまわった。一人用や数人用、幾つかのモデルを比較したのだが、どれをとっても、これまでのものと比べて二〇〇から三〇〇グラムしか軽くならない。だったら、このままでいいのではないか。結局、しばらくは、今のテントを使用することに落ち着いた。ザックは確かに重い。しかし、薄くて軽い材質のものだと、西表島のような沢歩きでは擦り切れたり破れたりしそうだ。結局、これもしばらく同じものを使うことにした。

（西船着川遡上へ続く）

西船着川（ニシフナツキ川）

西船着川は仲間川の支流の一つで、河口から分水嶺まで約六キロメートルある。下流域の一・五キロメートルは「仲間川天然保護区域」を流れている。日本最大の面積を持つマングローブとして国指定天然記念物となっている地域だ。仲間川のカヌーツアーは、本流を避けて西船着川を遡行することが多い。大型観光船が入ってこないし、蛇行が連続し、両岸に迫るマングローブは「ジャングル探検」のイメージにピッタリだ。

大富集落の創立以来、西船着川は水源として使われてきた。沖縄の日本復帰後は施設が恒久化され、大富だけでなく、大原、豊原、さらには海底パイプを通して新城島と黒島へも給水している。大富は一九五二年、沖縄島大宜味村と竹富町からの三一二名によりスタートした。集落名もこれに由来している。

水道パイプは大富林道に埋設されている。大富林道とは、一九七三年、未完のまま建設中止となった西表縦貫道路の大富側の名称である。全長六・五キロメートル、第二ゲートから先は許可車以外通行できないが、徒歩での散策は自由だ。亜熱帯樹木展示林および自然観察路、仲間川展望台、ウブンドルのヤエヤマヤシ展望所など、自然を堪能できる遊歩道となっている。

西表島には長らく東西を結ぶ道路がなく、道路建設は島民の悲願であった。一九六九年六月、山岳地帯を貫き大富と白浜を結ぶ「西表縦貫道路」が着工した。ところが、いざ工事がはじまると様々な問題が生じた。それまでいい状態だった森林が破壊され、流出した土砂が排水溝を埋め森林を覆い、いたるところで山崩れをひき起こした。仲間川も台風直後のように泥土で褐色の流れに変わってしまった。理由は「切り崩し工法」という最も簡単で安価な工法が採用されたからだといわれている。さらに、道路保全のために両側の森林がかなりの幅で切り開かれ、それでいて、何ら土止めがなされることもなかった。たとえ完成してもわずかな降雨で土砂崩れや路盤流出が起こり、道路の維持そのものが困難だったはずだ。

これに関して一九七〇年、日本自然保護協会と日本生態学会は琉球政府に対し、工事の中止を要請した。西表島において、自然保護と開発のどちらが大切かといった論争は、ここから噴出した。

一九七二年五月、沖縄が日本に復帰、琉球政府が沖縄県庁となった。翌一九七三年三月、日本政府と沖縄県庁は道路建設を中断、さらに環境庁が自然保護を理由に道路建設の中止命令を出すに至った。ただし、これに代わって「北岸道路」の建設がはじまり、一九七七年正式に開通した。現在ある唯一の自動車道路である。

「西表島横断」というのは、島の中央を徒歩で東西に横断することで、北岸道路が開通する以前は古見または大富から干立へ、大富から白浜への二つのルートがあった。現在は大富から浦内橋へ抜けるルートのみだが、東側八キロは整備された農道と林道を歩き、西側八キロは浦内川の観光ボートを利用する。このうち環境省が定義する「横断山道」は、大富口からカンピレーの滝までで、大富口は大富林道の五・五キロメートル地点、標高二三五メートルにある。カンピレーの滝からボート乗り場がある軍艦石までの二キロも、実質的な山道である。

一九七〇年代中頃から一九八〇年代初頭、西船着橋の下流一帯でパッションフルーツが野生化していたことがある。「軍事演習中の米兵が捨てた種子から」と聞いたことがあるが、マント群落を作るほど繁茂し、七月頃にはたくさんの実がなった。

当時、パッションフルーツは馴染みの薄い果物だった。私も、瓜のような殻を輪切りにして、スプーンで果肉をすくい取って食べる方法を知ったのは、ずっと後にボルネオで暮らすようになってからだ。西船着川で採った果実は小さく鶏卵くらいの大きさ。とにかく酸っぱくて、水で薄め砂糖と氷を加えて、ようやく飲めた。

それでも、濃い味のオレンジジュースのようで、真夏の西表島では結構ぜいたくな飲み物だった。

（前良川遡上より続く）

西船着川遡上

二〇一五年六月一六日（月）晴れ

一二時四〇分、前良川から分水嶺を越え、西船着川の二俣に到着。西船着橋から約一キロメートル上流だが、今回の遡上は、ここがスタート地点だ。一帯は急峻な地形で、沢は巨大な岩で埋めつくされている。ここには最初に造られた堰堤があり、取水口も付いている。もっとも、底が割れていて今は使われていない。何本もの塩ビパイプや鉄パイプがあるが、ほとんどは廃棄されたもののようだ。そんな中に一本、直径二〇センチのしっかりした鉄パイプが本流に固定されている。おそらく、現在使われている取水ダムが上流にあるのだろう。

一三時二八分、初めての滝（F03）。高さ、幅とも八メートル、二段になっている。上下とも下部がえぐられており、滝口と、中間の棚が庇のように前に出ている。水は上の段の右岸から流れ落ち、棚の部分を左岸に向かって流れている。ここにコンクリート製の取水口があり、鉄パイプが固定されていた。棚は上の庇に覆われているから、大雨で水が庇を越えた時でも、取水口に枯葉や石が入らない構造だ。うまく作ったものだ。沢は、滝の一段目の高さまで巨岩があり、簡単に棚へ移ることができる。上の滝もどうにか直登できそうだ。しかし、ここは安全第一。無理せずに林内を迂回することとした。

滝口まで登ると、コンクリート製のダムがあった。枯葉などを除去する工夫が施され、滝の右岸へ向けて溝が作られていた。自動監視カメラとソーラーパネルがあり、沢沿いに山道がある。メンテナンスなどでここに来るとき、沢を登るのではなく、大富林道から入ってくるための道なのだろう。

一四時四〇分、わずかだが谷の幅が広くなった。時間的に早い気もするが、疲れているし、このあたりで

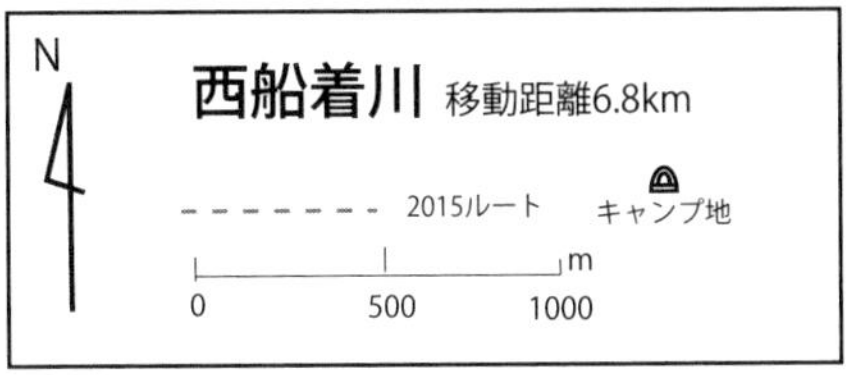

感潮域（全長約2.0㎞,マングローブ1.2㎞）

マングローブ

下山：分水嶺を越えて下ると,浦内川に出る（対岸に横断山道がある）

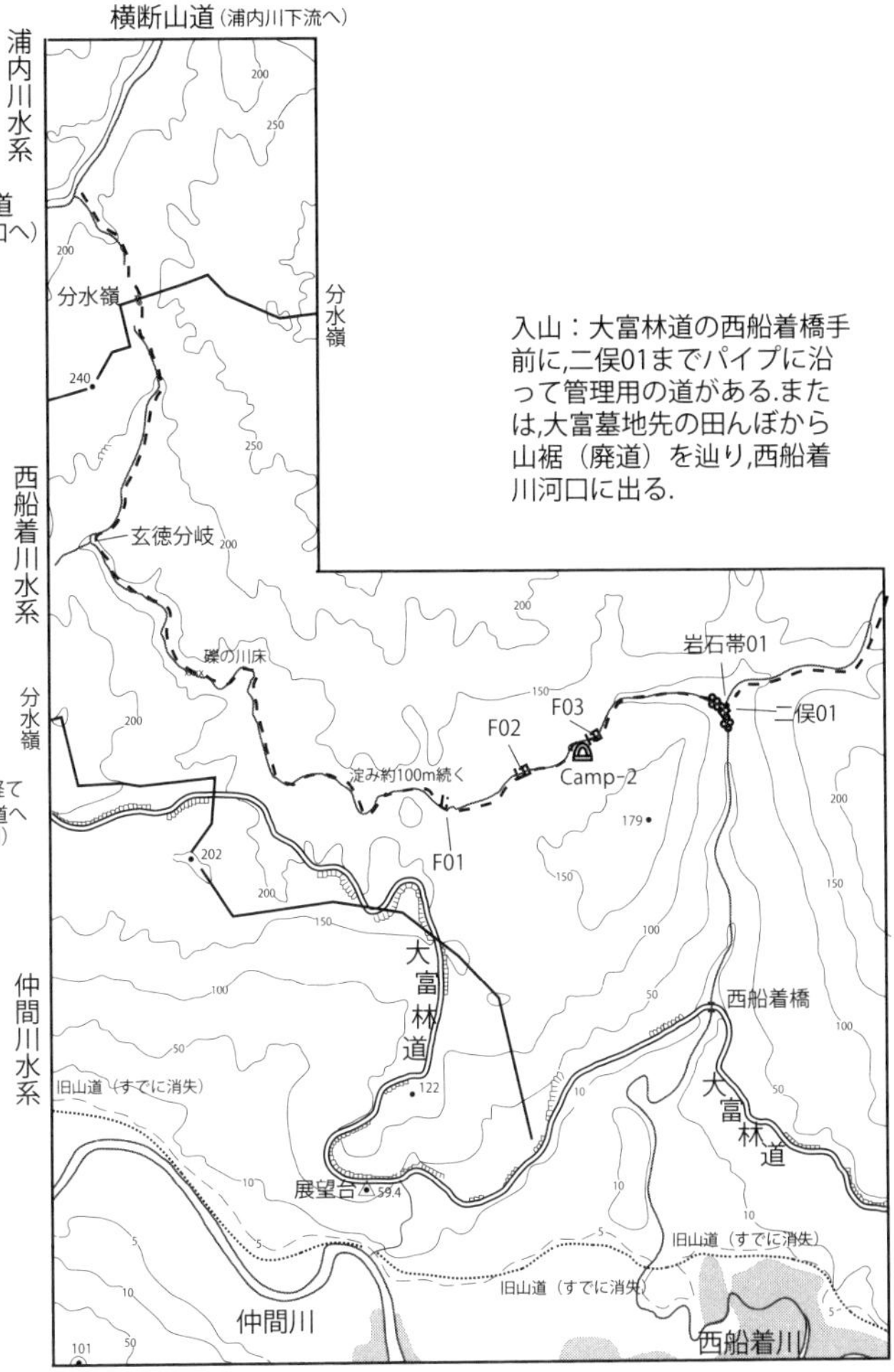

F01
2m,幅8m.滝上は平ら.

F02
2m,傾斜している.最奥の取水口になっている.大富林道からの管理用小径がある.

F03
2段8m.幅8m.取水口

岩石帯01
二俣一帯が広範囲な岩石帯.

二俣01
大きな取水ダム（使用不可？）.

入山：大富林道の西船着橋手前に,二俣01までパイプに沿って管理用の道がある.または,大富墓地先の田んぼから山裾（廃道）を辿り,西船着川河口に出る.

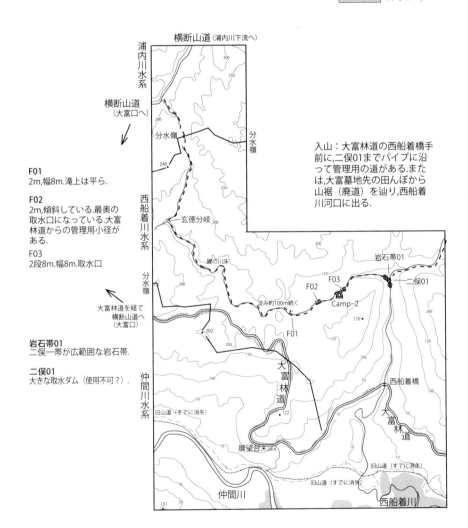

キャンプすることに決める。管理用山道を少し登った所にスペースを見つけ、テントサイトとした。

六月一七日（水）晴れ

六時四六分、昨晩もよく眠れた。今日も安全第一、無理せず、事故のないよう行動しよう。天気もよさそうだ。西船着川を上り詰め、その先は時間次第で考えよう。出発。

七時ちょうど、斜めの滝（F02）。落差二メートル。直径一〇センチのゴムパイプが取り付けてある。このパイプは下の二俣まで続いていた。管理用の山道はここまでだが、どうも、大富林道のヤエヤマヤシ展望所あたりから来ているようだ。

七時一二分、再び滝（F01）。高さ約二メートル、幅八メートルで滝口は水平。

八時ちょうど、滝を出てから約一〇〇メートルの間、淀みが続いた。川底に岩はなく、砂あるいは泥が堆積している。砂地は歩きやすいが、泥地は歩きにくい。歩きにくい所は林内を歩いたが、灌木がびっしり茂っていて、かえって歩きにくい。標高差はほとんどなく、林内もほぼ平ら。玉石を敷き詰めたような川原もある。蛇行の多さに閉口するが、危険はない。水深は腰まで浸かる程度。流れは極めてゆっくりで、ほとんど止まっているように見える。入山する前に聞いたのだが、ここ三週間、西表島ではほとんど雨がなく、今年は梅雨の間も雨量が少なかったそうだ。そんなこともあって、今日は特別に歩きやすい状態なのだろう。周囲が明るくなってきている。右岸の稜線は、大富林道がある尾根だと思われる。

九時二二分、玄徳分岐に来た。小さな支流の出合で、特に目印となる場所ではない。「玄徳分岐」という名前も私が勝手につけているだけだ。

一九七四年当時、私は大原に住み、イリオモテヤマネコの調査に専念していた。イリオモテヤマネコがいることは誰でも知っていたが、当時は、それとは違うもっと大きなネコがいるという噂が猟師たちの間にあった。

私は「おそらく、いないだろう」と考えていた。西表島のような、決して大きくない島に、異なる二種類の野生ネコが住めるとは考えられないのである。しかし、イリオモテヤマネコを調査している以上、大ヤマネコに関しても自分で結論を出したいと思っていた。

そんなある日、高江洲玄徳さんから声を掛けられた。

「おい、安間。とうとう捕まえたよ。例の大ヤマネコさ」。玄徳さんが言った。「えっ」。私は驚きで胸がキュンと締まる思いだった。「一カ月も経っていないから、死体はまだあるはずだよ。どんな大水でも流れんところだし……」。私は高まる興奮を隠すのがやっとだった。これまでに「大ヤマネコを見た」とか「捕えた」という話は数限りなく聞いてきたが、こんな具体的な話は初めてだった。

翌日、朝食をすませ、バイクに乗って現場に向かった。その現場というのが、この小さな支流だったのである。支流に入り、なおも進むと、しばらくして岩だらけの谷に変わり、滝にぶち当たった。五メートルそこその高さ。滝は幅一〇メートルの沢いっぱいに広がっていた。滝の中段に横に伸びた割れ目があり、そこが、玄徳さんが死体を入れたという穴らしい。はやる気持ちをおさえて、私は慎重に滝に取りついた。滝はほとんど垂直だ。しかし、突き出た岩と侵食で窪んだ岩がハシゴみたいになっていて、登ることは難しくなかった。

割れ目は、下からは見えなかったが、十分に広げた手がすっぽり入る幅で、垂直方向に八〇センチ程の深さがあった。底にはわずかに水もあった。摺り足で横に移動しながら溝の中を隅から隅まで探したのだが、それらしいものはどこにもない。ほんの少したまっていた細かな砂をすくいあげてみたが、大ヤマネコの死体どころか、生き物に関する痕跡は何も見つからなかった。

私は、ひとまず滝を登り切って、玄徳さんが大ヤマネコを仕留めたというあたりを調べ、次に、滝の下流も探してみた。せめて骨のかけらでも、腐敗した臭いだけでも……。あたり一面、手あたり次第に探しまくった。だが、何も手掛かりはなかった。私はあきらめて、現場を離れた。

ずっと後になって知ったのだが、玄徳さんは、「内地の若造が山歩きなどできるものか」と、あえて作り話をしたのだそうだ。

大ヤマネコは幻に終わってしまい残念な思いをしたが、そんな昔のことを懐かしく思い出しながら、玄徳分岐でしばしの休憩をとった。

玄徳分岐を過ぎると、にわかに傾斜が増し、大きな石や岩が連続して出てきた。急峻な狭い谷がしばらく続いたが、やがて、特にシダが多く、礫を敷き詰めたような細い沢に変わった。やがて、礫がなくなり沢から土の急登に変わると、あたかも山道があるように、イノシシの通った痕が現れた。そこを利用し、ぐんぐん高度を上げていくと、やがて分水嶺に達した。

一一時二五分、分水嶺。ちょっとした鞍部になっている。一面、シダ類がびっしりだが、ツルアダンがほとんどない。西表島では、稜線といえばツルアダンがほとんどなのだが、南西に山が迫っていて、直射光があまり当たらないからなのだろう。

ツルアダンは海岸林のアダンとは異なり、くねくねした竹のような蔓になる。根は節ごとにあり、他の樹木に絡まったり、岩場を覆いつくすようにして広がっていく。特に陽当たりのよい稜線部では蔓が二重三重に絡まりあう。こうなると人間にはほとんど通過困難だ。ツルアダンさえなければ、西表島の山歩きはもっと快適だと思う。そんなツルアダンがここにはほとんどないから、峠までは急峻だがとても歩きやすい。

分水嶺では休息もとらず、一気に下った。ここも、かなりの急斜面である。日当たりのいい場所はブッシュになっており少々やっかいだが、下ること四〇分、白水沢とおぼしき川に出た。白水沢とは浦内川本流の源流のことだ。もし、その通りなら、こちらからは見えないが対岸に横断山道があるはずだ。果たして、一〇〇メートルほど下ると沢の脇に道標があった。

西船着川

岩石帯 01
二俣01を挟んで一帯が岩石帯.上流の滝F03(取水口)まで急峻な岩石帯.脇の林内に直径20cmの鉄パイプ.

F01
一帯は標高差が小さく,蛇行が延々と繰り返される.南側の近い所に大富林道が並行.

F02
落差2m,斜滝.大富林道から管理用の小径が通じており,その小径は,さらにF03まで沢沿いに下っている.

横断山道に出て、沢に沿って左手を登れば、大富口に向かう。右手に下ればカンピレーの滝だ。この日、私は中間広場まで下り、キャンプ三日目とした。翌六月一八日、横断山道を軍艦石まで下り、観光ボートで浦内橋へ出た。

相良川（アイラ川）

一九六五年七月一五日、私は初めて西表島の土を踏んだ。島の玄関ともいえる大原集落だった。ずいぶん遠くまで来たものだ、と思った。

数日間の滞在だったが、私は何か不思議な島の魅力に取り付かれた。それは、大自然が人々の生活を圧倒しているという感覚だった。そして、なぜそんな計画を立て、なぜそれを実行したのだろう。七月一九日、私は一人、西表島の西部に向けて歩きはじめた。一番近いという船浦まででさえ四〇キロメートルはある。もちろん乗り物はない。道さえも途中で終わっているのだという。あとは海岸線を伝って歩くしかない。それでも、島の西海岸を見てみたかった。

初めて来たまるで知らない島で、七月の炎天下を一人で行くことができるだろうかという不安があり、ためらいもあった。意を決して大原をあとにした時には、すでに正午を一五分まわっていた。

古見へ着いたのが一三時四〇分。後良川の鉄橋を渡り、オヒルギとアダンが混じる背の低いマングローブの道を抜けると、じきに相良川に出た。透き通ったきれいな流れだった。樹冠を通して木漏れ陽が川面に反射してキラキラとまぶしい。ザックを道端に置くと、私は土手を下り、靴をはいたまま、シャツも着たままで川の中に腹ばいになった。川は浅いのである。古見を出てまだ一五分だというのに、キャラバンシューズの底は鉄板のように焼け、足までがジンジンと熱くなっていた。シャツもズボンも汗まみれだ。私はしばらく川の水に浸かったままでいた。

相良川は珍しい沢だ。河口から全長の四分の三を歩いても、まだ標高七〇メートルに過ぎない。滝はもちろん目立った落差もなく、快適なトレッキングが続く。ところが、残りの四分の一では形相が一変する。九つもの滝が標高差四〇〇メートルの間に連続し、西表島でも有数の、急峻な谷を形成している。

（第2章ホーラ川遡上より続く）

相良川源流下降

二〇一八年一〇月一九日（金）くもり、夜スコール

一一時三五分。古見岳山頂を出発し、先程登ってきた山道を戻る。山道というのは古見岳登山の唯一の登山道で、自動車道から相良川沿いにルートがある。標高七〇メートルあたりで相良川から離れ尾根を辿るが、標高三六〇メートルで再び源流の一つに入り、一気に頂上直下の鞍部に達する。

この山道を辿るのは、去る四月、「日本山岳会千葉支部隊」を案内したとき以来だ。普段、誰も登らないのだろう。草やツルで道が隠れてしまっている。新たな倒木や土砂崩れもあり、迂回を要する所もある。頂上近くではリュウキュウチクが伸び、登山道は狭いトンネルのようだ。背を伸ばすことすらできない。珍しく、ヤエヤマヒバーの八〇センチを超す大きな個体に遭遇した。

今日、私が下ろうと考えている沢は相良川の一番大きな源流で、登山道がある源流とは違う。そのため、登山道をわずかに下ってから、一旦尾根を越える必要がある。山頂から直接、目的の源流に向かうことも可能だ。ただしここは崖のような急斜面で、リュウキュウチク以外一本も木が生えていない。リスクが高すぎる。

一一時五九分、尾根を越える。相良川下降のスタートだ。再び登山道に出るまで、標高差三五〇メートル。ホーラ川同様急峻で、滝が幾つもあるだろう。この一帯には、砂岩と違う堅い岩も多いはずだ。アイゼンでも滑るかも知れない。十分な注意が必要だ。

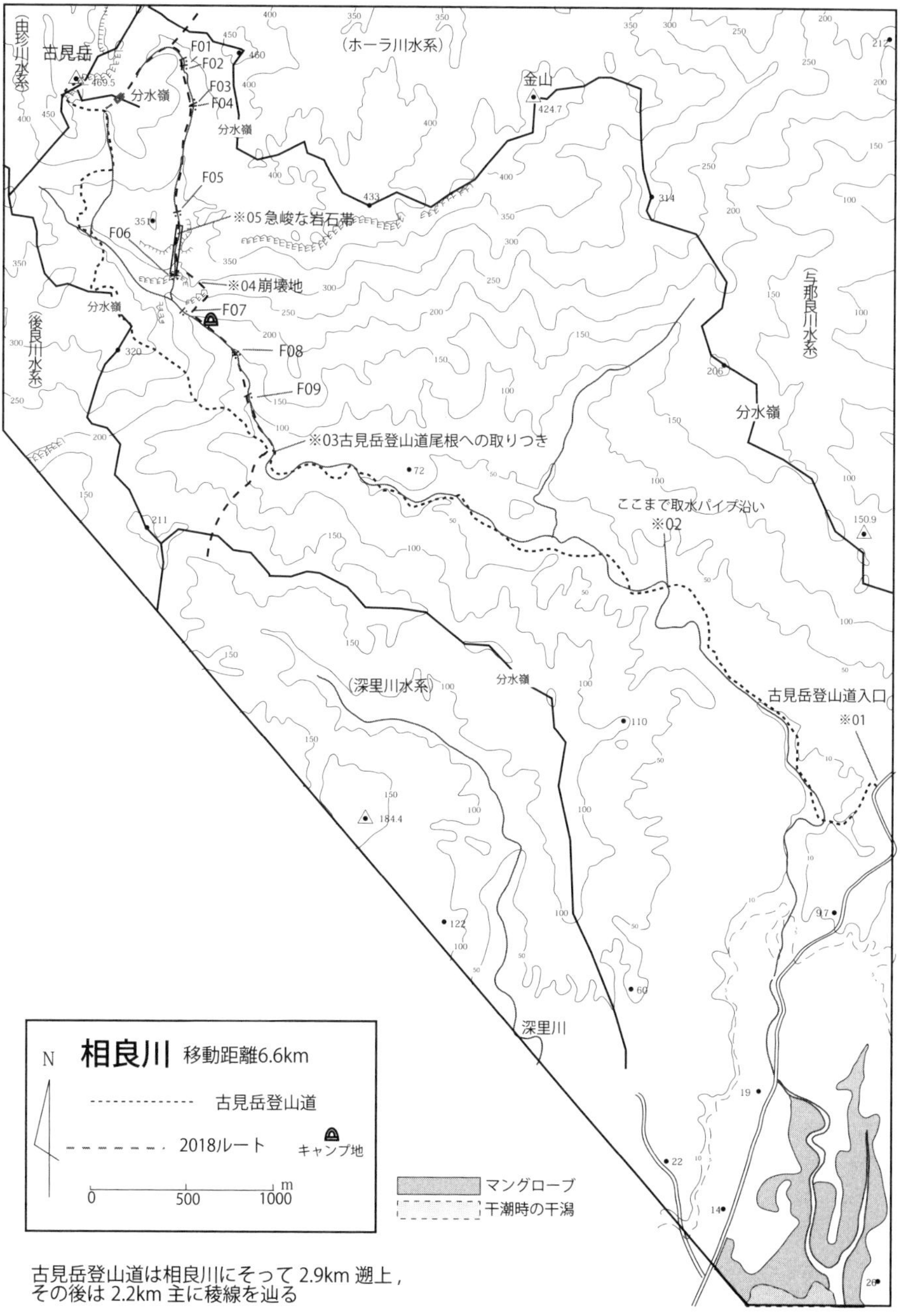

古見岳登山道は相良川にそって 2.9km 遡上，
その後は 2.2km 主に稜線を辿る

一二時二〇分、最初の滝（F01）。高さ二メートル、平たい岩石の層が水平に重なっている。下半分は大きくえぐれ、人がすっぽり潜り込める窪みになっている。直降は無理。右岸の林内を迂回する。

下流七メートルに次の滝（F02）。約五メートルの高さ。ここも直降は不可。同様に右岸の林内を迂回。

一三時〇七分、三番目の滝（F03）を降りる。高さ約八メートル、わずかに斜めになっていて、何本もの水が表面全体を覆うように流れ落ちている。ここも、直降できない。右岸の林内に入り、水平に進んでみた。ところがすぐに、小さな崖で行き詰ってしまった。ここは危険と判断し、一旦滝口まで戻りザイルを用意した。岩壁は約三メートル。ザイルをはずし、さらに川床まで降りた。予想通り、相良川源流は緊張の連続だ。

一三時一三分、下流五〇メートルに次の滝（F04）。太い一本の滝だ。高さ四メートルあるが、ここは簡単に右岸を迂回できる。

一三時五〇分、滝（F05）。高さ約三メートル。水平の岩の真ん中から一筋になって落ちている。水の幅八〇センチ。なかなか見ごたえのある滝だ。このあたり、狭いが比較的浅い谷だ。両岸とも岩で大変に美しい。

さらに下ると、角のとれた巨岩が積み重なって階段状になって谷を埋めている。沢は伏流、急峻で、グングン高度を下げていく感がある。岩が硬く、アイゼンでもスリップすることがある。それでも、アイゼンなしでは、重いザックを背負って歩けないだろう。背の高いヒカゲヘゴが何本もある。

礫岩もある。表面がザラザラしていて、アイゼンがよくフィットする。小指の先ほどの小石をたくさん含んでいる。下流域の川原の小石は、この岩に含まれているものと同じだ。スベスベしていて丸く、質感がある。昔遊んだゴム管（パチンコ）の弾に最適だ。そういえば、同じ種類の岩は、相良川だけでなく、美原の峠からカサ崎に向かって層を成しているのを見たことがある。

一四時〇九分。突然、目の前が開けた。遮るものがない。大きな滝（F06）の上だ。古見の畑が見える。前良川が見える。ずっと先の新城島も見える。仲間崎は干潮らしく、干潟が肌色に見えている。後良川は近すぎて、手前の山に隠れてしまっている。

足下は崖、えぐれたような急斜面だ。古見岳登山中、尾根のブッシュから見え隠れする岩場がここだ。大きな岩が積み重なり、沢は滝、両側は崖。「実際はどんなところなのか、登るとしたら、どこにルートがあるのか」。遠くから、常に興味を持って眺めてきた場所だ。相良川一番の危険箇所だろうし、西表島全域でも、これだけの場所は少ないはずだ。

「さて、どこから降りようか」。右側後方にある台地は、地図にある「三五一メートル峯」だろう。緩やかな斜面はこの台地くらいしかない。他は恐ろしいほど急峻だ。

台地は広くリュウキュウチクに覆われているが、どうにか抜けられそうだ。しかし、最後の谷底への斜面があまりにも急峻すぎる。一本の木も見えず、山頂直下と同じだ。足場はないだろうし、スリップしたら一巻の終わりだ。

左側は、強烈なブッシュが沢の縁から斜面の上まで連続している。しかし、稜線部には森林がある。そこまで出れば、尾根を辿って谷底まで下ることができるだろう。このルートしかない。

二〇メートルほど後戻りし、ブッシュに突入した。覚悟はしているものの、ここのブッシュは強烈だ。ツルアダンが絡む幾重もの壁が行く手を阻む。山刀を使い、蔓を押し分け、小刻みに方向転換をしながら、時間をかけて少しずつ前進した。

悪戦苦闘を続けていたら、わずかにブッシュが透けてきた。心弾んだのも束の間、驚く地形が目の前に広がっていた。ブッシュの先は大きな崩壊地だったのだ。草一本ない赤土。まだ新しい崩壊地だ。谷底まで四〇メートルほどだろう。

両足は辛うじてブッシュの縁にある。しかし、踏んでいるツルアダンの茎は、崩壊地の上端にはみ出ている。踏み込んだら即滑落だ。尻を地に着けたとしても、降りられるような斜面ではない。

「戻ろう。まずは退避。そして、登り詰めよう。あと一〇メートルだ」。ところが、すでにブッシュから出てしまっているから、向きを変えて潜り込むことが難しいのだ。行くか戻るか、少しばかり考えたが、あえて崩壊地を下ることに決めた。ザイルがなかったら進退窮まったはずだ。

八メートル下に足場になる部分がある。そこから下は少し傾斜が緩い。まずは下ってみよう。灌木で体を確保しながら片手でザイルを取り出した。それを地に這う木の根に回し、両端を結んで大きな輪を作り、先端を腰に固定した。

ザックを背負って下降。八メートル下の足場までは、難なく降りることができた。ところが、そこから下もザイルなしでは降りられない。失敗だ。さりとて、上まで戻ることも難しい。戻ったところで強烈なブッシュ。やむをえず、ザイルを使って時計の振り子のようにして、崩壊地脇の灌木にがむしゃらに辿り着いた。吊り下がったままの極めて不安定な態勢だ。しかし、手を放さない限り滑落の心配はない。ザイルを回収しながら一部を灌木に巻き付け、改めてザイルを垂らす。すべて左手だけで作業した。そして、さらに一〇メートルを一息に下った。

一五時二八分。まだ崩壊地の半ばだが、ここまで来ればなんとか下れそうに見える。しかし、岩石や土砂が積み重なっていて、へたに乗ると地すべりが起きそうだ。わずかにトラバースをし、脇の森林に潜り込んだ。ここも急峻には違いないが、木があり体を確保できる。もう、ザイルの必要はない。

こうして、谷底の沢までなんとか降りることができた。時計を見ると一六時ちょうど。下ってきた林内には、無数の転石がある。一帯では崩壊や落石が頻繁に起こっているようだ。降りた地点は、まだ岩石帯が続く源流域である。標高二五〇〇メートルあたりだろうか。

沢に出たのはいいが、テントを張る場所がない。しかし、もう時間だ。私は沢から二メートルの高さ、約一〇メートル離れたわずかなスペースをキャンプ地と決め、石をどけて整地し、クロツグ、リュウビンタイ、クワズイモの葉をたっぷり敷きつめた。傾斜があり、一等地とはいえないが、一晩だけなら我慢もできるというものだ。

一〇メートル上流に二メートルの滝（F07）がある。かなりの水量だ。ことのほか音が大きい。大きく高巻きした六番目の滝からここまでの間に、さらに滝が一つか二つあるのかも知れない。林内を下ってきたので、正確なことはわからない。

一七時三〇分。オオコウモリが飛来し、五〇メートル先のギランイヌビワに止まった。ちゃんと確認したわけではない。しかし、止まる間際の翼の動きはオオコウモリ独特のものだった。

一八時一〇分。雨、突然の土砂降り。テント設営時はよく晴れていてフライシートはいらないと思ったりもした。しかし、やはり張っておいてよかった。とにかく凄い降りなのだ。

一九時一五分。雨が続いている。上流では相当に降ったようで、滝と沢の音が凄まじい。テントの中では状況がわからないが、音だけでも恐怖だ。鉄砲水。転石。落枝。倒木。不安がつのるが、最良のポイントにテントを設営したつもりでいる。

鉄砲水が起こってもテントへの直撃はないだろう。急峻な谷だし、テントは沢から二メートルの高さにある。水は滝となって谷を下ってしまうはずだ。仮に水が来ても、テントを押し流すほどの力はないだろう。その時になって脱出すればいい。落石はどうか。テントのすぐ上側は高さ一・五メートルの崖になっている。その表面はガジュマルに覆われていて、全体が天然の防護壁だ。今はテントに留まることが一番。しばらくは様子を見ることとする。

夜半過ぎ、テントから顔を出すと雨はほとんど止んでいた。沢の音もスコール前に戻っている。風に混じって、時々、カエルの声。「ヒャッ」という一声はハナサキガエルだろう。日中にハナサキガエルとリュウキュウカジカガエルに遇った。キノボリトカゲにも遇ったが、一〇センチ足らずの小さな個体が多かった。他にも、一メートルの至近で逃げもせずにいるヤマガラを見たし、キビタキも見た。冬越しで北から来ているのだろう。

一八日の夜、ほんの一時だが、コノハズクの声が聞こえていた。

一〇月二〇日（土）朝小雨、くもり

六時一〇分、起床。小雨模様。夜半、一時止んでいたが、再び降り出して朝まで続いていたようだ。とりあえず、食事の準備。

六時三五分。まだ暗い。西表島の日の出は、この時期六時四〇分。ライトなしで林内を歩けるのは七時頃からだ。少し経ったら出発の準備をしよう。雨はやっかいだ。荷物をまとめるのに苦労する。

七時五〇分。滝の写真を撮ってから出発。予定は、まず古見岳登山道と交わる地点まで下る。そこから山越えをして深里川へ入り、河口まで下るつもりだ。地図を見る限り、すでに全行程の三分の二を終え、危険地帯はすでに通過している。とはいえ、二メートルでも滝は滝。転落すれば命とりになる。最後まで気を緩めず行こう。どうやら雨も止んだようだ。ただ、沢は増水しているだろう。なるべく林内を辿るとか、その場その場を臨機応変に対応しよう。

八時一七分、滝（F08）に出る。高さ五メートル。大きな岩の表面を流れている感じで、滝口が小さく、下方に向かってわずかに幅が広くなる。りっぱな滝壺。急な下りが続く。大きな岩がたくさんあるが、硬くてアイゼンがききにくい。

八時四〇分、この地点だけ川幅が二〇メートルを超え、右岸寄りの脇に二段、斜めの滝（F09）がある。滝でない部分は沢が大きな岩で埋めつくされ、滝を通らなくても下降できる。川の中に一〇メートル近いヒカゲヘゴが三本立っている。

かなり下ってきている。まだ沢の中で、陽は当たらないが、右斜面は上部が太陽に照らされていて、谷が東

相良川

F08.　高さ 5m, 滝口が小さく , 岩の表面を流れている斜めの滝 .

滝 F07.　最大の難所である滝 F06 と崩壊地を下り切った地点に位置する .

滝 F09.　2 段になった斜めの滝で , 幅 20m ある谷の右岸の脇に位置する .

に曲がりつつあることがわかる。完全に東向きに変わるあたりが登山道と交わる地点だ。ここへきて晴天、無風。穏やかな朝といった雰囲気だ。

九時〇五分、登山道に出る。標高七〇メートル。古見岳へ登る際の最後の渡渉地点だ。源流を辿って山頂を目指す人はまずいないだろうが、ホーラ川に劣らず、魅力のある沢だった。

これにて相良川源流の下降は終了。引き続き下る場合は、一三回の渡渉があるものの、自動車道路まで登山道があり、迷うことはない。約一時間の距離だが、私は、山越えをして深里川へ向かう。

二〇メートル下流の右岸に小さな涸れ沢がある。そこが深里川源流へ向かうルートである。沢はじきに終わり、どこへ向かうにも同じような急斜面だが、一番低い部分を直線方向に登っていく。雲が広がってきたが、天気は問題ない。イワサキゼミが鳴いている。スダジイの古木があり、登るにつれリュウビンタイ、そしてツルアダンが増えてきた。

斜面の上部に達すると、たくさんの木にアルミプレートがピンで固定されていた。プレートは二センチ×五センチの大きさ。ナンバーの刻印があるが、氏名や団体名はない。巨木にはスチール製のスケールが巻かれている。成長を測定するための巻き尺だ。かつて継続した調査があったということだが、スケールが巻かれたままの枯死木や倒木もあり、長い年月が過ぎているようだ。最近人が歩いた痕跡はまったくない。

一〇時三〇分、分水嶺に立つ。所々にスダジイの古木が残る明るい林で、下草やツル植物がまったくない。ここで相良川水系ともお別れ。これから反対側の深里川へ下る。

（深里川下降へ続く）

深里川（フカリ川）

一九七五年頃だったか、大原に住んでいた当時、大家である古波蔵当清さんについて山に入ることがあった。回数はそんなに多くはなかった。イリオモテヤマネコの調査があったから、同行するのは手伝いを頼まれた時や、私にとってぜひ知りたい地域へ行く時くらいだった。猟の手伝いで、捕獲したイノシシを道路まで担ぎ下ろすことがほとんどだった。その年は深里川も猟場の一つで、正月休みもなく頻繁に通った。当時、現在の西表野生生物保護センターがあるところに青年開発訓練センターがあり、そこまで車道が通じていた。その先は細い山道だったが、深里川の奥まで続いていた。訓練センターからは、昔の田んぼ跡や竹林を抜け、大きな滝の手前で左岸から対岸へ渡り、右岸の林内を登り切ってから滝の上に出た。その先は、ひたすら沢の中を歩いたように記憶している。

獲物が多い日は一度に二頭を背負い、一日に数往復、腰まで水に浸かりながら担ぎ出すこともあった。イノシシは生きている。吻はワイヤーで縛り付けてあるから牙でやられる心配はない。とはいえ、暴れたりブヒーッと鳴かれたりすると、こちらも疲れているからイライラしてくる。そんな時は、「エーィ」とばかり肩まで水に沈み、イノシシを一時沈黙させたりもした。

忘れもしない正月二日、五〇メートルも行けば車道という所まで来た時、「ギャーッ」という絶叫が幾度か聞こえてきた。「何事か」と先を急ぐと、バタバタと数羽のカラスが飛び立った。その下には凄まじい光景が広がっていた。腸が引き出され、尻も周囲も鮮血でベットリのイノシシが横たわっているのだ。カラスの仕業である。縛られて身動きできないことをいいことに、柔らかい尻の穴や目を襲ったのだ。イノシシもたまったものではないが、精いっぱいの泣き声で耐え続けているのだ。

（相良川源流下降より続く）

深里川下降

二〇一八年一〇月二〇日（土）朝小雨、くもり

前日、古見岳山頂から相良川源流を下り、途中で一泊。今朝、一〇時三〇分、相良川と深里川を分ける稜線に立った。幅が一〇メートルもある広い尾根で、直径一〇センチ前後の細い木がたくさん生えている。下草やツル植物はなく、所々にスダジイの古木が残っている。稜線部に限って非常に歩きやすく、また、どこにでも腰を下ろして休むことができる。

十分に休憩をとった後、斜面を下り、一〇時五五分、深里川源流に降りた。河口までは直線で二・五キロメートル。途中で一泊の予定だから、あせらず、ゆっくり下るつもりだ。

降りた地点は深里川のどん詰まりに近く、水はほとんどない。上流側は川幅一メートル、薄い砂岩が段々状に重なっている。両岸は急峻な斜面で、谷は廊下のように狭い。下流側は川原。

一一時五三分。最初の滝（F01）。高さ二メートル、幅一メートルで一条の落水。滝上は平たい砂岩で川幅が四メートルある。滝の架かる岩は川上に向かって馬蹄形を成し、滝壺は滝の大きさに比べて大きい。

滝壺は長さ五メートル、幅は広い所で八メートルある。水深も一メートルを超える。しかし、一〇メートルも下ると、川幅は元の五メートルくらいに戻っている。小滝だが、直接下ることは無理で、左岸の林内を迂回した。

深里川はここまで、全体に傾斜が緩く小石だけの浅い川原が続き、大きな岩や石が少ない。また、所々に長

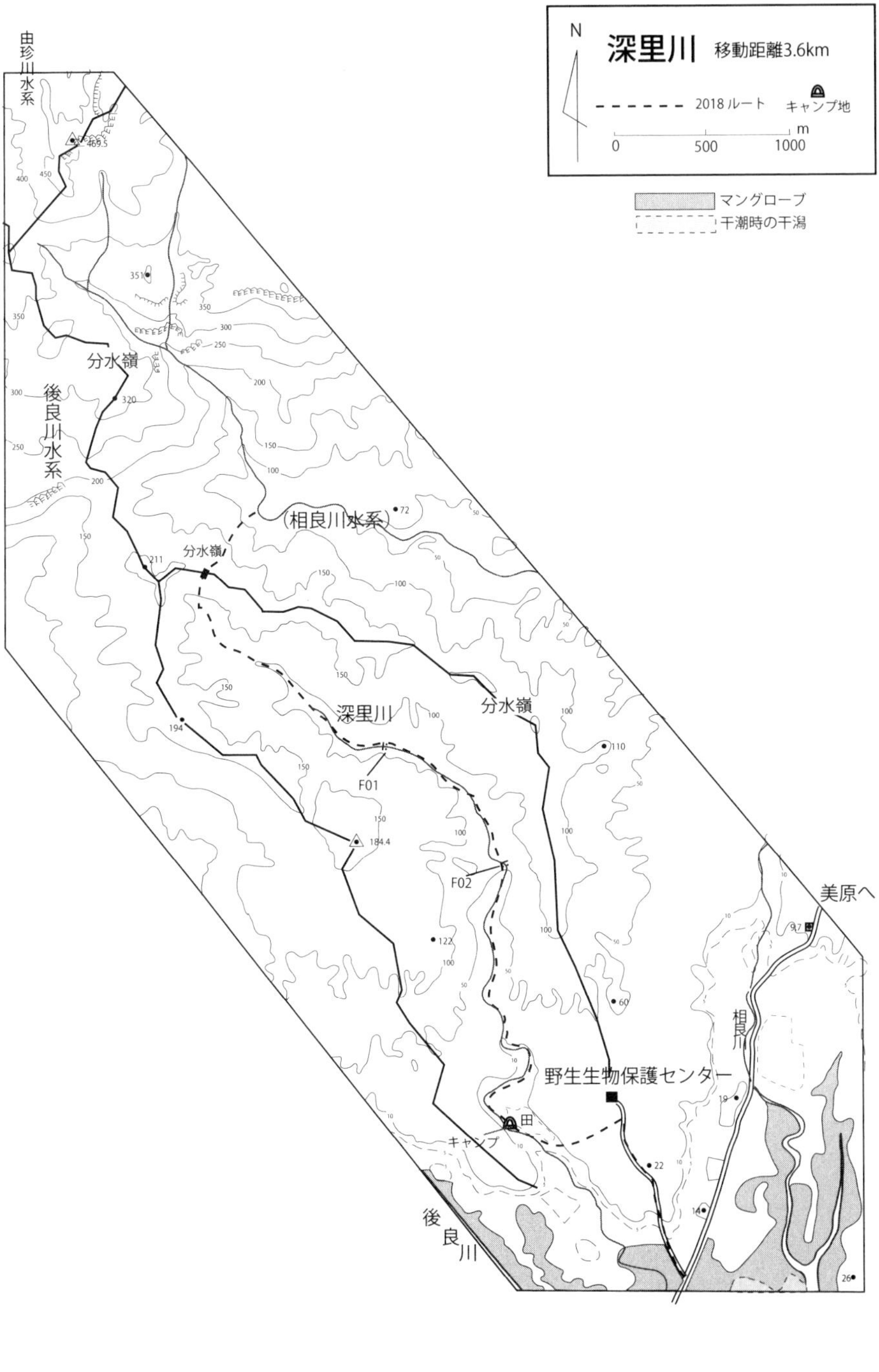
深里川
移動距離3.6km
N
2018 ルート
キャンプ地
m
0
500
1000
マングローブ
干潮時の干潟
由珍川水系
469.5
351
分水嶺
後良川水系
320
(相良川水系)
72
211
分水嶺
分水嶺
深里川
194
110
F01
184.4
F02
122
60
美原へ
9.7
相良川
野生生物保護センター
19
田
キャンプ
22
14
後良川
26

さ三から五メートルのナメ床がある。ナメ床は川幅いっぱいに堰堤のように伸び、上流側は少し深くなっていた。ただし深いといっても膝まで。川幅は相良川の半分程度。両側は緩やかな斜面で、明るい森。相良川によく似ている。

一二時五五分。こんな大滝（F02）があるとは思わなかった。高さ一〇メートル。三段だが、二段目の一部がスロープになっている。まともに水をかぶってしまうが、アイゼンを履いた状態なら、滝口から三段目まで降りることができそうだ。しかし、そこから下は切り立っていて直降は難しそうだ。滝壺は長さ三メートルくらい、幅は五メートル。一メートル以上の深さがある。

上から眺めて、「やはり下れない」と直感した。当然、迂回だ。しかし、地形を見ると、結構面倒に思える。ザイルを使おうと考えた。ところが、掛けられる木が近くにないのだ。一番近い木に掛けても、二〇メートルのザイルだから半分の一〇メートル、これでは二段目の棚にさえも届かない。ところが、滝口の右脇に平たい岩が浮いた形であり、そこに二重に巻かれている残置ロープが見つかった。しかも、一方が長く垂れ下がっている。ただ、五メートルは短すぎる。到底、下り切ることはできない。しかし、まずはこのロープを利用しようと考え、私は何度も慎重に強度の確認をした。そして、「大丈夫だ」と確信したのだが、このロープではぎりぎり二段目の棚までだ。持参した自分のザイルを継ぎ足すことにした。そうすれば、滝の下まで完全に届く。「万が一切れて転落しても、滝壺が深いから、大きなけがにはならないだろう」。そう思いながら滝口から二段目に降り、膝下に水をかぶりながらスロープを慎重に下り、三段目に到達した。そこで今一度、ロープの強度を確かめ、滝の下まで降りきった。

大滝を降りきった直後、私は強烈な後悔の念に駆られた。「何故、人のロープに手を出してしまったのか」。確かに念を入れて強度の確認をしたが、あくまで強く引っ張ってみただけのこと。体重と荷物を足した八〇キロを支えられるかどうかは、その程度ではわからないし、もし切れていたら、間違いなく滝壺へ直行だ。うまく着水できればまだしも、頭を岩にぶつける可能性もあった。こういう賭けは絶対にしてはいけない。持参のザイルでは届かないとわかった時点で、迂回を選択すべきだった。長生きしたいのなら、絶対にやってはならないことだ。

滝から下流は様相が一変し、大きな岩が点在するようになった。ただ、傾斜が緩く、谷を埋めているわけではないから、岩を避けて歩くことができる。そして、ここまで来ると部分的に林内を歩くことも可能だ。昔、山道があったような雰囲気だ。

やがて深里川は小石から砂底に変わった。おそらく、このあたりまで干満の影響があるのだろう。この先、滝はあり得ない。そうなると、先ほどの大滝は古波蔵さんと一緒に見た滝だということか。他に該当する滝はなかった。記憶では、たかだか五メートルくらいで、横に長かった。手前まで鮮明な山道があり、竹やぶや川沿いを歩いたような気がする。平坦な道だった。そして、滝の少し下流で渡渉し、急斜面に変わった。滝は直接登らず、右岸の少し離れた林内を迂回した。滝の少し上流に出て、そこからは、ずっと沢の中を歩いた。多くが昔と随分と変わったように思うが、はからずも、記憶の頼りなさが露呈してしまった。それにしても、あれから四十数年もの歳月が流れているのだ。ここにきて、深里川下降はほぼ完了。

一四時一五分、深里の田んぼに出た。今は時期でないから、水が貯まり雑草が生えている。ハラブチガエルが鳴き、ダイサギが三羽、餌を漁っている。

深里川に沿って大きめの畔道がはじまる。軽トラックなら通れそうだ。進めば農道に合流、自動車道路に繋がっているはずだ。一六時には白浜行きの最終バスが通る。十分に間に合うだろうが、今日はここでゆっくりしよう。里山で眠るのも、雰囲気が違っていいかもしれない。

一六時〇九分、田んぼに白いサギがいる。クチバシが黄色、足は黒色。大きさからチュウサギだろう。獲物を察知したようだ。カエルの声に向かって行く。ゆっくり、時には静止。さらなるスローモーションで前進。

少しずつ、少しずつ、声に近づいて行く。

射程内に入る。首を伸ばして引っ込め、もう一歩近づき、サッと首を伸ばした。次の瞬間、クチバシを高くあげ、何かを呑み込んだ。おそらくカエルだ。鳴いていたハラブチガエルだろうか。

一八時ちょうど、サギは相変わらず採餌を続けている。キジバトが一羽、畦道に降り餌を探している。月が見える。大きな月だ。満月が近い。

一八時四二分、カエルの声を録音。

二〇時〇七分、コノハズクの声を録音。ミューッ、ミューッという声。

二〇時一五分、月が一段と高く昇り、カエルの声が聞こえている。沢が近いのに、水音は聞こえてこない。静かな、穏やかな夜。

一〇月二一日（日）くもり、時々小雨
六時三〇分。まだ薄暗いが、外はライトなしで動けるくらいになった。空高く飛行機雲が一本ある。朝陽で赤く染まっている。田んぼは、空を映して白く光っている。終夜鳴いていたカエルの声も止み、静かな時間が過ぎていく。
八時一八分。キャンプ地を出発、バス停には八時三〇分に着いた。突然の雨。そんな中で三〇分、マングローブを眺めたりしてバスを待つ。九時〇四分、予定のバスで上原のカンピラ荘に戻った。

幅の広い分水嶺.直径10cm前後の細い木が多く,下草やツル植物もなく,明るい林.

深里川

F02.
高さ10m,3段. 滝壺は1m以上の深さ.

F01.
上流に向かって馬蹄形の地形.滝の高さ2mだが,滝壺は長さ5mで深い.

スタダレー沢

※南海岸にある沢だが、編集の都合上、本章で紹介する。

西表島西部と東部を結ぶ唯一の幹線道路が「沖縄県道二一五号白浜南風見（しらはまはえみ）線」である。総延長五四キロメートル、西部地区の白浜と東部地区の豊原を結んでいる。本線は一九五三年に琉球政府道に指定され、当時は米軍民政副長官の名を採ってオグデン道路と呼ばれていた。その後、一九七二年、沖縄の日本復帰とともに県道となった。

西表島には長らく東西を結ぶ自動車道がなかった。私が初めてこの島に来た一九六五年当時は、東部地区では豊原から船良まで、西部地区では船浦から白浜までの道しかなかった。もっとも、浦内橋が完成したのが一九六九年だから、それまでは、西部地区そのものも浦内川で二分されていたわけである。住民が東西を往来するためには横断山道か海岸線を歩く。あるいは一旦、連絡船で石垣島へ出て、別の船に乗り換えるしか方法がなかった時代だった。石垣島からは現在と同様、西表島の東部あるいは西部とを結ぶ船があった。一九七七年になって北岸道路が正式開通し、島の東部と西部が初めて一本の道で結ばれた。

豊原から南風見田の浜までは、県道二一五号線の延長上に約三・七キロメートルの農道がある。ここが「南風見田の浜」と名付けられたのは、道路が整備され道路標識が設置されるようになってからである。では、それ以前は何と呼んでいたのだろうか。

農道の終点近く、公設キャンプ場の手前に耕作地が広がっている。以前はサトウキビ畑だったが、現在は多くが牧草地に変わっている。この一帯が昔から言うハイミダ（南風見田）である。また、浜がある一帯も漠然とハイミダに含めていた。「キビ刈りに行く」、「冠水して通れない」と言えば耕作地のことだし、「モズク採りに」、「磯遊び」と言ったら、浜のことを意味していた。ただし、これは石垣島など他所から来た人に対して使う、一帯の総称だった。

地元の人たちは、一帯を「ナイヌ」と呼んでいた。農道が終わって最初にある大きな浜が「スタダレー」。次の浜が「ボーラ」。その先の浜が「ナイヌ」。そして三つの浜を含む総称がナイヌでもあったわけである。

さて、南風見田の浜に開口する唯一の沢が「スタダレー沢」。スタダレーとは、河口近くにある小滝そのものを指す呼称である。ここは、海水浴をする人にとってありがたい水場となっている。水量は決して多くないが、どんな渇水期でも、水がなくなることはない。

もう一つ、スタダレー沢には別の存在意義がある。

学問上、ある生物の新種記載を行なう際、その生物の特徴を記述するための拠り所となる標本を「タイプ標本」または「模式標本」と呼んでいる。イリオモテヤマネコの原記載に使用された標本は毛皮二枚と頭骨五個である。そのうち一個は頭蓋骨のみ、一個は亜成獣のものだったが、唯一毛皮、頭骨、骨格がそろっていた個体が、このスタダレー沢で捕獲されたものだった。

一九六五年五月五日、大原中学校の生徒たちは恒例の遠足でハイミダに来ていた。この時、偶然にもスタダレーの小滝の下にうずくまっていたネコを見つけた。かなり深い傷を負って衰弱しており、生徒たちの手で比較的容易に捕獲された。弱っていたため、じきに死んでしまったようだが、このネコがイリオモテヤマネコの基本の標本となったわけである。二〇一八年四月、南風見田の浜入口に「イリオモテヤマネコ発見記念碑」が建立された。

スタダレー沢遡上

二〇一九年六月一三日（晴れ、時々くもり。夜セイゾウガーラでスコール二〇分間）

午前八時、上原のバス停で八時一五分発の豊原行きのバスを待つ。昨日、天気予報では雨だったが、終日雨は降らなかった。明けて今日も、天気予報では雨だが、雲は多いもののよく晴れている。空を見る限り雨の心配はなさそうだ。

今回の山歩きは西表島の南東部、豊原から北西部の上原まで縦断するというものだ。山越えが三つあり、島の中心部を通るルートは、これまでの山歩きに比べると長丁場で、またかなりの苦労が考えられる。豊原から南風見田の浜までと、浦内川沿いの一部、船浦から上原間は既存の道を歩くが、他はスタダレー沢、セイゾウガーラ。ナームレー沢を経て御座岳山頂。御座岳北沢を下って浦内川。さらにカーシク川から船浦、上原までと、まったく道がない山中を歩くことになる。まあ、いつものように安全第一、無理せずに時間をかけてやり遂げることだ。バスは時間どおりにやってきた。運転手さんはいつもの大城一文さん。走行中の会話でとても爽やかな気分になる。

九時三〇分、豊原のバス終点に着く。さあ、出発だ。大城さんに一言あいさつしてから、農道を南風見田の浜へ向かって歩きはじめた。一一日に西表島入りしてから鳥や虫の声を聞いた記憶がないが、天候が回復したせいか、農道でリュウキュウクマゼミの激しい鳴き声を聞いた。早朝、上原でカラスの声を聞いたし、豊原からの道では時折、ヒヨドリの甲高い声が聞こえていた。

一〇時二五分、南風見田の浜に到着。車も人もここが終点、この先まったく道がない。

まだ朝早いというのに、珍しく波打ち際に人影があった。声を掛けてみると、二〇歳代半ばの青年で、環境

南風見田の浜

取水ダムより上流側

取水ダムより下流側

（セイゾウガーラ水系）

標高 150m まで急峻 , 岩石帯 .150m
を超えると緩傾斜 , ブッシュ .

取水ダム
標高 40m.

「スタダレー」.2m 斜め . 左側を直登 .

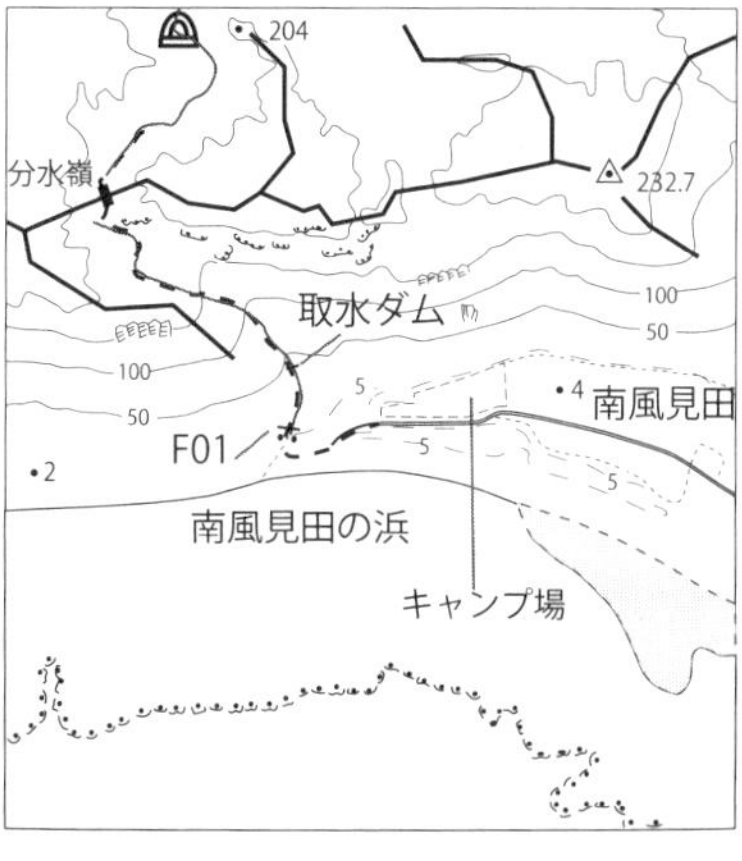

干潮時の干潟

省が建てた休屋でキャンプをしているのだそうだ。高校時代に一度、仲間と西表島に来たことがあり、船浮で傭船してウダラ浜へ入り、山越えをして鹿川でキャンプをしたことがあるという。今回は南海岸から鹿川へ行きたい様子だった。左のふくらはぎに入れ墨を施していたが、言葉遣いもていねいで、真面目そうな青年に見えた。短い時間だったが、ナサマ道など危険個所に関して話をした。

一〇時四五分。アイゼンとスパッツ、足回りを整えてスタダレー沢に入る。浜を流れる部分は普段は涸れ沢になっている。水が砂地に吸い込まれてしまうのだ。

浜から一〇メートル入った所に「スタダレー」と呼ばれている小滝（F01）がある。高さ二メートル、岩を伝って斜めに落ちている。向かって右の脇にロープが結ばれているが、使わなくても直登可能だ。滝上には取水口が取り付けられており、休屋の手洗い場へ引かれている。

スタダレー沢は、取っ付きからかなり急峻で、直径一メートルほどの岩が沢を埋めつくしている。この状態は標高一五〇メートルの高さまで続くが、さりとて危険な場所はなく、水量もそんなに多くはない。一九七四年に登った時には林内に道があった。しかし、今は猟師も入らないので道はない。ただ、ひたすら沢の中を登って行くだけだ。

一一時ちょうど、取水ダムに来た。幅四メートルの沢をコンクリートの堰堤でせき止め、水は堰堤の半分まで溜っている。中央の川底に直径一〇センチのゴムパイプが固定してある。パイプは沢の縁を通ってスタダレーまで下っている。

取水ダムを越えると伏流となり、しばらくは涸れ沢が続く。それが、標高一五〇メートルに達すると傾斜がかなり緩やかとなり、再び水が流れるようになった。しかし、手ですくえないくらいの少量だ。このあたりが森林と上部のブッシュとの境界部分になる。ほとんどがススキで、ヤブレガサウラボシや灌木が混じっている。低地のものと同種だと思うが、ピンクの花を付けたノボタンもある。かなり花が小さいが、土地がやせているということなのだろうか。ススキの原ということは、おそらく一度皆伐されたことがあるのだろう。沢は握りこぶし大の石を敷き詰めたような涸れ沢で、その部分だけ草がないからススキのトンネルのようになっている。ここが、同時に道になっているわけである。このブッシュの中をだらだらと、小さな蛇行を繰り返しながら登って行くのだが、比較的歩きやすい道だ。

ブッシュがはじまったあたりから、シダ類や灌木に切り取られた痕がある。数カ月くらい前のものだろう。また、二カ所に森林事務所のピンクリボンが吊り下がっている。ただ、これは古いものだ。稀に人が歩くことがあるということだろう。

このまま、鞍部に達するものと思っていた。ところが、涸れ沢はブッシュが終わったところで、突然、行き止まりになっていた。よくある「コの字」型のどん詰まりで、三方が赤土の急斜面になっている。川床は少しグチャグチャして赤土が溜っている。ここにも古いピンクリボンがあるが、道らしいものはすでに消えている。ただ、正面の稜線が目的とする分水嶺だろう。そこを越えれば、セイゾウガーラだ。そう確信したので、斜面をがむしゃらに登り詰めた。

一三時五〇分、分水嶺。そこは当初目指した鞍部から一〇〇メートルほど東寄りで、標高も高い。稜線上はツルアダンが密生し前進もままならなかったが、わずかな区間だけで、その後、鞍部の方向に向かいつつ、北斜面をセイゾウガーラの源流に向かって下った。

上原から乗車したバスの運転手さんは大城一文さんだった。白浜始発の第一便は大城さんが担当することが多い。

「安間先生でしょ。驚いたなあ。昨晩、先生の話で盛り上がったところですよ」。「まさか、今朝、会うことになるとは思わなかったな」。大城さんは大いに驚き、私との再会を喜んでくれた。大城さんは現在、白浜集落の公民館長も務めている。東海大学沖縄地域研究センターに勤める水谷晃夫妻が白浜に自宅を新築する際、土地探しやその他諸々の手続きに尽力してくれた人だ。

昨晩、小さな集まりがあり、その席でたまたま私の話が出たのだそうだ。石垣市平得に本社を置く建設会社があり、現在、西表島において上原駐在所や学校の付属施設を造る仕事などを請け負っているそうだ。主任である根間永一さんは、週末は石垣島で家族と共に過ごすが、普段は干立集落に単身で滞在している。宿舎にテレビがないので、夜はよく読書をする。そんな中で最近読んだものが、私の著作『西表島探検』だったそうだ。昨晩、大城さんと会った折、「こんな人がいるよ。内地の人なのにヤマネコ発見のニュースを機に西表島に来て、以来、島に通い続けているんだって。石垣島で教員をしたこともあるし、今でも西表島の山中を歩き続けている」。根間さんが、そんな話をしたそうだ。

「ああ、安間先生なら知っているよ」。大城さんがそう応えて、しばらく私のことで話が盛り上がったらしい。この山歩きが済んだ後、船浮や白浜を訪ねる予定でいた。すでに宿の予約もしてあったから、「二五日は白浜で一泊しますよ」と大城さんに告げると、「じゃあ、根間さんと一緒に訪ねるね」と返事をくれた。豊原の終点に着くと、大城さんはバスのエンジンを切り、さっそく根間さんに電話を入れていた。

今回の山歩きが終わった後の六月二五日、二人が私の宿泊先「しらはま荘」に来てくれた。午後六時、まだ真っ昼間の明るさだ。夏至を過ぎたばかりで、この時期、西表島では午後八時を回っても明るさが残っている。

お二人とビールを飲みながらの歓談となる。「根間」姓は宮古島の出身だから、そのことを尋ねると、「子どもの頃、両親と八重山へ来た」との話だった。私が以前勤めていた石垣島の崎枝中学には根間姓が二軒あったから尋ねてみたら、親戚でもなく、知り合いでもなかった。ところが、私の教え子である狩俣恵子、新里幸枝の家族とは以前から親しい付き合いをしているようで、近況や親兄弟のことを楽しそうに話してくれた。懐かしさと、人とのつながりが嬉しかった。


（セイゾウガーラ下降へ続く）

セイゾウガーラ

古波蔵当清さんはカマン捕りの名人だった。「カマン」とは西表島東部地区でイノシシのこと。西部地区では「カマイ」と呼んでいる。

西表島のイノシシ猟は一九七二年の沖縄の日本復帰をはさんで、前数年と後五年の八年足らずが全盛であった。有害獣駆除の奨励金が出たことも理由だが、なにより肉の商品価値が高まったこと、家庭用冷凍庫が入手できるようになったことによるのだろう。イノシシは島内で消費されるだけでなく、石垣島の料理店へ売られるようになったし、復帰後は多くが遠く大阪の業者に買い取られるまでになった。一一月一五日から翌年二月一五日までが狩猟期間で、専業で猟をする人が現れた。もっとも、そういう猟師は期間外でも許可を受けて出猟していた。古波蔵さんはその代表格であった。

当時約二〇名の猟師がいて、毎年、島全体で約二、〇〇〇のワナが掛けられ、六〇〇から七〇〇頭が捕獲された。そのうち半数は古波蔵さん一人が捕った。

一九七四年、私は大原に住んでいたが、借家が古波蔵さんの旧宅だった。

一一月の雨降りの日、古波蔵さんについて山に入った。ターツジと呼ばれるセイゾウガーラのすぐ西に伸びる尾根で、登り口まではサバニ（刳舟）で行った。

この日は幾つものアクシデントがあった。最初のイノシシは、生まれて半年の小さな個体だった。シーズン初の獲物だったが、古波蔵さんは「あんちゃん、大きくなっておいでな」と言って、おしげもなく解き放った。

しばらく行くと、メタヤ（ぬた場）近くに掛けたワナがはじけて、竿がなくなっていた。ところが足跡や竿を引きずった痕跡が見つからない。かかっているはずのイノシシが忽然と消えているのである。おかしなこともあるものだと思った。

その後、獲物もなく時間だけが空しく過ぎていったが、あるワナのところへ来たとき、突然、ブフーッ、ブフーッと威嚇音がして、イノシシが暴れ出した。しかも、動きが特別に大きい。

理由はすぐにわかった。後ろ足がくくられているのだ。普通は、ワナを踏んだ前足がくくられる。だから、回収する際も、とにかく後ろ足一本でも掴めば心配ないのだ。イノシシはワイヤーと人に両方から引っ張られる。こういう状態を保ちながら、猟師はイノシシの両後ろ足を縛り上げ、次に両前足を縛り付ける。最後は前後を一つにまとめ、ショルダーバッグのように担いで帰るのである。

ところが、掛かっていたイノシシは正面を向いて、竿が折れそうな勢いで暴れまくっていた。古波蔵さんはどうにかして前足を掴もうとしたが、あまりにも危険すぎた。結局、立木から一メートルほどの棍棒を作り、最後はそれを使ってイノシシを殴り倒した。「さあ、帰ろう」。そう思って担ごうとした瞬間、ワーッとイノシシが動いた。死んでいなかったのだ。

帰路、先程のぬた場にさしかかると、担いでいたイノシシがやにわに暴れ出し、グググググ……と音を立てた。すると、とんでもないことが起こった。ブフーッ、と応えるものがあったのだ。ほとんど同時にヌタ場の中でチャポーンと何かが動いた。イノシシだった。わからないはずだ。全身、泥一色なのだ。我々が探している間、泥の中でじっとしていたわけである。古波蔵さんと私は泥だらけになってイノシシを回収し、ターツジの急斜面をセイゾウガーラの出合まで下った。

セイゾウガーラ下降

（スタダレー沢遡上より続く）

二〇一九年六月一三日（木）。晴れ、時々くもり（夜、約二〇分スコール）

この日、路線バスで上原から豊原へ移動、農道を南風見田の浜まで歩いた。身の回りを整えてスタダレー沢を遡上、一三時五〇分に分水嶺を越え、セイゾウガーラの源流域に入った。

分水嶺は急峻ではないが、恐ろしいほどにツルアダンが密生し前進もままならない。それでも、藪漕ぎは一〇〇メートル足らずで終わり、じきに小さな涸れ沢に下りる。谷は北へ下っており、セイゾウガーラの源流の一つであることは間違いないだろう。

一四時一〇分。岩が二段になり、水が落ちているところに来た。滝とはいえないが高さ一メートル、水量もたっぷりだ。すぐ下に最深で一メートルほどの壺がある。

一四時三二分、小滝（F01）。高さ二メートル、平たく厚い岩の層が二段に重なり、その間に水平な溝がある。水は左岸寄りを何本もの糸のように分かれ、幅二メートルの帯となって落ちている。中央部から右岸側には水がない。周囲は本格的な森林。尾根に比べ背丈が増してきたが、ツルアダンもたくさん混じっている。

一五時二五分。まだ源流域に違いないが、一五時をまわったし疲れてもいるので、この辺で一泊することに決める。標高一三〇メートルほどの地点である。

一七時一〇分。テント内はもの凄い暑さだ。上半身裸、扉も開けているが、それでも暑い。イワサキヒメハルゼミが鳴きはじめた。その後タイワンヒグラシ、幾度かアカショウビンの声。暗くなってからはコノハズクの鳴き声。西表島であればどこでも同じなのだが、気持ちが落ち着き、一番のくつろぎを感じる夕暮れ時だ。

今日は、予定どおり進むことができなかった。この時点でセイゾウガーラの半分も下っていない。それはや

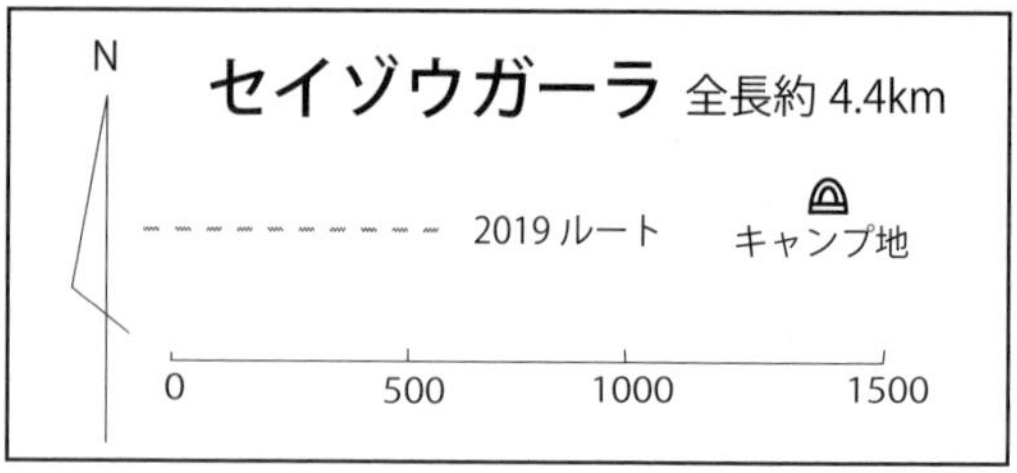

F03

高さ2m.沢全体の幅12m.滝の中央には表面が滑らかな大きな独立した岩がある.

F02

落差1.5m.長さ5m,幅４m の大きな滝壺を持つ.すぐ下流から岩石帯が始まる.

F01

2m. 厚い二つの岩の層が水平に重なっている .その間に水平な溝がある .

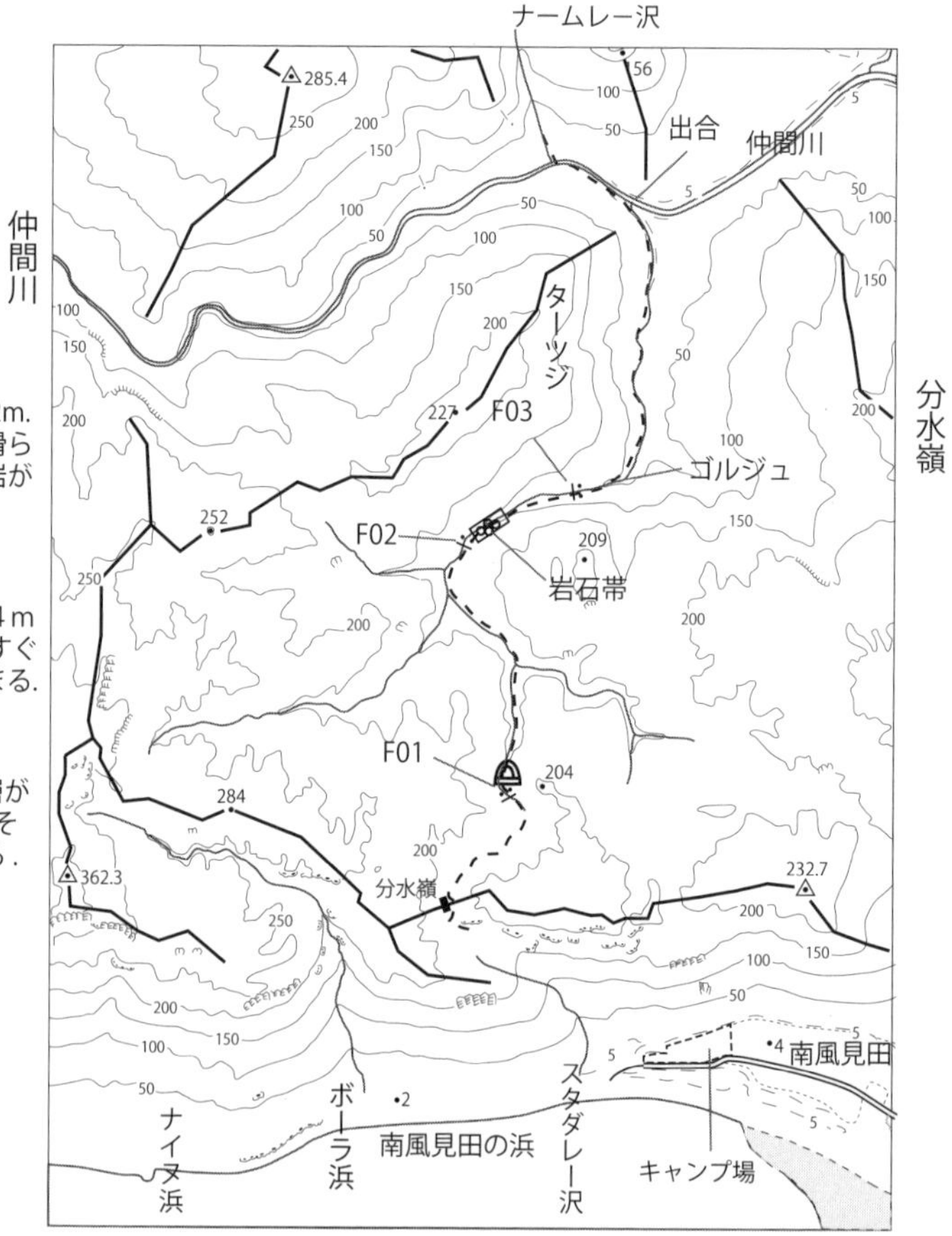

標高差約 200m. 特別に危険な場所はない .

ゴルジュ　すぐ下から岩石帯となる

滝 F02
大きな滝壺を持つ

滝 F03　大きな岩が 3 つ並んでいる

むを得ないというか、自分のペースに合わせるしかないと思っている。ただ、いつの山歩きでも計画の時点で、「一日目はこのあたり」くらいは予想しているし、大きく狂うことはなかった。だから、今日のように予定どおりに進めないと、残念という気持ちが出てしまうのだ。明日はセイゾウガーラを仲間川まで下り、どこかで仲間川を渡渉しナームレー沢に入る。そこから御座岳山頂を目指すのだが、途中で二泊することになるかも知れない。うんざりする話だが、以前、一本東の桑木沢から御座岳へ登った時がそうだった。まあ、焦らないこと、安全第一を心がけることだ。

二〇時二五分。雨が降り出した。激しいスコールになりそうだ。沢歩きでは、雨が一番心配だ。大降りにならなければいいが。

六月一四日（金）概ね晴れ

五時五〇分起床、すでに明るくなりはじめている。昨夜のスコールは大きかった。二一〇分で止んだものの、沢が滝のような音になった。今朝は、まだ多少は大きい音と感じるものの、スコール前と大差ないほどに落ち着いてきている。四時五五分、ほんの一時だがタイワンヒグラシが鳴いた。天気はどうだろうか。今は霧雨のような感じだ。雨なのかも知れないし、これが濃い霧だとしたら、好天となるあかしだ。

七時一五分。出発。沢は昨夜の夕方に比べ五〇センチも増水している。こういう光景を見ると、改めて「安全第一に」と自分に言い聞かせたくなる。山歩きは無事に帰還して初めて完結する。

七時三四分、滝（F02）。落差一・五メートル、滝とも呼べないほどだが、直下には立派な壺がある。壺は長さ五メートル、幅四メートルある。さらに昨夜のスコールのせいか、かなりの水量がある。すぐ下流からは巨岩帯がはじまっている。

八時、岩石帯が続く。この辺りは一つ一つ岩を選びながらも、沢の中を直接下っていくことができる。大きな岩は直径四メートルを超え、上半分は草本やコケで被われている。背の高いツワブキも多い。両側の斜面は急峻で、沢自体、Ｖ字谷を呈している。

八時三九分、小滝（F03）。高さ二メートル。沢の幅は一二メートルあるが、大きな岩が三つ並んで流れを邪魔している。真ん中の岩は表面が滑らかで、ドーンと特別に大きい。水は右岸寄りのやや斜めになった岩を流れている。水はたっぷりある。左岸の岩は階段状になっており、そこを直接降りることができる。

ようやく太陽が差してきた。現在、ほぼ真東に下っているが、地形から見ると、やがて北に向きを変えて仲間川に向かうようだ。

八時五〇分、沢が北向きに折れる地点。傾斜がやや鋭くなってきたかと思ったら、正面にゴルジュが見えてきた。ゴルジュの中は岩石帯。危険なので右岸を迂回する。

一〇時一〇分。仲間川に出た。沢の中を歩き、時には脇の林内を歩いたりもしたが、最後は意外とあっけなかった。

セイゾウガーラの河口一帯は満潮時のようだ。出合から一〇〇メートル上流までほとんど流れが止まっている。深そうだが濁っていて川底が見えない。ここまでの部分は、雨後だというのにほとんど濁っていなかった。濁った水は仲間川本流と同じ色だ。水が本流からセイゾウガーラに逆流しているように見える。

とにかく、セイゾウガーラを無事下り切った。次はナームレー沢だ。ナームレー沢の出合は仲間川を数百メートル遡ったあたりの対岸にある。仲間川もここまで来るとかなり狭くなるが、それでも川幅一五メートルほど、セイゾウガーラの二倍はある。どこかで渡渉しなくてはいけないが、しばらくは林の中を進むことにしよう。

（ナームレー沢遡上へ続く）

ナームレー沢

私が初めて御座岳に登ったのは一九七〇年の夏だった。当時、私は石垣島で中学校の教員をしていたが、夏休みを利用して西表島に渡り、山歩きをしたり海で遊んだりして二週間を過ごした。大原では宮良長祥さん宅に泊めていただき、ヤッサ島にある畑でパインの収穫をしたり、サトウキビ畑の手入れを手伝ったりもした。そんなある日、宮良さんが「御座岳に登りたいんでしょ。大富の人たちが行くから一緒に行ったらいいよ」と声を掛けてくれた。私は喜んだ。それというのは、三年前、大原から歩いて単独での登頂を試みたが、時間がかかりすぎ、稜線の途中から引き返した経験があったからだ。

翌朝、大富まで歩き、宮良さんの友人たちを紹介された。記憶があいまいだが、金城さん、平良さん、それにもう一人が一緒だった。珪化木《けいかぼく》を探しに行くのだそうだ。御座岳山頂一帯で集中的に見つかるらしい。当時、アズキ色をしたテカテカ光る石を床の間にドンッと据えるのが、山に入る男の自慢の一つだった。

珪化木は植物化石の一種である。太古の昔、何らかの原因で土砂に埋もれた樹木に、地下水に含まれるケイ素が浸みこみ固く化石化したものだ。状態がよいものは年輪を含め、木の形のままで残る。古波蔵当清さんは酔って山の話になると、「木が石に変わるのが理解できない」と口癖のように言っていたが、その理解できないことが、膨大な年月の経過によって生じるのである。

私を含む四名は、サバニに乗って仲間川上流舟着場まで行った。ナームレー沢出合の少し下流に位置するところ、御座岳登山道はそこからはじまっていた。

その登山道も今は消失して久しい。しかし二一世紀に入ってから二〇年近くも経つというのに、舟着場だけはほとんど変わっていないから不思議だ。コンクリートで固めてあるのではなく川砂が堆積しただけの土手なのに、川沿いの一〇メートルほどの間だけ木が一本もなく、背の低いシダの一種が生えているだけなのだ。

山頂には正午前に着いた。よく晴れていて、大富集落や仲間川河口がすぐ近くに見えた。弁当を食べ、ゆっくりと休んだ後、登山道を少し戻り、西側の谷に下りた。リュウキュウチクの群落を出たか出ないかのあたりで、稜線からも近かった。そこの涸れた沢に珪化木が沢山転がっていた。これも記憶があいまいだが、仲良川の源流か、あるいはナームレー沢のどん詰まりあたりだったのだろう。

三人は、それぞれ形がよく手ごろな大きさのものを選び出し、担ぐために縄で縛っていた。どう見ても一〇キログラム近くあるが、二つ持つ人もいた。私は、こぶし大のものを一つと、その半分くらいのもの一つをザックに入れた。特に価値がある石だとは思わなかったし、下宿先に飾るほどのものだとも思わなかった。

一八九三（明治二六）年、青森県弘前の士族であった笹森儀助は、沖縄群島から先島諸島への旅をした。西表島では当時あったすべての村を訪ねているが、東海岸の仲間から西海岸の祖納まで島を横断するという、当時としては大探検をなしたのである。仲間は現在の大富にあった小村であり、御座岳は、横断ルート上にあった。

笹森は、「御座岳の七町（七六三メートル）ほど手前で石炭鉱を見つけ、それを見本として採集した。また、ここより数丁（一丁は一〇九メートル）でリュウキュウチクの群落に入った」と記録を残している。

明治晩年の登山ルートと第二次大戦後のルートは、登り口が変わった程度で、基本的にはナームレー沢と桑木沢を隔てる稜線上にあった。そうなると、笹森が石炭片を採取した地点は登山道が標高三五〇メートルに達したあたりだろう。私たちが珪化木を探した沢のすぐ近くだ。

実は珪化木と石炭は、同じように埋没した樹木からできた化石である。石炭は炭化して「燃える石」になったが、珪化木はケイ素分を多く吸着し「硬く燃えない石」に変化したのである。珪化木には一部が石炭、または石炭に近い状態になっているものもあるが、両者は同じ場所から出土することも多い。

（セイゾウガーラ下降より続く）

ナームレー沢遡上

二〇一九年六月一四日（金）晴れ

この日、セイゾウガーラを下り、一〇時一〇分に仲間川へ出た。一一時ちょうどに、仲間川を渡渉し、ナームレー沢の出合に来た。仲間川が感潮域から渓流域に変わる場所だ。ここより下流は砂底で、干潮時でも干上がることがない。ボートだったら、常時、走行が可能だ。一方、上流側は礫を敷き詰めた川原に変わり、常に淡水が流れている。ここからいよいよナームレー沢遡上がはじまる。

一二時三〇分。まだわずかしか登っていないが、かなり急峻になり、しかも岩石帯が続いている。滝はまだないが、小滝のような落水が連続している。かなり疲れており早めに野営地を見つけたいのだが、両岸も急峻で、テント一張りさえままならない地形だ。

一三時一〇分。巨岩帯を抜け、少し緩やかになってきた。すぐ上流に滝が垣間見え、その先は谷が狭くなっているようだ。通過に時間がかかりそうだ。だったら、まだ早いのだが、疲れていることもあるし、今日はこの辺で泊まることに決めよう。この辺りなら、林内にキャンプ地を見つけられそうだ。

幸いにも適当なスペースがあった。沢に近いが平らで、大水が出ても大丈夫そうだ。石ころを取り除き、這う根っこを切り取った後、シダ類をたっぷり敷き詰めた。

一五時五三分、テントの中でくつろぐ。一時間ほど前からポツポツと降りはじめた。本降りにならなければいいが。

現在地は、たかだか標高一六〇メートル。御座岳山頂は四二〇メートルだから、標高差だけでも三六〇メートルを登ることになる。沢の中を歩くので、明日中に山頂に立てないかも知れない。そうなると、三晩目は御座岳あたり。四晩目が浦内川ということか。そこから上原まで一日で行けるか、あるいは二日かけるか。食料も十分にあることだし、あせらずに行くことだ。

一八時一四分。食事を終え、歯みがきも済ませた。いつ寝てもよい態勢だ。ナームレー沢は、まだ取っ付きなので当然なのだが、水量がたっぷりあり、それなりの大きな沢だ。標高二五〇から三〇〇メートルの間あたりには、数個の滝があるはずだ。桑木沢と同様に大きな高巻きになるかも知れない。御座岳南面を下る隣り合わせの沢だから、似たような展開になるだろう。しかし、経験からして西表島に通過できない滝はない。時間がかかるかも知れないがそれは構わない。

今回、テント一式、ザックなどを新調している。ずいぶん軽くなり、快適だ。テントは、フライシートは黄色だが、本体が白生地なので内部が明るくてよい。グランドシートは初めて使う。雨の日は多少浸みてくる感じもするが、草を敷き詰めることでカバーできるだろう。エアーマットは想像以上の効果だ。地面のデコボコを見事に吸収してくれる。長さ一・五メートル、上側に空気マクラを置けば、しっかり安眠できる。

ザックも薄い布地だから軽い。また体によくフィットするようにできている。ただ、私の場合、普通の山歩きと違って岩だらけの沢を下るから、背面の下部がすでに何カ所も擦れてしまっていた。さらに藪漕ぎの際の枝や棘で小穴の開いた部分もある。丈夫なカバーが必要だ。

ザックの両サイドにポケットがついている。ストックやスノーシューを納める場所だ。ここにケース付きの山刀を入れておいたら、擦り切れて大きな穴になってしまった。鞘の部分が岩とぶつかるからららしい。このポケットは帰宅した後、塞ぐことにしよう。私の山行には不要だ。

古いザックは厚手の布製だから、極めて丈夫だった。しかし、そのぶん重かった。どちらがいいか悩むとこ

分水嶺は幹尾根から西へ派生する枝尾根．御座岳のある幹尾根は南北に走り、リュウキュウチクの猛烈なブッシュ．
F01から上は急な岩石帯.まだ林内.

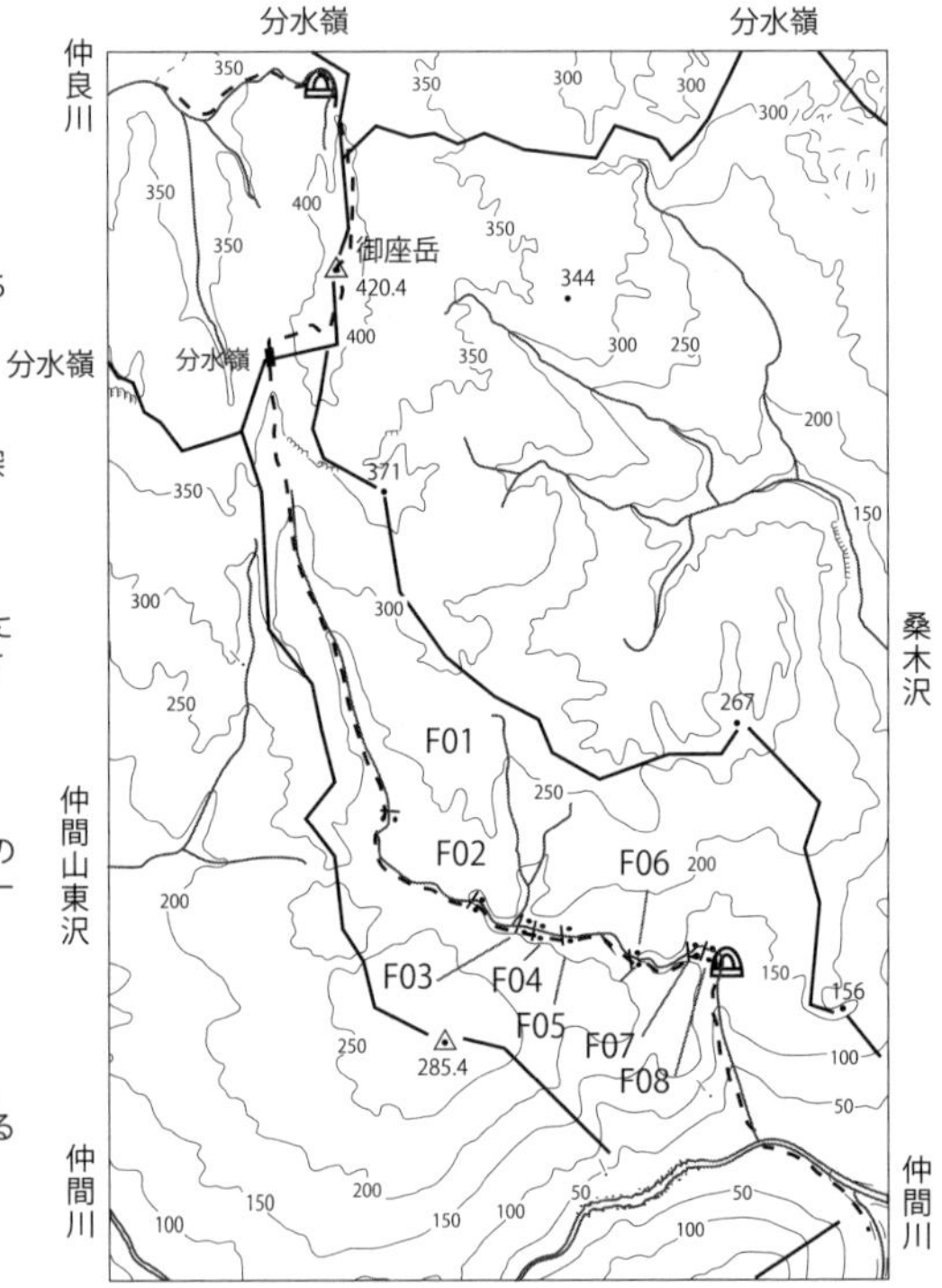

※F07〜F06は傾斜が比較的緩やかな谷.

F01
高さ2m.滝壺は5mx2mで浅い.

F02
大きく三段,全体の高さ20m.一条の水が右へ左へとジグザグに落ちている.滝壺は普通の沢状.

F03
高さ5m.滝壺は長さ10m幅10m.深い.

F04
高さ3m.幅30cmの水が直接滝壺に落ちる.滝壺は直径8mで丸い.深さ2m.

F05
高さ15m.互層になった厚い砂岩の中央に太く一条の落水.上部はオーバーハング状.滝壺は半月形で5mx15m.

F06
高さ7m.二本が別沢のように離れている.中央部はわずかに水のある斜めの滝で直登できる.

F07
高さ10m.二段,上段1.5m.滝壺5mx10m.

F08
高さ2m.二本になった斜めの滝.

F07.
水平の砂岩の層が幾つも重なった垂直の滝.長さ5m,幅10mの滝壺.

F05.
高さ15m,上部はオーバーハング.
水は一条になって落ちている.

源流域の森林.滝F02の上側,標高230m付近.

ろだが、この年齢になると、やはり軽さに魅力を感じる。必要な改良を加えつつ使っていけばいい。

今回、初めて持参したのが乾燥食品だ。若い頃食べたアルファ米が、できれば口にしたくないような代物で、これまで敬遠していたのだが、これが非常によかった。何といっても軽いし、味も遜色ない。ただし、適量がわからず、多く持ち過ぎた。あと何日かあるが、かなり残して帰ることになりそうだ。乾燥食品は湯だけで間に合うから、ガスの消費も少なくてすむ。一週間、カートリッジ一本で間に合いそうだ。これまではレトルト食品を一五分から三〇分も温めていたので、一本が三日ももたなかった。工夫すれば、もっと荷物の軽量化ができるだろう。

六月一五日（土）晴れ
七時、今日はナームレー沢遡上が中心。今回の山歩きの中で、一番危険な場所だと思う。昨夜、二回ほど雨があったが、強い降りにはならなかった。沢の水位は気持ち下がっているようだ。出発。

七時五分、早速の滝（F08）。高さ五メートル、少し斜め、水量たっぷり。岩を挟んで両側から落ち、下方で一つになっている。左側は直登できそうだが、安全のため迂回する。

七時一四分、滝（F07）。随分りっぱだ。砂岩の層が水平に重なる垂直の壁、高さ一〇メートル。たっぷり水が落ちている。大形のシダやクワズイモが張り付き、美しい。滝口の上に、さらに一・五メートルの落水がある。つまり、二段の滝である。滝壺も大きく、長さ五メートル、幅は一〇メートルある。ここは大きく高巻きをしなくてはならない。

七時二九分、高巻きを終え、上流二〇メートルの所で沢に降りる。赤土の急峻な斜面だったが、灌木や露出した木の根がたくさんあるから、それほど困難ではない。ただ、沢に降りる直前、岩に額の右上を激しくぶつけてしまった。ジーンとして頭が割れたかと思った。岩に手をついた時、岩に張り付いているように見えた草が実際には一〇センチの厚さがあり、それで、バランスを崩してしまったのだ。瞬時に右足が出たが、これがまた、膝をぶつけることになり、そのままつんのめってしまったのである。どうかなと思ったが、しばらくして痛みはなくなった。内出血もなさそうだ。ここからは、わずかな間だが、比較的傾斜が緩い川原となり歩き易かった。

七時四三分、滝（F06）。高さ七メートルほど、水量はそれほど多くない。両側に垂れ下がるシダの葉がきれいだ。所々に岩の凹凸があるが、直登は無理だろう。ここは左側の林内が迂回できそうだ。

滝を迂回しようと左側へ回ったら、もうひとつ滝があった。圧倒的に水量があり、こちらが本流のようだ。流れ落ちる方向が違うので、一見別の沢のように見える。二つの滝の間は広い岩場になっていて、わずかに水が流れている。幸い、この部分を直登することができた。滝の上からは、再び緩やかな沢が続く。

八時一〇分、大滝（F05）。今日一番の難所に間違いない。高さ一五メートル超、雰囲気が二つ下の滝（F07）に似るが、それよりグンと大きい。重なる厚い砂岩の絶壁で、滝口がオーバーハングになっている。両側も断崖絶壁。中央から落ちる水は幅広く一条、直接壺に落ちている。壺の長さは五メートルだが、壺は半月状になり岩壁に沿って一五メートルくらい横に伸びている。

ここは、充分に考えてから行動しよう。右岸には取っ付く場所がない。左岸だったら登ることができそうだ。まず、崖下を壁に沿って登り切る。ここはどうにか行けるだろう。枝尾根に到達したら崖の上側をトラバース気味に滝口へ向かおう。足元に十分注意して、転落しないように、十分に奥側を、木に掴まりながら進む。

八時三五分、無事高巻きが終わり、すぐ上の川原に出る。沢の幅約五メートル。明るい谷に変わった。しかし、一〇〇メートル先に次の滝。

滝（F04）は垂直三メートル。滝口は平らな砂岩になっている。水の幅五〇センチで、直接、滝壺に落ちている。壺が見事だ。長さ幅とも約八メートルの丸い形。かなり深そうで、水深二メートルは優にある。左岸を大きく迂回する。

八時五〇分。高巻きが終わったと思ったら、またまた滝（F03）。高さ五メートル、今しがたの滝（F04）とよく似ている。滝壺が大きい。長さ幅とも一〇メートル、とても深そうだ。両岸とも切り立った崖で、高巻きには時間がかかりそうだ。それにしても、三つ連続した滝。三つとも滝壺が特に大きい。素晴らしい沢だ。

九時二一分。滝（F02）。大きく三段、しかし、最上部も細かく二段になっているから、大きな階段状の滝といえるだろう。全体で二〇メートル、ほぼ一条の水が右へ左へと、ジグザグになって下っている。滝壺は普通の大きさだ。最下段は四メートルあり、ここを登り切れば、あとは階段を昇るように上まで行けそうだ。だが、少し危険な気もする。やはり大事をとって、左岸から迂回することにする。

九時三五分。滝口まで登りきったが、想像以上に大きい滝だった。当初、最下段を通過すればあとは大丈夫だと見ていた。ところがとんでもない。最上部も登れるような岩ではない。ほぼ垂直。やはり高巻きをして正解だ。転げ落ちたら終わりだし、途中で進退窮まっても結果は同じだ。

滝の上は深さ三〇から四〇センチの小さな淀み。大きなテナガエビがうようよいる。太陽が出ている。なによりありがたい。

一〇時二一分、小さな滝（F01）に来た。高さ約二メートル、小さな壺がある。長さ五メートル、幅二メートルあるが、浅い。ここも林内を迂回する。

一〇時四三分、モクズガニ。甲幅約一〇センチ、こんなに大きなモクズガニは見たことがない。そもそも、甲幅七センチで最大級なのだ。テナガエビだって一〇センチ級がうようよいる。人が来ることのない源流だから、生き物だって精いっぱい大きくなれるのだろう。

スタダレー沢と仲間川ではセマルハコガメ一頭ずつ、セイゾウガーラでオオウナギ一匹、さらにナームレー沢に入ってからもオオウナギを見ている。この時は約八〇センチ。セイゾウガーラのものは、太くはなかったが一メートル近くあった。オオウナギにしても、餌のテナガエビがいっぱいいるし、捕りにくる人はいないから大きくなれるのだ。

にわかに急登となり、岩石帯が続く。まだ林内から抜け出していないが、沢の水が少なくなってきている。まだ正午前、今日はまだまだ進めそうだ。稜線でのビバークを想定し、一リットルのポリタンクを満タンにした。

一二時三五分。分水嶺に出る。御座岳から南へ伸びる尾根がある。登山ルートだったところだ。その尾根の、山頂から数百メートル来た所から西へ枝尾根が出ている。その枝尾根が、今いる分水嶺だ。反対側は仲良川水系になるはずだ。

ここにきて、ナームレー沢遡上が終了した。滝は合計八個、特に危険もなく迂回できた。他は岩盤のナメ、ある部分では平坦な川原。最後には再び急な登りがあったが、山の深さを感じさせる素敵な沢だった。

御座岳へは枝尾根を東に登り、幹尾根を辿るのがベストだ。しかし、もちろん登山道は消えている。しかも、西表島一番の竹群落であり、やっかいなブッシュだ。簡単には通過できないだろう。そこで、仲良川水系へ下り、谷部があり次第、そこを詰めることにした。谷は陽当たりが悪いからブッシュがなく、多少とも歩きやすいのだ。

こうして、最初の谷部を詰め、最後はリュウキュウチクの群落に突入した。すでに山頂域に入ったということだが、頂上に立つためには、どうしても、このブッシュを突破しなくてはならない。

やがて、旧登山道が見つかったが、普通なら気づくことも難しい痕跡に過ぎない。道の跡は両側の群落よりわずかに低く、浅い溝になっている。さらに、この部分だけ竹が生えていない。両側は竹が密生しているから、その違いで道だとわかる。こう説明すると、何だかすぐに道が見つかりそうだが、実際は簡単ではない。倒れ掛かった竹が道を塞ぎ、足元がよく見えない。枯死して倒れたり、地面に蓄積した竹も多い。さらに、ツルアダンやツル植物が、腰や胸の高さを横断している。竹のトンネルではなく、ブッシュの壁になっているのである。

一三時四八分。御座岳山頂に到達。山頂への入口には、二〇一〇年に来たときはピンクリボンや何やら書かれた板があったが、今回は跡形もなかった。二メートルの鉄パイプは、看板を括り付けていたものだが、これだけは今もある。ただ、伸びた竹に隠れてしまっていて、知る人はともかく、そうでなければ山頂はおろか、入口すら見つけ出せないだろう。御座岳山頂は昔から変わっていない。ポツンと三角点の石柱がある。しかし、繁茂する竹で、景色はまったく見えない。

さあ、長居は無用、水がある所まで下って、そこで一泊しよう。ポリタンクに水は汲んでいるが、たっぷりあったほうがいい。

山頂からは、稜線上を北へ向かった。しばらくは道の痕跡があったが、一〇〇メートルほど進むと荒れたブッシュとなり、前進は困難を極めた。ただ、森林事務所の古い赤テープがあるから、確かに昔は道だったのだろう。ところが、三〇〇メートルも進むと、痕跡すら見つからなくなった。三メートルにも伸びた竹に、ツルアダンや棘のあるツル植物が縫い込むように絡みついている。こうなると手も足も出ない。進退窮まり、座るスペースもザックを下ろすだけのスペースもない。一旦、谷に降り、別のルートを探すことに決めた。

ブッシュからは、じきに開放された。林内は格段と歩きやすい。だったら、もっと早く決断すべきだった。少し進んだら、ずっと下に細い沢が見えた。仲良川の源流だろう。水があったら、迷わず今日のキャンプ地と決めよう。

沢には水があった。テントを設営し、水浴と洗濯。一七時四五分にテントに入り、ようやくくつろぐことができた。夕食の準備はこれからだ。

二一時三二分。外が明るい。扉を開けてみる。満月のようだ。ただ、月全体が見えているわけではない。梢がじゃまをしている。無風である。

今日は一六時まで歩いた。考えてみたら御座岳北側の藪漕ぎは無駄だった。山頂からすぐに沢へ下っても、同じ場所へ来たはずだ。実のところ、ここが正しく仲良川の源流なのかはわからない。あるいは、明日下る予定の御座岳北沢かも知れないが、まあ、それはいい。明日になればわかることだ。とにかく、今は明日に備えてゆっくり疲れをとることにしよう。

（御座岳北沢下降へ続く）

第2章　北海岸

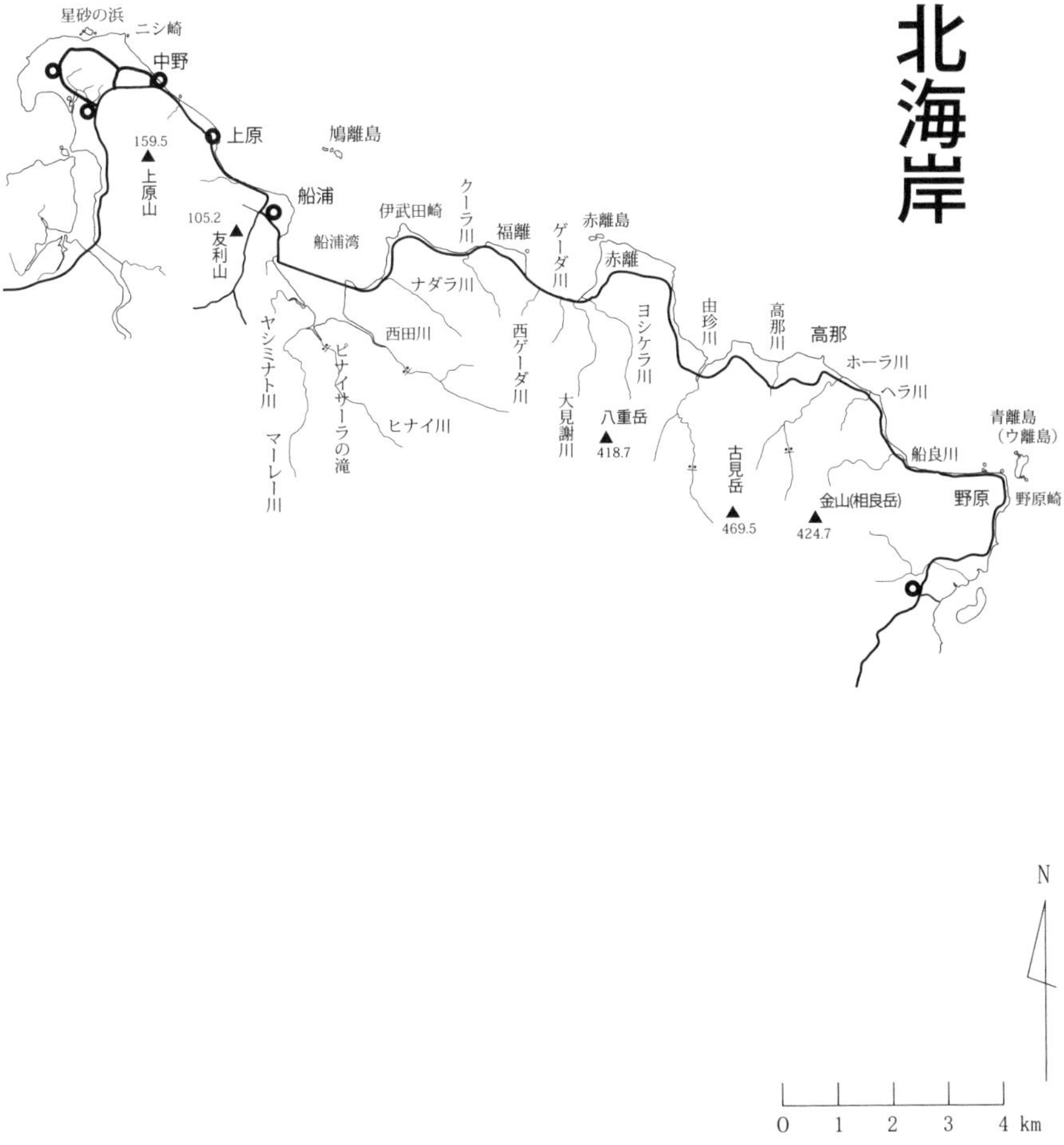

星砂の浜
ニシ崎
中野
上原
鳩離島
159.5
上原山
105.2
友利山
船浦
船浦湾
伊武田崎
クーラ川
福離
ゲーダ川
赤離島
赤離
ナダラ川
西田川
ヤシミナト川
ピサイサーラの滝
ヒナイ川
マーレー川
西ゲーダ川
大見謝川
ヨシケラ川
八重岳
418.7
由珍川
高那川
高那
ホーラ川
ヘラ川
古見岳
469.5
金山(相良岳)
424.7
船良川
青離島
(ウ離島)
野原
野原崎
N
0
1
2
3
4 km

大見謝川

（オオミジャ川）

一九六五年か、その後数年の間のことだったと思う。那覇出身の友人に誘われ、五反田駅近くの居酒屋へ行った。当時、東京では少なかった琉球料理の店である。ママさんは石垣島の出身だと聞いた記憶がある。

初めて西表島へ行った時、その友人に出会い何日かを一緒に行動した。そんな昔話をしていたら、ママさんが「おおみじゃ川って知っています？」と、会話に割って入ってきた。

大見謝川は北海岸の真ん中あたりにある。当時道はなく、東からにしても西からにしても、道路の終点から三時間以上も海岸線を歩かなければ辿り着けなかった。そんな場所だから、名前はおろか、川の存在さえ知らない人がほとんどだった。私は、手描きの地図を頼りに島一周をしたから、要所要所は鮮明に覚えている。大見謝川の河口は、ちょっとした段差になっており、真水が直接海に落ちている。岩盤に座り込み、水をたっぷり飲み、大休止したことを覚えている。

北岸道路の正式開通は一九七七年だ。工事が最後まで残っていたのが大見謝川一帯だった。私も一九七六年にはオートバイで東西を行き来していたが、ここだけはオートバイを曳きずりながら、川を渡ったものだった。開通後、大見謝川は格好の行楽地となった。海と渓流で同時に遊べる場所は他にないからだ。さらに後になって、「大見謝ロードパーク」が整備された。展望台、マングローブを観察する遊歩道、トレッキング用の自然観察路。広い駐車場もある。西部地区の小中学校は大見謝川への乗り物遠足をやっていた。弁当持参で、たっぷり水遊びをするのである。

二〇一二年だったか、遠足に来た中学生数名がしばらくして高熱を発し、検査の結果「レプトスピラ症」と診断された。処置が早く軽症ですんだが、重症化すると黄疸、腎不全などを発症する危険な病気である。レプトスピラ症は病原性レプトスピラという細菌による感染症で、ネズミなどの保菌動物の尿で汚染された水や土壌から感染。三日から一四日で発症、悪寒を伴う三九度以上の発熱、頭痛、筋肉痛、目の充血などの症状が表れる。

実は、この時が最初ではなく、西表島ではほぼ毎年六月から一一月に患者が出ている。また、大見謝川に限らず、ピナイサーラの滝、仲良川などでも報告がある。河川での遊泳、レジャー、農作業の際に傷口から、あるいは河川の水をそのまま飲んだことで感染するらしい。私が大見謝川へ入る日の朝、民宿のご主人から、「生水を飲まないこと」と、くれぐれも忠告を受けた。「はい、はい」と返事はしたものの、蒸し風呂のようなジャングルでは頻繁に水を飲む、そのたびに煮沸するわけにもいかない。私は、「ネズミは山地にはいないから大丈夫」と、渓流域では普通に生水を飲んでいる。


西表島のレジャーに「沢トレッキング」がある。ガイドが付き適度の川を遡上、滝を眺めたり、水遊びをするツアーだ。その一つで二〇一三年五月、死亡事故が起こった。大見謝川だった。前日まとまった雨があり増水していた。渡渉の際、先頭の女性ガイドと二番手の男性客が流された。ガイドは自力で脱出したが、客はそのまま流され、後に下流の滝壺で見つかった。

これは、ガイドの過ちだろう。本人も流されているから、技量不足か判断の誤りが原因ではないかと思われる。ロープを張るとか、間に合わせでも杖を作るべきだった。それ以上に、引き返す勇気が必要だったのではないだろうか。

大見謝川遡上

二〇一三年六月二一日（金）くもり、時々晴れ　朝と夜半にスコール

上原発八時六分の大原行きバスに乗車、八時三五分、大見謝橋にて下車。突然のスコール、強風。ロードパークの展望台に避難し、天候の変化を待つことにする。

九時、大見謝橋を出発。雨は止んでいる。川の水量は普段より多いが、危険を感じるほどではない。台風の影響が残っているのだ。橋をくぐって、川中を五〇メートルほど歩いたが、水量があって歩きにくい。左岸に道があるはずだから土手を上がってみる。

私がこの辺りを歩いたのは何十年も前のことで、雰囲気もすっかり変わっているが、上がったすぐの林内に山道があった。「森林管理所」と印刷されたピンクリボンもある。この道は大見謝橋の両端を起点とする自然観察路で、中間点で渡渉し小一時間で周遊できるようになっている。まずは、この山道を辿る。

五〇〇メートルほど進むと左手に折れて川に向かう鮮明な道がある。ところが、直進方向には、さらにはっきりした道がある。「左は観察路。直進は大見謝川上流へ」。私は勝手にそう解釈し、直進した。ところが、一キロメートルほど行くと、にわかに急峻な斜面となり、直進路はじきに消えてしまった。

方角はわかっていたから、沢に向かって谷を下ると観察路に出会い、じきに大見謝川へ出た。観察路の中間点で、対岸にもピンクリボンがある。すでに一〇時三五分だったが、「せっかくだから」と対岸へ渡り、観察路を大見謝橋まで歩いてみた。観察路が確かに一周していることを確認した後、改めて渡渉地点まで戻った。

一一時二五分。この先山道はない。足回りをチェックし、いよいよ大見謝川遡上だ。

渡渉地点から一〇〇メートル。階段状のゆるやかなナメ滝（F06）。危険もなく、水遊びにもってこいの場所

だ。

　一二時一八分。滝（F05）。高さ五メートルあるが、上三メートルは垂直、下二メートルは斜めになっている。かなりの水量がある。三条になって落ちているが、普段は二条で流れているのだろう。

　一二時四〇分、二俣。岩石が谷を埋めつくし、表面が草やコケで覆われている。水は巨岩の下を流れている。右手の沢のほうが急峻で、水量もわずかに多い。こちらが本流だろう。

　一三時三〇分、滝（F04）が二つ並び、出合になっている。共に十分な水量がある。右が本流で、岩が積み重なった上を幅広く流れ落ち、すぐ下で一つになって小滝になっている。さらに下った所に斜めになった岩があり、直径一〇センチくらいのきれいな穴が開いている。ここは直登できるだろう。左側にある支流の滝は高さ五メートル。途中まで階段状だが、最上部が垂直で直登できない。

　一三時五〇分、滝（F03）。高さ四メートル、垂直の岩壁が「く」の字に折れた、正面からは二つ折りにした屏風のような形の滝。滝壺はなく、急な岩の斜面を波打って流れている。ここは左手の大きな石を伝って直登できそうだ。

　滝上から岩石帯を歩き、その後もしばらく遡行。一四時三〇分、はっきりした二俣に到達した。地図で方向を確認、今回は板敷川へ抜ける予定だから左手の沢に入る。右手は西田川へ向かうルートである。

　一六時ちょうど、標高三三〇メートルあたり。分水嶺が標高四一〇メートルだから、すでに源流域に入っている雰囲気だ。これより上だと水がないかも知れない。今日は、この辺りで一泊することにしよう。ところが、ここはゴルジュ状のV字谷で、沢には巨岩が積み重なっている。両岸は森林だがテントを張る場所がない。それでも、右岸を一〇メートル登った所に、わずかながら緩傾斜のスペースを見つけた。水場から離れたくないから、そこでよしとし、朽ち木、シダの葉などを敷き詰めて、テントを設営した。

　今日は、バスを降りた直後、大きな雨に見舞われた。中止することも考えたくらいだ。それでも三〇分ほど

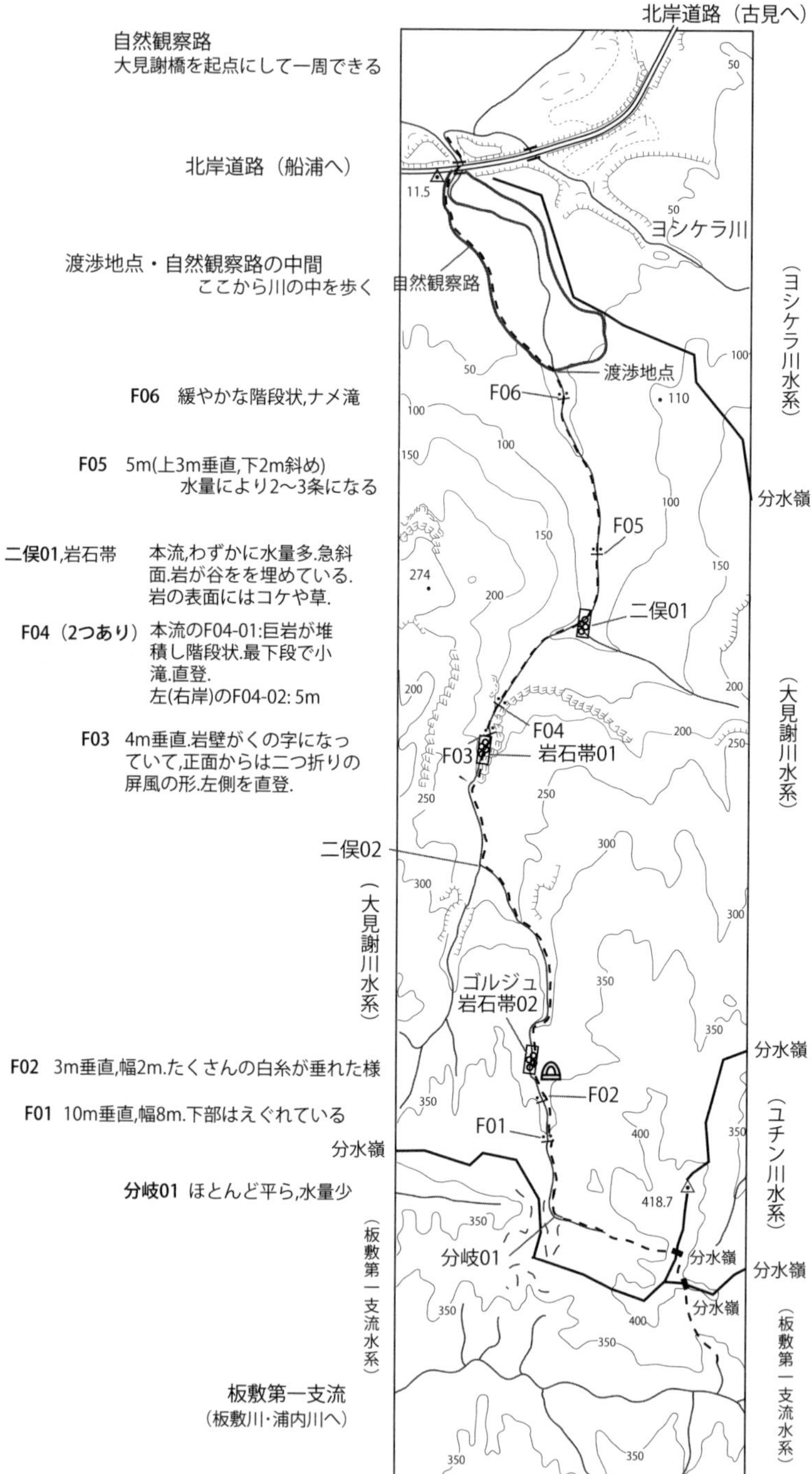

北岸道路（古見へ）
自然観察路
大見謝橋を起点にして一周できる
北岸道路（船浦へ）
11.5
50
ヨシケラ川
渡渉地点・自然観察路の中間
ここから川の中を歩く
自然観察路
（ヨシケラ川水系）
50
渡渉地点
100
F06 緩やかな階段状,ナメ滝
F06
110
100
100
F05 5m(上3m垂直,下2m斜め)
水量により2～3条になる
150
分水嶺
100
F05
150
二俣01,岩石帯 本流,わずかに水量多.急斜面.岩が谷をを埋めている.
岩の表面にはコケや草.
274
200
150
二俣01
F04（2つあり） 本流のF04-01:巨岩が堆積し階段状.最下段で小滝.直登.
左(右岸)のF04-02: 5m
200
200
（大見謝川水系）
F03 4m垂直.岩壁がくの字になっていて,正面からは二つ折りの屏風の形.左側を直登.
F04
200
250
F03
岩石帯01
250
250
300
二俣02
300
（大見謝川水系）
300
ゴルジュ
岩石帯02
350
350
分水嶺
F02 3m垂直,幅2m.たくさんの白糸が垂れた様
F02
350
F01 10m垂直,幅8m.下部はえぐれている
F01
400
350
分水嶺
（ユチン川水系）
分岐01 ほとんど平ら,水量少
418.7
350
分岐01
分水嶺
分水嶺
（板敷第一支流水系）
分水嶺
350
400
350
（板敷第一支流水系）
板敷第一支流
（板敷川・浦内川へ）
350
350

滝は F06 まで . 岩石帯 2 カ所. ゴルジュ 1 カ所

F01

F02

F03

岩石帯 01

F04-01

F04-02

待つうちに雨も止み、その後は概ね順調な天気だった。もっとも、テント設営をはじめた一六時から二時間も小雨が続いた。ここまで、四つの滝を越えたが、いずれも直登できるもので、さして危険は感じなかった。

六月二二日（土）終日晴れ

六時五〇分、キャンプ地を出発。晴れており、天気はまずまずのようだ。まずは分水嶺を目指す。

七時一五分、滝（F02）。垂直、高さ三メートル。下部がえぐられて岩屋になっている。水量はあまり多くないが、白いすだれのように、幅二メートルに広がって落ちている。

七時三〇分、高さ一〇メートルの大きな滝（F01）、垂直で下部はえぐれている。幅八メートル。薄衣をフワーッと掛けたように、白い水の糸が滝の幅全体に広がっている。直登は不可。右岸の林内を高巻きする。

やがて、小さな分岐（01）。直進する沢は南へ上り、じきに稜線を越え、目的の板敷川水系に下るはずだ。しかし、大見謝川本流は、左手の東へ向かう沢のようだ。明らかに谷が大きい。分水嶺まではもう少しありそうだが、私はあえて本流を詰めることにした。

大見謝川はかなり奥まで水があったが、涸れ沢に変わると、背丈を超えるシダ類がびっしりと茂る鬱蒼とした狭い谷になった。シダは山刀で簡単に伐ることができるからそんなに苦にはならないが、やがて、ツルアダンの群落に突入。稜線に近づいたことを実感する。ツルアダンはやっかいだ。堅いツルが宙に浮いたように絡み合って伸びており、山刀で叩いてもクッションのように跳ね返されるばかりで歯が立たない。

九時〇五分、分水嶺。稜線は狭く、おまけにツルアダンのブッシュ。まったく、何も見えない。地図を見ると、ここは大見謝川と由珍川を隔てる稜線、このままだと由珍川へ下ってしまうことになる。そこで、稜線に沿って南へ移動することにした。ここは高さが二・五メートルを超えるブッシュ。灌木とツルアダンが密生し、眺望はおろかほとんど身動きができず、前進に困難を極めた。それでも、五〇メートルも進むと展望が開け、古見岳と由珍の谷、それと由珍川と板敷川を分ける尾根を確認。私は板敷川を下るのだから、その尾根をまたげばいいことになる。一安心し、さらにブッシュを移動、小尾根をまたぎ、ようやく、分水嶺の尾根に辿り着くことができた。

ここからは、板敷川水系に入る。直後は、かなり急峻な斜面だったが、シダの株を足場にしながら、すべるようにして下った。

（板敷第一支流へ続く）

ヒナイ川（髭川・ピナイ川）

私が初めて西表島に渡った一九六五年、当時の地図には「ピナイ川」とあり、滝の位置には「ピナイサーラの滝」とカタカナで書かれていた。島の人たちも同じ名前を使っていた。一九七〇年代初頭の五万分の一の地図には河川名がなかった。しかし、滝の記号があり、「髭川滝」と漢字で書かれていた。さらに、一九八三年沖縄県竹富町が発行した二万五千分の一の地図、これは建設省国土地理院作成の地図を複製したものだが、そこでは「ヒナイ川」、「ヒナイ滝」とカタカナで表記している。

今はどうだろうか。ガイドブックやインターネット上の記事では、ほぼ「ヒナイ川」、「ピナイサーラの滝」に統一されている。それは、現地でも同じだ。しかし、元々の西表島の人、特に年配の人たちは、川を「ピナイサーラ」、滝を「ピナイサーラの滝」と呼んでいる。サーラは「沢」とか「川」のこと。ピナイサーラは「髭のような川」という意味だ。

では、「ピナイ川」、「ヒナイ川」、「ピナイサーラ」。どれを使うのがよいのだろう。実はどれでもいい。どれも間違っていないし、誰にでも通じる。地名や山川の呼び名が、全く新しいものに変わったり、読み方が変化したりすることはある。だからヒナイ川に関しても、観光客は今使われている呼び名を使えばいいし、住人は使い慣れた、あるいは親しみやすい名前で呼べばいい。

琉球語ともいわれる沖縄方言は、奈良・平安時代の日本語が元だとされる。日本語も時代とともに変化しているが、沖縄の離島には古い時代の単語、発音、話法などが残っているのである。その一つ、日本語の語頭のハ行子音は、古くは「P」だったと言われており、これが八重山方言に現存しているのである。例えば「花」は「パナ」、「火」は「ピー」である。つまり前述の川については、「ピナイサーラ」が元の呼び方。その一部が標準語になり「ピナイ川」。さらに現代発音の「ヒナイ川」となったわけである。

私は一九六五年と翌々年、さらに沖縄の日本復帰後のしばらくの間、幾度となく船浦湾を横断している。しかし、滝まで行ったことがなかった。初めて滝まで行ったのは一九七五年の秋だった。北岸道路が正式開通したのは一九七七年だが、船浦湾の海中道路の部分は当時すでに完成していた。ピナイサーラの滝へは、海中道路に架かる橋のあたりから海岸に降り、湾の中を歩いた。ここは干潮時には広大な干潟が広がる。湾の奥は全面マングローブで、どこから滝へ向かうのかわからなかったが、教えられた通り探すと、ヤエヤマヒルギに白い大きな浮き球が吊り下げられていた。そこが入口だった。マングローブを抜けると、丈の低い草が茂る湿地帯。いつ通ってもぬかるんでいる。やがて山裾に取りつき、しばらくは低地林内を歩くと、右手にヒナイ川が見えた。黄色く熟したアダンの実が幾つも吊り下がっていた。白い花を付けたオキナワキョウチクトウも至る所にある。今でこそ、カヌーの行列ができる場所だが、当時、そんな遊びはなく人影もなかった。

渡渉地点は石ころだらけの浅い川原で、渓流域に入ったばかりの所だ。対岸の少し下流にはサキシマスオウの群落がある。発達した板根が見事だ。西表島の中でも、これだけまとまった場所は少ない。

ピナイサーラの滝上へは、このサキシマスオウ群落から急斜面を登る山道がある。滝壺へは渡渉した後、沢に沿って鮮明な山道が続いている。

ヒナイ川下降

（板敷第二支流より続く）

二〇一三年六月二三日（日）晴れ

板敷第二支流のキャンプ地を出発、同支流の遡上を続け、ヒナイ川との分水嶺に達する。

九時ちょうど。板敷川水系とヒナイ川の分水嶺に立つ。

九時二五分、最初の滝（F01）。高さ三メートル、幅五メートル。滝口はほぼ水平、水は糸状で全体がスダレのように見える。右岸の脇を降りることができる。次々と支流が合流し、徐々に水量が増していく。しかし、谷は広くて浅く、緩やかな下りがしばらく続く。ここまで危険な箇所はない。

一〇時四〇分。ナメ床。谷が狭まりつつあり、傾斜もやや急になってきた。岩は平たいものが多く、コケや背の低い草に覆われている。

一一時〇五分。ゴルジュ。ゴルジュを塞ぐようにして大きな岩が沢の中央にある。岩の表面はコケもなくスベスベしている。両側は垂直の岸壁。

ゴルジュを抜けると再び谷が広くなり、明るい森林に変わってきた。陽がよくあたるせいか、どの岩もコケに覆われている。沢は水量が増し、やや歩きにくい。

滝（F02）。ゴルジュからわずかに下ったあたりだ。高さ一〇メートル、幅も五メートル近くある。滝の上は平らで広いナメ床になっており、豊富な水が滝の幅いっぱいに流れ落ちている。左岸の林内を比較的安全に迂回できる。

一一時四五分。沢の縁の砂地にイリオモテヤマネコの足跡。鮮明で四カ所にあった。

一二時一〇分、大きな滝（F03）。垂直で高さ一五メートル、幅一・五メートル。滝壺も大きく、見事な滝だ。たまに人が来るようで、左岸の林内に迂回路がある。谷は下流に向かって狭くなるが、山道は川床に降りた後、右岸へ移っている。比較的わかりやすく、所々に森林事務所のピンクリボンが吊り下がっている。

一二時五九分、淵に出た。右岸に山道があるから、沢の中を歩かなくても下ることができる。

淵を過ぎて標高一三〇メートルあたり。ピナイサーラの滝口が近いようだが、山道が二手に分岐した。右の一本は右岸の崖の上を通ってヒナイ川の河口に向かっている。このまま船浦湾に出ることができるのなら、私にとって初めてのルートになる。そこで、とりあえずそちらへ進んでみた。じきに船浦湾が見えたが、崖になり山道も怪しくなってきた。やむを得ず分岐まで戻って川床に降り、直接、川の中を下ることにした。

一三時一〇分、ピナイサーラの滝（F04）上に着く。パーッと視界が開けた。大潮の干潮時で、船浦湾が完全に干上がっている。よく晴れていて海中道路はもちろん、鳩離島、鳩間島も手に取るようだ。マングローブも足下の低湿地林も、ひときわ色濃い緑色に輝いている。

滝壺をのぞき込もうと、滝口の先端まで行ってみたが、これが怖いのだ。右手で灌木に掴まり、上体を思い切り伸ばしてみるが、庇状の岩がじゃまをして滝壺はよく見えない。疲れていて左足がガクガク震えてくる。「これではだめだ」と腹ばいになった。ようやく見えた滝壺には誰一人いなかった。いつもなら、一人二人はいる時間帯なのだ。滝の水は風にあおられて、しぶきになっている。下まで届くことはない。ずっと眺めていると、重い靴と足がフワーッと浮き上がる感覚になって、滝壺に吸い込まれていきそうだ。やはり怖い。早々に後ずさりをして、ザックの場所まで戻った。

ピナイサーラの滝口には何度も来ている。一人で来たことも、仲間たちと来たこともあるし、グループを案内したり、息子たちと一緒の時もあった。ルートも様々だ。船浦の農道から往復したこともあれば、滝口から山道を下って滝壺まで行き、船浦湾へ出たり、その逆もあった。

ここまで来れば、今回のヒナイ川下降も終わりに近い。滝上で大休止とし、真っ平な岩の上で足を伸ばし、昼食とした。

この後、山道を経由してマーレー川を渡り、船浦の農道へ出て、徒歩で上原の民宿へ戻った。

F01

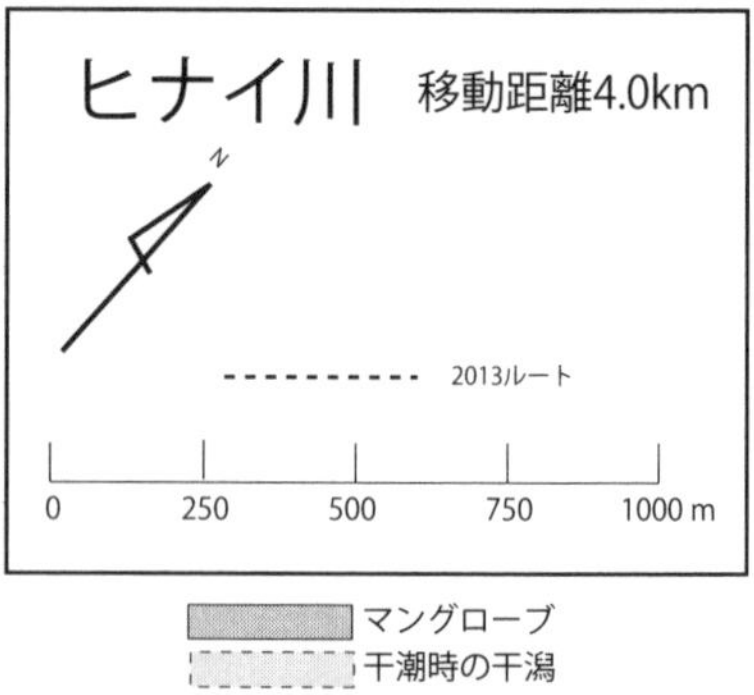

ナメ床 01

ゴルジュ 01

F02

淵 01

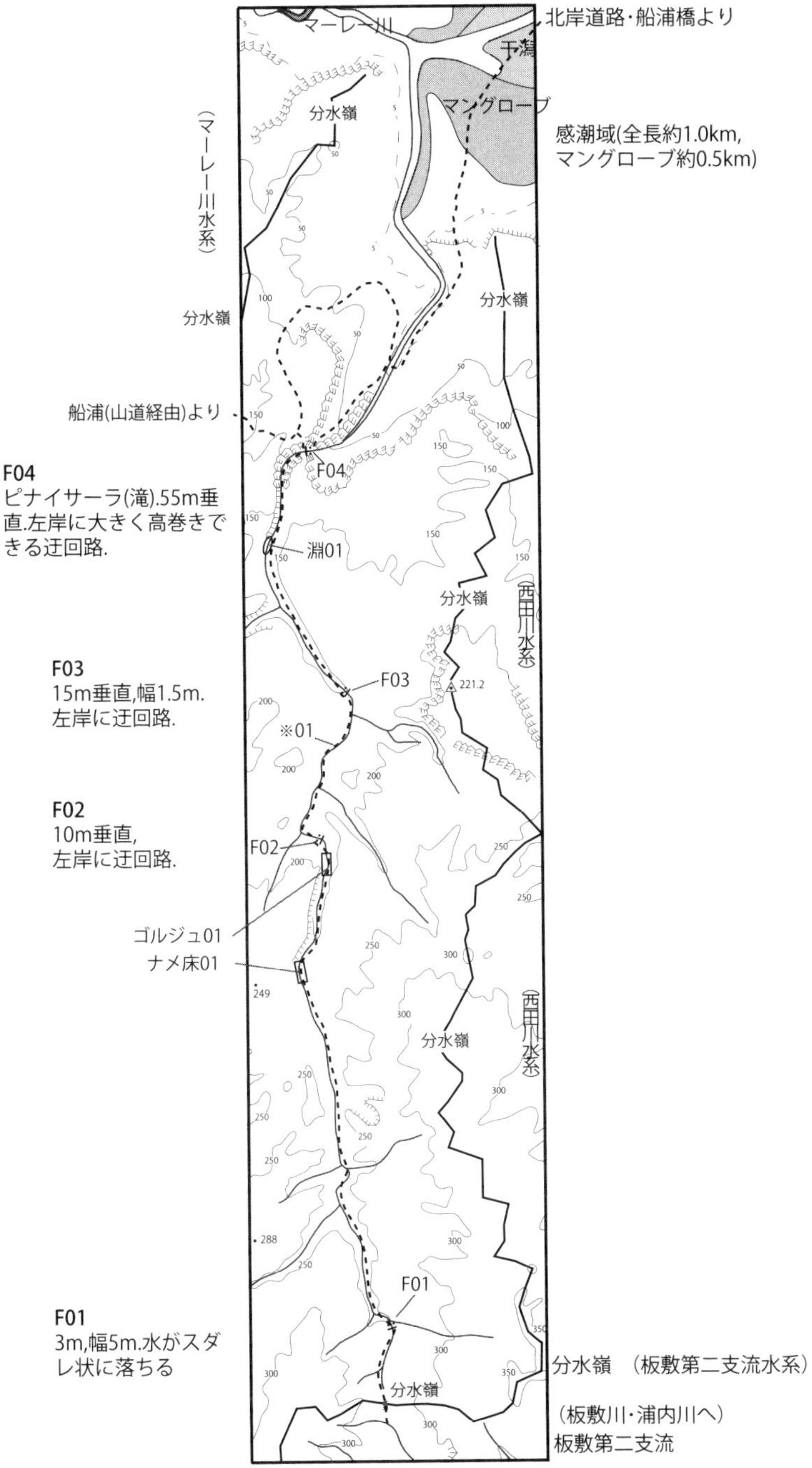
マーレー川
北岸道路・船浦橋より
干潟
マングローブ
感潮域(全長約1.0km,
マングローブ約0.5km)
分水嶺
(マーレー川水系)
分水嶺
分水嶺
船浦(山道経由)より
F04
ピナイサーラ(滝).55m垂
直.左岸に大きく高巻きで
きる迂回路.
F04
淵01
分水嶺
(西田川水系)
221.2
F03
15m垂直,幅1.5m.
左岸に迂回路.
F03
※01
F02
10m垂直,
左岸に迂回路.
F02
ゴルジュ01
ナメ床01
249
分水嶺
(西田川水系)
288
F01
3m,幅5m.水がスダ
レ状に落ちる
F01
分水嶺 (板敷第二支流水系)
分水嶺
(板敷川・浦内川へ)
板敷第二支流

マーレー川

マーレー川は上原・船浦地区の水源として古くから利用されてきた重要な沢だ。そのため、船浦農道の終点から沢に沿って、取水ダムと送水パイプの管理用の山道がある。山道の一部はテドウ山への登山道であり、また、船浦湾を経由せずに直接ピナイサーラの滝へ行くルートにもなっている。

取水ダムは決して大きなものではない。当初はそれで十分に足りていたのだが、住民と観光客の増加、農地整備などにより、渇水期に十分な水が供給できなくなることがあった。この水不足に対応するため、二〇一五年の夏、浦内川からの取水パイプが敷設された。ことの発端は前年の降雨量の少なさ。例年の四二パーセントという数値は、石垣島気象台が統計を開始して以来の最少記録で、秋から初冬にかけて夜間断水や給水制限が余儀なくされた。取水口はマリウドの滝下の大きな淵、その最下流の水面下にパイプを固定させた。送水パイプは浦内川の岩の上を大蛇のごとくに延び、軍艦石の少し上流で左岸に渡り稲葉村跡でもずっと川の縁を下っている。その後、高菱で浦内川を離れ、船浦の農道に沿って、上原地区の浄水場まで来ている。一日五〇〇トンも送水できると聞いている。

マーレー川遡上

二〇一四年六月一二日（木）くもり

この日はカンピラ荘のヘルパー宮坂聡さんに船浦農道の終点まで車で送ってもらった。歩いたら一時間はたっぷりかかる距離だ。こんなリッチな出発はめったにない。

八時二〇分、船浦農道終点。いよいよマーレー川遡上だ。途中まではピナイサーラの滝への登山道を進む。

八時三〇分、マーレー川。最初の渡渉地点だ。ここから先、山道はないが、送水パイプに沿って歩く。一部、沢の中を行く。

八時五〇分、取水ダムに来る。監視カメラがあり「遊泳禁止」の看板が立っている。生活用水である。泳いだり汚したりする者はいないはずだが、このご時世、インスタ映えを狙うやからもいるから始末が悪い。ダムから一〇〇メートル遡ると川幅八メートル、そのうちの三メートルに水が流れ、水深は最大三〇センチ、たっぷりと水量がある。

九時二三分。沢が二手に分かれているが、谷全体の様子から、同じ沢のように思える。多少歩きやすい右手の沢を辿るが、思った通り、一五〇メートルくらい行くと一本の流れに戻った。つまり、細長い川中島だったわけだ。川幅は一〇メートルあるが、水のある部分は八メートル。水量はたっぷりある。傾斜は緩く礫が多い川原。まだ大きな岩は出てこない。ここまで来ても古い塩ビパイプや鉄管が散在している。以前は、現在よりもっと上流で取水をしていたのだろう。正面の、しばらく先の左手、垂直の山の壁があり、そこが大きく崩壊している。川に転がり落ちた岩も見えている。沢の様子が変わりつつある。岩が現れはじめ、五〇から八〇センチの段差があったりする。

九時四〇分。川床に岩が出るようになった。礫とは明らかに違う「岩」である。

九時五三分。崩壊現場に来た。転がり落ちた岩はまだ赤土にまみれている。多少傾斜が増し、大きな岩が川床を埋めるようになってきた。

一〇時九分、最初の滝（F1）。高さ一・五メートル、幅一・三メートル。私は、一応二メートル以上のものを「滝」としている。そうなると、ここは滝ではない。しかし、積み重なった岩の上を順々に落ちているのではなく、岩の傾斜をチョロチョロと流れているものでもない。まとまった水が幅のある帯となって、直接壺に落ちている。どう見ても滝だ。滝壺は長さ五メートル、幅四メートルくらい。水深も一メートルある。壺の最下流に、右岸から小さな沢がナメ滝となって合流している。

一〇時一四分、滝（F10）。最初の滝からわずか二〇メートル先に位置している。全体の高さ四メートル。大きく二段に分かれ、上段は細かな階段状。幅は三メートルあり、全体に広がって水が落ちている。この滝を越えると、一〇〇メートルにわたって岩石帯が続く。

一〇時二七分。取水ダムの跡。コンクリートの枠や堰堤、古い鉄パイプが残っている。険しい岩石帯を越えた場所で、よくこんな奥に来て造ったものだと驚くばかりだ。現在のダムでまかなえるのなら、最初からそこでよかったのではなかろうか。もちろん、当時としては、ここが最適だとする根拠があったのだろう。堰堤の上流側約二〇メートルは浅い砂底だが、ダム新設時は深さのある淵だったに違いない。それにしても、資材はすべて人力で運んだのだから、さぞかし大変な作業だったに違いない。開拓とはいえ本当に頭の下がる思いだ。

一〇時四八分。滝（F09）に来た。高さ幅とも一メートル。滝壺が広い。小ゴルジュになっていて、右岸は砂岩の層が重なっている。ちょうどヒンドゥー寺院の壁みたいに見える。小ゴルジュの先は岩石帯が次の滝まで続く。

一一時ちょうど、滝（F08）。高さ一・三メートル、幅三〇センチ。岩が浅い樋状に削られており、豊富な水が勢いよく流れ落ちている。滝下は平たいナメになっているが、すぐ下側には角の取れたスベスベの岩が幾つか転がっており、さらに下った所はちょっとした淵になっている。

滝を過ぎると岩がトンネルになっている。もちろん天然のものだ。天井までの高さ約三メートル。沢の水が、気の遠くなるような年月をかけて作り出したのだろう。トンネルの先は階段状で、手前からは三段だけが見えている。直登できるかどうかはわからないが、とりあえず、トンネルを潜ってみよう。

一一時一四分、小さな滝（F07）。高さ一・五メートル、幅三〇センチ、ほぼ垂直に落ちている。すぐ上に三〇センチの段差があり、これを含めれば二段の滝ということだ。滝壺が大きい。長さ七メートル、幅は一〇メートルもあり、見る限りだいぶ深そうだ。

一一時二八分。階段状の滝（F06）に来た。見えている部分だけで五段ある。最上段が一番の落差、低木の枝葉がじゃまをして全体が見えないが、約五メートルはあるだろう。川幅いっぱいに広がる岩壁の両端へ、水が二手に分かれて落ちている。それぞれの幅五〇センチ。下の二つの落差は、どちらも一・五メートル、幅三〇センチ。滝は連続しており、私は全体を一つの滝としたが、それぞれを別個に考えると、ここは連瀑ということになる。

下の滝（F09）あたりから谷が狭まり、ここまで来ると沢の両側から木々の枝葉が覆い被さってくる。また、岩の表面にはツワブキやシダ類、草本が着生し、だいぶ奥地に入ってきた気分になる。

一一時四六分、滝（F05）。全体の高さ一〇メートル。中間部がえぐられ、人が入れるくらいの窪みになっている。そこには、灌木や草が生えている。上半分は垂直。下半分は薄い砂岩層の重なった階段状で、少し前に出ている。層の境目がくっきりした筋になっていてきれいだが、表面はツルツルで直登は不可能。

滝口からの水は、幅五メートルある岩壁の両端に落ちている。しかし、勢いが強いためか、上半分に触れることなく直接下半分の岩に落ちている。

左岸を大きく高巻きして滝上に出ると、上流側は多少緩やかな傾斜で谷の幅もやや広くなっていた。木の丈も少し低くなったと感じるが、稜線はまだ先の雰囲気だ。

一二時四一分、階段状の滝（F04）。落差三メートル、幅一メートルで直接登ることができる。滝下はナメで歩きやすいが、まだ、水はたっぷりある。

感潮域（約0.5km）

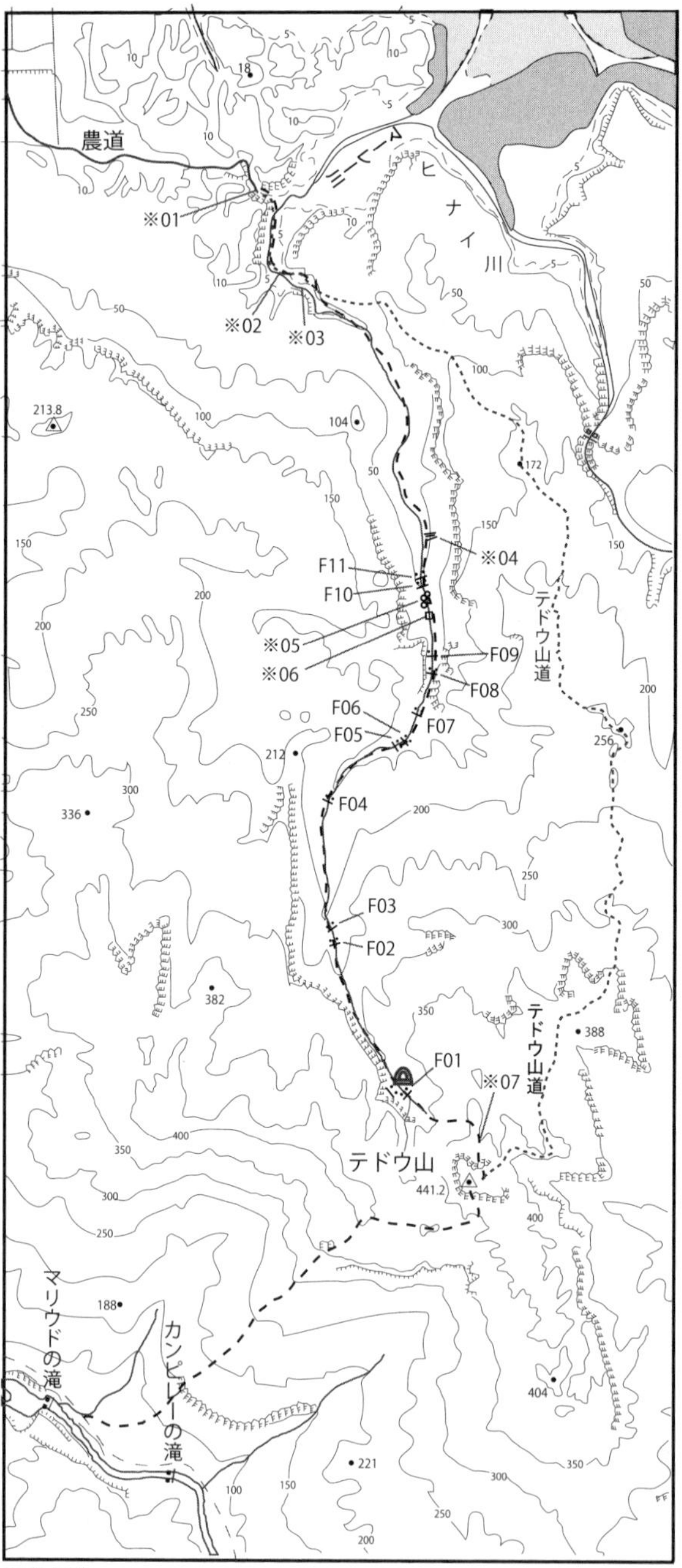

横断山道

F11 1.5m,幅1.3m.もう1本右岸にあり.滝壺5mx4m,水深1m.

F10 4m,幅3m.階段状.F11の上流20m.

F09 1m,1m.小ゴルジュ.

F08 1.3m,幅30m.すぐ上流に岩のアーチ,高さ3m.

F07 1.5m,幅30m.すぐ上流に2つの段差.滝壺幅10m,長さ7m,深そう.

F06 階段状.最上5m,幅50cm,岩壁の両端に2本.最下1.5m,その上1.5m,幅30m.

F05 10m,中途で段になっている.上部5m,幅5mの岩壁の 両端に2本.

F04 階段状,3m,幅1m.直登可能.

F03 僅かに階段状,8m,岸壁幅13m.落水幅5m.

F02 階段状,10m,幅広く落水..離れて細い1条.

F01 3m,細い.左岸崖に2mの滝.

※07 大型シダ類が茂る急登.上部はリュウキュウチク群落で,登り切るとテドウ山道の山頂南20m地点に出る.

※01
船浦農道終点

※02
遡行開始地点

※03
取水ダム

※04
右岸崩落地

※05
岩石帯

※06
旧取水ダム

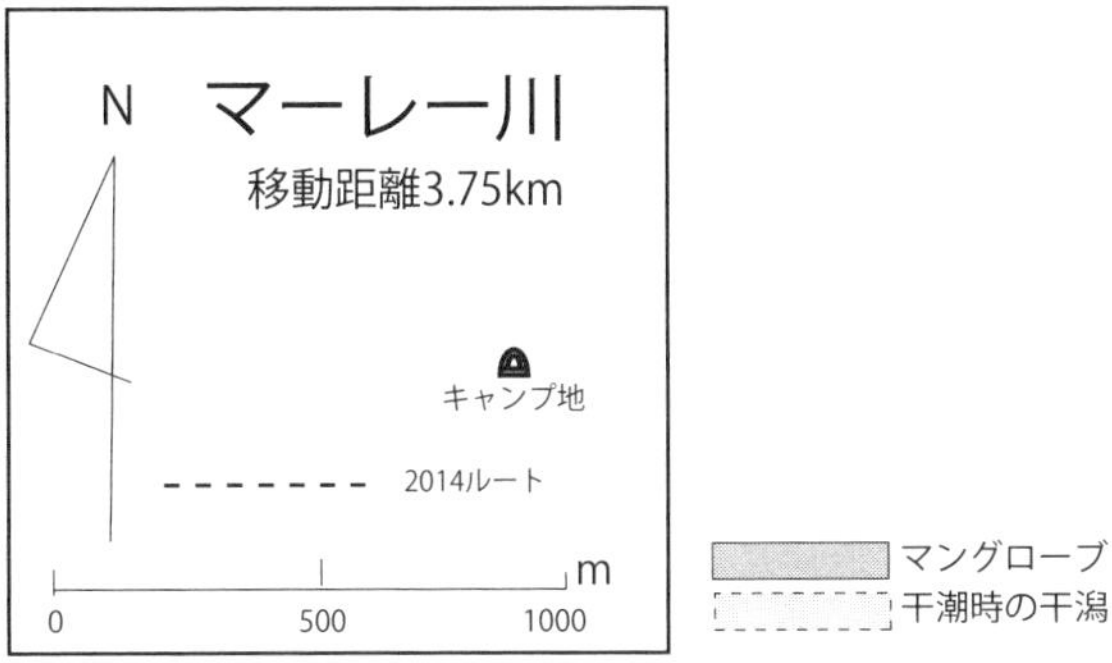

F03

一三時二〇分、滝（F03）。高さ約八メートル。水平に走る薄い砂岩層が限りなく重なっている。全体は大きく五段に分けられ、城壁のような階段状。岩壁の幅一三メートル、水が流れている部分は幅五メートルほどだ。白絹の布を被せたような美しい滝で、登ってみたい衝動に駆られる。しかし、空荷ならともかく、私には無理だろう。滝下はナメ。水深はほとんどない。右岸の急登を迂回して滝上に立つと、かなり上流部に来た雰囲気を感じる。

一三時三四分、滝（F02）。深山にあってひっそり落ちる滝、といった趣がある。四段の大きな階段状。高さは一〇メートル。幅広く落ちているが、離れて、もう一条の水がある。滝下は下流に向かって傾斜し、苔むした岩が重なっている。ここは今日一番の難所かも知れない。大事をとって、右岸を大きく高巻きした。

一五時二〇分、二つの滝に来た。正面の一つは三メートル、右手の崖のものは二メートルの高さがある。正面の滝（F01）のある沢は地図で見る限り真南の方向へ上り、分水嶺までの距離が一番長い。したがって、これがマーレー川の本流のようだ。テドウ山は、その分水嶺の東にあるのだが、地図では二〇から三〇メートルの崖が立ちはだかっている。

山を眺めていると、滝のすぐ上から南東に上がる谷が確認できた。ここから見えている一番大きな谷だ。改めて地図を見ると、その先に山頂がある。明日はそこを詰めて、テドウ山の北尾根に取りつくのがベストかも知れない。

この先、水場はないだろう。一五時半を過ぎたこともあり、ここでキャンプすることに決める。

六月一三日（金）くもり、夜にわか雨

六時起床。七時ちょうどにキャンプ地を発ち、テドウ山を目指す。じきに沢が消え、灌木が茂る急斜面となった。もちろん道はないが、そこをひたすら登る。そんなに難しい登りではない。さらに登っていくと大形のシダ類が見られるようになり、そんな斜面がしばらく続いた。かなりの高度に達しているはずだが、先がわからない。

七時四五分。尾根に出る。地図で見ると山頂の真北約一〇〇メートルあたりだ。狭い尾根だから外すことはないが、ほとんど前進不可能。ツルアダンのブッシュが凄まじい。一〇メートルほど頑張ったものの、やはり無理。しかし、この尾根の最上部へは左手の谷を登っても行けそうだ。谷だったら、ツルアダンも少ないはずだ。

谷へ降りた。ほんのわずかな距離だった。大形のシダが密生しているが、予想通りツルアダンがまったくない。これはありがたい。稜線と谷との際立った違い、西表島の植生の典型的な例だ。強度の急斜面だが、歩行に問題はない。灌木も多いからスリップの心配もない。一歩一歩前進、高度を稼いでいったら、やがてタケが現れ、じきにリュウキュウチクの群落に変わった。すでに山頂域に達した証拠である。かき分けかき分け進んで行くと、足元がポッと開け登山道に出た。

振り返ると海が見えた。船浦湾から船浦集落、上原の集落まで見渡せる。山頂は近い。

八時四五分、テドウ山に立つ。標高四四一・二メートル、登山道に出てからわずか二〇メートルだった。山頂は四メートル四方の裸地で、中央に三角点が立っている。周囲は四メートルのリュウキュウチク、まったく展望がきかない。一本だけノボタンがある。薄いピンク色の花をいっぱいに咲かせている。下界で見るのと比べて葉が細い感じがする。しかし、西表島のノボタンは一種類だけのはずだから、これも同じものなのだろう。ザックを降ろして休息。

これでマーレー川遡上も終わった。マーレー川は全長四キロメートルに満たないが、河口から山頂までの標高差は四四〇メートルあり、距離の割には標高差が大きい。それだけに滝が多かったが、大きな滝はなく、小滝でこまめに水を落としながら急斜面を下るというタイプの沢だった。すぐ隣のヒナイ川は、長さはほぼ同じでも標高差三〇〇メートルで、滝も四つだけだ。それでいて、ピナイサーラの滝という五五メートルに及ぶ沖縄県最大の滝がある。緩やかに下り、ある所でドーンと落とすタイプなのだ。地形も地質も同じなのに、どうして違った沢になるのだろうか。実際に歩いてみないとわからない楽しみの一つだ。

話は別だが、荷物が少なかったら、マーレー川を遡上しテドウ山に立ち、登山道を下る日帰りが可能だろう。ただし、あまりおすすめはしない。

九時ちょうど、山頂を後にしてカンピレーの滝へのルートを辿る。部分的に消失していたが、それでも、それとわかる山道が浦内川まで続いていた。この日、私は軍艦石から今は道もない浦内川沿いを下り、稲葉村跡でキャンプをした。翌日、前原川を遡上した。

（前原川へ続く）

マーレー川

F07.　高さ 1.5m, ほぼ垂直 . 滝壺が大きく
長さ 7m, 幅 10m で深い .

船浦農道終点.取水管理の無人
小屋あり.テドウ山,ピナイサー
ラの滝の山道起点.

旧取水ダム.堰堤や鉄パイプ
が残存.上流側は浅い砂底.

ゲーダ川（慶田川）

二万五千分の一の地図には「ゲーダ川」とカタカナで表示されている。一九六五年に見た地図には「ケーダ川」とあり「慶田川」と漢字表記されていた。地名などは、時代と共に変化することがしばしばある。まして、西表島のように、多くの集落が第二次世界大戦後に開かれた所ではなおさらのことだ。また、同じ八重山諸島内といっても、島ごとに言葉の違いがある。川の呼び方が異なるのも、むしろ自然なことだといえる。

ゲーダ川は、北岸道路ができる前までは、ほとんど誰も入らない沢だった。沢が小さいこと、急峻、河口がマングローブ。だから田んぼを開いた形跡がない。隣接する大見謝川は河口が小滝になっており、舟を接岸させて真水を得ることができた。長い干ばつの時は、鳩間島あたりから取水に来ることもあっただろう。さらに東にある由珍川は、古くは高那村の小集落で、水田耕作など人々の営みがあった。

しかし、現在のゲーダ川は、沢トレッキングでは欠かせない場所の一つになっている。入口はゲーダ橋、ここからはっきりした山道がある。マングローブをぬけ、手ぶらなら、メインとなる滝まで一時間そこそこで行ける。四つの滝からなる連瀑で、ここを登りきる醍醐味は何とも表現しがたい魅力だ。最上部からは北海岸の眺めが素晴らしい。大見謝ロードパークから常に見えている一条の滝が、このゲーダ川である。

ゲータ川遡上

二〇一六年六月一六日（木）晴れ

上原からバスに乗り、八時三〇分、ゲータ橋で下車。西表島の橋の欄干には、色々な生き物の石像が載っているが、ゲータ橋ではキシノウエトカゲだ。キシノウエトカゲは全長三九センチ、体重二〇〇グラムに達する日本最大のトカゲだ。八重山諸島と宮古諸島に分布し、イリオモテヤマネコにとっては重要な食料の一つだ。それにしても、欄干に居座るトカゲのとてつもなく巨大なこと、コモドドラゴンを見ているようだ。

今朝は少し雲が多いが、天気はまずまずで雨の心配はなさそうだ。いよいよゲータ川遡上だ。入口はゲータ橋の東側、ガードレールが終わった所で山側に湿地帯へ降りる道があり、マングローブの外縁に低地林があり、少しの間、この中を歩くことになる。

八時五五分、最初の渡渉。川幅三メートル、浅い。ちょうど感潮域が渓流域に変わる場所で、すぐ下流はマングローブだ。

一〇〇メートルほど進むと、次の渡渉地点。山道は対岸に続いているが、私は、ここから沢に入ることにして、アイゼンを装着した。

この日、アイゼンが頻繁に脱落した。その度に装着し直すのだが、時間ばかりロスしてしまう。どうしてなのだろう。キャンプの際に初めて気づいたのだが、接続部で不具合が生じるのだ。私のアイゼンは前部と後部が可動式のブリッジで繋がっている。靴底の長さに合わせ、ブリッジをボルトで固定する。ところが、このボルトが、すぐに緩んでしまうのだ。そうなると前後が離れてしまい、靴から脱落してしまうのである。角レンチで固く締め、強力な接着剤を染み込ませておいたのに、それでもだめだった。あいにく、今回は角レンチを

F07
8m,幅2.5m.全体は急な階段状.谷幅20m.

F06
6m,左岸よりに幅1m.
垂直.全体は幅10m.

F05
3m.中央に幅1m,垂直.F06-F05の間は大きな階段状.
F07,F06,F05は連続.大きく3段になっている.

F04
厚い砂岩の層が階段状になっている.滝上から大見謝駐車場が見える.

F03
2m,左岸よりに幅1.5m.
垂直.全体は幅8m.

F02
斜め滝.薄い砂岩が重なっている.幅15m.全面に糸状に水が垂れている.

F01
4m.薄い砂岩が重なり多少階段状.谷幅10m.水は2本.

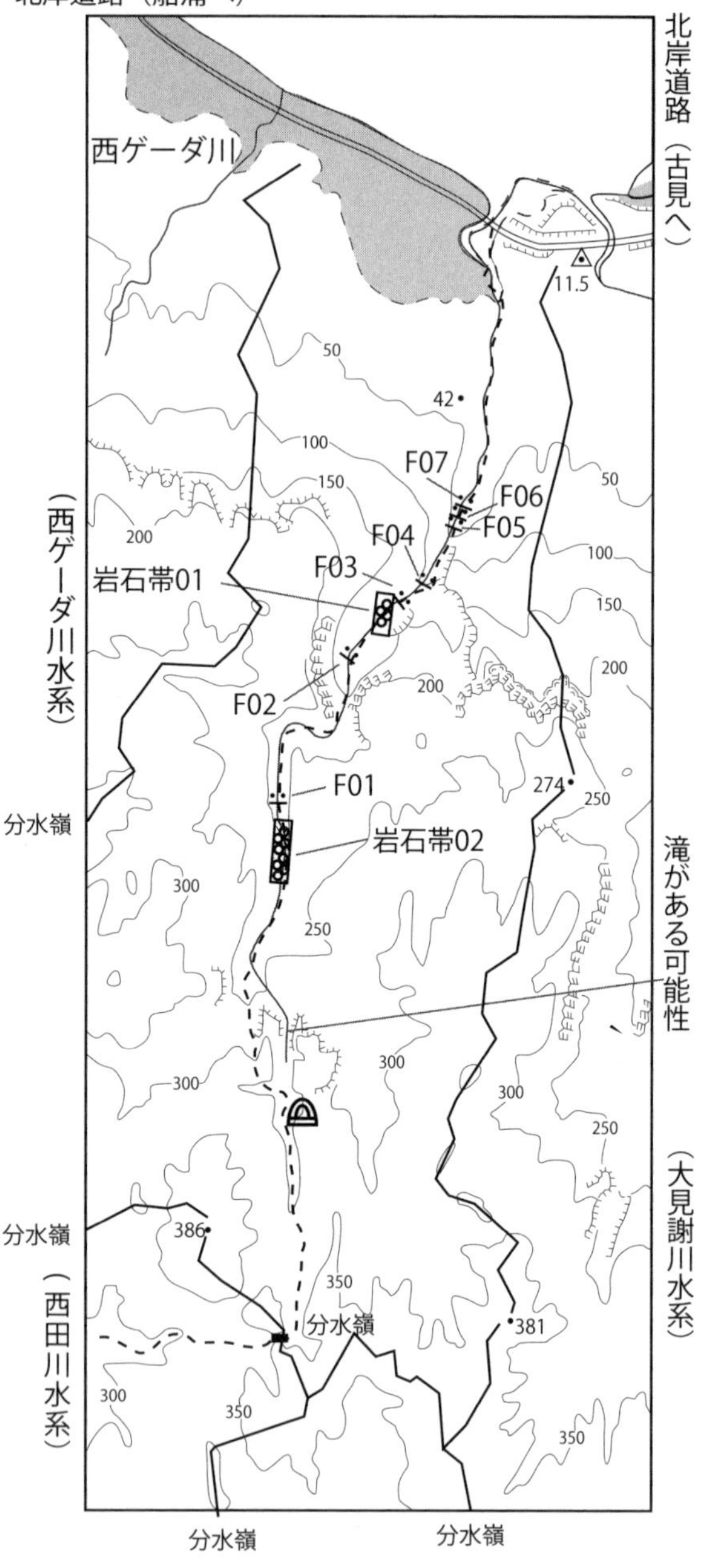

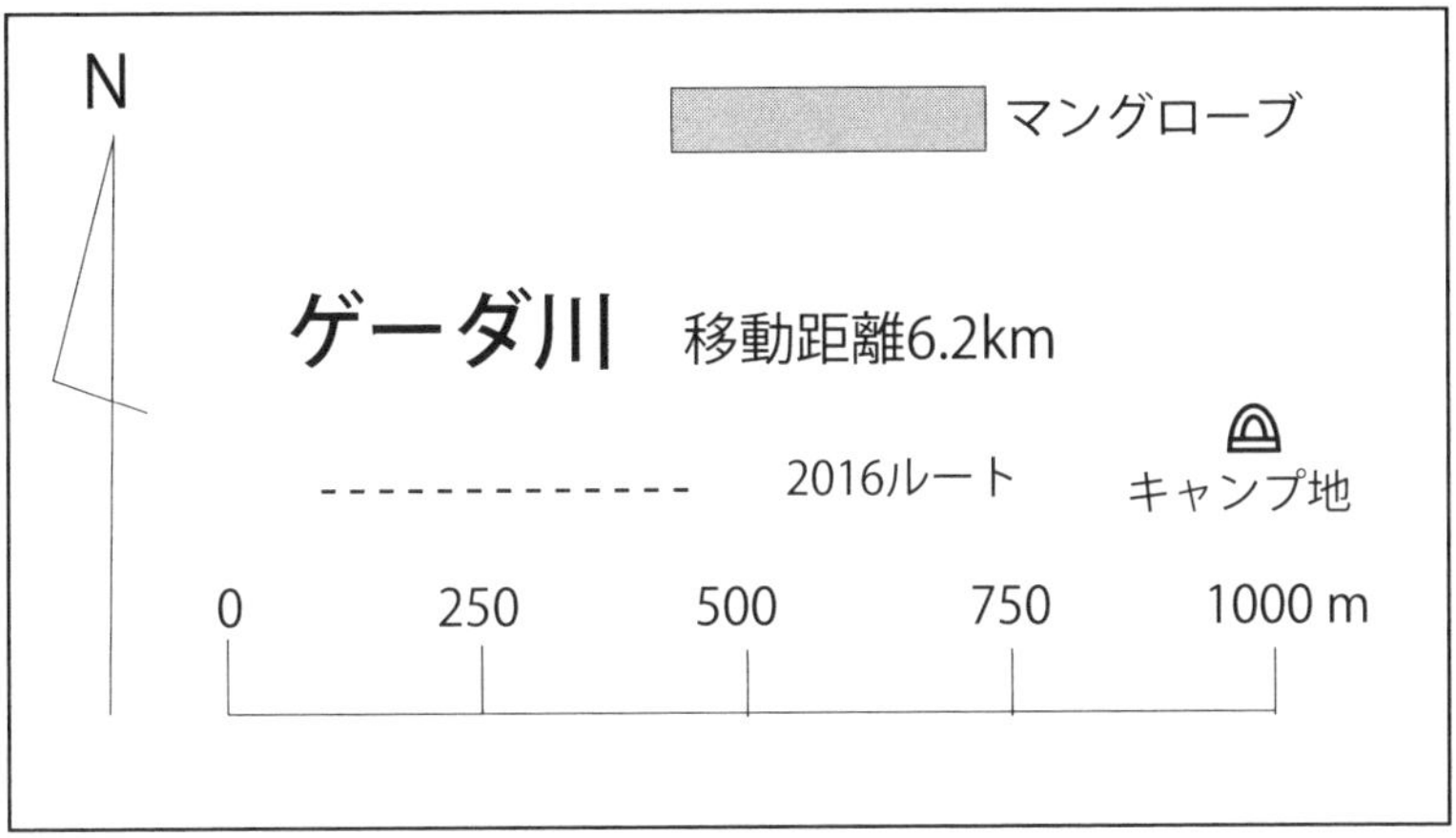

感潮域（マングローブ約0.21km）

F06上の扇状の階段.
最上部がF05.

持参していない。仕方なく、細ひもで固定した。細ひもは想像していたよりは丈夫で、一度も切れることはなかったが、帰宅したらワイヤーでしっかりと固定するつもりだ。

一〇時二〇分、最初の滝（F07）。高さ八メートル、幅は二・五メートルくらい。岩壁が完全に谷を塞いでいる。両側が扇状に広がり、滝下の谷の幅は二〇メートルもある。滝は階段状だが、急峻で直登は無理。ここは左岸を高巻きする。

林内を迂回したら、さして苦労もなく滝上に立つことができた。ここからは海が見える。突先の赤離島も見える。湾内は潮が引いていて、ほとんど干上がった状態だ。

すぐ上流に、次の滝（F06）がある。高さ六メートル、薄い砂岩の層が積み重なった垂直の滝。一〇メートルの幅があるが、水が落ちている部分は左岸寄りの幅一メートルのみ。その先は扇状の段々で、水が無数の糸を垂らしたように広がっている。そして、最上段に次の滝（F05）が見えている。すなわち、ここには三つの滝が連続してあり、全体が長い階段のようになっている。

三つの滝を通過すると、少し離れて次の滝（F04）。厚みのある砂岩の層が積み重なった巨大な階段で、層と層の間は水平の溝になっている。下の三つとは随分雰囲気が違う。

私は通らなかったが、二つ目の滝（F06）の上まで右岸の林内に山道がある。滑りやすい場所にはロープがあり、安全に滝口に立つことができる。滝口は広いテラスで、下の滝からは見えなかった大見謝川の展望台やロードパーク、由珍川へ向かう北岸道路の一部も見渡せる。三つ目の滝（F05）も右岸から登れるが、山道はない。おそらく、案内されるツアー客も、二つ目の滝から引き返しているのだろう。

ゲーダ川の連瀑。滝に個性があり、それぞれに美しい。嶮しい一帯には違いないが、道路から近く、危険な箇所も少ないし、沢トレッキングには魅力ある渓流の代表といえるだろう。

連瀑帯を過ぎると山道もないが、ほとんど平らで、大きな石もなく歩きやすい。しかし、快適な沢歩きも一〇〇メートル進むと終わり、次の滝（F03）にぶち当たる。高さ二メートル。岩壁は幅八メートルあるが、落水は左岸寄りの幅一・五メートルのみ。滝上からは打って変わり岩石帯となる。

一二時四五分、滝（F02）。薄い砂岩の層が積み重なり、谷の幅一五メートルいっぱいに広がっている。幾つものブロックに分かれており、全体を見ると不揃いの巨大な階段みたいになっている。全面を、水が糸状になって舐めながら落ちている。実にきれいな滝だ。最上部は段差が大きいが、その気になれば直登可能だ。

一三時ちょうど、サキシマハブに遇う。岩石帯があまりにも歩きにくいから、脇の林内へ逃れることにした。ザックを擦りながらも、岩の隙間を辿ってようやく沢から離れることができた。林内で一休みしようと振り返ると、灌木の長い枝の上を、ハブがゆっくりと移動している。今、私が歩いてきた所、真下を潜ってきた所だ。ザックに触れていたかも知れない。ハブは、その後もゆっくりと移動を続け、三分後に林の縁にあたる岩の割れ目にもぐり込んでいった。岩石帯が終わってから後は大きな岩がなく、沢歩きもそんなに辛いものではなくなった。

一三時四〇分、七番目の滝（F01）。標高二〇〇メートル前後と思われる。滝の高さ四メートル。薄い砂岩の層がびっしりと重なっており、全体は細かな階段状になっている。谷の幅は一〇メートル。水は二カ所に分かれて落ちている。右岸の林内を迂回する。

しばらく岩石帯が続くが、右岸が垂直な岩壁になっている場所に来た。標高二五〇メートルあたりだろう。岩壁の約一〇メートルの区間は、白い絹のカーテンみたいな滝になっている。

左側から沢が合流している。水はほぼ同量に見える。ただ、正面にある谷の方が、わずかに大きく感じられる。そこで、このまままっすぐ遡上することにする。

沢は、じきに涸れ沢となり、やがて尾根の上に出た。しかし、どう見ても分水嶺とは思えない。尾根が小さすぎるのだ。さりとて、西へ辿るのも方向が違う。目的の西田川へは、ひたすら南へ向かわなければならないはずだ。

ここに来て気づいたのだが、谷は本流ではなかった。先ほどの左側から合流している沢がゲーダ川の本流だったようだ。

まずは、尾根の反対へ下った。小さな涸れ沢に降りたが、谷の方向からすると、これもゲーダ川の支流だと思われる。そのまま下り続けたら、じきに本流に出た。南に上っているから、ゲーダ川に間違いないだろう。

しかし、こちらの沢も、ほとんど水がない。今は渇水期なのだろうか。さらに一〇〇メートル登ってみたが、この先、水があるとは思えない。

一五時三〇分。左岸から小さな谷が降りてきて、出合に水溜まりができている。長さ一メートル、幅五〇センチ、深さは三〇センチある。見ると水は動いている。確かに流れている。前後が伏流になっている。これは幸い。今日は、ここでキャンプしよう。標高二八〇メートルくらいだろう。シダ類を刈り集め、たっぷりと敷き詰めた。限られた水場だから、夜はハブが来るかも知れない。十分に気を付けよう。

一八時四〇分。タイワンヒグラシが鳴きはじめ、五〇分からはイシガキヒグラシも加わり、お互いさかんに鳴いている。

今日はアイゼンに不具合が生じ、アイゼンなしで歩いたりもした。いつも以上に神経を使い、慎重に歩いた。ただ、後半は林内を歩くことが多かったから、その間は、かえって都合がよかった。アイゼンは地上を這う蔓や根に、よく引っかかったりするのだ。

しかし、明日は西田川、アイゼンはどうしても必要だ。応急だが修繕しておけば大丈夫だろう。

ただ、気になることがある。キャンプ地はＧＰＳで見ても本流に間違いない。南進して上り詰めれば分水嶺で、反対側は西田川となるはずだ。その谷は、ここから見えている一番大きな谷だと思われる。しかし、すでに沢とはいえないどん詰まりの地形になっている。水もないし、分水嶺がすぐ近くにあるようにも思える。それなのに、地図上では分水嶺まで六〇〇から七〇〇メートルの距離があるのだ。まあ、間違っていたら、その時になって軌道修正をするまでのことだ。

六月一七日（金）晴れ

起床、五時五〇分。朝食を済ませ、六時五〇分、出発。

不安が的中した。登った谷は広かったが、すぐに急峻な斜面に変わり、じきに尾根へ出てしまった。ここで間違いに気づいたが、この尾根を南へ向かえば方角的に問題はない。灌木が多く、少し歩きにくいが、稜線をはずして谷側をトラバースしたりしながら、少しずつ高度を上げていった。

ＧＰＳを見ると、右下の谷がゲーダ川のようだ。水場に利用した一見支流だと思った沢が本流だったのだ。現場では沢の奥が見えなかったし、ＧＰＳが示す分水嶺と広い谷が同じ方向だったから、こんな間違いを起こしてしまったのだ。しかし、ここに来て沢に降りることもないだろう。進んでいけば沢が上ってくるだろうし、やがて、一つになるはずだ。

はたして、じきに右手の沢と合流した。高度があり、分水嶺も近いと確信する。そして、八時ちょうど、分水嶺に立った。

稜線は灌木に覆われているが、ツルアダンや蔓植物、下草が一切ない。人一人が座れる狭い尾根には、古いペットボトルと酒ビンが転がっていた。

尾根は、全体として南東から北西に走っている。しかし、この部分に限って南北に向いている。それはともかく、反対側は西田川に間違いない。こうしてゲーダ川遡上が終了、ここから西田川を下り、里へ出る予定だ。

（西田川下降へ続く）

西田川（ニシダ川・ニシンダ川）

西表島の川名には末尾に「ラ（良）」が付くものが多い。例えば「マイラ（前良）川」、「シイラ（後良）川」、「アイラ（相良）川」、ナカラ（仲良）川」、「クイラ（越良）川」、まだまだある。文献や方言辞典を調べてみると、「ラ」は、河川名に付ける接尾語だが、特別な意味はないようだ。響きをよくしたり、しゃべりやすくする工夫なのかも知れない。

次に多いのが「タ（田）」と「ハル（原）」だ。文字通り田んぼのある場所を表している。例えば「パイタ（南田）川」、「ヨナダ（与那田）川」、「ゲーダ（慶田）川」、「アカイダ（赤井田）川」、「メーバル（前原）川」、「アラバラ（新原）川」などがある。

漢字でどう表記したらよいのかわからない名前や、古老でなければ意味が理解できない名前が多い中で、「西田川」は他府県の人でもわかる「内地風」の名前だ。どうしてだろうか。私は初めて西表島を訪れて以来、このことに関心を持っていた。

もう一五年以上も前のことだが、斎藤潤さんから以下のような話を聞かせてもらった。斎藤さんは離島のほとんどを訪ねた島旅のエキスパートだ。島に関する著書も沢山ある。私とは上原の「カンピラ荘」、そして、東京の西新宿にあった居酒屋「壺屋」が縁で、四〇年以上の付き合いがある飲み仲間だ。

その時も酒の席だったが、「『西田川』は、友人の父親の名前からだそうです」と聞かされた。「やはり、そういう経緯があったのか」と納得したのだが、原稿を書くにあたってインターネットで検索してみたら、さらに詳細を知ることができた。

斎藤潤さんは千葉県立船橋高校の出身。同級生に西田治文さんがいた。後に京都大学で博士号を授与された植物学者である。西田さんの父親も植物学者で、シダの研究で業績のある西田誠博士である。博士は一九九〇年代後半に他界しているが、まだ学生だった頃、調査のため西表島を訪ねた。第二次世界大戦以前の話である。滞在中、無名の川を遡って植物採集をした。その日、宿に戻って地元の人に「最上流まで行ってきた」という話をしたら、いつのまにか「西田川」と呼ばれるようになり、その後、正式名称になったというのである。

インターネット記事の執筆者である植田邦彦さんは、大学院で西田治文さんの二年先輩にあたる植物学者である。西田川の由来は、酒宴の席で直接、西田誠博士ご本人から伺ったと記している。

同じ植田さんの記事には「西田川・サンガラの滝」の由来もあった。「サンガラ」とは、「傾斜」を意味する鳩間島の方言なのだそうだ。一九九〇年代後半まで上原にあったツアー業者の現地責任者が鳩間島の人で、そのあたりから生まれた地名のようだ。サンガラの滝上にあるナメ床を指すものと思われる。


（ゲーダ川遡上より続く）

西田川下降

二〇一六年六月一七日（金）晴れ
前日、ゲーダ川を遡上、源流域で一泊。今朝は、ゲーダ川をさらに遡上し、八時ちょうど、分水嶺に立った。さあ、西田川下降のスタートである。
八時五〇分、標高二七〇メートルあたり。斜面が溝状になり、急に沢らしくなってきた。高さ二一メートル、垂直の岩壁が滝（F01）となり、ここから岩石帯がはじまっている。谷はかなり急峻である。ここで、改めてアイゼンの装着具合を確認する。

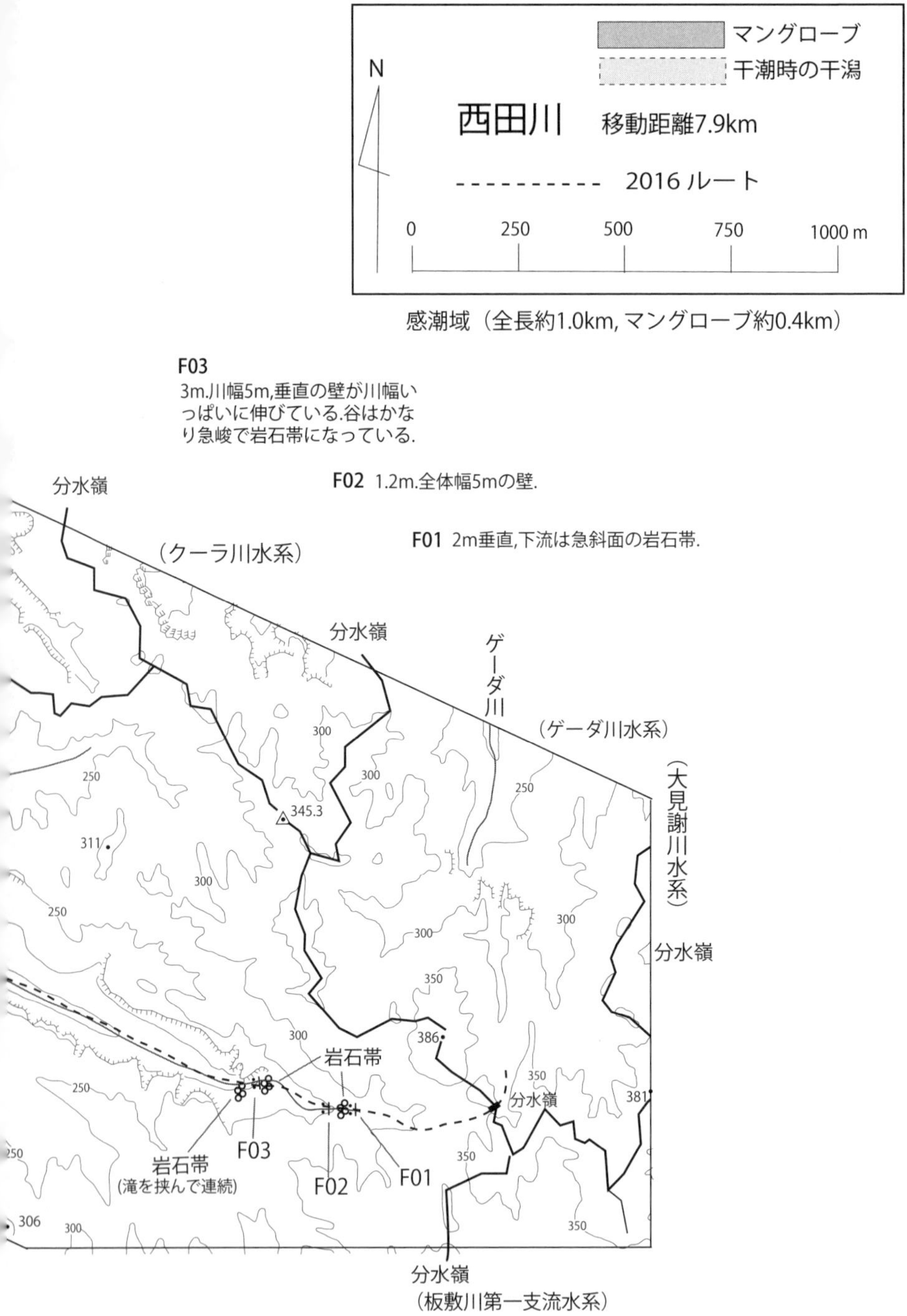
マングローブ
干潮時の干潟
N
西田川
移動距離7.9km
2016 ルート
0
250
500
750
1000 m
感潮域（全長約1.0km, マングローブ約0.4km）
F03
3m.川幅5m,垂直の壁が川幅いっぱいに伸びている.谷はかなり急峻で岩石帯になっている.
F02 1.2m.全体幅5mの壁.
F01 2m垂直,下流は急斜面の岩石帯.
分水嶺
（クーラ川水系）
分水嶺
ゲーダ川
（ゲーダ川水系）
（大見謝川水系）
分水嶺
300
250
300
250
345.3
311
300
250
300
300
350
300
386
岩石帯
350
分水嶺
381
250
250
岩石帯
（滝を挟んで連続）
F03
F02
F01
350
350
306
300
分水嶺
（板敷川第一支流水系）

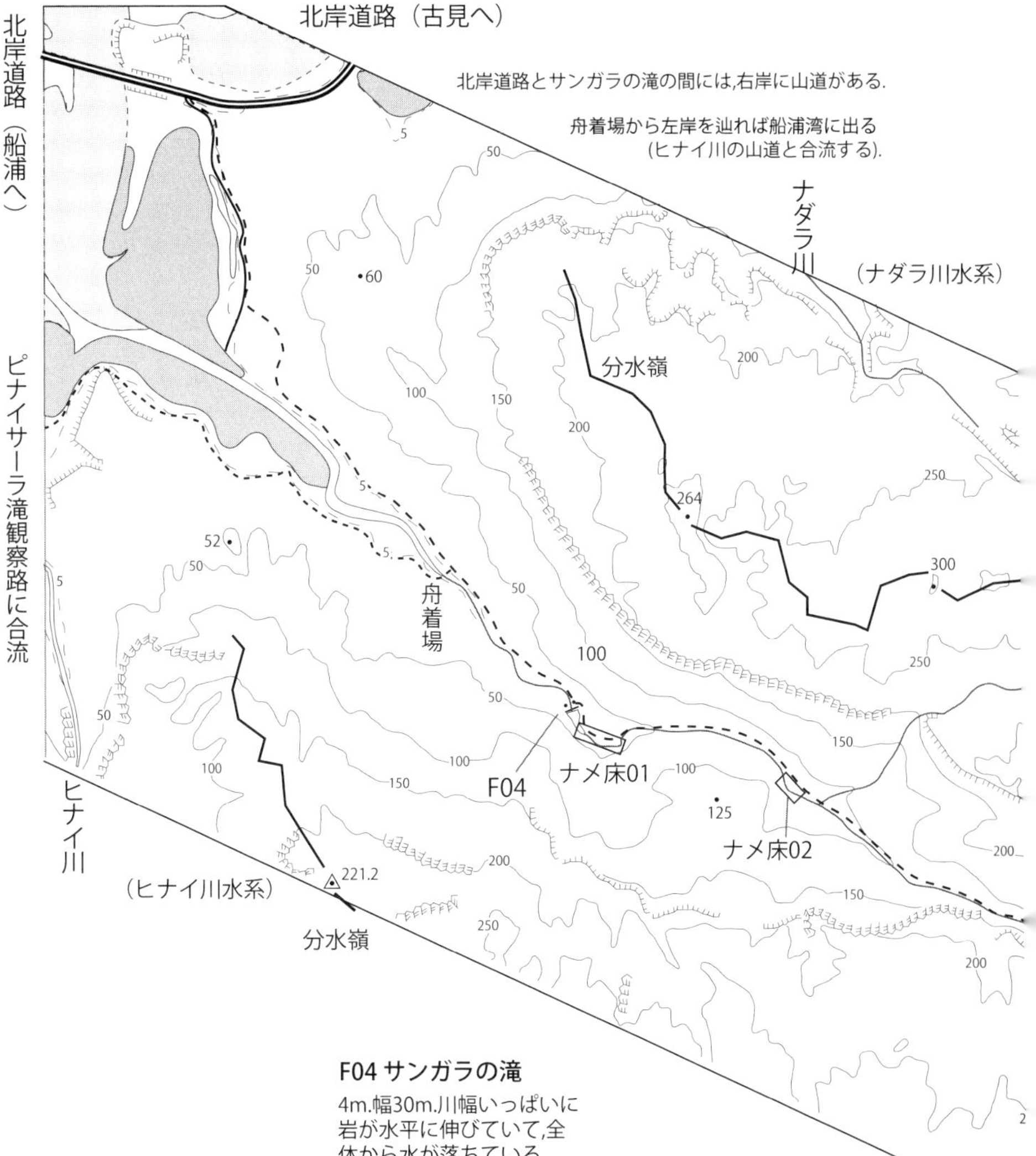

F04 サンガラの滝

4m.幅30m.川幅いっぱいに岩が水平に伸びていて,全体から水が落ちている.

九時一二分、小さな滝（F02）。高さ一・二メートル、垂直の壁になっている。滝上は平らに横に伸び、全体の幅五メートル。水は三カ所から分かれて落ちており、いずれも細い糸のように流れている。足場がなく、直降は不可。

九時三〇分、滝（F03）。高さ二メートル、小さな滝で、滝（F02）と雰囲気が似ている。岩壁は川と同じく幅五メートル。両側からも岩が張り出している。水は何本にも分かれて糸のようだ。谷はかなり急峻、川床を巨岩が埋め尽くしている。

巨岩帯が終わってからというもの、かなり緩やかな流れに変わっている。岩はあるが、特に大きくもなく、平坦で歩きやすい沢が延々と続く。そして、一一時ちょうど。時計の高度計は二二〇メートルを表示している。実際はそれより六〇メートルくらい低い所まで来ているはずだ。一般的に、西表島の沢はこれより少し下流に大きな滝が一つ二つあるものだが、西田川はどうだろうか。

一一時四五分、平たい岩に腰をおろして休息をとり、合わせて昼食とする。湯を沸かし、インスタントラーメンに餅を入れて食べた。

先ほどから気づいていたが、何か腐敗臭がする。最初、気のせいかとも思ったが確かに臭う。しかも、動物のにおいだ。イノシシかヤマネコか、あるいは……。「人だったら嫌だな」。そんな気持ちで周囲を見回してみるが、何も見つからなかった。

ところが、食後、荷物をまとめて出発すると、五〇メートルほど下流にイノシシが浮いているのを見つけた。流れが緩やかなせいか、そこに留まっている。牙が剥き出しで、オスの成獣だとわかる。体は大きく膨らんでいるが、外側はまだ崩れていない。ワナや猟銃による痕跡は見えなかったが、一週間くらい経っているようだ。後日、上原と住吉で聞いたのだが、西田川では最近住吉の人がワナと銃で猟をやっているそうだ。ワナの場合、現場で死ぬことがほとんどだから、銃で撃たれたものが川まで逃げ、そこで力尽きたものかもしれない。

現在、西田川沿いに山道はない。しかし、クーラ川方面から下ってくる沢との出合から下には、森林事務所のピンクリボンや、赤のビニルテープが色あせたまま残っていた。

一四時一〇分、サンガラの滝に着く。長さ三〇メートル、川全体をふさぐような垂直の岩壁になっている。下部が大きく窪んでいて、潜り込むと滝を裏側から眺めることができる。レースのカーテンのようだ。窪みには草や灌木も生えている。

上流側は長さ約一〇〇メートルにわたる広いナメ床だ。規模は小さいが、板敷川のナメ床と雰囲気が似ている。今は雨が少ないこともあって、狭い流れ以外ほとんど干上がっている。ところが、滝口がほぼ水平なので、この渇水期でさえ岩壁全体から水が落ちている。高さ四メートル、大変きれいな滝だ。

西田川には滝が四つ、最大はサンガラの滝。岩石帯は急峻だが、その他は緩やかに流れている。標高差は三五〇メートル。しかし比較的長い沢なので、滝も少なく、このような緩やかな谷となったのだろう。淵もなく大きな危険を感じさせない沢だ。

サンガラの滝で大休止を取り、水浴びをし、汚れ物を洗ったりしてのんびりと過ごした。

一五時一〇分。滝を出発。ここからは右岸にはっきりした山道があり、自動車道路へ通じている。森林事務所の「登山道」と印刷されたピンクリボンもある。滝から三〇分も下ると感潮域に変わり、カヌーツアーが上陸する舟着場がある。

数年前のことだが、舟着場を対岸に渡り、川に沿って河口まで下ったことがあった。道はないが、低地林の中を大した障害物もなく歩くことができた。昔植えたであろうホウライチクやフトモモの木があった。三〇分ほどでヒナイ川の山道に合流、干潮時の船浦湾を横切って上原の民宿に戻ったものだった。

今回はそのまま登山道を辿り、自動車道路に出た。途中、大きなメスのイノシシに遭遇したし、セマルハコガメにも遇った。キノボリトカゲをたくさん見たし、色鮮やかなサキシマカナヘビ数頭にも遇った。最後になって、幾つもの「おみやげ」のついた山歩きだった。

一六時ちょうど、北岸道路に出た。自動車道路は強烈な夏の陽射しで、歩くのには相当の勇気が必要だ。木陰でバスを待つが、いつ来るのかもわからない。結局、上原の民宿まで徒歩で帰った。

由珍川（ユチン川・ユツン川）

私が初めて西表島を旅した一九六五年。当時の地図には、カタカナで「ユーチン川」と記されていた。その後の二万五千分の一の地図では「ユチン川」とある。漢字では「由珍川」と表記されることが多い。

西大舛高壱（にしおおますこういち）さんが著した『南の島の物語』に名前の由来が載っている。昔も石垣島の漁師が西表島近海に来ることがあったようだ。そんな漁師たちが、「クヌカーラカイヤ　ユウ　チンヌヘールソーラー」と言っていたそうだ。「この川へは、良くチンが入るんですね」という意味になる。チンとはミナミクロダイのことだ。この「ユウ　チン」が名前の由来だというのである。西大舛さんは新城島上地の生まれ。戦後は西表島東部地区の復興に尽力し、一六年間竹富町議会議員を務めた。私は大原で暮らした当時、大富にある西大舛さんの田んぼで、ヤマネコや開拓時代の話を聞かせてもらったものだったが、二〇〇六年に亡くなった。

二〇一五年六月、私は高校の同窓生九人と西表島を旅行した。その折、六月二二日夕方、船浦湾の海中道路へ行った。そこでドローンを飛ばしているTという青年に会った。聞くところによると、カンピラ荘の常連さんだそうだ。翌二三日には浦内川で会った。我々はカンピレーの滝を往復しただけだが、その日、彼は単独でマヤグスクの滝を往復していた。夕方、偶然に再会した時、ドローンで撮影したマヤグスクの滝を見せてもらった。滝の下から舞い上がり、滝すれすれに上昇、滝の上ではぐるり一周して周囲の岸壁や森林をたっぷり映していた。空中からの滝は一層迫力があって、素晴らしい出来栄えだった。

彼はその後もカンピラ荘に滞在、二六日に石垣へ出る予定だと聞いた。私は同窓生と共に二四日に石垣へ出て、二晩を過ごした後、二六日に一人で上原に戻りカンピラ荘に投宿した。T青年とは上原港で入れ違いになるはずだったが、彼は訳あって前日石垣へ渡ったという話だった。「何かあったな」と感じた。夕方になって宿のご主人から話を聞いた。

彼は同宿した女性を連れて、二日間連続して山へ入った。ところが、由珍三段の滝を案内した折、女性が足を滑らせ骨折してしまったのだ。ドクターヘリで搬送される際に、彼も連れ添って石垣へ出たのだそうだ。その後、私は二七日、二八日の両日、白浜の「しらはま荘」に宿泊した。その夜、同じ白浜の水谷晃氏宅で夕食と泡盛をごちそうになった。そこで、事故の詳細を知ることとなった。

事故のあった日、西表島西部地区の消防団員に召集が掛かった。指令は「由珍川での女性の救出」。二〇名の団員が数台の車でユチン橋に集結、水谷氏もその一人である。女性は現場から一歩も動けなかったそうだ。携帯電話も通じなかった。そこで、T青年がユチン橋まで下り、ようやく連絡が取れたらしい。現場から自動車道路まで一・五キロメートル。足場が悪く、担架を使った搬送は困難を極めたそうだ。

女性を収容したものの容態が悪く、ドクターヘリを要請することになった。その女性はアルバイトをしながら宮古島で暮らしていた。ここにきて内地へ引き上げることになり、その前に八重山をぜひ見たいと西表島まで足を伸ばしたのだそうだ。そして、不運にも事故に遭ってしまったわけである。

常識だと思うが、「案内」とは、単に先頭を歩くことではない。細心の注意を払い、特に危険な場所では注意を促し、どんなことにもサポートできる位置と体勢を保っていなければならない。場合によっては手を貸すことも必要だろう。

だいぶ経ってからのことだが、T青年からメールが届いた。「手術も済み、順調にリハビリを続けています。彼女に関しては一生世話をしていきます」と書かれていた。

由珍川東本流遡上

二〇一七年三月一三日（月）曇り、夜雨

上原を一番のバスで発ち、八時三〇分、ユチン橋で下車。今回は由珍川東本流を遡上。分水嶺を越えて、相良川からの登山道経由で古見岳に登る。その後、板敷川の幻の湖まで下り、そこから、引き返すような形で由珍川西本流に入り、出発点のユチン橋まで戻る予定だ。曇り空だが、すぐに雨が降るような気配はない。まだ冬の季節風期なので、今回は厚手のトックリセーター、ジャンパー、厚手のズボン、長い下着を持参。荷物はいつもより二キロくらい重いだろう。ザイルも、これまでは一〇メートルだったが、二〇メートルのものを新調した。足回りを整えてから出発。時間をかけてゆっくり登りたい。

ユチン橋東詰めの入口から三段の滝までは登山道がある。正面、右、左と、ピンクリボンが連続して吊り下がっている。

九時三〇分、二俣に来た。左が東本流、三段の滝と古見岳への登山道、今日の私が目指すルートだ。右は西本流。道はなく、こちらを辿る人はほとんどいない。

二俣から二〇メートル先で左岸に渡り、約一〇〇メートル上流で再び右岸に戻る。その先はしばらく林内を進み、一旦沢に降り、中州のような所を通ってから、また右岸に戻る。ここは赤土の急斜面で、黒と黄のツートンカラーのロープが設置されている。昔の登山ルートは、二俣からずっと右岸の森林の中を登り、最初のナメ床で沢に降りたような記憶がある。

一〇時一〇分。森林から川床に降りるが、ここもルートの一部だ。川幅約五メートル。八〇メートルに渡ってかなり急峻なナメ床になっており、左岸側二メートルを水が流れている。ナメ床は濡れていて滑りやすく、

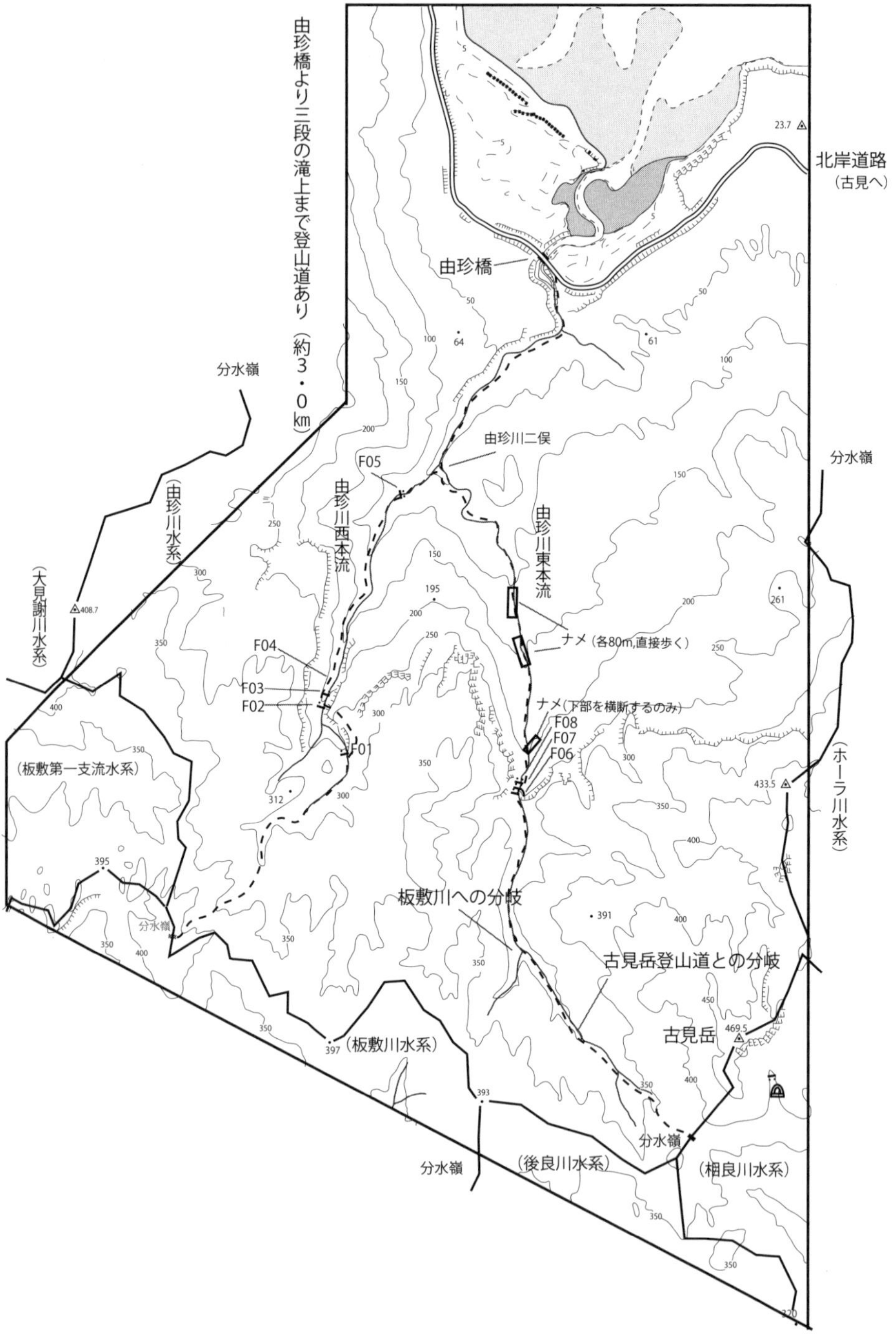
由珍橋より三段の滝上まで登山道あり（約3・0㎞）
北岸道路
（古見へ）
由珍橋
由珍川二俣
由珍川西本流
由珍川東本流
ナメ（各80m,直接歩く）
ナメ（下部を横断するのみ）
F01
F02
F03
F04
F05
F06
F07
F08
分水嶺
（由珍川水系）
（大見謝川水系）
（板敷第一支流水系）
（ホーラ川水系）
板敷川への分岐
古見岳登山道との分岐
古見岳
（板敷川水系）
（後良川水系）
（相良川水系）

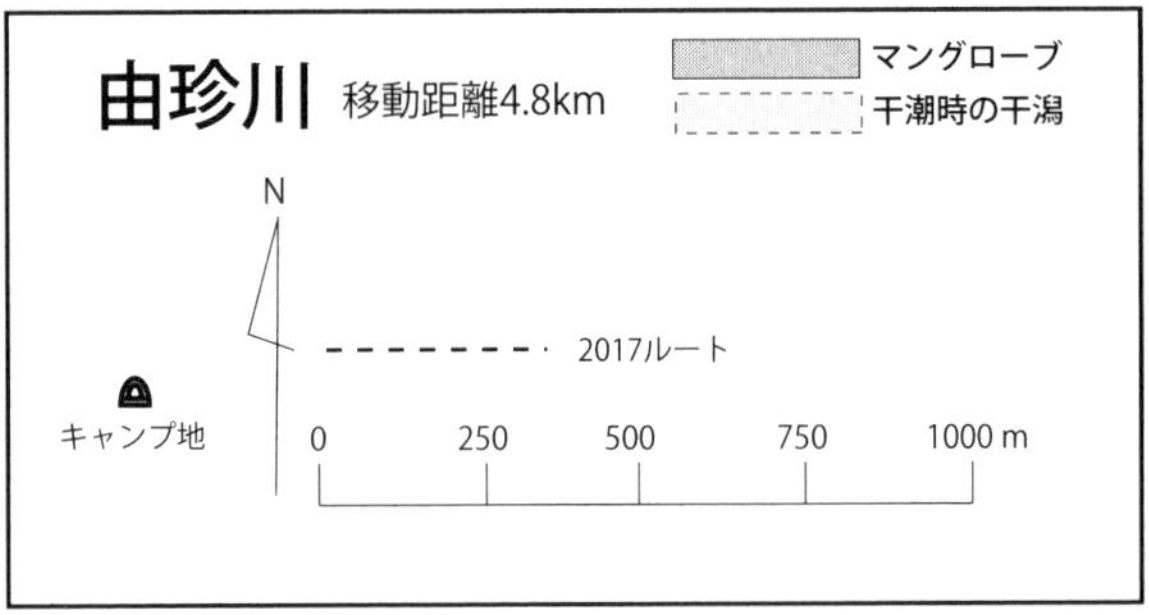

東本流

F08
3つ連続する滝の最下部.8m.落水は幅広く1本.僅かに傾斜した滝.下からの登山道は,右岸の森林から一旦F07下の沢の脇に出る.そして,再び林内を大きくF06の高巻きをし,滝口上流20m地点に出る.

F07
「由珍の滝」,「由珍三段の滝」と呼ばれている.15m,数条になって落水.明瞭な段々ではないが,全体で3段になっている.滝壺はなく,巨岩がゴロゴロする沢がF08の滝口まで20m続く.

F06
連続する3つの滝の最上部.垂直3m.すぐ下は平らなテラスになっている.滝上からは北海岸,北岸道路の眺望が効く.由珍橋からF06の滝口まで明瞭な登山道あり.

F06上～板敷川への分岐～
古見岳登山道分岐傾斜が緩くなる.直径1mくらいの岩が点在するゴーロ.その上流域は角がとれた丸い直径10～20cmの石が多い川原となる.

古見岳登山道分岐～分水嶺
オオタニワタリなどが目立つ森林となり,登り詰めると分水嶺.引き続き傾斜は緩やか.岩石帯があったりするが,リュウビンタイ,

西本流

F05
5m.右岸から沢が合流し,幅広い.5条.中途に段.支流を渡り右岸脇を迂回.

F04
階段状の滝.左岸の脇を簡単に通過可.

F03
大きな一枚岩の滝,斜面の長さ8m.右岸にも僅かな落水.左岸は巨岩が滞積.1カ所,トンネルになっていて通行可.

F02～由珍川二俣
岩石帯がほとんど.危険な場所はない.

F02
全体で5m,くの字型.水量がある.

F01
30m,幅5m.太い一条の滝,壁は垂直.

所々にポットホールが開いている。右岸から沢が一本合流している。本流と同様に水量がある。

その後、再び右岸の森林に入る。登山道が続く。はっきりした道で、ピンクリボンが頻繁に目につく。

一〇時三〇分。再び沢に出る。同じような急峻のナメ床で、たくさんのポットホールがある。川幅があり約一三メートル。左岸側二メートルにだけ水が流れている。左岸の山は崖のようにそりたっている。クロツグ、そして上部にはリュウキュウマツ。ビロウも混じっている。

通るたびに思うのだが、こんな山奥にビロウが生えていることが不思議でならない。琉球列島ではクバと呼んでいるが、この木は、昔は村落の中、特に御嶽（拝所）に特別に植えられたものだ。ポツンと一本ではなく何本もあるということは、やはり、昔この辺りに集落と関連した何かがあったのだろう。文献を調べてみると、「高那には由珍という良港が近くにある」と記されている。高那村は一九〇九（明治四二）年に廃村となったが、現在、村の跡とされている場所だけでなく、もっと広範囲に家が散在していたのではないだろうか。以前、由珍川河口近くに「ヒケ川」という小集落が載った古地図を見た記憶がある。この集落が港ではなかっただろうか。ちなみに、八重山地方で「港」または「湊」というのは、河口から奥まった汽水域のことで、外洋に面した浜や船着き場のことではない。手漕ぎや風を頼りに走った小舟の時代、大きな川の下流域は、強風や荒波を避けることができる天然の泊場だったわけである。

一一時ちょうど。三つの滝が連続する一番の難所に来た。もっとも、今は右岸にロープを張った迂回路があり、きつい登りだが特に危険というわけではない。

登山道は、一旦沢の縁に出る。そこは一番下の滝（F08）の上にあたる部分だ。同時に二番目の滝（F07）の少し下流にあたる所で、二つの滝の間は約二〇メートルあるが、滝壺はなく、大きな岩がゴロゴロしている岩石帯となっている。

下の滝は高さ八メートル。流水は幅広く一本、わずかながら斜めになった滝である。

滝（F07）は「由珍三段の滝」と呼ばれる大きな滝だ。高さ一五メートル。はっきりした段々ではないが、三段に見え、水は何本かに分かれて落ちている。下からは滝の上端が平らに見える。そこは滝（F07）の滝口であり、同時に最上部の滝（F06）下の大きなテラスでもある。

登山道は、滝（F07）の下から再び林内に入り、滝（F07）と最上部の滝（F06）を大きく迂回して、滝（F06）の上流、約二〇メートル先で、川原に降りるようになっている。

一一時三〇分。連瀑帯を迂回して川原に降りた後、少し下って滝（F06）の上に立った。滝口からは北岸道路、北の海岸線が一望できる。ただ、今日は曇っていて、海がはっきり見えない。それでも、リーフには、ほとんど残骸でしかない四〇年前の難破船が黒々と見えている。

七年ほど前だったか、古見岳から板敷川へ抜ける時、分岐点を確認するために、ここまで下ってきたことがあった。それ以前といえば、二〇歳代の頃と三〇歳代の頃、この滝口に二度立った記憶がある。一度は息子二人、友人の小野紀之君、吹春俊光さんたちと一緒で、古見岳から下る時だった。その時は滝口だけでなく、滝下のテラスにも立っている。そこも下山ルートの一部だったのだ。滝（F06）を下る際には、右岸の脇を二メートルほど垂直に下ったように思う。また、その少し以前、東京大学の倉田悟教授はじめ数人を案内した時は、同じ場所を直登している。確かに、昔は右岸の沢ギリギリの所がルートだったのだ。極度に緊張する場所だった。ただ、当時は相良川から古見岳へ登り、由珍川を下るルートが鮮明だった。それにしても、下はまだ小学校にも入っていない息子二人を連れ、アイゼンもザイルもなしに、よく事故を起こさなかったものだと思う。

連瀑帯を越えると、急に傾斜が緩やかになった。登山道はとうの昔に消失、今はただ沢を歩くだけだ。沢には岩があったりするが、岩石帯というほどではなく、岩の多い川原といった感じだ。さらに進むにつれ岩がなくなり、直径一〇から三〇センチ位の丸い石が多い川原となった。同時に水深も一〇から二〇センチと浅くなってきた。

一二時二〇分。板敷川への分岐点に到着。本流も水量があるが、支流にあたる無名沢も結構な水量がある。特別な道標はない。目につくのは「林野庁・森林管理署」、「登山道」と印刷されたピンクリボンだけだ。しかし、板敷川を目指す者は、ここから支流に入らなければならない。地図を読み、木に残る赤や黄の古いビニルテープが何を意味しているのかを読み取らねばならない。

分岐点を過ぎてからも傾斜は緩やかで、角のとれた丸くて平たい石がさらに増していく。歩きやすいが、石がよく動くからバランスを崩しやすい。

一二時五〇分。古見岳への分岐に来た。左手の斜面の木に「国有林」と書かれた古い看板が巻き付けてある。本流は幅二メートル。ピンクテープを張り「進入禁止」としている。それは、「古見岳へはここから。直進はだめ」というサインだ。登山道は本流から分かれて左手の小沢を登るのだが、そこにはピンクリボンが連続して吊り下げられている。ただ、今日の私は由珍川を詰めるのが目的だから、ピンクテープを潜って、本流を遡上するわけである。

今回は由珍川源流域の写真を撮ることも目的の一つで、そのため、デジカメを首に掛けたままで歩いていた。源流域に入るとリュウビンタイが多く、また着生するオオタニワタリがたくさん見られるようになる。きれいな落ち着いた森林だ。滝、ちょっとした落水、岩場がなく、緩やかな上りで、危険な箇所はまったくない。ツルアダンが出るようになるとじきに尾根。ひとあえぎすれば、そこが分水嶺だ。

一三時五五分。分水嶺に到着。ここは古見岳から真南に下る稜線の一点にあたり、南にあるピークから下の部分は古見岳登山道の一部になっている。このルートは、ピークからは稜線を辿らずに、尾根の東斜面をトラバース気味に上っている。すなわち、現地点を東側へ下れば、やがて登山道に出会うはずである。

現在、稜線に登山道はない。強烈なブッシュになっていて、どう頑張っても通過は困難だ。しかし、一九七〇年頃までは歩くことも可能だった。私が初めて古見岳へ登ったのは、まさにこのルートだった。途中、トラバース道に気づかず、ひたすら稜線を辿った。頂上近くで登山道に再会し、登頂後はその道を下ったことを覚えている。そこが本来の、また現在ある唯一のルートでもある。

分水嶺の反対側の斜面は相良川水系だ。今回の由珍川東本流遡上は、これにて完了。この後、相良側へ下り、古見岳への登山道に合流。水場で一泊した。

三月一四日（火）くもり、時々雨

古見岳へ登頂。その後、由珍川から板敷川へ入り、幻の湖で野営。

由珍川西本流下降

三月一五日（水）晴れ

一〇時二五分。由珍川西本流の分水嶺に立つ。二日前の一三日、由珍川東本流を遡上、相良側の登山道へ出て一泊。翌日、古見岳に登頂後、板敷川を幻の湖まで下って二泊目の野営をした。そして、今朝八時一五分に野営地を発って板敷川の小さな支流を遡上し、この分水嶺に到達したわけである。

非常に狭い尾根で、稜線を挟んで両斜面五メートルくらいが猛烈なブッシュになっている。ほとんどがツルアダンで、身動きが取れないほど密生している。迂回もできず、わずかに鞍部になった部分を突破するしか方法はない。最小限の茎を伐りながら、潜るようにして通過した。

一〇時三〇分。かなり急峻な谷筋だ。ほぼ真北に下っている。間違いなく由珍川西本流だろう。ツルアダンのブッシュからリュウビンタイが多い森林に変わり、じきに、涸れ沢に入る。全体が浅い樋のような谷だ。やがて、大きな岩が階段状にならび、次第に沢らしくなっていく。沢の成り立ちの「典型」を学んでいるようだ。

一一時〇九分。右手から小沢が合流。一帯は、比較的平らな石がゴロゴロしている。

一一時四〇分。初めての落水、落差一メートル。滝といえるほど大きなものではなく、多少斜めに落ちている。下は広い、ちょっとした深みになっている。腰くらいの深さがある。川幅は八メートルあり、すでに本格的な沢になっている。

落水から、途中ナメ床を通過、一〇〇メートル下ったら大きな滝（F01）に出た。切り立った断崖で、滝口の先端からでも滝壺が見えない。立つだけで怖い。上からではどのくらいの高さがあるかわからない。しかし周囲の山から推測して、かなりの落差があるはずだ。

滝上から海岸線は見えない。正面のずっと先に、左手から来る大きな尾根があって、それが邪魔をしている。しかし、全体の雰囲気は、ピナイサーラの滝や由珍三段の滝からの眺望と似ている。由珍川西本流は、この少し先で、東に曲がっているようだ。

「さて、どうやって下ろうか」。左岸はほとんど崖で高巻きは危険なようだ。右岸も、滝から二〇メートルくらいまで垂直な岩壁になっている。しかし、崖の上側を大きく迂回すれば、その先から下っていく尾根があり、そこを辿ることができそうだ。まずは二〇メートルほど上流に戻って、林内を登ってみよう。そして、崖から離れることができたらトラバース気味に前進しよう。きっとルートが見つかるだろう。とにかく、崖の上に近づき過ぎないことだ。

途中まで来た。まだ、滝口よりはるかに高い位置にいるが、初めて滝の全貌が見えた。落差三〇メートルもある。落水は一本、幅が五メートルもあるとてつもなく太い流れで、迫力たるや凄いものだ。「まずは一枚」と、写真を撮ったが、梢ごしなので絵にならない。木の枝や樹幹だけが鮮明に写り、肝心な滝は背景の白壁みたいになってしまう。少しでもいい写真をと、身体を伸ばそうとするが、そのまま転落しそうだ。写真はあきらめるしかない。

おそらく西本流一番の難所だろう。かなり急峻な崖のトラバースが続く。ただ、林立する樹木やむき出しの根があり、そこを足場にして進めば、特に危険は感じない。

一二時一〇分。依然として高巻き中だが、滝口とほぼ同じ高さに下ってきている。細いルンゼ（縦溝）が幾つかあり、そこを乗り越える時が一番緊張する。

一二時四〇分。まだ、高巻きの途中だ。尾根の側面をトラバース気味に下って来ているが、尾根が沢に向かって大きくせり出し、ようやく正面から滝を見る位置に来た。ここからは、西の方角に別の沢が見える。

この西の方角の沢がすごかった。分水嶺の直下から巨岩が階段状に積み重なって下っている。階段は二〇メートルほど続き、その下に約八メートルの滝がある。滝はオーバーハングになっていて、水は樋から流れ出るように岩を伝うことなく落ちている。滝の下流は一旦沢となり、じきに二つ目の滝がある。この滝も高さ八メートル、オーバーハングになっている。水の流れが細いので、階段の最上部から二つ目の滝の下まで、吊り下げた白いロープのように見える。そこから下は林に隠れてしまっているが、この沢は、板敷第一支流との分水嶺から下ってきており、今、私がいる場所から少し下ったあたりで、由珍川西本流と合流するはずだ。

一二時四五分。無事、沢床に降りた。二つの沢が合流し、水量もかなり増してきている。ここに来て、林野庁の古いピンクリボンがあった。

一二時五〇分。二番目の滝（F02）。「く」の字型をしている。高さ五メートル、たっぷり水量があり、滝壺も深そうだ。

一三時ちょうど。滝（F03）。巨大な墓石を寝かせたような滝で、厚い一枚岩でできている。その表面一杯に広がって水が流れている。斜面の長さ八メートル。右脇にも一カ所、水が落ちている場所がある。

岩の厚さが一メートルを超え、直降は無理。左岸を見たが、そこは巨岩が積みかさなっていて足場がない。

ところが、幸いにも岩の下がトンネルみたいに空いているのだ。思い切って這って進んだら、ザックを背負ったままだったが、通ることができた。

一三時二五分。階段状の滝（F04）。きれいに整った滝だ。左岸のすぐ脇を通過する。

一四時二〇分。右岸から沢が合流し、沢全体が幅のある滝（F05）になっている。高さ五メートル、わずかに斜めになっている。水は五条に分かれているが、それぞれ十分に幅がある。途中が段になっているが、直降は難しい。まず、右岸の支流を一旦渡りきって、沢の脇を通過し、わずかに林内を通り、再び川床に戻るようにする。最後の岩の部分にロープが架かっていた。体重を掛けたら切れてしまいそうな古いものだ。万一切れても転落しないように足場を確保しながらも、ロープを利用した。

一四時四〇分。予定通り東本流との二俣に到着。ここからは既存の登山道を辿ればよいわけだ。もう危険な場所はない。

最後の滝からは岩石帯が続いた。しかし、それほどの巨岩ではなく、どちらかといえば歩きやすい岩石帯であった。また、二俣に近づくにつれて、背の低い岩が連続して現れるようになった。コケや草に覆われた岩だからスリップの心配もなく、石や岩を伝って快適に下ってきた。

西本流全体に関していうと、危険箇所は少ない沢だ。実際、危ない思いをすることはなかった。強いていうならば、三〇メートルの大滝一帯が西本流唯一の危険ゾーンだろう。やはり由珍川西本流も、ほとんど人が歩いていない様子だった。

今回の目的は由珍川の東西両本流の遡行と、板敷川幻の湖の写真撮影。予定は山中三泊だったが、二泊で下山することになってしまった。しかし、目的は達成できたので、これで村へ出ることにした。二俣からバス通りまでは四〇分。一六時四〇分頃に西行き最終バスが由珍橋を通るはずだ。

一五時二〇分。由珍橋に到着。無事に下山できたことを感謝したい。薄陽が差し、いい天気になっている。

風も収まっている。ただし、寒い。たっぷり一時間、セーターを取り出してバスを待った。

　初日に登山道を利用できたせいか、身体も順調で、ばてることもなかった。足腰もまったく痛まなかった。ところが不思議なもので、民宿で風呂をすませると、急にふくらはぎに痛みを覚えるようになり、階段の下りがひどく苦痛に感じるようになってしまった。

ホーラ川

ホーラ川は古見岳から金山（相良岳）に続く稜線の北斜面の水を集め、北海岸へ流れる沢である。古見岳は西表島の最高峰だから、ホーラ川は島一番の標高差を持つ沢である。その意味では相良川とユチン川も同じだ。しかし、全長が比較的短いホーラ川は、西表島では有数の急峻な沢ということになる。

私が初めて西表島に渡った当時、この川は「高那川」と呼ばれていた。この時、大原の旅館で同宿した人から地図を借り、ノートに描き写したことがあったが、元の地図には、「ホーラ川（平川）」と記されていた。沖縄の日本復帰後に出た二万五千分の一の地図では、「ホーラ川」とだけ記されている。その後、一九七七年、北岸道路が正式開通したが、この川に架けられた橋には「ホーラ川」、「高那橋」と刻まれている。ただ、島の人たちや、内地から来るワンゲル部や探検部の間では、少なくとも一九八〇年代後半までは高那川と呼ばれていた。さらに、『ぱいぬしまじま50（竹富町制施行50周年記念誌）』（一九九八）にある西表島全体図には、「高那川」と書き入れてある。

ホーラ川の東隣りの沢は、一九六〇年代には「ピサ川」または「ヒジャ川」と呼ばれていた。ただ、地図には名前が入っていなかった。現在ある橋には「へラ川（平川）」、「へラ川橋」と刻まれている。上記の記念誌では「ホーラ川」とあり、二つの川を明確に区別していたことがわかる。こう説明すると何だかわからなくなってくるが、現在ある集落のほとんどが第二次大戦後にできた集落であることを考えると、地名が変わるのもそんなに不思議なことでもないのかも知れない。

西表島の大部分は、八重山層群と呼ばれる新生代第三紀中新世（二四〇〇万年前〜五一〇万年前）の新しい砂岩でできている。そんな中で、古見岳を中心に、ユチン川と相良川で区切られる島の北東端は、ここだけに限って見られる古い地質から成っている。まず、古見岳および高那から野原崎にかけて、古生代の石灰岩が分布する。石垣層群と呼ばれる約二億五〇〇〇万年前の地層で、大型の有孔虫であるフズリナ（紡錘虫）を含んでいる。これは、与那良川上流でわずかに露出している。同じ北東部で見られる宮良層は、新生代第三紀暁新世（六五〇〇万年前）の石灰岩で、貨幣石を含んでいる。この他、高那一帯や嘉佐半島には、野底層と呼ばれる凝灰岩および集塊岩が分布している。いずれも火山性の岩石である。

ホーラ川は東本流と西本流があるが、東本流を詰めると、標高一七〇メートルあたりに二つの大きな滝が並んでいる。これを高那の雄滝・雌滝と呼び、合わせて高那の大滝と呼んでいる。高さは三〇メートルあり、大雨の時は自動車道路から遠望することができる。

この滝の近くを歩くと、大きな穴がいくつか開いていることに気づく。中にはりっぱなトンネルになっているものもある。これらは昭和の初期から第二次世界大戦の頃にかけて、何人もの山師が銅を求めて掘った「強者どもが夢の跡」である。一時は重機を使って試掘したこともあったそうだ。もちろん、その頃は西表島における銅の存在は知られておらず、彼等も結局探し当てることができなかった。

ところが、第二次大戦後の一九六〇年、アメリカのスタンフォード大学の西表島調査団によって銅脈が発見され、一九七二年頃には住友金属が事業として成り立つかどうかを調査したこともある。その場所が、まさに大滝一帯で、私は山師たちの勘というものにすっかり感心させられたことがある。

高那には、北岸道路から少し入った所にパイヌマヤリゾートがあり、「西表島温泉」を謳っていた期間があった。日本最南端の温泉であったが、現在、温泉としての営業は行なっていない。この温泉は、一九七〇年、西表島自然調査のために来島した東海大学の新野弘教授によって発見されたものである。

ホーラ川遡上

二〇一八年一〇月一七日（水）くもり

七時三〇分。上原にて。昨晩から連続しての降雨。特に夜半から明け方には強い雨が降った。現在、雨は止んでいるが、山は厚い雲に覆われている。出発を延期し、一日待機することに決める。

一六時、日中、雨は止んでいたが、ここにきてかなり激しい雨、北からの風も強く、雨が白いカーテンのようになって流れている。

一〇月一八日（木）くもり

午前八時。上原港にて東部行きのバスを待つ。昨夜は雨があったし、今朝七時の時点でも雨が降っていた。今は止んで、全体に曇り空だ。ただ、午後から晴れるようだし、数日間は晴れの日が続くという予報だ。そこで、思い切って出発することに決めた。山の方も曇っているが、山並みが見えている。天気は大丈夫だろう。北風が強く、冬の季節風期そのものだ。例年、一〇月中旬から翌年三月いっぱいは、北東の風が吹き、来る日も来る日も小雨が続くのである。

今回の予定は高那のホーラ川を遡上し、まず、古見岳山頂に立つ。その後、相良川源流を下り、中流にある古見岳登山道まで行ったら山を越え、深里川に入る。あとは、深里川を河口まで下るつもりだ。予定では山中で三泊する。あるいは二泊で出てくることができるかも知れないが、無理せずに三泊四日として、一〇月二一日の日曜日に上原へ戻ろうと思う。連日の雨で、かなり増水しているだろう。苦労をするかも知れないが、もともと水位の高い沢と考えれば、歩くこともできるというものだ。ただ、「ホーラ川の源流域で新たな崩壊」

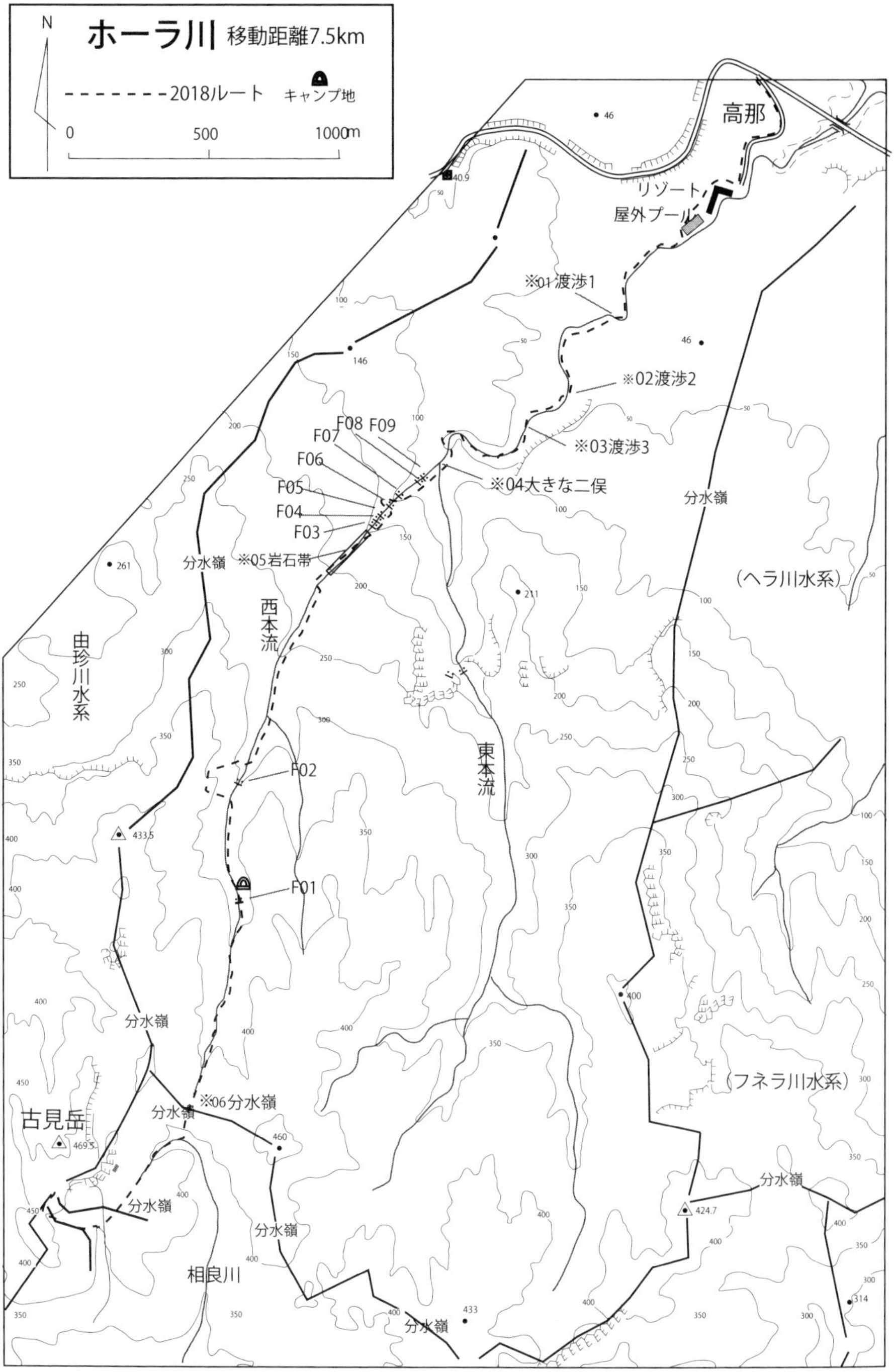

ホーラ川 移動距離7.5km
N
2018ルート
キャンプ地
0 500 1000m
高那
リゾート
屋外プール
※01渡渉1
※02渡渉2
※03渡渉3
※04大きな二俣
※05岩石帯
※06分水嶺
F01
F02
F03
F04
F05
F06
F07
F08
F09
西本流
東本流
分水嶺
由珍川水系
(ヘラ川水系)
(フネラ川水系)
古見岳
469.5
433.5
424.7
相良川

との情報がある。くれぐれも注意して歩きたい。

八時〇七分のバスに乗車。八時四〇分、高那のパイヌマヤリゾート入口で下車。雲はあるが、幾分明るくなってきた。目指す古見岳一帯の稜線も見えている。やや北風が強く、海は荒れているようだが、山はそれと直接関係ないだろう。途中、バスの車窓から由珍三段の滝が見えた。滝が真っ白、いつもと比べて相当の水量だ。ホーラ川も同様だろう。

パイヌマヤリゾートに行く道を進み、玄関右奥にある駐車場を通り抜け、さらにプールに沿って進むと高さ五〇センチのネットが巡らせてあった。ハブ除けのネットだ。そこを乗り越えて左へ進むと、二〇メートルも行かないうちにホーラ川に出る。川幅一〇メートル、連日の雨のせいか結構な水量で水位も高い。どうしたものかと考えたが、まずは川沿いに林内を進むことにする。イノシシが一頭、ジャンプを繰り返して向こう側へ渡って行った。

九時〇三分。足回りを整えて出発。林内に入ると、リゾートの送水パイプがある。直径五センチの灰色の塩ビパイプを継いだもので、四本を一つに束ねている。これとは別に、もう一本黒いゴムホースが並走している。ずっと上流で取水しているはずだ。それにしても大型リゾートでは、それなりの量が必要だろうから、ホーラ川はそれをまかなえる大きな沢ということになる。しばらくは、パイプに沿って進む。不鮮明だが踏み分け道があって、沢の中よりは歩きやすい。

九時三〇分。五分ほど前に二度目の渡渉地点に来た。ここまで来ると、黒いゴムホースを残して、他のパイプは外れたり折れたりしていた。黒いゴムホースのみ現役のようだ。

渡渉地点の一〇メートル先で沢が右手に折れ、小ゴルジュになっている。この区間、ゴムホースは崖に吊してあるが、私は通過できないので林内を迂回する。

ゴルジュを抜けきったあたりからは、基本的に沢の中を歩く。両側の斜面が急峻で、林内を歩くことができないのだ。じきに三度目の渡渉があり、急に谷が狭くなった。両側に岩があり、沢も岩石帯に変わってきている。傾斜はまだそれ程きつくなく、水量もたっぷりある。

一〇時三七分。岩石帯の半ばにいる。かなり急峻になってきているが、水量は、まだかなりある。ゴムホースはまだ続いている。ホースはたくさんのロープで固定したり、吊ったりしてある。メンテナンスは大仕事だろう。

一〇時五〇分。大きな二俣に出た。両方の沢とも同じくらいの水量で、どちらが本流とは言い難い。向かって左側を東本流、右側を西本流と呼ぶことにする。私は直接古見岳へ向かうつもりなので、西本流を遡る。東本流は古見岳と金山を結ぶ稜線へ出る沢だ。四五年も前のことだが、調査で入って偶然知った「高那の大滝」は、東本流をもう少し遡るとあるはずだ。当時は高那の牧場の上限にある柵沿いに歩いて、この二俣まで来ることができた。

一一時〇五分。最初の滝（F09）に出る。高さ四メートル、ここは丸い大きな岩が積もっており、その上を斜めに水が落ちている感じで、普通の滝のイメージとは違っている。しかし、高さが十分にあるので滝の一つとして数えることにする。一五メートル上流にも同じような滝（F08）がある。高さ三メートル、岩は少し小さい。水量は両方ともたっぷりある。この二つの滝は、岩の積み重なりを階段のように登ることができる。

一一時二〇分。三番目の滝（F07）。高さ約九メートル、幅三メートル、斜めに落ちている。水量が多く危険なので、右側を迂回する。

一一時三五分。四番目の滝（F06）。「く」の字型に曲がっている。上半分が約一〇メートル、下半分は岩石の所にきて少し緩やかになっている。手前の左側の岸壁も、幅の広い滝のようにたくさんの水が滴り落ちている。ここはかなり手ごわそうだ。右側を思い切り高巻きする。

一二時二〇分。ようやく滝の上に来た。上流側は、滝といえるほどではないが、斜めの滝状になっている。

その上端から左へ直角に折れて約九メートル上ると、次の滝（F05）がある。高さ約八メートル、幅二メートル。かなりの水量だ。そして、その上に五メートルの平らな部分があり、その上に高さ三メートルの幅の広い滝（F04）がある。ここは、脇を直登できそうだ。この一帯は滝の連続、しかも両側が崖なので、ホーラ川一番の難所かも知れない。ここでは沢の中を避け、崖のずっと上の林内を迂回する。大変だし、時間もかかるが、唯一の安全策だ。私はずっと右側（左岸）を高巻きしたが、ここに来て対岸を見ると、そちらのほうが斜面も多少緩やかで、森がしっかりしている。つまり、右岸がより安全で、そちらを選ぶべきであったということだ。ここまで上ってくると、北海岸と海、リゾート施設全体を眺めることができる。

一二時三〇分。一〇メートル先に次の滝（F03）が見える。斜めの滝で、斜面全体の長さは一八メートルくらい。幅は八メートルある。岩の表面がデコボコしているので、直登できる。滝壺は長さ五メートル、幅三メートルあり、現在は水深約六〇センチだ。ここに、コンクリート製の堰堤がある。高さ三〇センチほど。また、周辺に何本かパイプがあるが、各所で破損している。堰堤そのものもすでに壊れている。以前はこんな奥から取水していたのだろう。現在は下流の第三渡渉地点と、おそらく、東本流から取水していると思われる。

一二時五〇分、滝（F03）を越えると、にわかに岩石帯となり、直径一メートルを超す大岩が谷を埋めつくしている。明らかに隆起石灰岩とわかる岩石も散在している。沢の水が見えず伏流の状態だが、わずかに水の流れる音が聞こえている。そういえば、以前下った板敷川の「幻の湖」から下流が、ここと同じような岩石帯だった。岩そのものは特別に大きいものではなく、急峻には違いないが、登ること自体は難しくはない。岩石帯の後半では、表面にコケや草本が付いていたり、わずかに水面が見えたりする。

一三時一八分。狭くて暗い谷を抜けると、急に明るい谷になり岩石帯が終わった。わずかな伏流があったが、やがて、普通の川原になった。周辺の木々は三メートルから四メートルの高さ、森全体はかなり明るい。

今朝からずっと曇り空だったが、ここにきて、陽ざしが出ている。天気が回復してきているのだろう。この日、終日雨に降られることはなかった。後日聞いた話では、上原集落では日中、ずっと雨だったそうだ。

一四時二五分。かなり大きな滝（F02）に来た。「由珍三段の滝」に似ている。もう、七つもの滝を越えているのに、ここまできて、こんな大きな滝があるとは思ってもみなかった。見えている限りでは、一番上が垂直の岸壁で約一〇メートルの高さ。水は三条になって落ちている。すぐ下の棚は長さ五メートル。二番目の滝は高さ二メートル。最下段の滝も二メートル。幅がやや広くなっている。ここまで登ってきているのに、凄まじい水量だ。迂回はかなり大変なものになりそうだが、左は崖で高巻きそのものが無理。右（左岸）も、かなりの急斜面を登り切らなければならず、しかも、上部はツルアダンが絡みつく大ブッシュになっている。控え目に見ても、先ほど迂回した連瀑帯以上の難所だし、危険な場所に違いない。

一六時ちょうど。大きな高巻きを終え、本流に戻った。標高ほぼ三〇〇メートルあたりだ。高巻きは予想通りの大変なものだった。滝の手前から左岸に取りつき、まずは、ずっと上に見えている小尾根を目指した。細い谷状の地形で、ヒカゲヘゴの幹に掴まりながら急斜面を登った。途中、横方向に滝の上へ向かいたかったのだが、沢沿いは垂直でトラバースできなかった。小尾根一帯は灌木とツルアダンが密生しており、ほとんど通過困難。しかし、ここ以外ルートはないので、強引に突き進んでいった。トゲにひっかかり、長袖シャツの右肩から肘の下まで三〇センチも破れてしまった。ザックカバーも二カ所が破れていた。

どうにか小尾根を越え、反対側を下りかけた。ところが、気づくと足下は三メートルの垂直な岩壁。どう見ても、直接降りることはできない。かといって、横に移動することも、ブッシュがひどくて困難を極める。ここで、ザイルを使うことに決める。持参していなかったら、ブッシュに潜り込むしか手段がなかったはずだ。

まずは足場を確保。次にザックを降ろし、木の根元に置いた。転落しないように、念には念を入れて安定させた。取り出したザイルを大き目の灌木の幹に回して二本とし、先端を結ぶ。これを自分の腰に巻いて固定した。

　そこからは、両足を岩壁に着けながらの下降。ザイルのおかげで難なく崖を降りることができた。ところが、着地した部分は小さな棚になっており、その下に、今度は五メートルを超える崖があった。しかも、えぐれていて弓状になっている。これではザイルを使っても、足が斜面から離れて吊り下がる形になってしまう。ザックを背負ったままで吊り下がりたくない。どうしたものかと周囲を見回してみると、この棚の部分を五メートルほど水平に移動すれば取りつけそうな斜面がある。そこだったら、木に掴まりながら降りられるだろう。今日一番の高巻きをすませ、なんとかホーラ川本流に戻ることができた。

　ここからは、再び渓流を遡ることになるが、このあたりで一泊することに決めた。いつもなら一五時を過ぎると、その日の泊まり場を探すが、今日は、ちょうどその時間、高巻きの途中だった。ただ、一六時は、すでに遅い時間だということではない。まだ昼間と同様の明るさだし、体力のある若い頃はもっと遅くまで歩いていた。

　キャンプ地に決めた一帯は多少広まった谷だが、テントを張れるようなたった一坪のスペースさえない。しかし、これ以上遡っても、しばらくは同じような谷だし、もう疲れているので、これ以上歩かないほうが得策だろう。

　川の縁から二メートルほど離れてわずかなスペースを見つけた。多少狭いが、整地すればどうにかなる。寝るのはテントの真ん中だから、縁に石ころや木の根があってもかまわない。水面からは一・五メートルの高さがあり、地形から見ても鉄砲水の心配はない。大きな石ころを取り除き、それを低くなった部分に詰め、灌木の根は丁寧に切断して除去。あとはいつもの通り、リュウビンタイやクロツグの葉を伐り集めて敷き詰めた。一七時五〇分。歯みがきもすませ、いつでも眠りに就ける態勢だ。実のところ、まったく食欲がない。いつも、疲れすぎると食欲が出ないが、今日はいつも以上だ。味噌汁を一杯飲み、あとは昼の弁当の残りを食べただけ。弁当といっても昼食のために持参した朝食の残りで、量的には少ない。それでも十分だった。夜半になって空腹を感じたら、その時に何か食べればいい。あるいは、明日の朝、ご飯を多めに食べればいい。食料は十分に持っている。

今日は、行動中雨がなく、陽ざしが出ることもあった。しかし、風があり、どちらかといえば涼しい山歩きだった。ほとんど汗をかいていない。ズボンは水に浸かって膝から下が濡れているから、テントの外に吊るしておいた。しかし、他の物はザックを含めてテントの中にしまい込んだ。

一八時一八分。イワサキゼミがさかんに鳴いている。本州などのツクツクホウシと同じ属で、沖縄本島のオオシマゼミに相当するセミだ。このセミの声が聞こえると、八重山の秋も終わりに近いことがわかる。北風が吹き、すでに冬の季節風期がはじまっている。一一月に入り、セミの声が聞かれなくなると、西表島も本格的な冬となる。

二三時三〇分。小用でテントを出る。風がやや強く、四月の山より寒く感じる。明日の未明は冷え込むかも知れない。梢が密生していて空は見えないが、星は出ていないようだ。しかし、雨はない。こんな天気が続いてほしい。

一〇月一九日（金）くもり、夜スコール

六時起床。テント内は真っ暗、外もまだ真っ暗だ。林内からは空がよく見えないので、天気はわからない。風がやや強い。未明の午前三時、寝ていて少し寒さを覚えた。しかし、この時間になって寒さは感じられない。

今、レトルトを温めている。十分に明るくなってから出発する予定だ。道のない沢は、暗いうちは特に危険だからだ。

七時四〇分。すっかり明るくなった。もう一度、身のまわりを確認し、五分後に出発。今日は、まずホーラ川を遡り、古見岳山頂を極める。その後、相良川を源流から下るが、そのどこでキャンプをすることになっても構わないだろう。そうすれば、明後日に深里川のどこかで三日目のキャンプをすることになる。そして、一〇月二一日の日曜日には予定通り上原に戻れる。天気は曇りだが、比較的空は明るい。

七時五〇分。この日最初の滝（F01）。幅は一〇メートル以上あるが、全体はなだらかな階段状になっている。六段くらいあって、それぞれ一メートル以内の落差だが、最下段は二メートルの高さがある。この滝は、右の脇から直登する。

八時ちょうど。滝口からわずかに上ってきたが、沢が二俣に分かれている。左からの沢のほうが、水量が多い。目指す古見岳は直進方向だ。そこで、ほぼ正面にあたる右の沢を上ることにする。

八時三〇分。再び小さな二俣に出会う。ほとんど沢のどん詰まりで、浅い谷が二手に分かれている場所だ。急に水量がなくなり、わずかに地表を流れている程度。もはや、手ですくい取ることが難しい。周辺にはオオタニワタリが多い。

二俣を過ぎてからはほとんど水がなくなり、ツルアダンが密生し灌木が混ざる、背の低い林に変わってきている。その浅く広い谷をグングン突き上げていく。水が染み出ている所もあり、そんなに歩きにくくはない。分水嶺までは遠くはないと思われる。

九時一〇分。分水嶺に来た。地図によれば、この稜線を東に登ると「四六〇メートル峯」に向かうはずだ。ホーラ川遡上が終わったことになる。予想通りの、滝の多い魅力的な沢だった。

ここをまっすぐに進めば相良川の源流に下ると思うのだが、ブッシュがひどく、潜り込んでみたがとても進めない。そこで、稜線を少し東に登り、突破口を探そうと思う。

九時四〇分。稜線を登るのも辛くなってきた。そこで、分水嶺を強引に突破し、相良川の源流に下る。こちら側の斜面はブッシュもなく、森林の中を、すんなりと下れる。源流は浅い川原になっていて、巨大なリュウピンタイがびっしりと生えている。

その後、相良川源流を詰め小尾根を越えて、古見岳への登山道に合流。一〇時五六分、古見岳の山頂に立った。ここへきてよく晴れていて、日差しが暑い。下界はわずかに霞みがかかっている。新城島、古見集落が見えている。北のリーフは白く、やや波が高いのではないだろうか。北からの風が少し心地よい。古見岳は四月の登頂以来だ。その時はリーダーが熱中症で倒れ、山頂に一時間半以上も滞在したことが懐かしく感じられる。

ところで、持参したデジタルカメラが壊れていた。このカメラは、九月に沖縄本島のやんばるで使用したものだ。帰宅してから結果をチェックしたが、すべてピンボケだった。撮影設定のダイヤルが移動していたので、それが原因だと思い、問題ないだろうということで、今回も持参したのだが、やはり壊れていたようだ。機種も古いから、新しいカメラを買うことにしよう。結局、ホーラ川では、ＧＰＳのカメラ機能を使って撮影した。

（相良川源流下降へ続く）

ナダラ川

一九〇三（明治三六）年に先島諸島における人頭税制度が廃止されるまで、北海岸の中央部にあたる船浦湾から赤離一帯までの川沿いの低地には、多くの田んぼがあった。すべて鳩間島住人による稲作であった。ナダラ川はもとより、ほとんどの河川の感潮域上流部に広がるサガリバナ群落は、すべて古い水田耕作の跡である。地域的な稲作は、その後も現在に至るまで続いている。さらに、太平洋戦争末期にはウボウダと呼ばれた現在の中野から赤離のサキンダ（崎田）までが鳩間島住人の疎開地になっていた。海に近く、それでいて淡水が得られる森林は、連合軍の空襲から逃れるための唯一の生活場所だったのである。

二〇一九年一〇月、ミーニシが吹き始めたナダラ川とクーラ川を一泊二日で歩いた。空荷であれば日帰り可能な距離である。

ミーニシとは、ミー（新）ニシ（北）、「新北風」と漢字を当てている。夏の南東からの季節風に代わり、一〇月頃に吹きはじめる北風のことである。この風が吹きはじめると暑さも和らぎ、涼しく過ごしやすい沖縄の秋となる。この風に乗って越冬地へ向かうサシバが南下してくる。私が西表島で生活をしていた一九七〇年代、上空が暗くなるほどのサシバの大群が見られた。

八重山ではミーニシのことをアラニスあるいはスサニスとも言う。アラは「新」、ニスはニシンター、すなわち「北」の意味だ。一方、スサニスのスサは、「白い」を意味するシルサーが語源だろう。日本や中国の古典では秋を「白色」で表現することがある。もの淋しいこの季節が、人の心には白に映るようだ。

ナダラ川遡上

二〇一九年一〇月一〇日（木）晴れ

上原を八時八分のバスで発つ。今日はナダラ川を遡上するので、できればナダラ橋まで乗りたかった。ところが、路線バスは決まったバス停以外での乗降ができなくなってしまっていた。あるいは元々そうだったのかも知れないが、少なくとも最近までは、どこで手を挙げても止まってくれたし、降ろしてもくれた。まあ、仕方がない。最初から歩こうとも思ったが、少しでも楽をしようと、手前の船浦まで乗ることにした。船浦の次は大見謝川まで止まらないのだ。

八時一五分、船浦から歩きはじめ、九時ちょうど、ナダラ橋に着いた。河口のマングローブや橋を写真に撮った後、足回りを整えて九時一五分、ナダラ川遡上を開始する。

一つ目のガードパイプが切れた所から湿地林に降りたが、じきにアダンの群落で進めなくなってしまった。やむを得ず一旦道路下まで戻ると、すぐ先に森林管理署のピンクリボンが見つかった。橋から一〇〇メートル東の、二つ目のガードパイプが終わった所だ。ピンクリボンは二つ目の滝まで続き、その先にはなかったが、分水嶺には古いものが一つあった。

自動車道からはマングローブに沿って土手の上を進み、サガリバナ群落の緩い斜面を下り切ったら感潮域の最上流に出た。オヒルギがポツン、ポツンとあるだけで、もはやマングローブとはいえなくなってきた。じきに、小石を敷き詰めた川原に変わった。もう、この先は渓流域だ。

左岸は急峻な斜面、小さな沢が一本ある。岩が積み重なり段々になっていて、最下段は小さな滝になっている。

北岸自動車道路
古見・大原方面へ

※入口　ナダラ橋から東へ約100m. 2番目のガードパイプが切れた所から入山.F02までかすかな山道がある.

①ここから渓流域
マングローブと砂地が終わり,小石が多い川原になる.右岸サガリバナ群落.

②岩石帯
巨岩ではなく,最大直径1.5m程の岩.緩やかな登りになる.

③小さな沢
左岸は急斜面.沢の最下段は段々状でちょっとした滝.

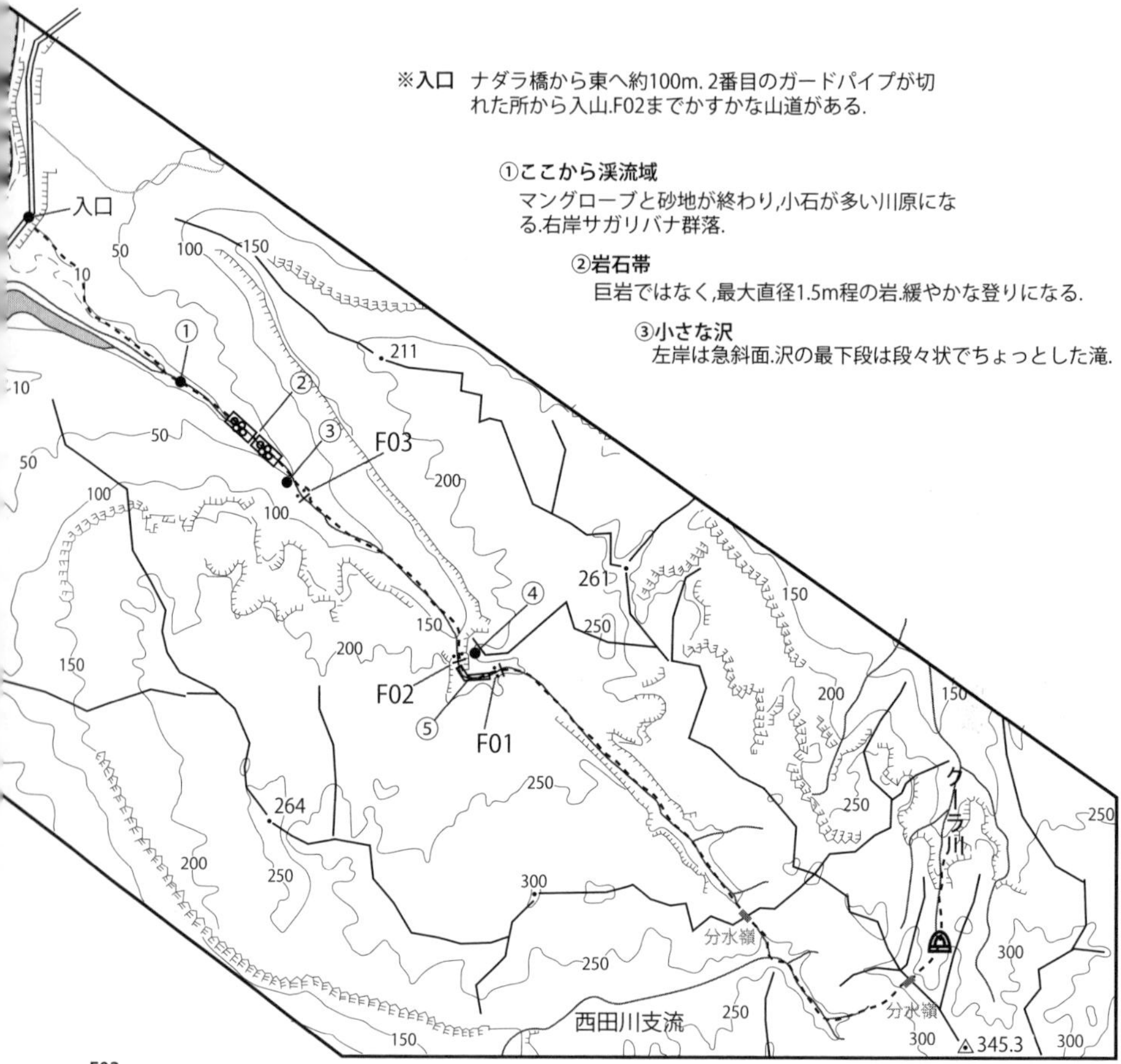

F03
滝,高さ5mほぼ垂直.谷の幅15m.中央に1本落水.滝口はほぼ水平だが僅かに右岸へ下傾する.滝上はナメ床で,脇から船浦港が見える.右岸の林内に迂回路.

④岩屋
右岸,ひさし状に出た岩.人一人雨露をしのげる広さ.

F02
最大の滝のようだが林内からは見えない.両岸とも急峻.右岸を大きく迂回.滝口直前の林内からは船浦集落,上原の鉄塔が見える.

⑤ゴルジュ
狭いV字状の谷が約50m続く.途中に深さ1mの壺があり,通貨困難.右岸を急登して迂回.

F01
滝,高さ2m,1条,幅30cm.V字状のゴルジュを出ると二俣があり,進行方向左手の本流に滝がある.右手の沢は岩が積み重なっている.

F01～分水嶺
比較的緩やかな傾斜.川原とナメ床が続く歩きやすい沢.分水嶺に向かうにつれて大形シダ植物が多くなるが,ツルアダンや他のツル植物は少ない.
F01を越えて間もない場所から分水嶺まで伏流水で,1カ所のみ水場がある.

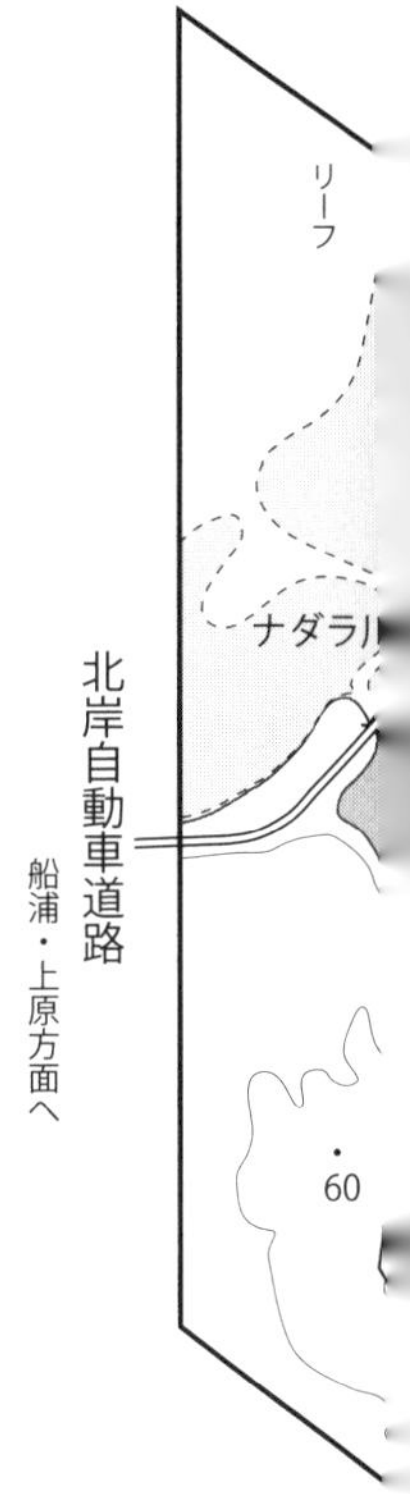

④岩屋　F02滝口右岸斜面の上にある

F02 滝口に立つ.滝は正面の
崖の手前に落ちている.

⑤ゴルジュ F02の滝上より上流側を見る.

渓流域に入ってからは、それほど急峻ではないが、ずっと岩石帯が続く。ただ、巨岩はなく、最大でも直径一・五メートルほどだ。

一〇時三二分、最初の滝（F03）。高さ五メートル、ほぼ垂直。中央に大きく水が落ちている。水の幅六〇センチ。岩盤はわずかに右下に傾いているが、ほぼ水平。谷の幅一五メートル。上流側の森は明るく、谷が広い感じを受ける。

一三分後、滝の上に出る。迂回指示のピンクリボンがあり、右岸の林内を登る。林内に直径五センチの古い塩ビパイプがあった。昔、山裾にあった農場が、ここから取水していたのだろう。滝口はナメ床になっていて、すぐ脇からは船浦港が見える。よく晴れており、海がきれいだ。周辺ではイワサキゼミが盛んに鳴いている。

一一時五〇分。大きな崖に来た。両岸ともかなり急峻だ。滝（F02）があるのだろうが、林内からは確認できない。先ほどの迂回に比べて随分と高巻きしているから、滝も一五メートルはあるだろう。

右岸を登りきって滝口へ降りようとしたら、直前に岩屋があった。岩が庇状に出っ張っていて、その下は人一人なら十分に雨露をしのげる広さだ。ちょうどそこから、谷の切れ目を通して海が見えた。船浦港も集落も、その先の上原山のテレビ塔も見える。

滝の上流側は狭いV字状のゴルジュになっている。通過できないかも知れないし、あるいは簡単に行けるようにも見えるが、まずは進んでみることにした。

やはり、行き詰ってしまった。深さ一メートルの壺があって、それ以上進めない。脇の崖を登ろうと考えたが、自信がない。ほとんど裸の岩で、掴まる所がないのだ。滝口まで引き返し、改めて右岸を高巻きする。谷底からだと一〇メートル以上の高さだが、特に危険は感じなかった。

沢に降りた所で昼食とする。ちょうどゴルジュを出た地点で、振り返ってみるとゴルジュは五〇メートルくらいありそうだ。ただ、蛇行しているので、ここからは一部しか見ることができない。

ジャンル

定価:2750円
(10%税込)

自然/探検記

注文カード

小社ではいつでも返品入帖可能
長期間の陳列・販売をお願いします

注文数　　　　冊

年　　月　　日

◉ 安間繁樹・著

南島探検
西表島の沢を歩きつくす

9784871773546

ISBN978-4-87177-354-6
C0095 ¥2500E

定価:本体**2,500**円+税

あっぷる出版社
TEL 03-3294-3780
FAX 03-3294-3784

昼食を摂った地点は二俣になっている。本流と思われる沢には水があり、二メートルほどだが、垂直の滝（F01）が行く手を遮っている。ただ、その上流側の森はかなり明るく見えている。右手から来る沢は水がほとんどないが、大きな岩が積み重なっている。昼食後、一旦右手の支流へ入り、すぐに水平方向に歩いて本流の滝を越えた。

滝を越えると森の表情が一転した。明るく、傾斜も比較的緩やかだ。稜線が近く谷が浅いせいかも知れない。沢そのものも岩の少ない川原とナメ床の繰り返しとなり、安全で、どちらかといえば快適な沢歩きに変わる。しかし、そんな地形だからなのか、完全な伏流となり、このままキャンプすることになると水のことが心配だ。幸い、その後唯一といってもいいわずかな流れが見つかり、一リットル水筒を満タンにした。

そこからは再び伏流となり、分水嶺まで涸れ沢に変わったが、次第に大形シダ類が多くなっている。ただ、意外にツルアダンや蔓植物はほとんどない。

一三時五〇分、分水嶺に立つ。ここにもツルアダンや蔓植物がほとんどなく、快適な峠越えといった感じだ。ほぼ予定通りのナダラ川遡上であった。

分水嶺の先は西田川水系である。やや急峻な下りだが、じきに、水のある支流に出た。沢は左手から流れてきており、右手に下れば西田川本流に合流、じきにサンガラの滝へ行くはずだ。今回はクーラ川を下降する予定だから、一旦、この沢を遡らなければならない。分水嶺を越えれば、そこがクーラ川だ。

沢にはしばらくの間十分な水があったが、やや急峻な斜面になるあたりで涸れ沢に変わった。ひたすら登る。茶色に立ち枯れした木がある。折れた枝が散乱している。吹き溜まりには落ち葉が堆積している。先の台風、里ではたいしたことがなくても、稜線近くではかなりの強風に変わるのだろう。いつもとは違った、寂寥感ただよう西表島の秋だ。

一面の枯れ枝枯葉をかき分けかき分け。やがてツルアダンの強烈なブッシュに潜り込むと、薄暗い薮の先が明るく見えた。稜線は近い。そう確信すると、私はツルアダンを強引に突破した。

（クーラ川下降へ続く）

クーラ川

鳩間節という琉球民謡がある。よく知られているものは、俗に「早や鳩間」と呼ばれ、速いテンポで、「谷茶前節」のような軽快な踊りが付いている。一方、「正調鳩間節」は歌も踊りもスローテンポの典型的な琉球古典舞踊だ。おそらく八重山に滞在した首里の役人が作ったか、古典舞踊の基本を教えたものが伝わったのだろう。

鳩間節の歌詞に「伊武田、福浜、下離れ」という下りがある。伊武田は西表島北海岸の伊武田崎。福浜は福離。下離れはナダラ川河口の少し北に位置するシザバナリのこと。すべて、当時の開墾地である。鳩間島から舟で通い、稲や粟を作っていた。これらの中間に位置するのがクーラ川。クーラ川自体が重要な水源であり、水田耕作が行なわれていた。

一九六五年七月、私が初めて西表島に渡った時、株式会社オリエンタルが、近くに株式会社ホリタファームを設立した。詳細は知らないが、オリエンタルマースカレーに加えるマンゴーを日本で栽培する試みがあったと聞いた。農場にはグァバや、現地にはない柑橘類が植栽されていた。

（ナダラ川遡上より続く）

クーラ川下降

二〇一九年一〇月一〇日（木）晴れ

この日、私はナダラ川を遡上。分水嶺から一旦西田川の支流に降り、そこを遡上してクーラ川との分水嶺に立った。

一四時五五分。ポッと視界が開けた瞬間、危うく足を踏み外しそうになった。稜線は幅わずか五〇センチのむき出しの砂岩、高さ八メートルの断崖になっていた。手前は高さ二メートルにもなるブッシュなので、稜線は谷に突き出たテラスのようになっている。絶景だ。北海岸の海が青く濃く沈んでいる。リーフは白くキラキラと輝いている。

北岸自動車道をゲーダ川から西に向かって走ると、福離から伊武田崎あたりで、いやが上にも稜線に連なる断崖絶壁を眺めることになる。道路がなかった頃、私は海岸からこの断崖を眺め「どこの溝だったら通れるだろう」、そんなことを考えながら歩いていたものだった。ここはナダラ川とクーラ川を隔てる稜線で、私が立った分水嶺は、その最深部に位置している。そこまで行くと断崖はそれほど険しくはないが、それでもルートを選ばない限り安全な通過は保証できない。

さあ、この足下からクーラ川がはじまる。しかし、目の前の断崖を直下降は無理だ。まずは、降り口を探そう。稜線は一〇メートルくらい先までは歩けそうだ。だが、さすがに怖い。私は一旦ブッシュの後方に引き返し、安全な林内をトラバースし、一五時一五分、安全な鞍部に到達した。鞍部とて、クーラ川側は垂直に近いが、ルートを探しつつ灌木や根を頼りに、まずは沢の取っ付きまで下ることができた。

しばらくは急斜面だったが、危険な場所はなく谷部を順調に下る。しかし、すでに一五時過ぎ、そろそろキャンプ地を決めたいのだが、肝心の水場が見つからない。

一五時二五分、初めての水場。垂直二メートルの岩場。水は滴り落ちる程度だが、水筒に集めることで十分に賄えるだろう。今日はここで一泊だ。緩い傾斜があり、テントを張るスペースもあるが、石ころが多すぎる。

そこで、大きなものは取り除いて、あとはたっぷりと草木を敷き詰めた。この一帯にはリュウビンタイやワラビの類が、めっぽう多く茂っているのだ。

一六時五三分。テント内でくつろぐ。涼しい風が吹き上げてくる。この季節、だいぶ日が短くなったと感じるが、西表島では日没が東京より一時間ほど遅い。だから、この時間でも尾根の上部には陽が当たっている。淡い赤味を帯びた夕景色だ。

今朝、出発前のテレビで台風一九号に関するニュースをやっていた。稀に見る大型台風が、中部・関東地方を直撃しそうだといっていた。留守宅のことが気になるが、西表島の山にいて何ができるわけでもない。それにしても、ここは極めて好天。今晩も雨の心配はないだろう。

キャンプ地は、分水嶺からほんの少し下っただけのところだ。明日はほぼゼロからの出発ということだが、予定通りクーラ川の源流にいることだし、長時間の山行にはならないだろう。

一八時ちょうど。少し前からタイワンヒグラシがさかんに鳴いている。一瞬聞き違いかと思った。このセミは五月頃に鳴きはじめ、八月末にはいなくなると思っていたから意外だ。しかし、紛れもないタイワンヒグラシの声だ。せっかくなので少しの間録音をした。

夕食を済ませ、あとは寝るばかりだ。今回、これまでの経験からザックの背面下部に初めてカバーを取り付けた。厚手の古着を切り抜いて作ったものだ。以前のザックは厚い布製だったから、岩との摩擦やトゲ植物にも強かった。しかし、重かった。前回から新しいザックに替えている。軽くてありがたいが、一回使っただけで小穴が開いたり、部分的に裂けたりした。生地が薄いのだ。そこで、カバーを考えたわけだが、これが、予想以上の効果を発揮してくれる。ザックの損傷を防ぐだけでなく、泥除けとしての働きも大きい。そんなものは市販されていないだけに、自作カバーに満足している。同じ目的で、今回は長ズボンの上に厚手のショートパンツを着けている。これもまた調子がいいのだ。いつも、長ズボンは一度か二度はくだけで尻の部分がビリ

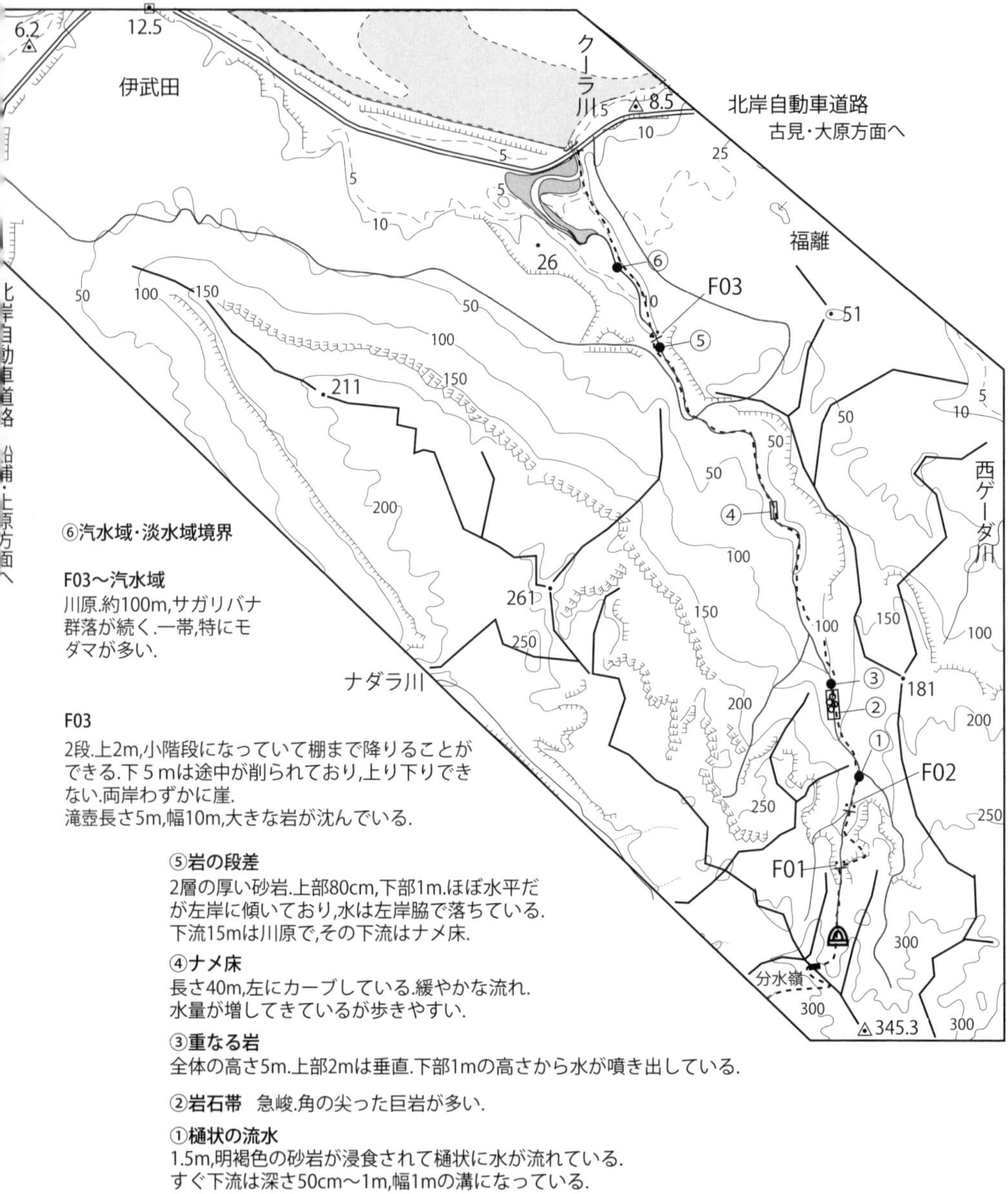

⑥汽水域・淡水域境界

F03〜汽水域
川原.約100m,サガリバナ群落が続く.一帯,特にモダマが多い.

F03
2段.上2m,小階段になっていて棚まで降りることができる.下５mは途中が削られており,上り下りできない.両岸わずかに崖.
滝壺長さ5m,幅10m,大きな岩が沈んでいる.

⑤岩の段差
2層の厚い砂岩.上部80cm,下部1m.ほぼ水平だが左岸に傾いており,水は左岸脇で落ちている.
下流15mは川原で,その下流はナメ床.

④ナメ床
長さ40m,左にカーブしている.緩やかな流れ.
水量が増してきているが歩きやすい.

③重なる岩
全体の高さ5m.上部2mは垂直.下部1mの高さから水が噴き出している.

②岩石帯　急峻.角の尖った巨岩が多い.

①樋状の流水
1.5m,明褐色の砂岩が浸食されて樋状に水が流れている.
すぐ下流は深さ50cm〜1m,幅1mの溝になっている.

F02
滝,高さ不明.右岸を高巻きして100m下流に下りる.林内から滝は見えないが,上部と右岸は明灰色をした砂岩の絶壁.クーラ川最大の難所と思われる.下流は急峻な岩石帯.

F01
滝,高さ10m,幅5m.滝口幅3m,水はほとんどなく滝壺もない.水平な砂岩の層.両岸に岩壁があり,全体20mの長さ.左岸の岩は下部が空洞になっている.

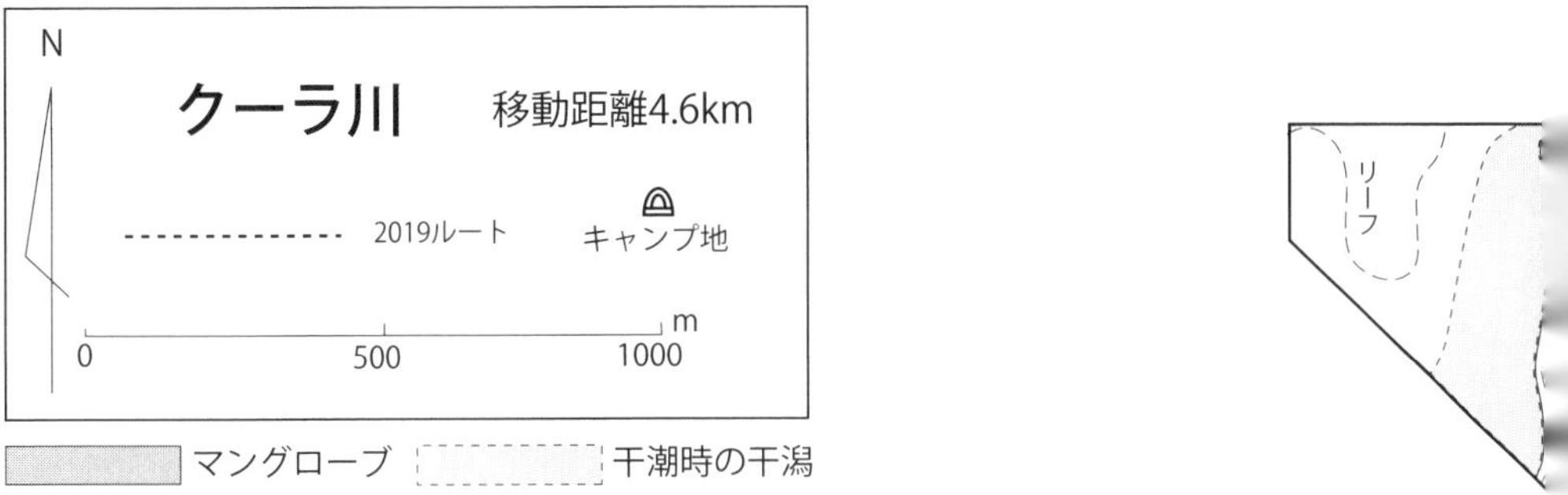

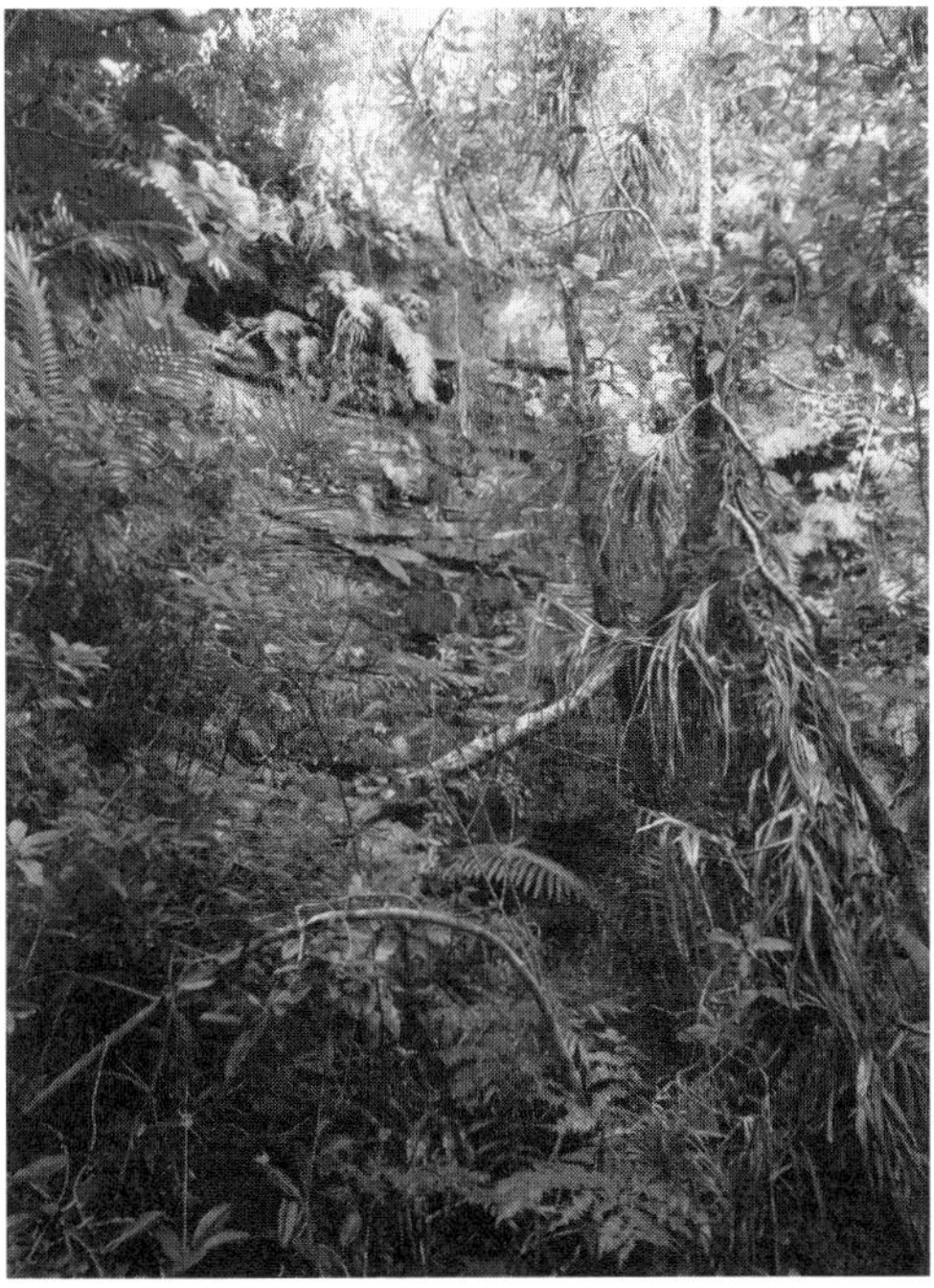
F01

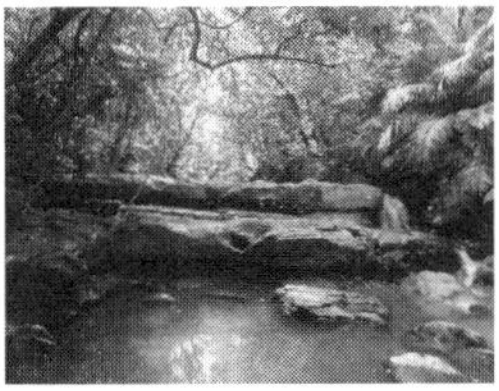
⑤岩の段差

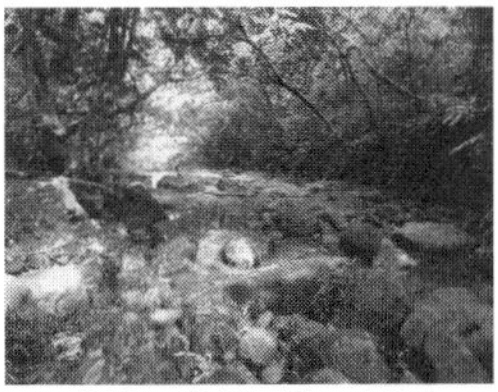
⑤岩の段差下流の川原

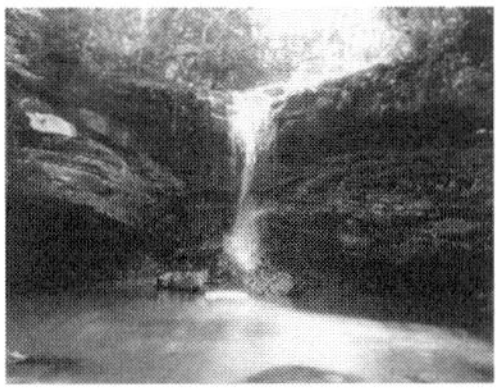
F03

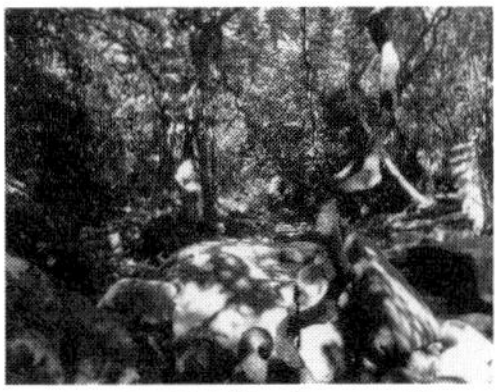
F03の下流域に多いモダマ

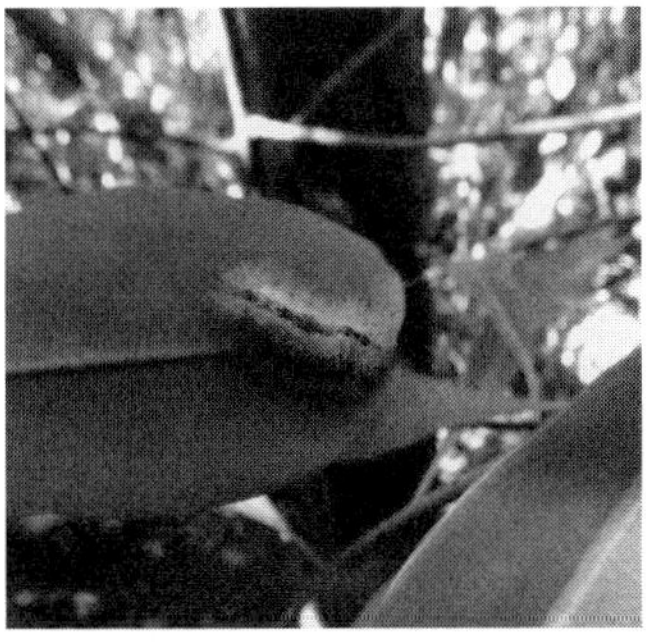
イラガの幼虫

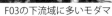

ビリに破れてしまう。ところが、今回は今のところまったくダメージを受けていない。ただ、短パンを履いたからといって、昨今のロードランナーや山ガールのような恰好いいものを想像しないで欲しい。実利重視だ。

一八時三五分。オオクイナの一声。久しぶりに聞く。

一八時四四分。ふたたびオオクイナ。遠くコノハズクも鳴いている。近くに水溜まりがないためか、カエルの声がまったくない。虫の音も聞こえてこない。風もなく静かな夜である。

一〇月一一日（金）晴れ
六時二〇分、起床。林内はまだライトがないと不自由だ。しばらくして、六時四〇分にはライトなしで動けるようになった。これから朝食だ。

七時三〇分。足回りを含めて出発の準備が整った。天気はかなりいい。ほとんど無風で、今日は暑くなりそうだ。さあ、事故なくクーラ川を下ろう。

七時四〇分、最初の滝（F01）。右岸をまわって、五分後には滝下に降りた。厚目の砂岩層が幾重にも重なり垂直の壁になっている。高さ一〇メートル、滝口の幅三メートル、水はほとんどなく滝壺もない。滝の幅は五メートルだが、左岸に壁があり、連続した二〇メートの岩壁になっている。岩壁の下がえぐれており、ちょっとした岩屋になっている。滝の下流も、ほとんど水がない。

最初の滝を下ったら、じきに大きな崖の上に出た。高さ一五メートルはあるだろう。厚い樹林に阻まれて見えないが、当然滝（F02）が落ちているはずだ。両岸も崖で、ここは右岸を大きく高巻き。しかし、しばらく崖が続くので、途中でザイルを使うことにした。太めの灌木に二つ折りにして掛けたら、ちょうど下に届く。ということは、二〇メートルザイルの半分、崖は一〇メートルの高さということだ。ところが、着地してからわかったことだが、あと二〇メートルほど林内をトラバースしたら、ザイルなしでも安全に下降できる溝があった。無駄な労力を使ってしまったが、無事に降りたのだから、それでよしとしよう。

八時四〇分。高巻きから、ようやく川床に降りる。あると考えられる滝下から、一〇〇メートルほど下流だろう。ぜひ、滝を確認したいと思い、空荷で沢を登り返してみた。しかし、急峻な谷を巨岩が埋め尽くしており、周囲の森も鬱蒼としているので、途中であきらめた。梢越しに崖の最上部が少しだけ見えるが、灰褐色の砂岩が露出していた。クーラ川一番の難所に違いない。

沢が溝になっている所がある。しかも、黄褐色の明るい砂岩。とてもきれいだ。川底の一部が樋みたいに削られていて、これもなかなか良い感じだ。

少し下ると、古い塩ビパイプが転がっている。直径五センチ、長さ一メートル、もちろん、今は使われていない。以前、クーラ河口近くの福離にセメント工場があったから、そこが取水していたのだろう。このあたりから下は、やや急峻で岩だらけの沢だが、水量はすでにたっぷりある。

さらに下ると、数個の岩が垂直に積み重なっている場所に出た。その高さ二メートル。下部では幾つかの岩がわずかに前に出ていて、そこから水が噴き出していた。どこへ行っても絵になるような沢の顔があるものだ。

一〇時〇五分。ナメ床。緩やかな流れ。とても歩きやすい。蛇行しているから長さはわからないが、見えている部分だけでも四〇メートルはある。水量がさらに増してきた。

一〇時三五分。はっきりした岩の段差がある。砂岩が二層、上段八〇センチ、下段一メートルの厚さだ。全体がわずかに左へ傾いているが、ほぼ水平。水は左岸寄りの端を落ちている。脇が階段状になっていて、簡単に通過できる。

段差の下流は幅広い川原になっている。一五メートルの長さで、さらに下流にはナメ床が見えている。ナメ床は、あるいは次の滝の滝口かも知れない。そんな気がする。

ナメ床まで下ると、やはり滝（F03）があった。まずは左岸を迂回し滝下に降りる。下から眺めると、結構立派な滝だ。幅一〇メートル。両岸が崖になっている。滝は二段になっている。上段二メートル、小刻みの階段になっており、水平の棚まで降りることができる。ただ、上段は下段の滝口に隠れていて、滝下からは見えていない。棚から下は五メートル、真ん中がえぐれていて、オーバーハングになっている。さすがにここは通れない。

この滝には壺がある。長さ五メートル、幅一〇メートル。大きな岩が沈んでいるが、岩のない部分は水深一メートルくらいある。二〇センチくらいのユゴイが何匹か泳いでいる。

滝の下流はほとんど傾斜のない川原。一帯はモダマが多く、特別に太い蔓や細い枝蔓が川原をまたぐようにして四方に伸びている。モダマは西表島の低地林ならどこにでもあるが、北海岸の由珍川からナダラ川の間には、特別に大きな群落が幾つかある。アコウの巨木もある。モダマと競い合うように、何本もの太い根っこを川原一杯に広げている。

沢の両岸は平坦で、一〇〇メートルくらいの間、サガリバナの群落になっている。もちろん、昔の田んぼ跡だ。今朝落ちたばかりの花がだいぶある。夏が過ぎて、一〇月になっても咲いていることに驚かされる。

サガリバナ群落を過ぎると、ポツンポツンとオヒルギが現れ、マングローブがはじまる。干満の影響を受ける汽水域だ。ここからは、右岸の林内を歩く。クーラ川は、ここから左に折れてU字状に下っていくので、川沿いだと結構な距離になってしまうのだ。

「痛い」。左目のすぐ下に激しい痛みを感じた。「ハチ」と思って手で拭ってみたが、手ごたえがない。もう一度触れてみたが、何もない。ただ、痛みが増すだけだ。そこで、今しがた触れてしまった木の葉っぱを幾つか調べてみた。「いた」。「やはり、そうだったのか」。イラガの幼虫そっくりの虫だ。大きさも色模様も同じ明るい緑色の毛虫だ。ただ、背の真ん中に小さな赤い点がある。原因がわかって「一安心」でもないが、軟膏を取り出して塗りたくった。少し乾燥してから、もう一度塗った。激しい痛みは一〇分ほどで消えたが、しこりのような違和感は一時間ほど続いていた。しかし、二時間後に民宿に戻って鏡を覗いてみたら、痕跡すらなかった。のちに図鑑で調べてみたのだが、「ヒロヘリアオイラガ」の幼虫に最もよく似ていた。

さあ、自動車道も近い。今回の山歩きも大詰めだ。一〇月も中旬とあって、生き物との出会いは多くなかった。それでも、日中はサキシマカナヘビとキノボリトカゲを何度か見たし、オオウナギにも遇った。この季節ならではのモダマ、オキナワウラジロガシの実も拾った。毛虫にやられた現場では、散乱したハスノミカズラの実をたくさん見かけた。小鳥の卵のような、白い陶器のような、硬いスベスベした丸い小さな実だ。

夏以降、幾度か襲来した台風により、山中では無数の小枝が折れて落下していたり、おびただしい落ち葉が堆積していた。立ち枯れした木々も多かったが、これも自然の摂理。よみがえる日が必ずあるはずだ。

一一時三〇分。自動車道のクーラ橋東詰めに出た。これにて無事、クーラ川下降を終了。


一二時二〇分。自動車道を歩いてナダラ橋まで来た。昨日の出発点である。ここで小休止。上原までは、ゆっくりでも一時間半もあれば着けるだろうが、炎天下、日陰のない舗装道路を行くのは、山中を歩くより辛い。

一三時。すでに船浦湾を渡り切って、モクマオウが作る日陰で一休みしていた。すると、船浦方面から原付に乗った旅行者がやってきた。ところが、通り過ぎたかと思うと、すぐにUターンをして私の所で止まった。この人は、山から出てきて途中、私がナダラ橋で休憩をしていた時に、クーラ方面から船浦に向けて通過した人だった。

「暑くて大変でしょう」と、前かごからスポーツ飲料水を取り出し私に差し出した。見知らぬ人だったが、お礼を言い、ありがたく頂戴した。その人は、すぐに行ってしまったので、さっそく半分を飲んだが、冷たくて、心底爽やかに、本当に救われる思いだった。私がよほど疲れていて、哀れに見えたのだろうか。

再び上原に向けて歩きはじめた。船浦の坂を上っている途中、今度はワゴン車が追い抜き、すぐ先の駐車場に入っていった。ところが、私がそこを通り過ぎると、追いかけるように出てきて、横で止まった。「どこまで?」と尋ねるので、「上原へ」と答えると、「どうぞ」ということになり、ありがたく便乗させてもらうことになった。やはり、人からは惨めに見えているのだろうか。じきにわかったことだが、夫妻は浅田さんという、七年前に大見謝川で会ったことのある人だった。豊原でカヌーショップを開いていると聞いている。私は会ったことを忘れていたが、ご夫妻は覚えていてくれ、偶然の再会を喜んでくれた。私の書物も買って読んでくれているそうだ。わずかな距離だったが、とてもうれしかった。こうして、一三時三〇分、無事民宿に到着。天気もいい。さっそく洗濯だ。

第3章 西海岸

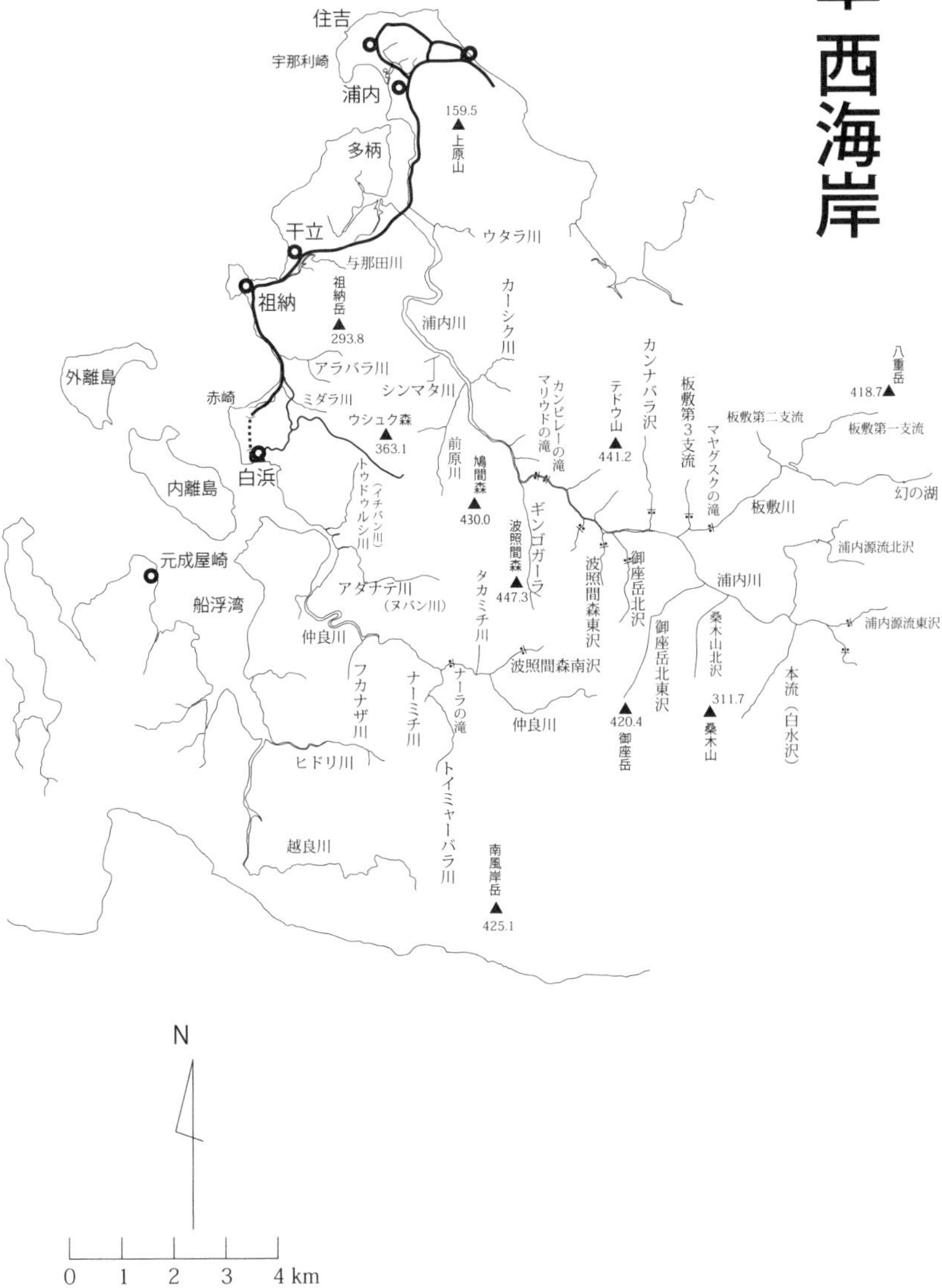
住吉
宇那利崎
浦内
159.5
上原山
多柄
干立
ウタラ川
与那田川
祖納
祖納岳
293.8
カーシク川
浦内川
外離島
アラバラ川
シンマタ川
赤崎
ミダラ川
ウシュク森
363.1
白浜
内離島
カンピレーの滝
マリウドの滝
テドウ山
441.2
カンナバラ沢
板敷第3支流
八重岳
418.7
板敷第二支流
板敷第一支流
マヤグスクの滝
幻の湖
板敷川
前原川
鳩間森
430.0
ギンゴガーラ
トゥドゥルシ川
（イチバン川）
波照間森
447.3
波照間森東沢
御座岳北沢
浦内川
浦内源流北沢
元成屋崎
船浮湾
アダナテ川
（ヌバン川）
タカミチ川
仲良川
浦内源流東沢
桑木山北沢
御座岳北東沢
波照間森南沢
フカナザ川
ナーミチ川
ナーラの滝
本流
（白水沢）
311.7
桑木山
420.4
御座岳
仲良川
ヒドリ川
トイミャーバラ川
越良川
南風岸岳
425.1
N
0 1 2 3 4 km

板敷第一支流（イタジキ第一支流）

板敷第一支流は全長三・二五キロメートル。滝は四つ、特別に危険な場所はない。とはいえほとんど人は通らない。板敷川本流も、昔は大学の探検部、ワンダーフォーゲル部が歩いていたが、今ではたまに数人のグループが通るのみのようだ。ほとんどの小隊は浦内川からマヤグスクの滝を経て板敷川を遡上、幻の湖を経由して由珍川へ抜ける。あるいは、その逆のコースを取る。いずれにせよ、支流には入らない。大見謝川も、自然観察路から少し上流まではツアー客が入るようだが、源流まで溯り分水嶺を越える人はいない。従って板敷川の支流へは入らない。私だって、わざわざ板敷第一支流を目指したわけではない。大見謝川遡上後の抜け道として選んだのに過ぎない。「板敷第一支流」という名も、必要上、私が付けたものだ。もともと、名前がないと思う。

しかし、深山にある無名の短い沢を歩くのもよいものだ。森が美しく、林床が整っている。浅い川底には大きなテナガエビがウジャウジャいるし、澄んだ水を見ると、必要以上に飲みたくなってしまう。

板敷第一支流下降

（大見謝川遡上より続く）

二〇一三年六月二二日（土）晴れ

この日、大見謝川源流のキャンプ地を六時五〇分に出発。由珍川との分水嶺に到達後、由珍川と板敷第一支

板敷第一支流

F01 4m垂直,まずまずの水量

ナメ床01　100m続く.

F02 2m,階段状に積もった岩石上を水が流れる.

F03 2m,F02のすぐ下部.小ゴルジュ.

F04 3段10m.それぞれの棚は直方体の巨岩が並び城壁のよう.

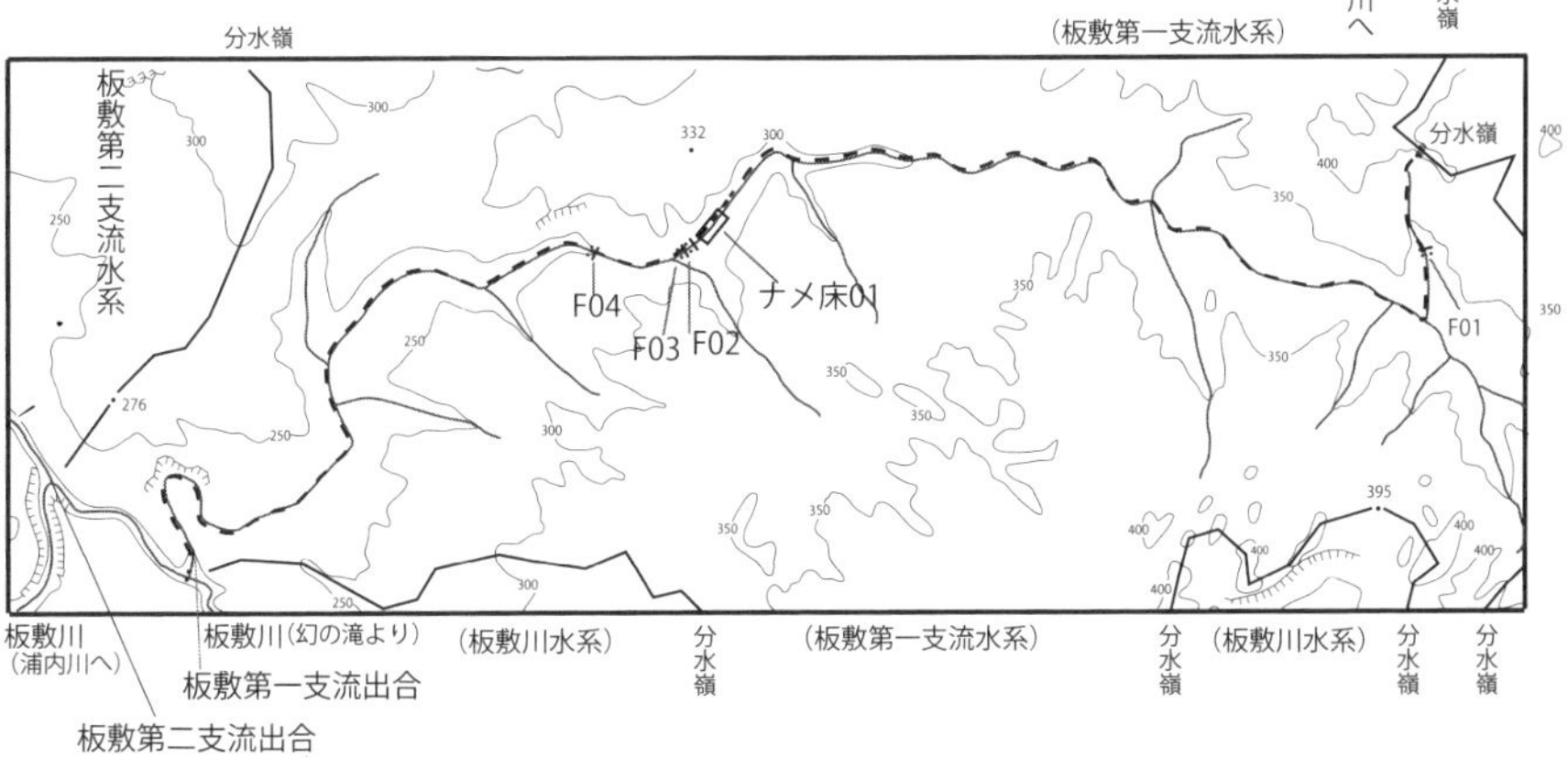

F01

F02

F03（滝上）

F04
滝は F04 まで．ナメ床 1 カ所

流との分水嶺に水平移動し、板敷川水系に入った。下りはじめた直後は、かなり急峻な斜面だったが、シダ類の株を足場にしながら、すべるようにして下った。

九時一五分、分水嶺を出発。

九時三五分、谷筋に水。沢、板敷第一支流のはじまりである。

九時四五分、初めての滝（F01）。垂直、高さ四メートル。まずまずの水量がある。右岸の林内を迂回する。特に危険はない。その後、かなりの間、単調で緩やかな下りが続く。ここも危険な場所はない。

一一時三〇分。約一〇〇メートルに渡ってナメ床が続き、それが終わると、すぐ下流に滝（F02）がある。ここは、全体が二メートルの高さ。岩の塊が積み重なって階段状となり、その上を水が流れている。ここを通過すると、普通に水が流れる沢になるが、また、すぐ下流に滝（F03）が現れる。高さ二メートル。このあたり、ちょっとしたゴルジュで、大変きれいな谷になっている。ただし、迂回しなければならない部分も多く、この支流最大の難所かも知れない。滝（F03）も、右岸の林内を迂回する。

一一時四五分、滝（F04）。高さ一〇メートル、幅が広い。直方体の巨岩がきれいに並んでおり、しかも三段になっている。一見、どこかの城壁を見ているようだ。水は滝全体に白布を被せたように広がっているが、大きく二条に分かれている。水が少ない時期は一条になるのだろう。滝の真ん中にサキシマツツジが咲いている。天気がよく、谷全体の景観もなかなかいい。直接下ることは無理で、右岸を迂回する。水量が増してきており、なるべくなら石の上を歩きたい。

一三時二〇分、板敷川本流に出る。

この後の予定は、この板敷川本流を次の出合まで下り、改めて板敷第二支流を遡るつもりだ。板敷川本流は、以前、一度下ったことがあるが、当時の印象ではもっと幅のある沢だった。思っていたより狭く感じたが、下ってきた板敷第一支流に比べ、本流は結構な水量があり、深い。なるべく岸に上がって林内を歩くように心掛けた。林内は鬱蒼としており沢に向かって急峻なので、歩きにくい。注意が必要だ。

（板敷第二支流へ続く）

板敷第二支流（イタジキ第二支流）

ここもまた、ほとんど人が通らない沢だ。それでも、板敷第一支流に比べれば、稀にでも人が来ることがあるのかも知れない。ヒナイ川を遡上するグループがあると考えられるからだ。この沢を下って、マヤグスクの滝から浦内川へ抜けるコースである。全長一・七五キロメートル。滝は一つ、危険な場所はない。

板敷第二支流遡上

（板敷第一支流より続く）

二〇一三年六月二二日（土）晴れ

この日、大見謝川源流から分水嶺を越え、板敷第一支流を下降。一旦、板敷川本流に入り、この板敷第二支流の河口に来た。

一三時四五分、板敷第二支流の河口に着く。以前、板敷川を下降した際に見た印象では、巨岩が沢を埋め尽くし、全体がピラミッドのような感じで、その上を水が流れていた。非常に嶮しい沢との記憶がある。ところが、今見ている支流は、記憶とはまったく異なり、静かに流れている。出合付近の傾斜も小さく、決してピラミッドを連想させるような沢でもない。では、私の記憶は何だったのだろう。どこかと間違っているのか？あるいは、板敷第一支流の印象だったのかも知れないが、今回は、板敷第一支流から板敷川本流へ出る際、多

板敷第二支流

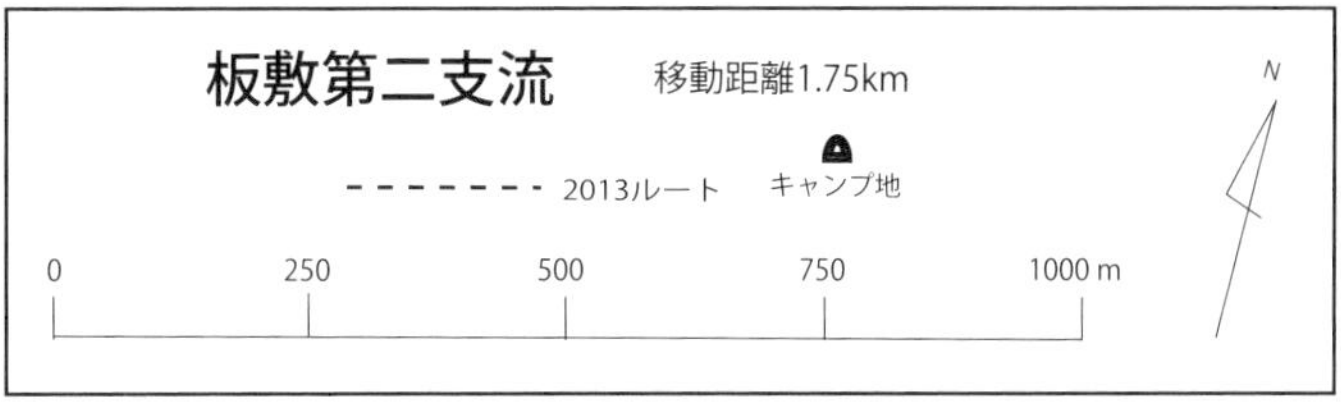

滝は１つだけ．出合の板敷川本流部分は淵になっている．

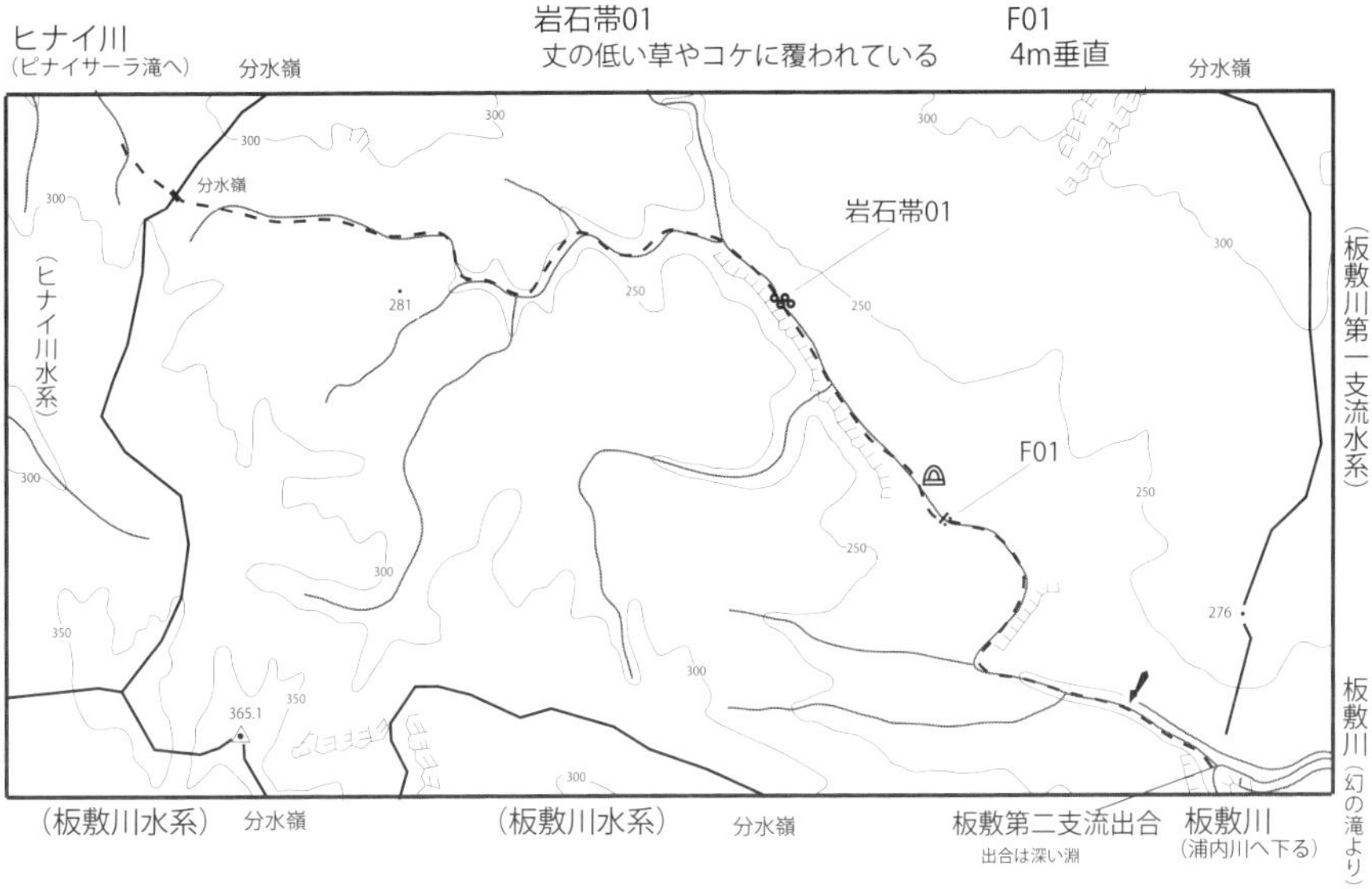

F01

岩石帯01 草付

少のショートカットをしており、厳密には河口を見ていない。そこより一〇〇メートルほど下流で板敷川本流に出ているのだ。

板敷第二支流へは板敷川本流の右岸から入るのだが、これまで左岸の林内を下ってきたので、本流を渡らなくてはならない。ところが、この出合が深い淀みになっているのだ。そこで、一旦荷物を降ろして沢に入り、渡渉地点を探していた。と、その時、荷物が音を立てて転がり、そのまま川に落っこちてしまった。斜面が急すぎて、重みで滑りだしてしまったのだ。これは大変だ。しかし、幸いにも、すぐには沈まずに浮いていた。まずは川から引き上げた。そして、大事をとって立木を切り、二メートルの杖を作った。

改めてザックを背負い、杖を差しながら慎重に渡渉した。水深は腰を超えるぐらいだ。さあ、これより板敷第二支流の遡上を開始する。

一四時三〇分、滝（F01）。高さ四メートル、幅は一メートル程。そんなに深くはないが、大きな滝壺を持つ美しい滝だ。

一四時四五分。この先、谷が狭まっており、テントサイトを探すのに苦労しそうだ。少し早い気もするが、ここを、今日のキャンプ地にしよう。近くに小さな支流があり、山の斜面は緩やかだ。よく晴れた一日で、満月のせいか、夜中、谷全体が明るかった。

六月二三日（日）晴れ

七時一〇分、キャンプ地を出発。

七時一九分、岩石帯。すべての岩の表面が背の低い草やコケに覆われている。草に覆われて見えていない部分に何か障害物がないか、慎重に確認をしながらステップを踏んでいく。谷は次第に狭まってきている。

七時三〇分、北から下ってきた沢との二俣に来た。本流は西に伸びているが、この辺りから急に谷が狭くなる。本流を遡上し、ヒナイ川との分水嶺を目指すつもりだ。

沢が幾度も蛇行し、また、地図にも表せないような小さな沢が、幾つも分岐している。そのため、どこを行けばヒナイ川へ抜けられるのか、最後の最後までわからなかった。とにかく、一番水量の多い沢を詰めれば間違いないと進み、結果として、少し遠回りをしたような感じだが、無事、ヒナイ川との分水嶺に到達した。

九時ちょうど。分水嶺に立つ。結局、滝は一つだけだった。分水嶺を挟んで両側の谷は、背の高いシダ類に覆われている。礫石が一面にあり、西表島では、どこに行っても見られるような普通の谷である。ただ、他の谷と比べてシダ類が鬱蒼と茂り、地面を覆いつくしている。足元が見えず、どんな落とし穴があるのかもわからない。ここは、ていねいにシダ類を刈り倒しながら進んだ。シダ類は、灌木や木の枝と違い、山刀で簡単に伐ることができる。鬱蒼と茂るシダ類のお蔭だろうか、地表に陽が当たらず、普通の稜線と違ってツルアダンが少ない。あっても若い蔓が多かったから山刀が使いやすく、歩きやすい稜線越えだった。これも大いに助かった。

（ヒナイ川へ続く）

前原川（マエハル川・メバル川）

西表島は水が豊富な島である。周辺のサンゴ礁起源の島と違い、島の大部分が、海底が隆起した砂岩でできているからだろう。どんな日照りの年でも枯渇することはないし、現在、西表島全域だけでなく、小浜島、黒島、新城島、波照間島、鳩間島へも海底パイプで送水している。汚染のないきれいな水で、私はどこの沢へ入っても、躊躇することなく生水を飲んでいる。ただ、2章でも書いたが、昔からレプトスピラ症の報告があり、二〇一〇年代に入ってからは症例が多少増えてきている。レプトスピラ症は病原性レプトスピラという細菌による感染症で、ネズミなどの保菌動物の尿で汚染された水や土壌から感染する。ネズミのいる山麓部では注意が必要かも知れない。この他、もう五〇年も前だが、友人がアメーバ赤痢に感染したことがある。現在はアメーバ性腸炎と呼ばれている。アメーバ赤痢という寄生性の原虫が原因し、汚染された飲食物を口から摂取することでひき起こされる病気のようだ。友人は、一〇年ほど粘血便と下痢で悩まされていたが、「西表島で生水を飲んだから」と言っていた。彼は、まだ海外へ出たことがなかったから、思い当たるのが西表島だったようだ。ただ、確かなことではないし、私自身、西表島でアメーバ赤痢が出た話を聞いたことがない。

前原川は数多い浦内川支流の中でも、特に人々によって利用された川だと思う。前原川と下流の新俣川に挟まれた小平野を稲葉と呼んでいた。稲葉は、もともと独立した村ではなく、古くは、干立や祖納の人が舟で通い、稲作をしていた所らしい。大正から昭和初期にかけては採炭が行なわれ、それなりの住人がいた。次に一九三八年、国営の製材所が開業した。しかし、これは一九四四年の大洪水で閉鎖になっている。

戦後、林業が再開。稲葉は集材所となり、一九五六年には、白浜まで山越えする搬出用の空中ケーブルが完成した。操業は一九六〇年から約一〇年間であった。これとは別に、終戦後、村に戻った人の中に稲葉で田んぼをはじめる人が現れ、一九六〇年頃には十五戸程の集落になった。その後は徐々に減少、一九六九年に廃村となったが、大正・昭和の二時代に渡り、集落、炭坑、製材所、広大な田んぼに水を供給してきたのが前原川だった。

「前原」、「稲葉」。どちらも内地の名前だ。最初に入った採炭所か製材所の人が命名したのだろう。「前原川」。「マエハル川」は、ほぼ標準語読みだ。島では「メー（前）バル（原）川」、稲葉の人は「メバル川」と呼んでいた。

前原川遡上

二〇一四年六月一三日（金）くもり、夜にわか雨

前日六月一二日と、今日一三日をかけてマーレー川を遡上、テドウ山山頂に立つ。今朝九時に山頂を出発。当初の予定ではカンナバラ沢を下るつもりだったが、カンピレーの滝への山道がどうにか通れそうなので、記憶を頼りに下ることと決めた。

思った通り、山道はほとんど利用されていないようだ。陽当たりのよい稜線部では両側のツルアダンが伸びて、ほとんど山道を塞いでしまっている。それでも道沿いには森林事務所のピンクリボンが吊り下げられており、通常の注意を払って歩けば、迷うことはないだろう。頻繁にセミの鳴き声を聞いた。明らかに異なる二種類、イワサキヒメハルゼミとツマグロゼミに違いない。

山道はかなり急峻で、下りは一時間もあれば浦内川に出てしまうが、登るとなると、結構ハードな行程にな

るだろう。

一〇時ちょうど。浦内川の横断山道に出る。カンピレーの滝とマリウドの滝の中間地点だ。テドウ山から下るルートは昔とまったく変わっていなかった。

一一時一〇分、軍艦石に着く。途中、二〇名の観光客とすれ違った。山奥とはいえここだけは観光地なのだ。軍艦石の少し上で対岸に渡り、浦内川左岸にあった横断山道を辿る。もちろん廃道になって久しいが、数年前にも通っているので、だいたいはわかっているつもりだ。にもかかわらず途中、つい早めに川に降りてしまった。数カ所深みで足を取られ、ことのほか苦労をした。もともとこのあたりは、干潮時でも干上がる部分が少ないのだ。悪戦苦闘している姿を見られたら寄ってきたりするのではないかと、観光船が来た時は川縁の木陰に身を隠してやり過ごした。岸の上の林内だって、もう歩く人はいないのだろう。以前に比べたら大形のシダ類が重なり合い、さらにひどいブッシュになっていた。通行は困難を極めるものだった。

コシダの群落が見えたら稲葉村跡は近い。そこは横断山道であり農道でもあった場所なのだ。土手をよじ登りコシダの群落に出る。ただ、コシダの中は足をとられて歩くこともままならないから、群落を突っ切って山際を進む。山際は赤土の土手で、墓の跡が幾つか残っている。以前、後良川から山越えをして浦内川を下った時、川沿いを下りすぎてアダン群落に入ってしまい、ひどい目に遭ったことがある。今回は同じ失敗はしなかった。そのことが、せめてもの幸いだ。アダン林に入ると、棘だらけで、それこそ身動きがとれなくなってしまうのだ。

一三時五五分、前原川河口に到着。そこから遡上し、一四時四五分、河口から三〇〇メートルあたりの川沿いにキャンプ地を決める。前回、干立へ抜ける際に渡渉した地点から一〇〇メートル上流部だ。まだ感潮域で、川底は砂地、今は水位が下がっている時間帯だ。左岸の山が川に迫っており、渓流域との境界もすぐ近くだと思われる。テントの広さ分だけ灌木を伐採し、クロツグの葉などをたっぷりと敷き詰めた。少し雨が降り出した。

大変、疲れている。食欲がまったく出ない。水浴を済ませてから着替え、しばらくうとうととしてしまった。少し寒気を感じ、風邪かなと心配になる。

一九時二七分。夕食をすませ、歯磨きも済ませた。寒気が取れ、一安心している。雨は止んだが、テントの防水が効かず、かなりの水がしみ込んでいる。帰宅後、防水対策を施す必要がある。三〇分程前にはタイワンヒグラシとイシガキヒグラシが盛んに鳴いていた。

明日のことはまだ決めていない。疲労で不安なら、前原川は中止して、稲葉から干立へ出ることにしよう。もし、ひどい雨降りだったら、ここでもう一泊し、同様に干立へ出るのがよい。これとて今は道がないから大変には違いない。しかし、楽で安全であることも確かだ。カネタタキのような虫がテントのすぐ外側で鳴いている。レコーダーに記録した。

六月一四日（土）くもり、夜にわか雨

六時起床。はっきりしない天候だが、雨は止んでいる。今日は、予定通り前原川を登ることに決める。

七時一五分、出発。三〇分後には渓流域に入った。キャンプから一〇〇メートル遡った所だ。沢はここで、砂地から岩石帯へ劇的に表情を変える。すべての岩が背の低い植物で覆われている。

七時四八分、最初の滝（F13）。高さ二メートル、幅は三メートルあるが、滝口の岩の中央が盛り上がり、水は左右二条に分かれて落ちている。滝壺もある程度深く、直登は難しい。しかし、左手を比較的簡単に迂回することができそうだ。

八時一〇分、岩石帯を通過。一帯はかなりの急勾配で、また、谷全体を巨岩が埋め尽くしている。沢中は歩行困難で、縁の森林との境を辿るようにして進む。先に向かって、少しばかり勾配が緩くなっていくようだ。

八時三四分、ゴルジュの中を通過している。ゴルジュには直径五から一〇メートルもある巨岩がゴロゴロと積み重なっている。あるいは、今日一番の難所かも知れない。残念ながら、雨が本降りになった。

八時四五分、滝（F12）。高さ五メートル、幅一メートル。分厚い砂岩の層が三つ積み重なっている。ここは左手を迂回する。渓流域に入ってそんなに遡ってはいないはずなのに、しばらく前から両岸の山が迫り、狭い谷が続いている。

八時五五分、滝（F11）。高さ一メートルだが、幅は六メートルもある幅広の滝だ。水量はたっぷり。全体に水が落ちていて、白い横断幕を張ったように見える。周囲にはカダワラビなどの大形シダ類が多く、川床の岩には草本がモッコリと繁茂している。

右手に、直角に折れるようにしてゴルジュがある。本流のような雰囲気だが、水量が少ない。ここは、滝を乗り越えて、水量が多いほうの沢を進むことにする。結果として判断は正しかった。ゴルジュになった沢は小さな支流だった。

九時三五分。小さな出合。右から沢が合流している。水量は結構あるが本流ではない。本流はほぼ直線方向、一〇メートルのナメ床があり、その先に滝（F10）が見えている。高さ一・五メートルの小さな滝だ。雨は、相変わらず本降りが続いている。

九時五〇分、連続して滝が見えている。一番下の滝（F09）は落差二メートル、幅一メートル。曖昧な三段になっている。水がなければ直登できるだろうが、たっぷりと水がある。しかし、水がない右端の岸壁を登れそうだ。二番目は斜めに滑り落ちている滝（F08）で、落差四メートル。ここもたっぷりと水があるが、直登に問題なさそうだ。その上、滝（F07）も直登できそうだが、ここからは、左手の岩がじゃまをしてよく見えない。滝（F07）一帯には岩壁が見え隠れしており、ひょっとしたら、手ごわい場所かも知れない。

九時五八分、滝（F07）の下に来た。滝壺が大きい。長さ八メートル、幅も八メートルある。結構深そうだ。滝壺の右側は断崖絶壁、左側もかなりの崖だ。これでは滝の直登どころか、少し戻って林内を高巻きしないことには通過できない。滝（F12）下のゴルジュを通った時、「今日一番の難所かも知れない」と感じたが、それ以上の場所に来てしまった。

滝（F07）は二段になっている。上側は約五メートル、斜めに滑り落ちており、ここは歩けそうだ。その下に大きな棚がある。棚の下側は約八メートル、幅一メートル。ほぼ垂直の壁だが、二本の水平な溝が走っている。谷は相変わらず狭く、樋の中を水が流れ下っている感じだ。

一〇時三〇分、滝（F06）。全体は四メートルの高さ、やや斜めになっていて階段状の部分もある。慎重に、慎重に直接登り切った。

滝（F06）の上流部は一五〇メートルほどゴルジュが続く。幅は五から六メートル。両側の崖はそれ程高くなく、せいぜい七から八メートル、高い所でも一〇メートルだ。とはいっても、崖の直登は不可能である。

一一時〇八分、滝（F05）。高さ二・五メートル、垂直だが下部がえぐれている。全体の幅一〇メートル、滝口はほぼ水平だが岩の凹凸があり、その低くなった部分から水が無数に分かれて落ちている。大きなものは幅三〇センチ、それが三条ある。他は白い糸のよう、全体は白糸の滝だ。滝壺は浅く砂地である。滝そのものは直登できないが、すぐ脇を迂回できそうだ。ここに来て両側の傾斜が緩くなり、谷全体が明るく感じられる。樹木はあまり太くはなく背丈も幾分低い。おそらく、昔の伐採跡だろう。

一一時二八分、滝（F04）。高さ二メートル、滝のかかる岩は幅五メートル、中央に水が流れている。水量はまだまだ十分ある。滝壺はなく、岩石が積もっている。周辺はかなり明るい森で緩やかな地形。この滝もすぐ脇を迂回できそうだ。

一一時三五分。滝（F03）。高さ八メートル、幅五メートル。最下部は大きくえぐれて窪みになっている。滝

F13

白浜林道入口

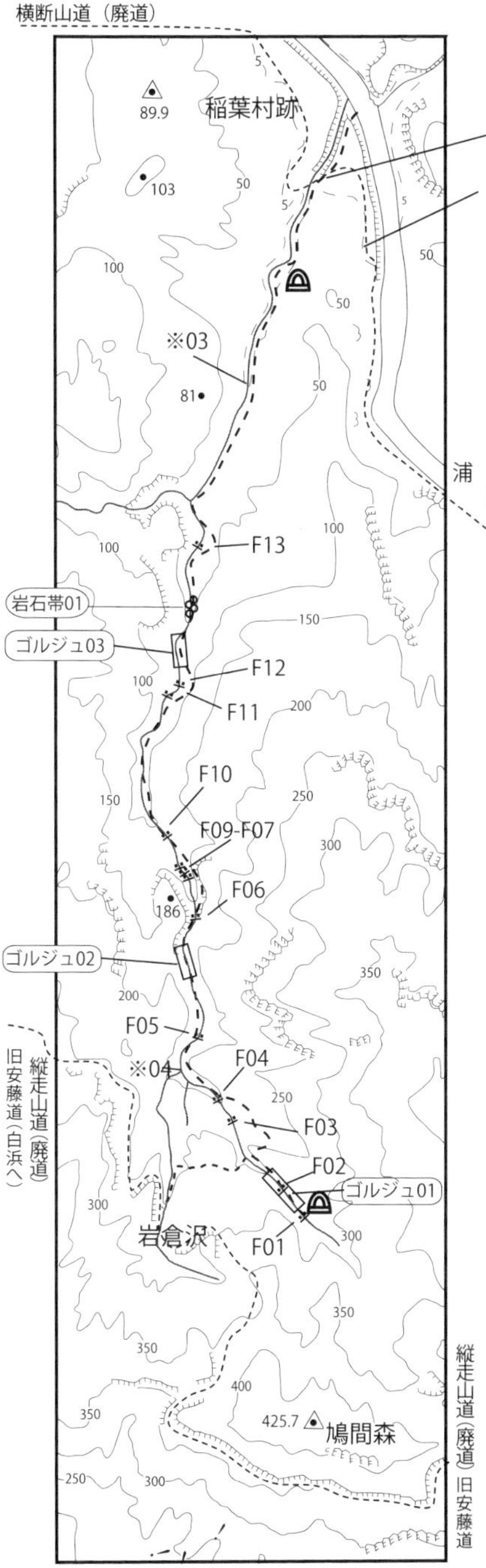

※02 石垣

※01 墓

※03 感潮域・渓流境界

F13 最初の滝.2m,2条だが基本的に
幅3m.直登不可,右岸高巻き.

F12 5m,幅1m.右岸を迂回.

F11 1m,幅6m.幅広い滝.水量多い.
左岸直角方向にゴルジュ.

F10 1.5m,手前10mはナメ.

F09 2m,幅1m.（右端）左岸を直登.

F08 斜滝,落差4m.直登可.

F07 幅1m,2段.上5m,棚,下8m.滝壺8×8m.
左岸断崖絶壁.右岸も崖.難所.

（F07-F09は連続）

F06 斜滝,下まで4m,直登可.

F05 2.5mほぼ垂直,岩壁幅10m,幅0.3mの水3条.

※04 古い橋？

F04 2m.岩幅5m.周囲はかなり明るい森.すぐ脇を迂回.

F03 8m垂直,岩壁幅5m下部凹状.左岸絶壁.
右岸の急尾根を迂回.難所.

F02 2m,幅0.5m.岩壁幅1.5m.右岸直登.

ゴルジュ01

上流F01,下流F03.両岸崖で脱出困難.
大きな岩屋があるが,岩石だらけで幕営不可.

F01 2m,滝壺1m深.両側崖で直登不可.

のしばらく手前から右手は垂直の岩壁で、その上流側のはずれに滝（F03）がある。ほぼ垂直だが、わずかな傾斜があり、水は幅広く岩を舐めるようにして落ちている。

最初、滝は崖の一部のように見えた。ところが、滝を通過したらどん詰まりで、沢の正面には大きくえぐれた崖がそそり立っている。つまり、前原川は、ここでほぼ直角に右に折れており、滝は本流に懸かっていたのだ。右岸、つまりどん詰まりの崖も、上部は木々が鬱蒼としていて暗い。何かすごい所に来てしまったような印象だ。

もちろん、右側は登ることができない。周囲を見渡すと、左側に尾根がある。かなり細くて急峻だが、これを登る以外ルートはなさそうだ。尾根を登り切って、先ほど正面に見えていた崖の上を通り、ひたすら登っていけば、滝の上流に向かうことができるだろう。ここへきて疑う余地のない、今日最大の難所だ。

滝の上は恐ろしく急峻な斜面で、足を滑らそうものなら即転落だ。ところが、良いか悪いかわからないが、灌木がびっしりと茂っており、簡単には転げ落ちることはない。その代わり、前進もままならない。ひどいブッシュになっているのだ。

滝口を通り越して十分な高さになってから再び沢に降りる。ここも激しい急斜面だったが、他にルートがなく、かなり強引に下り切るしかなかった。

一二時四二分、滝（F02）。高さ二メートル、斜めに落ちている滝だ。幅一・五メートル、ほぼ中央に五〇センチの幅で水が落ちている。ここは左側を簡単に直登できる。

「今、どのあたりなのか」、ＧＰＳを見てみた。標高二七〇メートルだ。それはよかったのだが、入力しておいた「岩倉沢」のポイントへは向かっていない。

「何故だろう？」。私は勘違いをしていた。岩倉沢は前原川の源流を指し、実質的には前原川そのものだと思っていた。ところが、ＧＰＳと地図で確認すると、岩倉沢は支流の一つで、滝（F04）の少し下流に出合があるということがわかった。予定では岩倉沢を遡上し旧安藤道へ出る。その後、そこから白浜へ向かうつもりだった。結果的に前原川本流を遡上し、登る必要のない滝（F03）で難儀するはめになったのだが、悪い気はしていない。鳩間森へ向かって源流を詰めることになったし、旧安藤道へは、こちらからも出ることができるはずだ。

滝（F02）を過ぎるとゴルジュに変わった。随分狭い谷で、両側の崖は三〇メートル前後と際立って高い。崖には木が生えている場所もあるが、ほぼ垂直だ。

堆積した岩を一つ一つ乗り越えて進む。ゴルジュは二〇〇メートル続き、最後は立ちはだかる滝（F01）で行き止まりになった。高さ二メートル、幅一メートル。U字溝を垂直に立てたような滝だ。水はたっぷり、滝壺も一メートルの深さがある。ザックを降ろして挑戦してみたものの、両壁はツルツル、足場がまったくない。これは無理だ。早々に諦めて、突破口を探すことにした。

五〇メートル程戻って、左岸の斜面にチャレンジした。まずは空荷で、ザイルで安全を確保しながら、急峻な壁を登る。だが、あと二メートルで上の林だというのに、このわずかな距離をどうしても突破できない。一旦、谷底に戻り、別の場所で再チャレンジ。挑戦は一時間近くにおよんだが、一四時三〇分、疲れに疲れ、ついに脱出を諦めた。今日はゴルジュの中でビバークすることに決める。ここは、全体が深いV字谷になっていて、斜面はほぼ絶壁。脱出不可能なトラップのような地形になっているのだ。わかっていれば滝（F3）から沢に下らず、尾根を高巻きしていただろう。

キャンプサイトは滝（F01）から五〇メートル下った右岸の崖の直下。崖は下がえぐれて巨大な岩屋になっている。十分に広く、背伸びをしても天井に手が届かない。完全に雨をしのぐことができる。落石の心配もない。ところが、床は角の尖った大きな岩だらけで、さすがにテントを張る気にはならない。やむなく岩屋から出て川床の岩場にテントを張った。壁の上は森林になっていて、むきだしの木の根のまわりに無数の石が見える。ちょっとした雨で落ちてきそうだが、傾斜を考えると、ぎりぎりテントには落ちてこないだろうと確信できる場所だ。万一の時は岩屋に逃げ込めばいい。

一九時四五分、スコール。しかし、よほどの大雨でない限り、テントに危険がおよぶ心配はない。スコールは一五分くらい続いた。

二〇時〇六分。天気の具合を見ようとテントを開けた。雨はすでに止んでいた。外を見て驚いた。「これはすごい」。谷の一部に夥しい数のホタルが集まっているのだ。ホタルには違いないが、四月に見たヤエヤマボタルとは種類が違う気がする。点滅がせわしないことだけはヤエヤマボタルと似ている。しかし、光の玉が大きく、速いスピードで活発に飛び交い、光跡が入り乱れるように乱舞しているのだ。ヤエヤマボタルは小さな光をちりばめた感じだし、ほとんど移動をしないで、林床に留まっている。

謎のホタルは、ざっと数えて五〇匹くらいだったが、五分もしたらすべて消えてしまった。あるいは、テントを開ける前にしばらくの時間光っていたのかも知れない。

今日の遡上の途中、滝（F05）を過ぎて一〇分くらいの所に橋のようなものがあった。自然のもののようにも見えるが、コンクリート製にも見える。しかし、幅は五メートルくらい、幅と厚さが均一でどう見ても人工物に思えるのだ。緩いアーチ状で、背を屈めれば、潜り抜けることができる。実際私もそうやって通過した。赤味を帯びているが、そういった砂岩もあるし、手で触れてみたのだが人工物なのか自然のものなのか判断できなかった。仮に人が作った橋だとすると、当然ながら林道があったはずだ。両岸の山は木の背丈が低く、伐採があったと容易にわかる明るい森林だ。林道があったと仮定すると、確かにそれに符合するだろう緩やかな斜面があった。本当に林道があったのだろう。しかし、そうだとすると林道はどこを起点として、どこに繋がっていたのだろうか。

林道は岩倉組にはじまって八重山開発会社が開いた伐採道路だから、起点は会社があった白浜だ。そこから白浜林道、安藤道と繋がって伸びている。私が初めて安藤道を歩いたのは一九七二年。以来ちょくちょく歩いてきたし、それから五年間くらいは終点までオートバイで走ることができた。しかし、安藤道から稲葉方面へ下る支道に関しては、まったく記憶がない。もしあったなら、当然気づいていただろうし、実際に歩いたはずだ。

昔、テドウ山と白浜を結ぶ木材運搬用の索道（ロープウェイ）があった。一度も使われることなく切断されたが、浦内川の、現在展望台がある場所の少し手前を横断していた。私は一九七六年の切断の日、現場にいたからワイヤーがどんなふうに張られていたのかよく覚えている。ワイヤーは、かなり朽ちているが、今でも遊歩道の脇に大蛇の屍のごとく横たわっている。

「ひょっとしたら、索道は橋のあたりを通っていたのでは？」と、ずっと後になって資料を当たってみた。するど、どうだろう。一九六三年撮影の航空写真に、それらしいものが写っているではないか。浦内川から安藤道に向けてまっすぐな筋が走っている。その先は不鮮明だが、さらに先まで伸びているように見える。この筋が、前原川ではちょうど橋あたりを横切っているのだ。橋は索道のためだったのかも知れない。あるいは、別に林道があったのかも知れない。写真には橋と稲葉村の間に、林道の一部らしいものが写っていたり、稲葉村から直接白浜へ向かう筋もあった。手元の資料には限りがあり詳細は知る由もないが、いつか、そのあたりを、昔を知る人に尋ねてみたい。

六月一五日（日）小雨、夜は雨

六時起床。七時一三分出発。今日はまず、このトラップのようなゴルジュから脱出することだ。

本流を下りはじめるが、登れそうな場所がない。やがて、小滝（F02）を通過。このまま滝（F03）、滝（F04）と下り続けなければいけないのかと思うとうんざりする。ところが、滝（F03）が近くなった頃、左岸に樋のような狭い谷があるのを見つけた。崖になったかなりの急斜面だが、一〇メートルの高さを越えれば、後は岩がゴロゴロしているだけの少し傾斜の和らいだ涸れ沢になっている。ここなら登れる。位置からして、向こう側は岩倉沢のはずだ。

目指す一〇メートルの崖。八メートルまでは難なく辿り着く。ところが、残す二メートルがどうしても登れない。昨日とまったく同じだ。

ここでザイルを使う。ひとまず足元を確保し、ザックを降ろしてから、灌木の根元に固定。登るためには、真上にある太いヘゴの根元にザイルを回したい。ところが、投げても投げても、うまくいかないのだ。先端に石を結んで投げるのだが、ザイルは届かない。ヘゴが太すぎることもあるし、生えている角度が合わないのだ。さりとて、ヘゴ以外、私とザックの全重量を支えてくれそうな木は他にない。そこで、少し右上にある灌木にザイルを掛け、ひとまず空荷で登ってみる。これは簡単だった。そして、ザイルをヘゴに掛けなおし、一旦下り、改めてザックを背負って登った。ところが、アイゼンが岩面をこするだけで、どうしても足を固定できない。これには困ったが、突起状の岩で足場を確保し、ザックを押し上げて小さな棚に置いた。右手はザイルを握っているから、左手だけの作業だ。油断したら、自分だって転落してしまう。

その後は、自由になった体一つでヘゴまで登り切った。涸れ沢を登るとじきに二メートルの滝があり、わずかに水が流れていた。滝を迂回して急斜面を登り切ると小尾根になり、別の涸れ沢を下ると、やがて水音が聞こえてきた。岩倉沢である。

沢に降りるともはや難所もなく、大きな岩を避けながら遡上していくと、GPSが「目的地到着」を表示した。ちょうど九時であった。あたりには古い塩ビパイプやゴムホース片が半ば埋もれて散乱している。伐採が行なわれていた当時、岩倉沢と安藤道が交差する地点に小屋があって、作業員たちが寝泊りをしていた。そこが「岩倉沢」だったのである。

F07.　2段,上5mは斜めの滝.
下8mはほぼ垂直だが,2本の太い横溝がある.左岸断崖絶壁,右岸も崖.難所.

ゴルジュ 02.
標高180m.ゴルジュの長さ150m,幅5〜6m,　両壁は低く7〜10m.

前原川

F06.
全体４mの高さ.斜めの滝で直登可能.

F05.　高さ2.5m,下部がえぐられている.滝口ほぼ水平,何本もの白糸のように落水.

結局、今回は岩倉沢という支流から道に出た。そのまま前原川を詰めていたら鳩間森の稜線に出ていたはずだ。標高四〇〇メートル前後、最高地点は鳩間森の標高四二五・七メートルである。そうなると、私が行き詰った滝（F01）との標高差は一〇〇メートル以上あり、滝も、まだ二つ、三つはあることだろう。前原川完全踏破というわけにはいかなかったが、一応、無事に踏破ということにしたい。

一休みした後、岩倉沢を発ち、旧安藤道を辿り九時四五分には東島峠に着いた。ここは分水嶺、空はどんよりと曇っているが、南斜面を駆け上ってくる風が心地よい。この後、一〇時五〇分、白浜林道起点の三叉路を左折。本格的な雨の中、峠越えをして白浜には一一時三〇分に到着した。その手前、白浜神社近くで町服に着替え、さっぱりした身なりでバス停へ向かった。

アダナテ川（ヌバン川・二番川）

アダナテ川

アダナテ川はヌバン（二番）川とも呼ばれてきた。仲良川の河口から数えて二番目の支流だからである。西表島では一八八七（明治二〇）年頃に炭鉱が開かれ、最盛期の一九三七（昭和一二）年前後には一四〇〇名もの炭鉱夫が、年間一二から一三万トンもの石炭を採掘していた。ほとんどの炭鉱は第二次世界大戦の終戦と同時に廃坑となったが、一九六〇（昭和三五）年まで続いた炭鉱もあった。アダナテ川は、炭鉱により他府県からの滞在者が多かった時代、二番川と呼ばれていたわけである。下流域に数カ所炭鉱跡があり、今なお石炭片が散在している。

パルプ材の伐採が行なわれていた時代、白浜から奥地へ向かう八重山開発会社の林道があり、白浜林道、安藤道と呼ばれていた。この安藤道の終点というのが、アダナテ川の最上流にあたる所だった。一九七七年、北岸自動車道路が開通する以前は、白浜と東部の大富間を徒歩で横断する人もあった。安藤道の終点からは文字通りの山岳地帯を御座岳経由で歩いたのである。健脚の人でも丸一日を要する険しいルートであったが、横断山道も安藤道も、廃道となって久しい。

アダナテ川も、下流域以外は昔の静寂に戻っている。石炭の採掘やパルプ材の伐採はなくなったが、時代が変わって、現在の西表島ではエコツーリズムが盛んだ。下流域に限って、白浜からカヌーでマングローブを遡上、アダナテの滝で遊ぶというツアーがある。

アダナテ川下降

二〇一六年六月二一日（火）晴れ

上原を九時五八分の白浜行きのバスで発ち、一〇時二五分、旧道入口で下車する。今回は白浜林道から旧安藤道を終点まで行き、そこで一泊。明日、アダナテ川を下降する予定だ。今日の行程では特に危険な箇所はない。ただ、旧安藤道の後半、白井峠から先は結構な薮漕ぎになるかもしれない。昔の道は完全に消失しているはずだ。空を見る限り雨の心配はない。わずかに雲があるが、抜けるような青空だ。真夏日で猛暑が予想される。時折、カンムリワシの声が聞こえてくる。

さあ、出発だ。ところが、ここに及んでGPSが正常に作動しない。スイッチオンにしても最初の画面が出ない。しかし、希望をこめて、「行動だけは記録できるのでは」と、スイッチを入れた状態で携帯することにした。カメラ撮影と目的地入力はできないが、今となってはどうしようもないことだ。

一〇時五〇分。白浜林道の起点にあたる三叉路に来た。とにかく暑い。汗が滝のように噴出してくる。起点より二〇〇メートル進むと、チェーンが張られ、「一般車両通行禁止」の札がある。すぐ手前二〇メートルの道路脇に大きなシークワサーの木がある。これまで幾度も通っているのに気が付かなかった。

一二時一〇分。白浜林道の終点。入域許可車両専用の駐車スペース。この先はもっぱら歩き道に変わる。少し進んだら、東島峠への分岐点だ。ただ、分岐点といっても、今は白浜林道の痕跡を先まで辿る人はほとんどいない。そのため、山道は自然に東島峠へ向かうようになっている。それなのに、この日、何を勘違いしたのか、私は降雨時に水が流れる窪みを辿って行き、気が付いたら白浜林道（痕跡）の奥の部分を歩いていた。壊れた側溝が残っているのでそれとわかったが、考えられないような間違いをしてしまった。結局、東島峠に着いたのが一三時一五分。ほぼ一時間のロスである。

岩倉沢には一四時三五分に着いた。東島峠から岩倉沢の間は、今は道を示すものが何もない。何年か前に通った時はピンクリボンが吊り下がっていたものだ。ただ、私にとっては数え切れないほど歩いたルートであり、何の心配もなく進んできた。安藤道は尾根の北斜面をトラバースするように作られていたから、右の斜面と左の谷との間の棚を進めば迷うことがないのである。

「岩倉沢」は、安藤道が岩倉沢を渡る場所のこと。昔は直径三〇センチ、長さ二メートルのヒューム管を並べ、上に土をかぶせた橋があった。今はヒューム管が二本むき出しで転がっているだけだが、それが旧安藤道の目印だ。周辺にビニルパイプが散乱している。昔、ここに伐採小屋があり、少し上流の滝から水を引いていた。

岩倉沢を渡ると急な登りとなるが、やがて鳩間森から来る尾根の崖にぶつかり、それに沿って林道跡をひと喘ぎすると、じきに白井峠に達する。

一五時五八分。白井峠を南側に回ると、道はにわかにわかりにくくなる。ここに林道があったことを知っており、歩いたことのある人でなければ進めないだろう。今は人が歩いた形跡もなく、土砂崩れの跡があるばかり。林道の痕跡さえない。

一七時、水場に来た。時間も時間なので、急遽キャンプ地とする。ここはアダナテ川源流の一つであり、安藤道の終点も近い。林道跡地にテントを張った。ゆるい傾斜地で、ちょうど手ごろなスペースがあった。

今日は経験したことがないような暑さだった。着てきた長袖が厚めだったから、そのせいだと思っていた。ところがそうではなさそうだ。梅雨が明け、この一週間は特別に暑い。雨さえ一滴も降っていない。

③感潮域上限

ここまでが干満の影響あり.満潮時ボートでの遡行可.川底は
ここから下流は砂地.上流は礫石.

②の渡渉地点から③感潮域上限の間は,干潮時にマングローブの最深部を山裾に沿って歩く.③に近づくとマングローブが終わりかなり厚いブッシュになるので.可能なら河中を遡行する.

ナメ床01　F09の下流,約100mの長さ.全体に広く平ら.緩やかに下っており,数段になっているが段差は小さい.

F09　3m.2段になっており上1m,下2m.10×8mの滝壺,深い.

F08　アダナテの滝

8m,ほぼ垂直,途中僅かな段がある.水量たっぷりで幅1mに落水.滝上は10mにわたってゴルジュになっている.20×20mの滝壺,中央部は背がたたない.右岸稜線にマツが見える.

F07　1m.滝上は平たい岩で長さ10m,谷幅5m.右岸は岩の崖.左岸は山の緩やかな斜面.気持ち谷が広く明るい.

F06　5m.全体に階段状.谷幅8m,中央に1m幅で落水.F05の30m下流にある.

F05　段々の滝.全体は10mで大きく2段に分けられる.中間テラスから上流部は細かな階段状.

F04　8m.両岸崖.F01,F02に比べてはるかに大きく水量もある.1.5mの幅に落水.

F03　8m,垂直.川幅3m,両岸岩.滝下で右岸からの沢が合流.

F02　3m.滝上は幅2mで真っ平らな岩,谷幅3m.両岸は崖.

F01　3m.階段状.F01とF02は連続,2段の滝になっている.

④アダナテ川源流

アダナテ川と旧安藤道（今は林道の痕跡のみ）が交差する地点.川はヒューム管で林道下を通る.一帯はほぼ平らで幕営可.水量は僅かだが,川はさらに200m上流まで続く.林道（痕跡のみ）もさらに200m続き,南北に走る稜線の鞍部で終わっている.

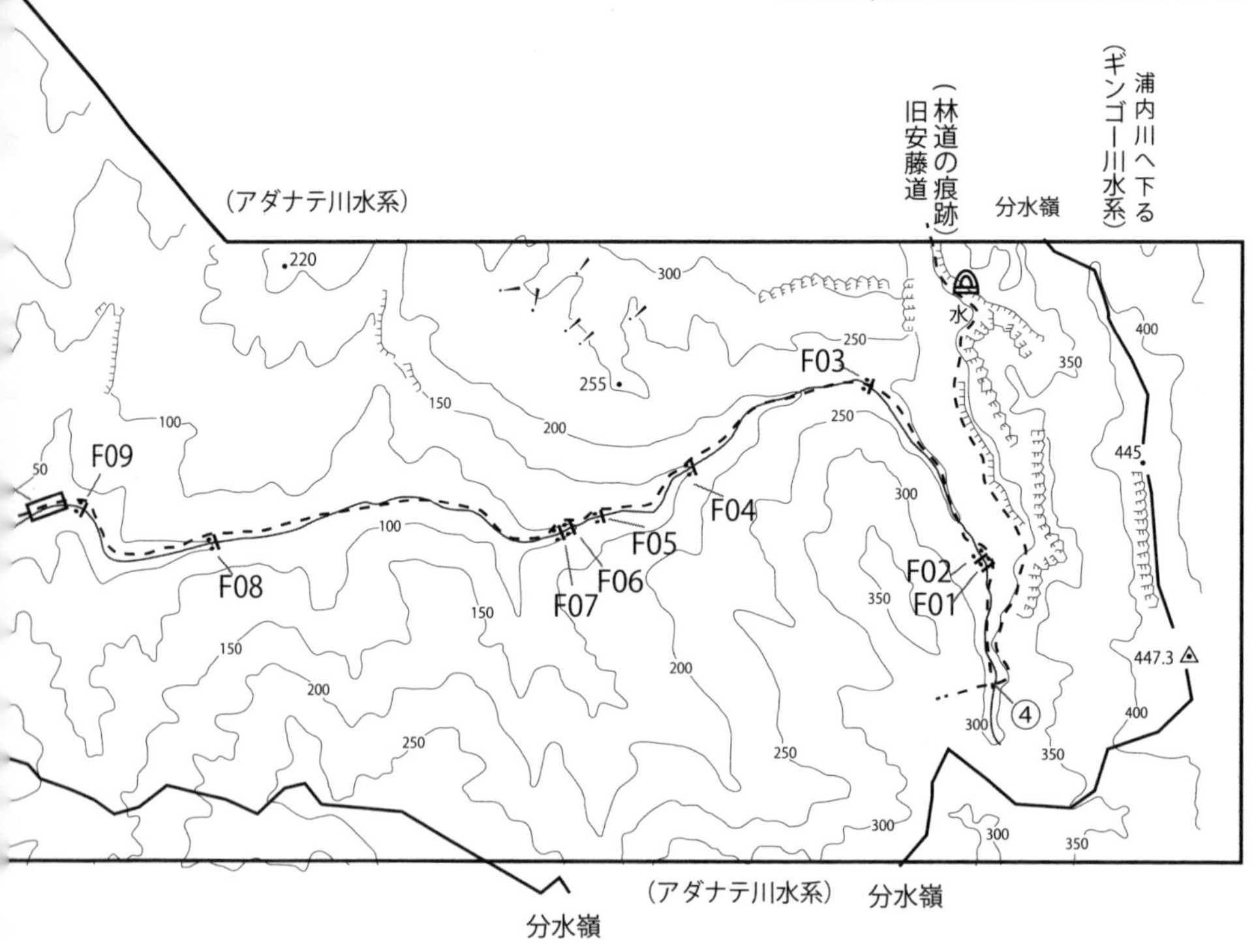

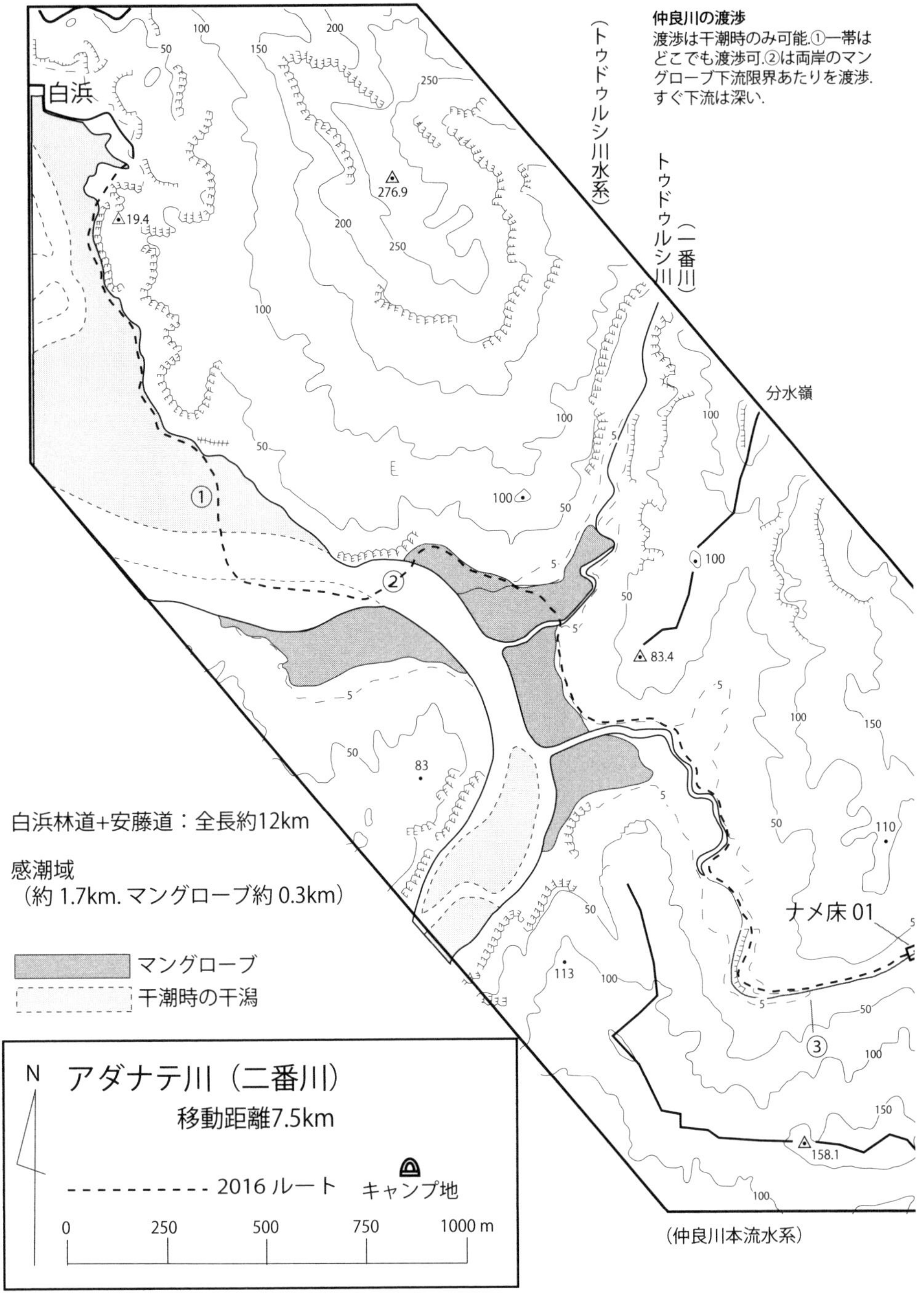
仲良川の渡渉
渡渉は干潮時のみ可能.①一帯はどこでも渡渉可.②は両岸のマングローブ下流限界あたりを渡渉.すぐ下流は深い.
（トゥドゥルシ川水系）
トゥドゥルシ川（一番川）
白浜
分水嶺
ナメ床 01
276.9
19.4
83.4
158.1
113
110
83
白浜林道+安藤道：全長約12km
感潮域
（約 1.7km. マングローブ約 0.3km）
マングローブ
干潮時の干潟
N
アダナテ川（二番川）
移動距離7.5km
2016 ルート
キャンプ地
0
250
500
750
1000 m
（仲良川本流水系）

一時四七分から断続的にコノハズクの声、夜半にはリュウキュウカジカガエルが水場近くで鳴いていた。

六月二二日（水）晴れ

夜半から、ずっとコノハズクが鳴いていた。五時にはアカショウビンの声。

六時四一分、出発の準備が整う。天気はいいし、風もない。順調にいけば、今日中に白浜まで出てしまうだろう。まずは、安藤道の終点へ向かい、そこでアダナテ川の本流を確認した後、下ることにする。初めての沢に不安はつきものだが、慎重さと経験をもってすれば、特別に心配することはない。アダナテ川は仲良川の一つの支流に過ぎないのかもしれないが、河口までは七キロを超す、それなりに長い沢だ。無理をせず、時間をかけて下ろう。

七時ちょうど。アダナテ川源流に着く。標高三〇〇メートル、これまで何度かキャンプをした場所である。ここは、安藤道を緩やかに下ってきたいちばん下の部分にあたり、わずかだが平らな部分である。安藤道はアダナテ川を越え、西へ二〇〇メートルほど登り、分水嶺に達した所が終点である。

アダナテ川はヒューム管を通して安藤道をくぐっている。アダナテ川は南東へ上るが、二〇〇メートル先で湿地帯のようになって終わる。この先に、昔は大富へ抜ける山道があった。

七時三〇分。山刀をザックに収める。靴にアイゼンを装着し、沢歩きの準備が完了。アダナテ川下降のスタートである。

七時四五分、最初の滝（F01）。階段状で全体は三メートルの高さ、直接降りる。標高二六五メートルである。すぐ下流は長さ二メートルの真っ平なナメで、続いて滝（F02）がある。高さ三メートル、谷の幅は三メートルで両岸とも岩の崖になっている。ここは危険と判断し迂回する。アダナテ川はほぼ北に下ってきたが、ここからわずかに西にそれる感じである。

八時一〇分、滝（F03）。高さ八メートル、垂直。川幅は三メートルあり、両岸は岩。滝の少し下流で、右岸から小さな沢が合流している。おそらく昨晩キャンプをした沢だろう。滝（F03）は右岸を高巻きし、一旦この沢に入り、本流に戻った。

八時二九分、標高二二〇メートル。アダナテ川はほぼ直角に折れ、西へ向かって下りはじめている。

八時四〇分、川幅五メートル。沢に大きな岩がすっぽりはまり込んでいる。岩の高さは三メートルあるが、独立した岩ではなく、岩盤そのもののようにも見える。最上部に細い落水があるが、すぐ下で岩の左下に潜り込んでしまっている。

八時五〇分、標高一五〇メートル。滝（F04）。高さが八メートルある大きな滝だ。ここまでの三つの滝に比べてはるかに水量が多く、一・五メートルの幅で水が落ちている。両側は岩の崖。ここは左岸を大きく高巻きする。

九時八分、滝（F05）。全体に階段状で、直接歩いて降りられる。滝口から下の本流まで約一〇メートルの高さがあり、大きく二段になっている。真ん中のテラスから上は細かな階段状。三〇メートル下流に次の滝が見えている。

九時三〇分、滝（F06）。高さ五メートル、谷の幅は八メートルあり、その中央部を幅一メートルで落水している。全体として階段状で、無理をすれば直降できそうだが、中半から下は危険にも思える。ここは右岸を大きく迂回したが、岩が濡れていてスリップする危険を感じた。そこで、本流に戻る直前でザイルを使った。

九時四〇分、滝（F07）。垂直、高さ一メートルに過ぎないが、「滝」と呼んでも異存はないはずだ。滝口は長さ一〇メートルに渡ってナメになっている。ナメの幅五メートル、右岸は岩壁。しかし、左岸は比較的緩やかな山の斜面になっており、明るい森林になっている。ここまで下ってきて、若干谷が広くなっているようだ。

一一時、滝（F08）。上流側は一〇メートルくらいのゴルジュになっている。滝は高さ八メートル、わずかな段があるが、ほぼ垂直である。落水の幅一メートル、たっぷりと水量があり、この滝の直登や下降は不可能だ。これまでの滝の中で一番大きいことは確かだが、それだけではない。滝壺もかなり大きい。長さ二〇メートル、幅も二〇メートルある。真ん中では、おそらく人の背が立たないだろう。

地図を見ながら検討すると、どうやらここが「アダナテの滝」のようだ。下流方面を眺めてみると、右岸の稜線部に太いリュウキュウマツが何本か見えている。ずっと昔から人の手が入っているということだ。私は、すでにアダナテ川をかなり下ってきているのだと思う。さらに、濡れた岩にアマガイがたくさん附着している。汽水域に近い渓流に棲息する巻貝だ。感潮域が近いのだろう。

一一時四〇分、滝（F09）。全体が岩、三メートルの高さがあり、上段一メートル、下段二メートルの二段になっている。ここも滝壺が大きく、長さ一〇メートル、幅八メートル。見る限り深そうだ。滝の下流は緩やかな下りの地形で、約一〇〇メートルにわたって広いナメ床になっている。岩盤は数一〇センチに満たない小さな段差で仕切られ、数段に分かれている。周囲を見回すと、川床やすぐ近くの林内で石炭片が見つかった。すぐに気づくほど、たくさん散らばっている。アダナテ川が二番川と呼ばれていた時代、このあたりにも採炭場があったことは本で知ったが、遠い歴史を垣間見る思いだ。

岩の上に、人が歩いたような形跡がある。「カヌーで訪ねる滝」というツアーは、このあたりまで来るのだろう。不鮮明だが、靴底についた赤土のようなものが残っている。山道がないか探してみるが、それらしいものは見つからなかった。時間が時間なので、ナメ床に腰を下ろして昼食とする。

一二時三〇分、たっぷり休息をとり、出発。

一二時五〇分、大きな淵に出る。長さ二〇メートル、十分に深いが左岸の脇を歩くことができる。淵の下流は普通の渓流に戻っている。大きくもなく小さくもない岩が連続して転がっている川原だ。ここでは、岩の上を注意深く移動していく。

五分後、小石を敷き詰めたような川原に出る。水深は五センチ程。それが終わったかと思うと、突然見事な砂地に変わった。ここまでが渓流域、ここから下は干満の影響を受ける感潮域である。ツアー客もここまではカヌーで来ることができるだろう。

折しも干潮時で潮が引いている。まずは、川の中を歩いて下る。水深二〇センチほど、カーブの内側には干上がった砂地が断続的にある。泥ではなく締まった砂なので、ほとんど靴は潜らない。

一三時一〇分、水深が深くなってきたので、木の根に掴まりながら砂地の土手を上がる。上までは一メートルの高さ。川中より少しは歩きやすいだろうと思ったのだが、とんでもないブッシュだった。ツルアダンではないが棘のある蔓植物が絡み合っていて、山刀を使ってもほとんど前進できない。それでも二〇メートルは頑張ってみたが、もはやだめだと観念し、歩いてきた跡を忠実に辿って川中に戻った。この蔓植物は、薔薇の茎を太くしたような植物で、西表島の大きな川の下流域、人が利用していた場所に見られるものだ。これも始末の悪いブッシュの一つだ。

川の中は深みもあるが、浅瀬や干上がった所も多い。川幅は五から八メートル、右岸、左岸を選びながら下降を続けた。オオハマボウやサガリバナの群落が現れては去り、また現れる。オオハマボウは、他所に比べて花が少し小ぶりに思えるが、黄色あるいは赤茶色の花が木いっぱいに咲いていた。サガリバナは、すでに開花して水面に落下したものもあるが、最盛期はあと一〇日くらい先のようだ。

やがて、右岸にヒルギの小群落を確認。マングローブの最上流ということだが、かなり下ってきたことになる。特に稚樹の多い群落だったが、約一五メートル続き、それより下流は水際にアダンが密生していて、川も深くなっている。もはや、川中は困難だと判断し、右岸に上がる。アダナテ川とはここで分かれることになる。

高度計を見てみた。先ほど感潮域に達した時は標高九〇メートルを示していた。それがここに来て一五〇メートルに跳ね上がった。そんなわけはない。どう見ても、ここは標高五メートルにも達していないはずだ。

GPSに記録されていればいいのだが。

低地林やマングローブは、一番奥まった山裾を歩くことが鉄則だ。木々があまり生えていないスペースがあるのだ。ところが、アダナテ川では山裾がブッシュになっており、しかもアダン林と接していてほとんど歩くことができない。長い年月、人が使ってきた山であり、低地林であったのだろう。

アダンに手こずって疲労困ぱいだ。以前、仲良川を下って来た時は、そんなにひどいとは感じなかった。もっと下流でアダナテ川を横断したから、アダン林を通らずに済んだのだろう。

疲労が激しく、一三時頃からは一五分休んで、五分だけ歩くという状態だった。さすがに限界だ。水場があり次第一泊することに決めた。ところが、アダナテ川とトゥドゥルシ川の間にある水場は涸れていたし、トゥドゥルシ川も潮が引いていたから、渓流域まで溯ることなく渡渉してしまった。結果的に水場に出会うことなくマングローブに入ってしまったわけだ。こうなったら進むしかない。もはや、テントを張れる水場はないのだ。

そのうち、しつこかったヒルギの梢がすけて見えるようになり、パッと視界が開け、仲良川に出た。トゥドゥルシ川河口の、仲良川でも最も発達したマングローブ域だ。濃い緑一色の森林。遠くの山々は淡い青みがかった緑色だ。人工物がない。ボートもいない。実に清々しい。ここまでくれば白浜まではそう遠くない。気力だけでも歩きとおせる距離に入った。

折しも大潮の干潮時で、河口に向けて広く干上がっており、渡渉地点も水深二〇センチ程度だった。一旦、左岸に渡って少し干潟を下った後、ふたたび右岸に戻った。これが正しいルートである。

一五時四〇分。最下流の水場に到着。いつもなら、たっぷりと水を浴びることができる場所だ。しかし、しばらく降雨がなかったせいか、今回は水がとても少ない。したたり落ちる水でズボンや上着、靴の泥を落として、村へ出る準備をした。

一六時一〇分、白浜集落のはずれに上陸。「しらはま荘」に宿をとった。トゥドゥルシ川で水場が見つかっていれば、間違いなくもう一泊していたはずだ。無理をしてかなり疲れたが、とにもかくにも、山行は無事に終わった。

数日後、右足の親指が爪下で内出血を起こしていることに気付いた。二、三、四の指は、すでに爪が剥がれてしまった。左足は四指のみが剥がれた。靴が合わないのではない。重い荷物を背負って沢を下降したことが原因だ。どうしても指先に負担がかかってしまうのである。しかし、痛みはまったくない。民宿の階段の上り下りも苦にはならない。荷物さえ軽くできれば、今後も問題なく山歩きができると思っている。

自宅に戻ってから、ＧＰＳをチェックしてみた。するとどうだろう。行動は正常に記録されているではないか。現地では写真撮影も目的地入力もできなかったが、すべての行動が入っていることは、せめてもの幸いだった。

しかし、スイッチオンにしても最初の画面が表示されないことに変わりはない。サービスセンターに電話で問い合わせをしたら、幸い大きなトラブルではなく、電話での指示で直った。

宇多良川（ウタラ川）

ウタラ川は浦内川最下流にある支流で、中流域には、第二次世界大戦の終了時まで西表島最大の「丸三炭鉱・宇多良鉱業所」があった。

三木健著『聞書西表炭鉱』には、宇多良炭鉱発見の経緯が紹介されている。発見者は佐藤金市という三重県出身の人だそうだ。木挽（こびき）が本職で、一九一三（大正二）年、二〇歳の時、台湾に渡り木材会社で働いていた。

木挽とは、大鋸（おが）を使って材木を挽き割り、板、垂木などの角材に仕上げる造材を仕事とする人のことである。古代から中世にかけて杣（そま）において伐採や製材に従事した人たちを杣人と呼んでいた。その後、技術的に分化して、伐採にあたる人を先山（さきやま）といい、造材を担当する人を木挽というようになった。

佐藤金市は、二六歳の時、身内に不幸があり、台湾から内地（郷里）へ帰ることにした。ところが、内地へ直行する船が出なかったため、沖縄航路の船に乗り、石垣島で下船した。滞在中は頼まれ仕事で木挽をしたりしたが、じきに悪性マラリアを患い、一カ月も休んでしまった。その後、船賃稼ぎに石垣の造船所で働いたりしたが、「西表で新しい炭鉱を作るが、木挽が必要だから」と乞われ、西表島へ渡ることになったそうだ。

西表島では高崎炭鉱で働くことになった。仲良川支流の一番川（トゥドゥルシ川）にあった炭鉱である。ここは、後に宇多良炭鉱を開くことになる野田小一郎氏が、那覇で商売をしていた高崎庄三郎氏等と共同運営をしていた炭鉱であった。

宇多良炭鉱発見のいきさつは、坑夫が逃げたのを追跡に行った時のことだった。海岸を廻ると時間が掛かるからと、山を突っ切っていったら石炭の層が見えたというのだ。突いてみたら一尺二寸もの厚さがあった。西表島の炭層としては特別に厚いものだった。そこで、帰ってから野田氏に伝えたが、「あんなところで石炭を掘って運搬をどうするのか」と、その時は、そのままで終わってしまった。

ところが、二年ほど経って、野田氏が現場を見たいということになり、それが宇多良炭鉱のはじまりとなったわけである。

一九三三（昭和八）年、高崎炭鉱は「丸三合名会社」と改称、野田氏が鉱業主となった。また、同年、宇多良に進出、丸三炭鉱宇多良鉱業所を開設した。そこは坑夫納屋、小学校、劇場、病院などを持つ一大炭坑村となった。一九三五（昭和一〇）年には層厚二尺、露頭七〇間の大炭山が宇多良で発見された。その後、日華事変の勃発で国内産業は急速に戦時体制へ移行、丸三炭鉱の出炭高は一カ月四千二百トン、年額四、五万トンに達した。

西表島最大の炭鉱として隆盛を極めた丸三炭鉱だったが、戦争の長期化につれ坑夫の徴用応召、日本軍の壕掘りに駆り出されたことで、採炭事業はほとんど休止状態に陥ってしまった。そして終戦。米軍による沖縄占領で、西表島における炭鉱、諸権益一切が接収され、栄華を誇った宇多良炭鉱も、歴史の幕を閉じたのである。

今は往時を伝えるレンガ造りの橋脚や風呂場の跡、機械の残骸。坑夫たちの唯一の楽しみであったであろう泡盛、その酒瓶が散乱するだけになっているが、それも泥と繁茂するガジュマルという歴史の下に埋もれつつある。

浦内川の浦内橋たもとにある道がウタラ川への入口だ。観光ボート乗り場を過ぎて五〇〇メートルほど進むとウタラ川の河口に出会う。ウタラ川遡上には、ウタラ橋を渡ってから左岸を進み、船浦奥の牧場へ出るルートと、ウタラ橋を渡らずに右岸を進み、炭鉱跡の史跡を経由して上原の耕作地へ出るルートがある。

ウタラ川左岸から船浦へ

二〇一七年三月一二日（日）晴れ

この日は、浦内川の支流ギンゴガーラの出合を写真に撮ることが一番の目的であった。そのため浦内川観光ボートを利用して軍艦石へ。その後は、まずマリウドの滝展望台まで歩き、そこから浦内川の川べりへ下った。そこがギンゴガーラの出合である。出合は淵になって深く、渡渉できない。淵のすぐ上流にある瀬の部分は、普段は注意すれば渡ることができる。しかし、この日は水量があり渡れなかった。それでも、目的とする出合は十分に撮影できた。川辺ではサキシマツツジの紅色の花が満開で、周囲の新緑とのコントラストが素晴らしかった。

帰路は新たに敷設された取水パイプに沿って川の縁を軍艦石まで下った。軍艦石からは再び観光ボートで、浦内橋のボート発着所に戻った。

一三時五分、ボート発着所を出発。ウタラ川を遡上して上原の民宿へ戻る予定だ。右岸を直接上原へ向かうものと、左岸を伝って一旦農道へ出て、船浦経由で上原へ帰るルートがあるが、今日は、距離の長い船浦経由の道を行こうと計画している。浦内橋からウタラ川の炭鉱跡までは約一・三キロメートル、整備された探索路がある。

浦内川沿いの探索路は急峻な山の斜面にあり、川面から一〇メートル以上も高い所を通っている。梢越しに

ウタラ川 移動距離 3.8km

滝はない.マングローブの上部は湿地帯（田んぼ跡,サガリバナ群落）.山道は,浦内川ボート乗り場からウタラ炭鉱跡まで1.2kmの遊歩道があり,そのまま右岸の森林内を湿地帯沿いに続いている.頻繁に湿地帯を横断する.最後の1kmは湿地帯を離れた山道となり,分水嶺を越えると,上原の耕作地に出る.
ウタラ川の橋を左岸に渡った場合は,山に沿って進む.道はないが,最後は船浦からの農道に出る.

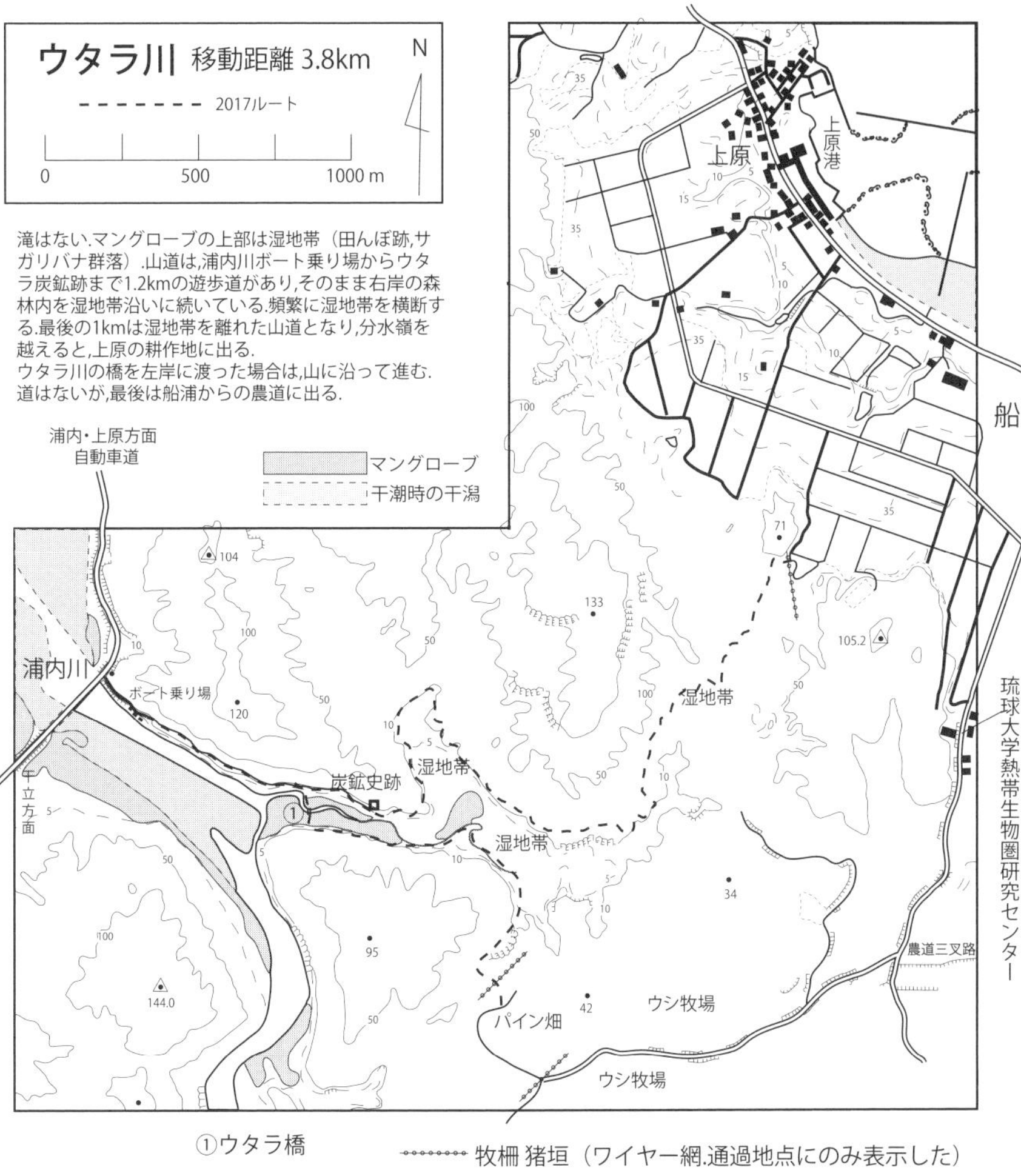

炭鉱史跡

マングローブ上部

対岸のマングローブを眺め、キラキラと反射する川面を眺めながら歩いていくと、足下の淵をカヌーの小集団が通過したりする。楽しげな声が聞こえてくる。

浦内川から離れ、支流ウタラ川を右下に見るようになると、じきにウタラ橋との分岐点に着く。このまま右岸の探索路を進めば、一〇分ほどで宇多良炭鉱史跡に着く。今日は、そちらへは行かずに、ウタラ橋を対岸に渡ってから川の縁を遡上する。

ウタラ橋は一九五〇年代末に造られたコンクリート製の橋で、ウタラ川に架かる唯一の橋でもある。ここは浦内集落から来る農道だったようで、一九六〇年代に撮られた航空写真には、橋を渡ってから南に直角に折れ、高菱までの道路が写っている。「高菱」はウタラ川左岸の浦内川沿い一帯を指す地名である。

ウタラ橋を挟んだ両岸はマングローブ。ここはほとんどがオヒルギで、水辺にわずかにヤエヤマヒルギを見ることができる。炭鉱があった時代、ウタラ橋のあたりは「だるま船」が行き来していた。このすぐ上流に貯炭所があったからだ。だからこのあたりは船が通れるだけの深さがあり、干潮時であっても歩いて渡れない。ちなみに「だるま船」とは長さがなく幅が広い木造の和船で、戦前、主に石炭などの運搬に使用されていた。

橋の手前から森林管理所のピンクリボンがあり、それを目印にしながら進んでいくと、橋から一〇メートルで丘陵に突き当たる。ピンクリボンは丘陵に沿って右手に続いている。そちらはウタラ川の河口へ向かう方向だ。今日の私はウタラ川を遡るわけだから、逆に丘陵に沿って左に折れた。そこは、オヒルギからなるマングローブだった。ぬかるむので、なるべく踏み込まないように丘陵のすぐ脇を辿るのだが、頻繁にアダンの木で行く手を塞がれてしまう。そんな時にはマングローブの中を歩くが、ここは比較的歩きやすい。左側にはずっとウタラ川が見えている。起伏がほとんどなく、岩などの障害物もない。マングローブも砂混じりで、あまりぬかるんだりしない。川に沿って蛇行を繰り返しながら上流を目指すが、ほとんどオヒルギだけの群落である。

やがて、ヒルギの丈が低くなり、かなり明るい林に変わってきた。泥でなく、ほとんどが砂地になっている。

ここからは直接川の中を歩く。丈の低い所は木が密生していて、特に歩きにくいのだ。川はそんなに深くはなく、膝まで潜ることはない。イボタクサギなどが混じる林になると、じきにマングローブが終わり、緩やかな丘陵になった。

同じような丘陵に挟まれた沢筋を登っていくのだが、以前、そこには山道があったのだろう。障害物が少なく歩きやすい。道だったような痕跡もある。傾斜は極めて緩やかで、所々川原になったり、角のとれた岩があったりする。ヒカゲヘゴ、クロツグ、ギランイヌビワなどが茂っている。

沢筋が終わると正面一帯が低い丘陵状の地形に変わり、どこを登っても眺望がききそうになってきた。そこで、一番近い斜面を登り切ると、高さ一メートルの網状のフェンスが現れた。昔の牧柵である。あるいは畑を守る猪垣かも知れない。それを強引に乗り越えたら明るい原野になった。全体がススキとコシダに被われており、今は使われていないのだろうが、牧場の中だとわかる。このような地形だから、ウタラ川にはまったく滝がない。

原野を突き進むと廃道に出た。車一台が通れる幅だが、もちろん今は塞がっている。アカメガシワの幼樹やノボタンが伸びており、道の両側にはリュウキュウマツが続いている。

さて、この道を辿れば確かな農道に出るのはわかる。しかし、方角がわからない。それで、まず左手、北の方角へ進んでみた。上原の方向である。ところが、廃道は、益々草むした歩きにくい道となり、そのうち、谷に降りて終点になるのだろうと思われた。すでに一〇〇メートルほど進んでいたが、引き返して逆の方向へ行くことにした。

しばらく歩くと、はっきりした農道がはじまり、パイン畑が見えてきた。今も使われている確かな道である。さらに進むと牧場のゲートに突き当たった。一四時四〇分であった。

ゲートは船浦の農道の終点にあたり、私もたびたび車で来ている場所である。ゲートを乗り越えて農道に立った。そこからは、土地改良区の間を走る舗装道路を歩き、船浦の農道三叉路、琉球大学施設、船浦十字路を経て上原へ戻る。民宿に着いたのはちょうど一六時であった。

ウタラ川右岸から上原へ

二〇一七年六月二六日（月）晴れ

今日は、軽いハイキングとしてウタラ川を遡る予定だ。そんなに長距離でもないので、行きも帰りも歩くつもりだ。

八時二五分、上原のカンピラ荘を出発、自動車道路に沿って浦内橋へ向かう。すでに梅雨が明け、晴天というか、強烈な陽射しがさす真夏日だ。

道路脇ではキジバトやズアカアオバト、ヒヨドリなど頻繁に遭遇する。歩道には完熟したアダンの実がバラバラになって落ちていた。鮮やかなオレンジ色をしている。オキナワキョウチクトウの落花が歩道を真っ白に覆っていたりする。そんな季節の風物詩を写真に撮ったり、所々で休憩をしながらの、のんびりとした里歩きだ。

九時五〇分、浦内橋のたもとに着いた。ここからは、観光ボートの発着所を通過して、浦内川沿いにウタラ川へ向かった。

一〇時二五分、ウタラ炭鉱跡に到着。ここまでは幅二メートルの散策路が整備されている。観光客も頻繁に訪れる場所だ。去る三月に来たときは、途中にあるウタラ橋から対岸に渡り、ウタラ川の左岸沿いに歩いて船浦の農道へ出た。今回は右岸沿いに既存の山道を辿り、上原へ出ようと思う。昔ははっきりした道だったようだが、現在はほとんど人が通らないと聞いている。鮮明ではないかも知れないが、どうにか歩き通すことができるだろう。

今日から大潮に入っている。ちょうど満潮時で、観光ボートの発着場は浮桟橋どころか、発券所の入口まで水に浸かっていた。観光客はどうやって濡れずに乗船するのだろうか。炭鉱史跡の観察台の下側はオヒルギのマングローブだが、今日は、ここも最上部まで水に浸かっており、沢山のミナミクロダイが浅瀬まで泳いできていた。

観察台では四五分間もゆっくりした。炭鉱史跡にはトロッコ橋を支えてきた橋脚が残っている。レンガを積み上げてコンクリートで固めたものだ。今は、ガジュマルの根が、巨大な漁網で包み込んだように橋脚を覆っている。歴史を感じさせる建造物だ。

このポツン、ポツンと残るレンガの塔に沿って進むと、じきに橋脚が終わり、そのまま、山道となる。明らかにトロッコ道の跡だ。線路は取り払われているが、ほとんど傾斜がなく、幅も均一で斜面をトラバースするように伸びている。急なカーブもない。ここを、工夫たちがトロッコを押し、あるいは力いっぱいブレーキを掛けながら行き来していたのだろう。廃道は灌木や草に被われているが、その跡に、人一人が通れる細い山道が続いているのだ。トロッコ道は、マングローブのある低地を避け、川から離れて、標高差で三〇メートルから五〇メートルほど高い山腹を通っている。山のカーブなりに、ほぼ水平な道をしばらく進むと、やがて、緩やかな下りとなり、湿地帯に下りきってしまった。はっきりした水路はないが、もちろんウタラ川の支流にあたり、サガリバナの群落になっている。かつて田んぼだった跡である。大潮の満潮時でも、ここまで潮が上がってこないということでもある。

ここからは小さな枝尾根が人の手の指のように伸び、その間を下流からの湿地帯がやはり人の手の指のように入り込み、それぞれが交互に入りくむ地形の連続だ。

山道を行くということは、ある所では枝尾根の先端を辿りながら林内を歩き、ある部分は湿地帯を横断、あるいは丘陵に沿って湿地との境界を歩くということだ。陸地である枝尾根には、比較的わかりやすい山道がついている。一方、湿地帯では鮮明な道がない。しかし、道とおぼしき部分には木が生えていないとか、わずかにトンネル状になったりしていて、西表島に慣れた人には、そこが道だとわかる。このように、林内を歩いたり、湿地帯を横切ったりすることが、幾度も繰り返されていく。ルートは思っていたより結構長く、以前通った船浦の農道へ出るほうが、はるかに近道だ。もっとも、上原へ戻るためには、船浦のコースは農道へ出てから長い距離を歩くことになる。

湿地帯は、ほとんどがサガリバナの群落だ。わかり難いが、それでもなんとなく道だとわかる歩きやすい空間がある。林内の道も場所によっては不鮮明だ。それでも、やはり、道だとわかる程度の跡がある。

ウタラ川の源流一帯は、かなり上原に近い所まで来ている。つまり分水嶺は浦内川本流からは離れ、上原の耕作地近くにあるということだ。最後のサガリバナ群落を越え、丘陵地帯に入ると、道は鮮明となり、森林管理所のピンクリボンが連続して見られるようになる。リボンには「イリオモテヤマネコ調査路」と印字されている。この丘陵地帯の山道は一・五キロメートルほどあり、北へ向かって緩い登りが続くが、最後はポッと開けて上原土地改良区の一番奥に出る。イノシシ避けの網目フェンスの向こう側は舗装された農道だ。脇にはパイナップルの畑と温室があり、温室ではマンゴーを栽培していた。

フェンスの出入口は幅一メートルの片開きの扉になっている。ただし何の標識もないから、上原から来た場合、ここがウタラ川への道だとは、知る人以外、わからないだろう。

以前、カンピラ荘のお嬢さんから、「小さい頃、親に連れられて宇多良炭鉱の方までシークワサーを取りに行ったことがあった。とても近い所だったと記憶にあるけど、どこの道だったのか、まったく思い出せない」と聞いたことがある。おそらく、この道だったのだろう。炭鉱時代も戦後も使われた山道であり、ウタラ川源流域に広がるサガリバナ群落も田んぼの跡で、距離から推測して、昔、船浦や上原の人たちが耕作していた水田であったのだろう。

御座岳北沢（ゴザ岳北沢）

「西表島の最奥地はどこか」。ごく狭く定義するとしたら、カンピレーの滝、マヤグスクの滝、御座岳、ナーラの滝を結ぶ四角形の範囲だといえるだろう。単純に距離だけを考えても、海岸からもっとも離れた地域だ。この地域の一角を横断山道が通っている。西表島で唯一整備された登山道で、時々、ここを通過する旅行者に会うことがある。また、その起点でもあるカンピレーの滝は、今や西表島観光に欠かせないスポットとなり、日中は連日観光客でにぎわっている。

一方で、カンピレーの滝を除けば、ほとんど人が足を踏み入れることのない、神々の宿る静寂の地だ。西表島一番の険しい山岳地帯で、西表島第二の高峰「波照間森」、第六の高峰「御座岳」を擁し、第三の高峰「テドウ山」に接している。さらに、ギンゴガーラ、波照間森東沢、御座岳北沢といった主だった沢は深い峡谷を成し、屏風のような断崖が連なっている。特にこの三つの沢は、遡上するにしても下降するにしても起点までのアプローチが難しく、なおさら人を寄せつけない。いわば、西表島の中の秘境であり、最大の危険地帯でもある。私が歩きはじめた一九六〇年代後半には、この三つの沢に限って、横断山道の数カ所に「崩壊が激しく入山禁止」の看板があった。

西表島には、おそらく一〇〇〇前後の滝があるだろう。二万五千分の一の地図には、ごく限られた滝しか示されていないが、それもこの地域、とくに波照間森と御座岳一帯の北側に多い。

御座岳北沢の源は、御座岳そのものではない。御座岳山頂に降った雨は、すべて仲良川か、桑木沢を経て仲間川へ下っており、御座岳北沢は分水嶺によって、この二つの水系から隔てられている。分水嶺というのは、昔、御座岳から白浜へ抜ける横断山道があった稜線だ。当時は、この横断山道を経由して御座岳北沢の起点に到達することができたが、現在は、まずは御座岳登頂という、御座岳北沢本流より距離的に長いアプローチが必要である。

逆に遡上の場合は、浦内川にある出合が起点となる。出合は浦内川ナガヨドミの中間にあるが、一帯は水深があるため、直前の渡渉は不可能である。地図を頼りにカンナバラあたりまで行ってから渡渉し、対岸を御座岳北沢出合まで下らなくてはならない。

御座岳北沢下降

（ナームレー沢遡上より続く）

二〇一九年六月一六日（日）晴れ

前日、ナームレー沢を遡上、その後、御座岳山頂に立ち、昨夜は仲良川源流で一泊した。

七時六分、出発の準備が整った。

地図で見ると、御座岳北沢は浦内川に近くなって大きな滝がある。気を引き締めて安全第一で下ろう。天気はよさそうだ。昨夜から一滴の雨もない。ありがたいことだ。

七時一〇分、出発。まだ水の少ない緩やかな源流を下る。

八時一〇分。にわかに急峻な下りとなり谷が狭まるゴルジュに来た。両側は岩壁。ゴルジュは約一〇〇メートルも続いているが、その先は見えていない。しかし、これは仲良川に違いない。昨日から、キャンプした沢が仲良川か御座岳北沢なのか判断しかねていた。だが、ここに来て仲良川であると確信した。ＧＰＳを見てみると、入力した御座岳北沢のポイントへ向かうのではなく、反対に遠ざかっていく。さらに、地図を広げてみても、沢は真西へ向かっている。やはり、仲良川に違いない。軌道修正をして御座岳北沢へ向かわなくてはいけない。今回はぜひ、御座岳北沢を下りたい。仲良川へは行きたくない。

ゴルジュの入口に、ちょうど真北へ向かう溝がある。ずばり御座岳北沢の方向だ。まずはこれを詰めてみよう。登り詰めた所の分水嶺の反対側が御座岳北沢となるはずだ。ここからなら、分水嶺はそんなに遠くないだろう。

八時四〇分、分水嶺に立つ。地図で見る限り、昔、白浜へ向かう横断山道があった尾根だ。しかし、今はどちらの側を見ても、道の痕跡すらまったく残っていない。まあ、それはそれでよしとしよう。反対側は間違いなく御座岳北沢なのだ。

八時五〇分、GPS上のプロットに到達。昨日のキャンプ地のすぐ南からはじまる沢の下流に来たことになる。昨日まで、キャンプ地からここまで一本の沢になっていると思っていたが、実はその間に地図上では表せない分水嶺があったわけである。いずれにしてももう大丈夫だ。目的とする沢に入った。あとは、ひたすら下降すればいい。

九時一八分、滝（F01）。高さ一メートル。高さだけでは滝といえないが、はっきりと滝の形状をしている。水平に互層になっている水成岩から、水が直接、滝壺に落ちている。滝の上側は狭い回廊になっている。滝壺は長さ五メートル、幅八メートルの広さ。そんなに深くはないが、見栄えのする立派な滝壺だ。

九時四五分、滝（F02）。高さ二メートル、水平な砂岩でできており、四メートルの幅いっぱいに、白いすだれのように水が落ちている。上側一メートルはほぼ垂直の壁になっているが、下側は少し前側に出て細かな階段状になっている。そのため、滝口から落ちる水が下側にあたり、そこから岩を伝って滝壺に流れ込んでいるのである。滝壺は長さ五メートル、幅一〇メートル近くあるが、全体に浅い。一カ所だけ深みがあるが、そこ

出合
川辺は木々が生い茂っていて,最後の最後まで河口も浦内川も見えない.浦内川の川幅約10m.通常の水深であれば胸まで浸かって渡渉できる.

F07より下流は急峻な下りとなり,巨岩が沢を埋めつくしている.

F07
高さ10m.見事な階段状の滝.狭い谷で両側は森が迫っている.

F06
両側断崖絶壁,御座岳北沢最大の滝.滝口の手前が深く,滝口に立つことができない.また,大きく迂回するため全貌を見ることができない.

F05
高さ2m.きれいな2段.直接の上り下りが可能だが、滝壺は長さ10m,かなり深そうで迂回して通過.

F04
3段,高さ約3m.滝というより急峻な狭い斜面を下っている感じ.約15mの幅の狭いゴルジュの下部にある.ゴルジュ内には壺があったり側壁に横穴のような窪みが3つある.

F03から下流は比較的緩やかな斜面だが,直径1m〜2mの岩が谷を埋めている.

F03
斜めの滝,高さ10m.滝壺が大きい.ゴルジュの下部にあり,上流側に深さ1mの壺が連続してある.ゴルジュ内と滝は直接通過は困難.

F02
高さ2m.幅4mいっぱいに白いすだれ状に水が落ちる.上側は1mの垂直な壁.下側は少し前へ出て細かな階段状になっている.滝壺は長さ5m,幅10mだが,全体に浅い.

F01
高さ1m.滝上は狭い回廊.水は直接滝壺に落ちている.滝壺は5mx8m.

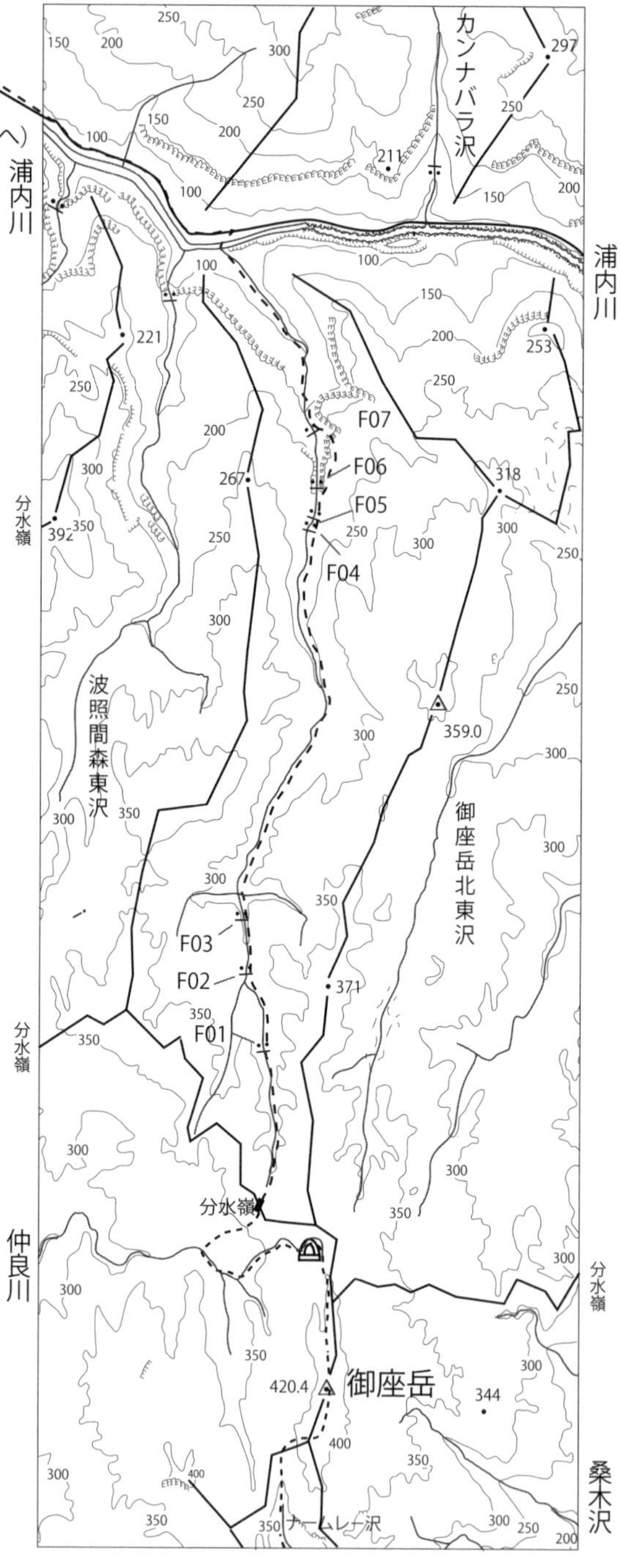

F02

一面に草の付いたナメ床

F07

ゴルジュの側壁にあった縦穴群

には大きな石が沈んでいる。滝の上の森林は、まだ傾斜が緩く、背丈もそれほど高くない明るい森だ。

一〇時五分、現在、大きく高巻きをしている。御座岳北沢を下ってきたら、両側が岸壁になっているゴルジュとなった。下っていくと、大きな壺があった。一メートルと深く、水が貯まっている。そんな壺が二つ連続している。その先に滝（F03）があり、そこまで行って状況を見たいのだが、ゴルジュが急峻過ぎて滝口まで行くことができない。そこで、こうしてゴルジュ全体と滝をまるごと迂回しているのである。

高巻きの途中で眺めたら、この滝は斜めに下る滝で高さ一〇メートル、大きな滝壺を持っている。高巻きは、馬鹿にならない高さまで迂回した。この沢の難所の一つといえるだろう。

一〇時一五分、ゴルジュと滝を迂回して川床に降りる。下流から見ると、滝は先程感じた程の凄さはない。ただ、ゴルジュから滝まで連続して通過不可能な地形だった。そのため、結構な高巻きになったわけである。

一〇時四〇分、川床で大休止。滝（F03）から下流は比較的緩やかな下りで、直径一メートル、最大でも二メートル程度のさほど大きくない岩が谷を埋めている。ほとんどの岩に草本が付着しており、比較的歩きやすい。ただ、ここから下流は急に谷が狭くなっており、多分、ゴルジュとなって、また、急な下りになっていくのだろう。

一一時二七分、サキシマツツジが咲いている。これまでにも所々に咲いていたが、ここが一番まとまっていて見事だ。川幅は一〇メートルでナメ、右岸に少し水が流れているが、ナメの上は全体に草が張り付いていてこれもきれいだ。また、御座岳北沢を下っている間に、オオウナギを二匹たて続けに見た。一匹は優に一メートルを超える大物だった。

一一時三九分、草付きのきれいなナメが終わると巨岩帯に変わった。大きな岩が谷を埋めつくし、水の流れがまったく見えない。川床が巨岩で覆いつくされているのだ。岩の多くは表面が草本に覆われている。この岩石帯は約一〇〇メートル続く。ややゴルジュ状の狭い谷である。また、下りに向かって傾斜がきつくなりつつある。

一二時四分、ゴルジュ。かなり狭い。ゴルジュそのものは一五メートルと短いが、谷全体が狭く、このゴルジュの中に壺のような深い水溜まりがあったり、小滝があったりして、通過するのは不可能である。迫力ある写真は撮れないが、まずは上側からのぞき込むような写真を撮ってみる。側壁に縦穴のような窪みが三つ程ある。もちろん、自然にできたものに違いないが、珍しい。他の場所では見たことがない。

一二時二五分、滝（F05）。全体は二メートルの高さ、きれいな二段になっている。滝そのものは危険もなく上り下りできそうだが、実際は滝壺が深いので通過は困難だ。壺は下流に向かって長さ一〇メートル、かなり深そうだ。ここは迂回しよう。左岸、滝の脇に近い所の岩にツワブキが黄色の花を咲かせている。

一二時四〇分、かなり大きな滝（F06）の上に来た。あるいは二万五千分の一の地図にある御座岳北沢最大の滝かも知れない。大きく迂回しなくてはならない。左岸は木が生えているものの絶壁になっており、どう見ても進めない。右岸も同様の絶壁なのだが、高巻きすれば通過できそうだ。どっちにしても、この滝を越えなければ帰れないのだから、やるしかないのだ。この滝では滝口の少し上流側に立っただけで、それ以上近づくことはできなかった。そのため、滝の全体像は見ていない。かなり大きな高巻きになり、迂回そのものも時間を要し、途中、この滝を俯瞰できる場所もなかった。

一三時五八分、高巻きを無事終えて本流の川原に戻った。通過に一時間一八分を要した。もの凄い高巻きだったし、危険そのものだった。滝口から少し戻って脇から迂回をはじめたのだが、すぐ近い場所にほぼ垂直の溝があった。一〇メートルほど下に足場となる小さな棚があり、しかも、そこには数本の大きな木が見えていたので、その棚まで降り、そこからは大木を利用して下ろうと考えた。二〇メートルのザイルを半折れにして灌木の幹に掛け、一〇メートルを一息に降りた。ところが、棚に立って初めてわかったのだが、そこから下はえぐれたような崖で、ザイルに掴まるというより、吊り下がらなければ降りられない。大きなザックを背負っての懸垂下降には自信がなかったし、さらに、その崖の下がまったく見えず、どうなっているのかもわからなかった。地形からみて結構な高さがありそうだし、一〇メートルのザイルでは底まで届かないかもしれない。危険は避けるべきだと判断し、別ルートを探すことにした。

まずは、下ってきた溝を戻るのが確実なのだろうが、ザックを背負って登り切る自信がない。そこで、左斜め上に見えている林を目指すことにした。まずは、ザイルの回収。万が一にもザイルを離してしまったら、それこそ命とりになる。ザイルの一端を灌木に巻き付けて固定、慎重に回収。その後も、常にザイルの一部を灌木に固定、長さを調整しながら、万が一、滑落しても、大事に至らぬよう慎重に、さらに慎重に、一歩ずつ足場を移動させていった。今回の山歩きの中で一番緊張し、危険を感じたと思う。距離にすればせいぜい五メートルほどの移動だったが、垂直に近い斜面だったし、灌木も細いものばかり。「失敗してはいけない」と何度も言い聞かせ、灌木の一本、一本を、枯れていないか、腐っていないかを入念にチェックしながら掴み替えていった。灌木や木の根が所々にあり、一つ一つの強度を確かめながら、安全を確信できた時にだけ、それをホールドとし、どうにか登り切った。

林内に入ってからは、左側へ落ちている急斜面だ。しかし、特に危険を感じることもなく、淡々と進んだ。一四時ちょうど。大きな高巻きを済ませ、川原に下り切った。ここから上流側を見ると、階段状の美しい滝（F07）が見えているが、最初に迂回したのは、この滝ではない。全貌を見ることができなかった滝（F06）である。その滝は、この上流側にあるわけだが、ここからも見えない。大きな迂回で、滝（F06）と滝（F07）の二つを一気に通過したということになる。

滝（F07）は見事な階段状で、最下段が一メートル以上あるが、あとは一メートルに満たない高さの階段が連続し、全体で一〇メートルくらいの高さがある。狭い谷で、両側に森が迫っている。すでに御座岳北沢の最大の危険地帯は通過していると思うし、この下、仮に滝があるとしても一つくらいだろう。浦内川との出合もそんなに遠くはないと思う。今日はそのあたりでキャンプをしようかと考えはじめている。当初の予定では浦内川を渡渉して、第二山小屋の跡、カンナバラ沢でキャンプするつもりだった。しかし、そのためには浦内川のナガヨドミの縁を一キロメートル近く歩かねばならず、この時間、この疲労では無理だ。

一五時一三分。滝（F07）より下流は巨岩帯というか、とんでもなく大きな岩が谷を埋めつくしており、また、結構急な下りが続く。うっかり大きな岩に乗ってしまうと、そこから先へ降りられなくなるので、後戻りして別のルートを探すということが、ちょくちょくあった。また、深みが所々にあり、そういう場所はシダ類が茂る岸の上を歩いて迂回した。そのうち傾斜が徐々に緩くなり、河口が近くなってきたと感じる。やがて谷が広くなると巨岩帯が終わり、川原に変わった。

一五時三〇分ちょうど、浦内川との出合に出た。川辺の木が生い茂り、最後の最後まで河口も浦内川も見えず、「突然、出た」という印象だった。沢の水は音も立てずに、潜り込むようにして本流に流れ込んでいる。

「さて、キャンプ地は」と周囲を見渡すと、浦内川は水が澄み、川底まではっきりと見えていることに気付いた。川幅は一〇メートルそこそこ。手前の三分の一は深そうだが、そこさえ通過すれば、あとは腰までの深さだ。しかも、向こう側は平たい石を敷き詰めたような川底で、明らかに歩き易そうだ。さらに、水はほとんど静止しているかのように見える。流水による危険はほとんどゼロと考えてよい。対岸は一メートルの高さの土手で、砂地の急斜面だが、シダなどが生えており、登ることは難しそうではない。

これなら、渡れるかも知れない。まず、空荷で試してみることにした。

ザックを川縁の木の根に寄せるように下ろし、念入りに手で押さえ、転がり落ちる心配がないことをよく確認する。以前、板敷第二支流の出合で、渡渉のために一旦ザックを土手に置いて川の深さを調べているとき、ザックが川に転がり落ちてしまうことがあったからだ。

水に入るとさっそく胸まで浸かってしまう。しかし、それ以上深くなることはなかった。直径一〇センチ足らずの木が水平方向に伸びている。水面すれすれに、しかも三本も。もちろん、ちゃんと生きている木だ。根はしっかりと川縁に食い込んでいる。土手が侵食されたからなのだろうが、ありがたいことに、これが手すりの役を果たしてくれた。摺り足で木の先端まで行くと、すでに川幅の四分の一の所にまで達していた。ここからは手を離すことになるが、アイゼンがしっかりと川底を捉えてくれている。ただ、万一転んだら、おそらく体勢を戻すことは不可能だろう。慎重にも慎重に歩を進めていく。三分の一を過ぎると、ぐんぐんと浅くなり、じきに対岸へたどり着いた。「大丈夫だ」。そう確信し、さらに浅瀬はないものかと探してみたが、上流側も下流側にも、これ以上の渡渉場所は見つからない。

元の岸に戻り、頭上にザックを載せ、右手で安定させた。左手で木の幹を伝い、先端では細枝を束ねて掴み、川の最深部を通過。そこからは両手でザックのバランスをとり、摺り足で前進した。万一バランスを崩した時はザックを落とそう。すぐには沈まないはずだ。引っ張って対岸まで辿り着けばいい。ザックを気にして、体が倒れるようなことになってはいけない。

中間点を通過、水深も腰までになった。川底を踏みしめながら無事渡り切り、最後はブッシュに潜り込むようにして土手を登り切った。こうして、御座岳北沢の下降が無事終了した。時刻は一五時四〇分であった。

土手を登り切ると湿地のようになった沢があった。これを上流側へ向かえば必ず横断山道に出会うはずだ。しかし一〇〇メートル行っても横断山道はない。それではと、山側の斜面を登っていくと横断山道が見つかった。鮮明な山道である。もう心配ない。疲れ切ってはいるが、これを辿ればカンピレーの滝だ。今日は、そこまで行こう。そこが今日の宿だ。

横断山道では何度も休憩を繰り返し、カンピレーの滝に着いたのは一六時四〇分だった。渡渉地点から一時間。普段の二倍近くかかっている。

ザックをおろし、体を洗い洗濯をすませ、特別に広い岩盤の隅にテントを設営。

一八時五分、疲れていて食欲が湧かない。とはいえ下降は終わっている。十分に休んでから食べればよい。カンピレーの滝最上部の水中の岩は特別に滑りやすい。いつもの場所だから十分にわかっていたが、素足で水場へ行くときに失敗してしまった。右後頭部を思い切り岩にぶつけ、ジーンッと音がして頭が割れたかと思った。少し時間がたつと、たんこぶができていた。たんこぶは実に数十年ぶりだ。夜半に症状が出るかも知れないと心配になったが、それ以上の悪化はなかった。

洗濯物を岩の上に広げ、石をおもりにした。今日はよく晴れていたから、日没後でも岩が温かい。晴天と谷風で、朝までには少しでも乾くだろう。と思ったら、夜半以降、何度か降雨があり、洗濯物はびしょびしょになってしまった。

カンピレーの滝はハブが多いところだ。以前もテントの脇まで来ていたことがある。今回も、夜テントから出る時は、特に気を配っていた。

夜一〇時近くになっても寝付けないので、テントの外に出てみた。すると、案の定ハブらしいものがいた。一〇メートルも離れた水溜まりの脇で、最初カエルのようにも見えた。確かめようと近づいたら、ヘッドライトで目が赤く反射、同時にハブだとわかった。岩の陰で体が隠れ、頭の部分だけが現れていたので、カエルのように見えたのである。回り込んでみたら、一メートルもある大きなハブだった。しかも、「赤ハブ」と呼ばれているピンク色の個体だ。至近まで行っても微動だにしない。

水溜まりは直径一メートル、浅い皿状で水深三センチ。森林に一番近い所にある岩盤上の水溜まりだ。微小なオタマジャクシがいたが、カエルはいなかった。しかし、ハブが、ここに来るカエルを待っていることは明らかだ。西表島のハブ（正しくはサキシマハブ）にとって、山中ではカエルが重要な食べ物になっている。

その後、幾つもある水溜まりを丹念に回ってみたが、ハブはいなかった。ところが、改めて先程の水溜まりを見たら、なんと、もう一頭がいた。やや小さく全長六〇センチくらいだったが、こちらは赤ハブではなく、俗にいう「銀ハブ」だった。体が灰褐色をしたタイプだが、眼はそれほど顕著には反射しない。二頭は水溜まりを挟んで対峙するように陣取っている。赤ハブは体をバネのようにしならせた態勢、銀ハブはグルグルととぐろを巻いていたが、どちらもまったく動かない。まるで、精巧に作られた置物のようだ。ハブには縄張りのようなものがあり、二頭が至近で獲物を待つことはほとんどない。せっかくだからと、カメラを取り出して何枚も撮影した。

最初にハブを確認したのが二二時二六分。二度目は日付が変わった一時四〇分。しかし、その後、私は眠ってしまい、すっかり明るくなった五時五〇分には、二頭とも現場にはいなかった。

夜半、ICレコーダーの具合をみようと、録音を試みた。ところが、思うように作動しない。それどころか、一瞬明るかった画面が暗くなり、完全に使用不能となってしまった。

実は、今日の日中、御座岳北沢を出合まで下り、浦内川を渡渉した時だ。ザックはひとまず岸に置いたのだが、胸ポケットにあったレコーダーのことを忘れていた。気づいた時には防水ケースが浸水していた。すぐにフタを開けて水を切ったが、すでに、レコーダーも水を被っていたのに違いない。フタさえしっかり閉めてあれば問題なかったはずなのに。後悔してもしかたがない。そんなわけで、レコーダーに記録できたのは、御座岳北沢まで。その後のことは、一八日に民宿へ戻ってからノートに書きつけた。

一八日、上原の民宿に戻り、ICレコーダーのバッテリーを交換したりしていると、多少、作動することがあった。録音はできないが、時折再生できたりする。ただ、メモリーカードは水に触れていなかったから、データは大丈夫かも知れない。帰宅してバッテリーを入れ替えてスイッチをオンにすると、正常に作動した。画面も明るい状態に戻っている。メモリーカードも読み取ることができた。しかし、すでに一〇年以上使っているものだ。大事な時に故障しては困るので、思い切って新しいものを購入することにした。

（カーシク川に続く）

カーシク川

浦内川中流域左岸の稲葉は、もともと独立した村ではなかったが、古くから干立や祖納の人が舟で通い、稲作をしていた。当時は右岸の大本田やカーシク川一帯でも稲作が行なわれていた。カーシク川河口には水田の跡と思われるサガリバナの群落があるし、河口から出た浦内川沿いにはまとまったホウライチクの群落がある。元々、西表島には自生していない竹で、台湾から移入したものだ。主に浦内川中流域や仲良川に植えられた。ホウライチクは建築材として、家の屋根、壁、床などの補強に利用された。

カーシク川遡上

（御座岳北沢下降より続く）

二〇一九年六月一七日（月）晴れ

五時五〇分起床、雨が降っている。昨日は御座岳から御座岳北沢を下り切った後、横断山道をカンピレーの滝の最上流部まで歩き、そこで一泊した。夜半から降雨があったが、広々とした川原で快適な一夜を過ごした。

六時二〇分、雨は止んだ。空模様からすると、そんなに悪天候にはならないだろう。

七時、出発。軍艦石の船着場までは既存の横断山道を辿る。よく整備された観光道路で、日中は多くの観光客が行き来する。今日は浦内川の支流の一つ、カーシク川を遡る予定だが、軍艦石からカーシク川の河口までは道がなく、ルート探しが最初の仕事となる。まず、軍艦石から浦内川を対岸に渡らずに右岸沿いを下る。難しくはないのだが、軍艦石一帯は川縁が崖になっていて、しかも川は深い。大潮の干潮時でさえ背が立たない深さだから、ここはどうしても高巻きしなくてはならない。

まず軍艦石まで行ってみた。やはり川の中を歩くことができず、登り切れるような崖も近くにはない。そこで、左手の斜面を見ながら、横断山道を少し戻ってみた。少しの間、下部は鉄筋コンクリート製、上部が太い金網でできた防護壁があるが、金網越しに探してみるものの、登れるような場所はない。休憩所まで戻ったが、やはり崖が続いていて、登れる場所がない。さらに、トイレの所まで戻ってみたが、すでに小さな谷を隔てていて、そこからだと別の方向へ向かってしまう。仕方ない、また休憩所まで行き、入念に崖を眺め直した。そしてようやく、少し無理をすれば登れそうな場所が見つかった。木の根につかまりながら、順に足場を移動していけば、どうにか上の森まで登ることができそうだ。

はたして、木の根はしっかりとしており、それを頼りに崖の上まで登り切った。そこからは、思ったほど障害物がなく、屏風状の崖の真上を辿ることができる。ところが、このまま進むと、崖の終わりで行き止まりになってしまいそうだ。そこで、一旦浦内川から遠ざかる方向に枝尾根を途中まで登ってみた。

ようやく、連続した崖地帯を通過。後は浦内川と並行して歩けるように、水平方向に足を進めていけばいい。時間はかかるが、小さな枝尾根と小さな涸れ沢を一つ一つ越え、少しずつ下流へ向かう。沢の中には、飲めるくらいの水が流れているものや、小さな滝を持つものもある。林内は、ツルアダンやトゲ植物が少なく、障害となるブッシュもなく、意外と歩きやすい。これには救われた。

軍艦石とカーシク川出合のほぼ中間点で、少し大きめの枝尾根にぶちあたる。思い切ってそこを下ったら、川の縁に出てしまった。ちょうど、浦内川が「く」の字に折れる場所で、岬状になっている地点だ。対岸は「ヤジビラ」と呼ばれる垂直の岩場で、ここには昔、横断山道に四〇メートルに渡って木橋が架けられていた。

ここにきて、シダの切断痕がある。しかも連続している。明らかに人が通った証拠だ。とはいえ人の跡は川岸ぎりぎり、バランスを崩すと、そのまま川に転落するような場所だ。川面の一メートルから二メートルの高さの間を上り下りしているが、地形からして、一番歩きやすい部分を通っている。

しばらく進んでいるうちに、人の痕跡を見失ってしまったが、そのあたりからホウライチクの群落が出てきた。先述したように、もともと西表島にはない竹で、昔、台湾から移入したものだ。ホウライチクの群落があり、明らかに人が積み上げたであろう石垣も出てきた。ということは、カーシク川出合も、もう近いということだろう。石垣は、田んぼの縁を補強するためのものだろう。

涸れた竹はバリバリと折れる。生きている竹も必要とあれば山刀で切り落としたりするが、株を避けて脇を通過する限り、大きな障害にはならない。そのうちにサガリバナの木が混じるようになった。今でこそ乾いた林だが、昔は田んぼだったに違いない平らな場所だ。そして、梢越しに川面が見えた。

一二時二〇分、カーシク川出合に到着。出合の右岸は二メートルの高さの岸壁になっている。岩壁は一〇〇メートルほど上流に向かって連続している。河口近くにサキシマツツジが花を咲かせており、数本のサガリバナもある。浦内川を隔てた対岸は、稲葉廃村の最上流部にあたり、廃道にはコシダが密生し、川沿いはアダンの群落になっている。稲葉に水を供給した前原川も対岸のすぐ下流にある。

ここに来るまでにセマルハコガメに遇った。今回の山歩きを通して三頭目になる。また、カーシク川に程近い所でコノハズクに遭遇した。浦内川の川沿いを歩いていたら、突然、何やら飛び出したが、ほんの三メートル近くの枝に止まったので、コノハズクだとわかった。逃げる様子もなく、私と向かい合ったまま、しきりに、うなずくように頭を動かしたり、あるいは頭を体に埋めるようにして、ジーッとこちらを見つめ続けていた。近くにサンショウクイらしい小鳥もいた。

コノハズクは、しばらく同じ場所に留まっていたが、私が立ちあがると、飛び去ってしまった。文章で表現するとわかりにくいかも知れないが、コノハズクは「コホーッ、……。コホーッ」あるいは連続して「コ

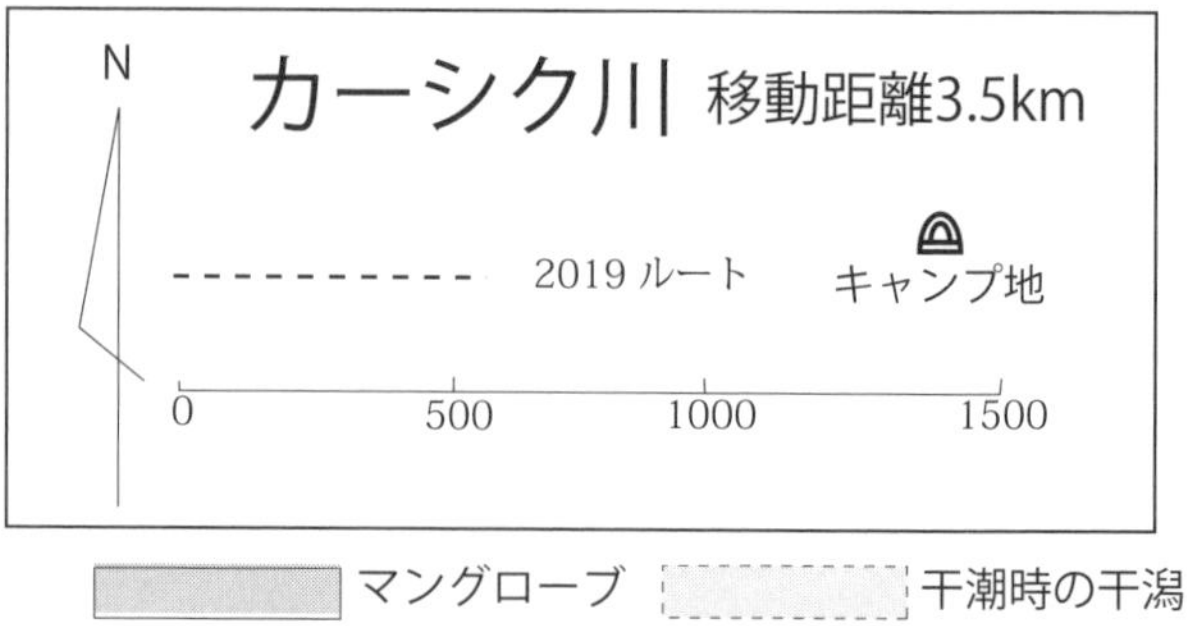

F03

F05 カーシクの滝

分水嶺.山道の痕跡が残る

カーシク川河口.突き当たりにF04がある

F01
高さ4m.幅5m.薄い岩の層が重なっている垂直の滝.水量は少ない.左岸の脇を通過できる.

F02
高さ2m.階段状.水量は少ない.右岸の脇を通過できる.

F03
幅8mの川全体に広がるナメ床で,その下端から水が落ちている.段差約2m.滝下左岸は支流の出合になっている.

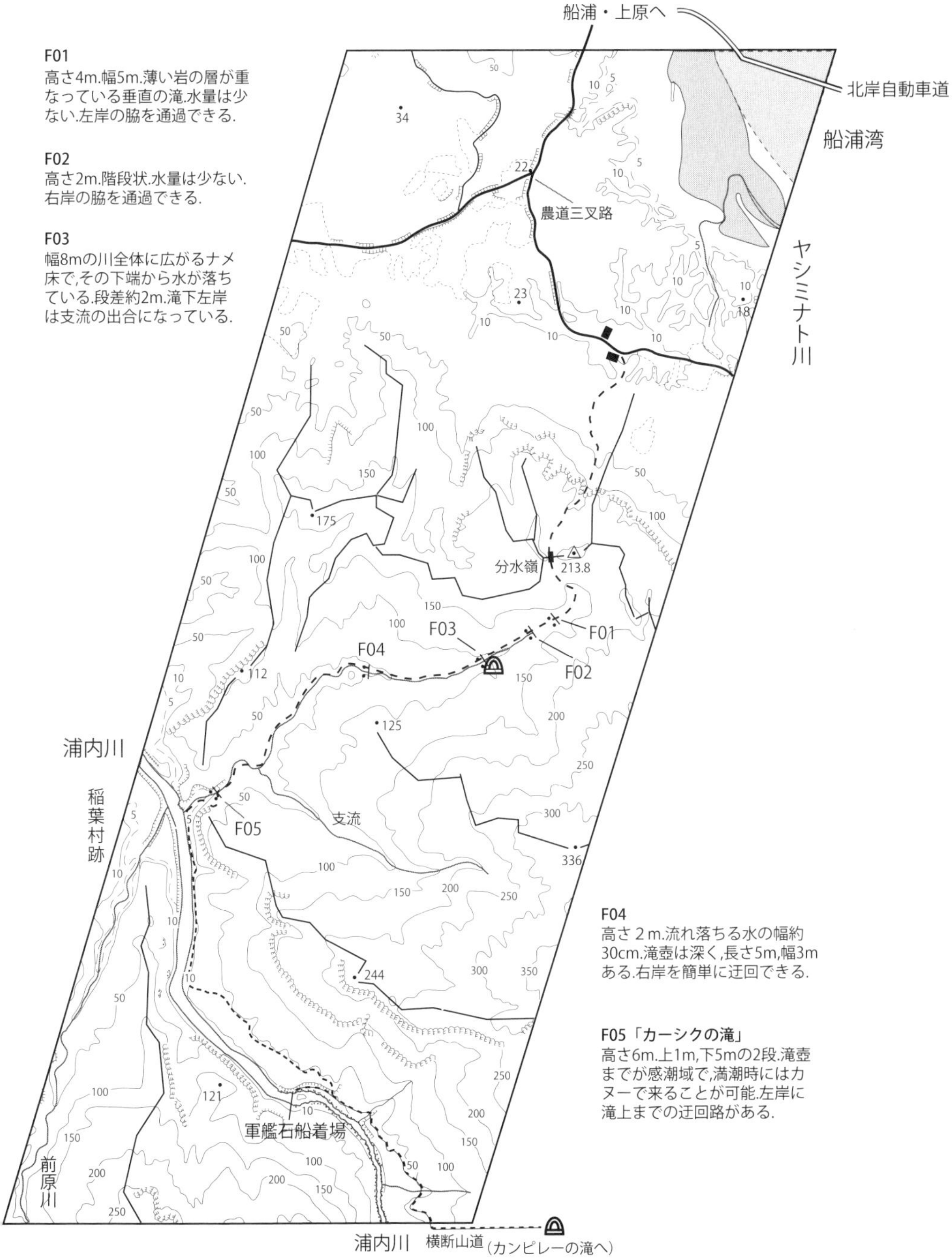

F04
高さ２m.流れ落ちる水の幅約30cm.滝壺は深く,長さ5m,幅3mある.右岸を簡単に迂回できる.

F05「カーシクの滝」
高さ6m.上1m,下5mの2段.滝壺までが感潮域で,満潮時にはカヌーで来ることが可能.左岸に滝上までの迂回路がある.

ホーッ。コホーッ。コホーッ……」と鳴く。「コ」に力が入り、激しい時は、吐き出すような声を出す。これに対して、アオバズクは「ホッホー、ホッホー」「ホウ、ホウ。ホウ、ホウ」。と聞こえ、抑揚が少ない。

浦内川を歩いている間に、観光船が二隻、それぞれ往復するのを見た。意外に音が小さく、近くに来るまで気づかなかったが、乗客の顔がはっきり見えるほどの至近を通っていく。もっとも、船からは、林内にいる私には気づかないようだ。客はほとんど乗っていなかった。

一二時五五分、たっぷりと休憩した。出発するとしよう。

五分後に滝（F05）の下に来た。「カーシクの滝」と呼ばれている滝だ。滝の直下には大きな岩が堆積しているが、その手前までが感潮域で、満潮時には浦内橋から出るカヌーが滝下まで入ってくる。滝は二段になっていて、上段は一メートル、下段が五メートルある。

直登は無理なので、迂回しようと左岸の大きな岩を廻り込んだら、そこに急な山道があった。おそらく滝口へ登るための道なのだろうが、滝の上まで行ったら、先程見失った、人が通った痕跡があった。おそらく、森林管理所の人が見回りで歩いたのだろう。普段、こんな所を歩く人はそうそういないはずだ。シダ植物の柄が伐り落とされていることから、そんなに古い痕には見えない。カーシク川沿いなので、しばらくは、この痕跡を辿ってみることにする。

人が開いた道は歩きやすい。沢の中を歩くよりずっと楽だ。しかし、目的が同じ方向とは限らない。この時も痕を辿っているうちに別の方向へ進んでしまい、直後に気づいて、少し戻らなければならなくなってしまった。カーシク川は河口から五〇〇メートルも遡らないうちに二手に分かれている。船浦方面にむけて本流を登るためには、左手に進まなければならない。ところが、痕跡を辿っていったら、二俣が見えないまま右手の支流に入ってしまった。じきに渡渉をしたが、痕跡がにわかに怪しくなり、ＧＰＳで確認してみた。すると、すでに二俣を通り過ぎ、別の方向に向かっていることがわかった。それではと、直接支流の中を下ると、じきに二俣に出た。

もはや人の歩いた痕跡もないが、この沢に間違いないだろう。二俣からは、もっぱら沢中を歩くことになる。川原になった緩やかな斜面で、遡行はそんなに大変ではない。

一四時三五分、滝（F04）。高さ二メートル、流れ落ちる水の幅三〇センチ。階段状で、滝そのものは直登できそうだが、両岸がやや険しく、近づけない。滝壺は長さ五メートル、幅三メートルあり、やや深い。ここは右岸の林内を、ごく簡単に迂回する。

一五時二〇分、滝（F03）。二段になっている。全体で高さ二メートル、上三分の一は垂直。下段は斜めになっている。ほぼ水平で、幅八メートル。水は幅全体に何本にも分かれて落ちている。

滝の上は、小規模ながらナメ床になっている。この辺りは谷が広く、両岸の斜面もやや緩やかだ。すでに一五時二七分、林内に手ごろなスペースもあり、ここを今日のキャンプ地と決める。左岸に小さいながら水量のある沢が合流している地点だ。

山刀を紛失した。カーシク川出合に着いた時点で気づいたのだが、ザックに括り付けていた山刀がケースごとなくなっていた。浦内川沿いの、ホウライチクの竹林に入ったあたりからカーシク川までの間で落としている。ザックに入りにくかったので、使わない時はザックの外側に縛り付けておいたのだ。当初はサイドポケットに差し込み、取っ手の部分をヒモでしばっておいたのだが、頻繁に岩に当たるのでポケットが破れてしまった。そこで、その後はザックの真後ろに縛り付けることにしたのである。落ちないようにと、しっかりとヒモで結んでおいたつもりだった。しかし、灌木や竹林を抜けるたびに、枝などにひっかかって、ほどけてしまったのだろう。探しに戻ったところで、おそらく見つからないだろうと思い、早々にあきらめた。山刀は欠かすことができない道具だが、仕方ない。山刀の紛失は昨年のアヤンダ川に続いて二度目だ。必需品だから、帰宅後、何か方法を考えよう。

さあ、明日は最終日。カーシク川を分水嶺まで登り詰めて反対側を下る。たくさんあるヤシミナト川の支流の一つを下ることになるだろう。すでに三分の二ほど登ってきているので、二時間もあれば分水嶺に到達できるだろう。下り切って農道に出たら、あとは自動車道を歩いて船浦、上原へ向かう予定だ。昼頃には船浦あたりだろう。いよいよ大詰めだ。分水嶺は標高二〇〇メートルの低山だから、沢歩きも特に心配はしていない。

六月一八日（火）くもり、時々雨
六時起床、最終日だ。事故なく、今回の山歩きを完結させよう。夜間、雨はなかった。コノハズクの声が頻繁に聞こえた。西表島ではどこの山で泊まっても聞こえる。今回は夏季ということもあり、アオバズクも時折鳴いていた。

七時二五分、出発。

七時五〇分、小さな滝（F02）。高さ二メートル、階段状。水量は多くない。ここは右岸のすぐ脇を通過する。

七時五九分、滝（F01）。高さ四メートル、幅五メートル。薄い層が重なっている垂直の滝。水量はさらに少なくなっている。左岸の岩を通過する。

カーシク川は全体的に川原が多く、平べったい直径五〇センチから一メートルの石や小さな石が多い。しかも、そんなに急峻な傾斜ではないので、全体に歩きやすく危険箇所は皆無といっていい。後半も緩やかな上りが続くが、岩石帯に変わる。ただし、巨岩はない。

岩石帯が終わるとやや急峻な土の斜面となり、林内を登り詰めたら分水嶺に出た。八時五三分である。稜線に立つと、下からの風がやや強く感じられた。北からの風だ。稜線上には、昔は道だったような跡がある。ほとんど灌木もなく、歩きやすい。ただし、それも二〇メートルほど。その先はブッシュになっている。

しばらく前から時折、雷鳴のような音が聞こえる。当初は海鳴りかと思った。それほど天気が悪いようには思えない。ところが、稜線を越えた直後から雨が降りはじめた。音は雷鳴そのものだった。遠くない空が真っ黒で、多分、激しい降雨になっているのだろう。その後、上原集落まで雨があったが、大きな雨には遭わずにすんだ。

下った沢はヤシミナト川の源流の一つで、ずっと急峻な岩石帯だった。滝は一つもなかったが、一カ所ゴルジュがあり、ザイルを使用した。ここと て林内を迂回すればザイルは必要なかっただろう。最初、上から見て通過できると判断したことが間違いだったようだ。途中まで下ってみると、最後の四メートルがザイルなしでは下れなかった。戻ることも可能だったのだが、ゴルジュを下り切ってみたいという気持ちもあった。

稜線から下りはじめてまもなく、農道沿いにあるビニルハウスの屋根が見えた。しかし、そこまで下るのには結構な時間がかかった。稜線から沢沿いにはまったく道の跡はない。普段、このあたりを歩く人はいないのだろう。急峻な谷を下り切って緩傾斜になると、沢が蛇行するようになり、サガリバナの群落に変わった。花がなく、この一帯ではつぼみすら確認できなかった。もちろん田んぼの跡である。こんな狭い谷で、猫の額みたいなスペースでもイネを栽培していたのかと驚く。そんな「一坪田」がしばらく続いたが、田んぼ跡が終わらないうちにビニルハウスの脇に出た。いきなり人里に跳び出してしまった感じだ。沢に引き返して着替えをし、休息。

一一時一五分、農道に出てからは既存の舗装道路を歩く。疲れている。休み休みの前進だ。一二時四五分、ようやく、上原の民宿に到着した。

民宿でまず水浴び。その後、衣類の洗濯。山歩きで痛んだ衣類やスパッツは、廃棄処分とした。続いて靴、アイゼン、ザック、ザイルの洗濯。それらを、屋根のある物干し場に吊るした。天候がすぐれないので、テントなどは明日天日干しをしよう。

六月一九日。テント、雨よけフライシート、グランドシート、エアーマット、シュラフカバー、靴、ザック、ザイルを天日干し。日差しが強くよく乾く。

昨晩から民宿の階段の下りがきつい。山から出てくるといつもこんなだ。首の付け根が痛く、マクラから頭を持ち上げようとする際、頭を支えられない。しかし、徐々に回復し、その後、二二日にはほぼ正常に戻った。

二〇日の朝食の際、前の席に座ったのが、沖縄森林管理署の職員だった。那覇事務所勤務で、山原と西表島の巡回が主な仕事だそうだ。

入山の許可について尋ねてみた。「一人だと、そのことだけで入山許可が出ないと聞いている。それで、いつも届けを出していない」と話すと、「ぜひ、申請してください」と言われた。事故などの際、対応に必要だというのである。さらに「詳細な登山計画を出せば一人でもいいのか」と尋ねてみた。しかし、それには答えず、「唯一許可が下りるのは環境省が整備した横断山道だけ。国立公園特別地域は何人たりとも入域禁止」だと言われた。そうなると、結論として、私の山歩きに関しては何の方策もないということになる。これまで通りということだが、私としては一層安全に留意し、絶対に事故を起こさないよう心がけるほかない。

トゥドゥルシ川（イチバン川・一番川）

トゥドゥルシ川遡上

二〇一九年一〇月一三日（日）晴れ

朝七時にはよく晴れて太陽が眩しかったが、八時一五分、空全体に薄雲が広がっている。天気予報では雨の心配はなさそうだが、山へ入る時は、常に天候が気になる。今日はバスで白浜まで行き、大潮の干潮を利用して仲良川をマングローブまで歩く。そこから、トゥドゥルシ川を遡上、ウシュク森を極めた後、アラバラ川を下降するつもりだ。一泊二日で踏破できるだろう。

上原を九時五六分のバスで出発。終点白浜には一〇時三〇分に着いた。集落を抜けて水谷晃さんの家に立ち寄る。水谷さんは現在、浦内にある東海大学沖縄地域センターに勤務しているが、私のサバ（ボルネオ島マレーシア領のサバ州）時代の知人である。今日は日曜日だから在宅だろう。

水谷さんを訪ねたが、留守のようだ。玄関先で足回りを整えながら待ってみたが、戻る様子もない。

一〇時五五分、出発することにした。水谷さんの家は集落のはずれにあるから、家の前からアイゼンをつけて歩きはじめた。今日は旧暦九月一四日。時間からすると、潮はかなり引いているはずだが、仲良川はまったく干潟が見えない状態だ。トゥドゥルシ川へ入るためには、一旦仲良川を右岸から南側の左岸に渡り、改めて右岸に戻らなくてはならない。トゥドゥルシ川河口の少し下流に深い淵があり、そこを避けたいのだ。幾分浅くなっている渡渉地点はわかっているので心配ないが、それでも渡渉困難だったら、潮が引くのを待とう。大潮の期間に入っているから、昼過ぎには仲良川がほとんど干上がってしまうはずだ。

一一時一六分、仲良川起点標柱に来た。ここから奥が「川」ということで、両岸の岩にコンクリート製の柱が建っている。ただ、ちょっと引っかかるのが、左手に「左岸起点」と刻まれていることだ。確かに、遡る時はここが左手の出発点になる。しかし、一般に川岸は上流から見た場合を基準にして右岸、左岸と決めている。そうなると、この標柱には「右岸」と刻まなければいけないはずだ。

一一時四〇分、トゥドゥルシ川河口の対岸に来た。水はだいぶ引いてきているが、干潮時には干潟となる部分にまだ少し水がある。いつもと違って、けっこうぬかるんでいる。いつもは砂地で、靴もほとんど沈むことはない。しかし、今日は全面に木々の葉や細かく折れた枝が堆積していて、靴が三センチから五センチも潜ってしまうのだ。おそらく前回の台風の影響だろう。流れてきた土砂が堆積しているのだ。最初の南岸への渡渉では腿の半分までの深さだった。ザックは摺り上げて背負った。二度目の渡渉地点は、わずかに浅くなっていたが、深い所もあり、摺り足で軌道修正をしながら、どうにか渡り切った。

トゥドゥルシ川河口のマングローブは前縁がメヒルギ、その奥にヤエヤマヒルギが群落を作っている。どちらも密生しており、どこから入り込んだらよいのか迷う。いずれにしても、マングローブを突っ切って山端に取りつかなければ進めないので、半ば強引に分け入る。少し進んでオヒルギの群落に変わると、多少は歩き易くなった。それでも、以前と比べればぬかるんでいるように思える。

マングローブを突っ切って、土手の上の林内に入った。土手の上にはマングローブに沿って山道があったはずだ。もちろん、今は消失しているし、アダンや蔓植物に覆われているが、それでも、マングローブやその境界にあるアダン林に比べれば、ずっと歩きやすい。土手を歩くといっても、部分的にはアダン林をかすめたり、マングローブに降りることがあり、そんな簡単に歩けるというものではないが、それでも、基本的に土手の上は歩きやすいのだ。たまに、古い酒ビンや茶わんの破片がころがっていて、往時の人々の活動を知ることができる。ホウライチクの群落もある。この一帯に人が住んで、耕作をしていた時代があったことがわかる。

マングローブが終わると、平らなサガリバナ群落に変わった。山の斜面と川との間がグングン狭まっていく。やがて、右手に川が見える所にやってきた。明るい褐色をした砂地で浅い。川幅が五メートルしかなく、一瞬支流かとも思ったが、流れている方向からして、ここがトゥドゥルシ川の本流なのだろう。隣のアダナテ川での経験からすると、砂地の浅い部分は、感潮域の最上流部だと思える。砂地はすぐに小さな円い石を敷き詰めた川原に変わり、両岸に山が迫ってきた。ここまで、川は幾度も蛇行し高度差もほとんどなかった。

川原が終わるあたりでサガリバナの群落も終わった。すべて田んぼの跡だが、この先、田んぼを開けるような平地はなさそうだ。傾斜が出て、岩石帯に変わる。巨岩がゴロゴロしている。もちろん、すでに干満の影響を受けない渓流域に入っている。川幅は五メートルから八メートル程度で川の規模は小さいが、アダナテ川と雰囲気がとても似ている。

一三時三五分。渓流域に入ってから、沢は多少の蛇行を繰り返しながら、少しずつ高度を上げてきている。特別に大きな岩はなく、直径一メートルくらいだが、時として数メートルの巨岩が混じる。沢そのものは、危険な箇所も少なく歩きやすい。

一三時四三分、右岸に沢。すぐ奥が垂直の岸壁になっていて、幅広い白っぽい岩壁全体を舐めるようにして水が落ちている。この支流は二七六・九メートルのピークから下っている沢である。

一三時五六分、滝（F06）。ゴルジュに巨岩が積み重なっており、そのたくさんの岩の表面と内側を縫うようにして水が落ちている。全体の高さ一〇メートル。ほぼ垂直だが、下のほうはわずかに前方に出ている。壺はなく、そのまま下の岩盤に流れている。沢はやや傾斜が増してきている。しかし、標高でいえばまだ八〇メー

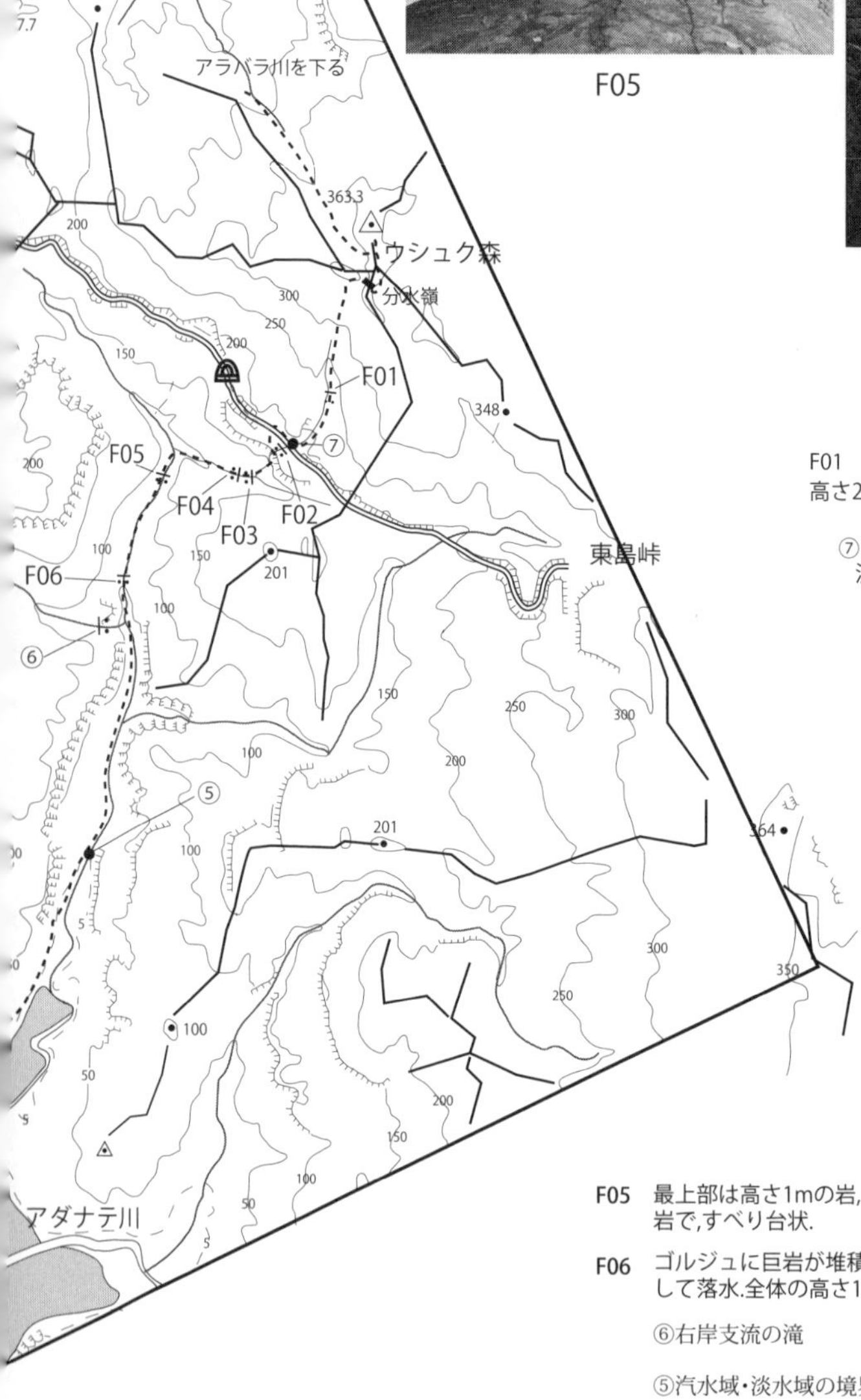

F05

F02

F01
高さ2m,垂直.1条の水.

⑦白浜林道
沢はヒューム管の暗渠を通過.

F02
高さ20m,垂直.つるつるの砂岩の真ん中に1本落水.

F03
高さ4m,薄い砂岩層が重なる垂直の滝.

F04
表面がデコボコした斜めの岩.3条の水.

F05 最上部は高さ1mの岩,その下は斜めの岩で,すべり台状.

F06 ゴルジュに巨岩が堆積,岩をぬうようにして落水.全体の高さ10m.

⑥右岸支流の滝

⑤汽水域・淡水域の境界

トゥドゥルシ川（一番川）

移動距離4.7km

①仲良川起点標柱

②渡渉地点

③淵・深み
通過不可.一旦②で左岸（南岸）へ渡り,④で右岸に戻る.

④渡渉地点

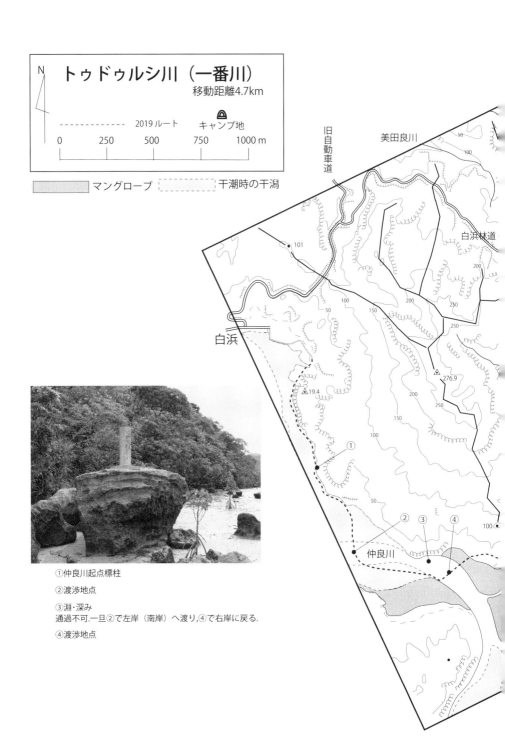

トルくらいだろう。

一四時一五分、ちょっとしたゴルジュになっている。一番上は大きな石で高さ一・五メートル。表面を滝状（F05）に水が落ちている。その下は斜めの岩盤で、左岸沿いに樋状になった溝ができており、すべり台のように水が流れている。とてもきれいだ。

一四時三〇分、滝（F04）。表面がデコボコして全体に斜めになっている岩の上を、水が三条になって落ちている。一つ一つは一〇センチ程度の幅だが、それぞれ一メートルくらい離れており、ここもなかなか美しい所だ。周囲の森は明るく、稜線までそんなに高くはない。

一四時三五分、薄い砂岩の層が積み重なった垂直の滝（F03）。高さ四メートル。水が二条になって落ちている。下半分は緩やかな斜面になっており、水が全体に滑り落ちている。岩盤の幅四メートル、しかし水そのものは二メートルの幅で流れている。

一四時五五分、垂直の滝（F02）。高さ二〇メートル。つるつるの砂岩の真ん中に一本の落水。この滝の一五分ほど手前で沢が二手に分かれていた。水量はほぼ同じだが、川幅だけを見ると左手、すなわち北西方向へ向かうほうが広く、谷も広い。一見そちらが本流のようだ。しかし、右手、すなわち今いる沢の方が地図上では長く、こちらが本流である。

この滝（F02）はどう見ても直登は無理だ。周囲の斜面も壁のように急峻だが、ここを登りきるしか抜け出す方法はない。灌木や木の根に掴まりながら、慎重に登った。

一五時一二分、白浜林道に出る。時間も時間だし、この林道上にテントを張ろう。林道脇は平らで、マツの枯葉などが程よく積もっている。幾つかの落枝を取り除くだけで、いつものようにシダ類を刈って敷き詰める必要もなかった。白浜林道へは調査や昆虫採集の人が通ることがあるし、環境省の定期的巡回道路になっているので、いつ人が来てもおかしくないが、さすがにこの時間帯から入山する人もないだろう。

テントサイトのすぐ西側でヒューム管が林道下を横切っている。しかし、道幅の三分の一が陥没して、ヒューム管がむき出しになっていた。林道脇を谷側に降りて、水を調達した。

一六時三〇分、テントの中でくつろぐ。外は無風、たまにヒヨドリの声が聞こえるくらいで、虫の声もなく穏やかな午後のひと時だ。まだ明るく、尾根筋には夕陽が当たっている。わずかに谷風が上がってきた。

今しがた、三〇メートルばかり離れたマツの高い枝で動くものがあった。少し陰に入っているのではっきりとは見えないのだが、吊り下がっているようなので、オオコウモリではないのかと思った。メガネも双眼鏡も持っていないので、デジカメを覗いてズームアップしてみた。やはりオオコウモリだ。一頭だけだったが、こんなに明るい林で休息していることが意外だった。胸のあたりをさかんに毛づくろいしながら、たまに片方の翼を伸ばしたりしている。横向きになったり腹側を見せたり、また、背面を見せたり、結構、体を動かしているのだ。小さなカメラだし、手持ちなのでブレてしまうのだが、確かにオオコウモリであるという記録を撮ることができた。

オオコウモリは日本では数少ない「植物食のコウモリ」だ。日本では二種類、オガサワラオオコウモリが小笠原諸島と硫黄諸島に、クビワオオコウモリが口之永良部島から八重山諸島にかけて分布している。クビワオオコウモリは日本では四つの亜種に分類される。それぞれエラブオオコウモリ（口之永良部島と宝島）、ダイトウオオコウモリ（南大東島）、オリイオオコウモリ（沖縄島）、ヤエヤマオオコウモリ（八重山諸島）である。つまり、西表島に分布するオオコウモリは和名クビワオオコウモリであり、ヤエヤマオオコウモリという亜種名で呼ばれることもあるということである。

オオコウモリの中でもっともよく知られているのがオオコウモリ属で、世界に六〇から七〇種類がいる。その中で、日本のオオコウモリは中くらいの大きさである。そうはいっても、西表島の亜種であるヤエヤマオオコウモリを例にとると、頭から尻まで二一センチメートル、両翼を広げると五〇〜八〇センチメートルになる。

ヤエヤマオオコウモリは八重山諸島の西表島、石垣島、与那国島に分布するが、短い距離の海は障害にならないようで、果実の熟す時期に合わせて、他の島を往来しているようだ。集落へはフクギの実、バナナの実や花、ビロウの花、リュウゼツランの花などを求めてやってくる。森ではイヌビワ、クワ、またはシイやカシの実を食べているようだ。

一七時三七分、タイワンヒグラシがさかんに鳴いている。先日のクーラ川と同様、やはり、この時期になっても、確かにまだいるのだ。

今日は旧暦の九月一五日、満月のはずだ。だいぶ夜も更けて二一時を回った頃、テントの天井に明るいスポットができた。月明かりだ。テントを開けて見渡してみたが、密生する枝葉に阻まれて、月は見えなかった。白浜林道は今でも徒歩なら自由に入ることができる。ただ、環境省が管理するところとなり、入口はチェーンで封鎖され、車での進入はできない。ずっと以前は八重山開発会社の林道として活用され、その一部が西表島縦貫道路として整備拡張された時期もあった。そのころ、私も調査のためによく利用させてもらった。道路の終点からは仲良川の中流域と船浮湾が見えた。終点の一キロメートルくらい手前からは、もともとあった安藤道が分岐しており、東島峠から白井峠、そして波照間森の手前までバイクで走ることもできた。その安藤道も消失し、今では、当時を知る人のみが、どうにか辿ることができる痕跡状の道に変わっている。

一〇月一四日（月）晴れ

六時二〇分、起床。夜は全体が白い雲に覆われていたが、月夜のせいで明るかった。夜半過ぎ、ほんのわずか降雨があった。フライシートにポツポツと水滴が付く程度で、すぐに止んだ。現在、霧が薄く立ち込めているが、無風である。

今日は、まず林道とトゥドゥルシ川本流とが交差する地点まで戻り、そこから源流を登り詰める予定だ。分水嶺からウシュク森山頂を目指し、登頂後はアラバラ川を下降するつもりだ。

七時を過ぎてから霧は消えたが、空は相変わらず薄い雲に覆われている。それでも、わずかに青空が見える部分もあり、今日の天候もまずまずといったところだろう。

七時三五分。食事を済ませ、身の回りの確認もした。さあ、出発しよう。

五分後には本流に来た。林道からトゥドゥルシ川の源流に降り、遡上開始だ。結構な急斜面で、少し登った所で、沢の水もなくなった。ここも前回の台風によるものなのだろうが、涸れ沢に流されてきた葉や小枝が溜まった痕がある。

七時四八分、涸れ沢に大量のワイヤーがある。細いワイヤーを編み上げたもので、直径三・五センチくらいある。これは以前、八重山開発会社が使っていた索道（ロープウェー）で、稲葉からウシュク森を経て白浜まで通じていたものだ。放置されて半世紀、赤黒く腐食し、持ち上げたらボロボロと欠けてしまいそうだ。

七時五三分、滝（F01）。高さ二メートル、垂直。水量は多くないが、幅一〇センチ、一本になって落ちている。周囲の谷は明るいが、かなり急峻だ。

九時〇一分。分水嶺に立つ。これにて、トゥドゥルシ川遡上が終了となる。

ここまで、源流を登り詰めて、分水嶺にある鞍部を目指してきた。しかし、滝を過ぎるとじきに涸れ沢となり、すぐに沢自体がどれなのかわからなくなってしまった。地図を見ても等高線の凹凸がなくなり、線の間隔も極度に狭くなっている。つまり、尾根部も谷部も区別できない平たい急斜面になっているのだ。これでは正しく目標に向かうことができない。登れそうな斜面を選びながら灌木につかまり、木の根を頼りに上へ上へと進んだ。仰ぎ見れば稜線とおぼしき明るい部分が間近にある。先を急ぐが、結果的に、少しずれて南東に伸びる尾根の上に出てしまった。しかし、それはそれでいい。ＧＰＳで軌道修正し、ウシュク森の山頂を目指す。

稜線近くからは、梢越しに仲良川のマングローブ帯が見え隠れしている。

目指す山頂は近い。手前の小ピークではツルアダンのブッシュに悩まされたが、それでも後良川や大見謝川奥のブッシュに比べれば楽なもので、ナタを使うまでもない。小ピークを越えて下り切ると、広い鞍部に出た。嘘のようにブッシュが消え、下草もない明るい林に変わった。どこかのハイキングコースのような快適さだ。周囲を見回すと、正面、一〇メートルほど登った斜面にピンクリボンがある。間違いなく山頂への道標だ。鞍部からはピンクリボンに導かれるようにして踏み痕を辿った。不明瞭だが、明らかに誰かが歩いたことがわかる。灌木が茂る明るい林で、木の丈もかなり低い。

九時二五分、ウシュク森山頂に立つ。眺望はまったくきかないが、涼しい風が上がってくる。一帯は、昔伐採が行なわれたのだろう。太い木がなく、同じような高さの木が明るい林を作っている。下草はなく、ツルアダンもほとんど見当たらない。踏み痕以外でも歩けそうな感じだ。鞍部を隔てたブッシュとの違いは何から来ているのだろう。

山頂に「三等三角点」と刻まれた石柱があり、二メートル離れた所にも少し細い石柱があった。地表に出ている部分は二〇センチ。他に看板や道標などはまったくない。

一〇分休憩した後、鞍部まで戻った。ここから西側へ下ればアラバラ川がはじまるはずだ。さあ、下降の開始だ。

（アラバラ川下降へ続く）

アラバラ川

アラバラ川下降

（トゥドゥルシ川遡上より続く）

一〇月一四日（月）晴れ

七時三五分に白浜林道のキャンプ地を出発、トゥドゥルシ川の源流を登り詰めて、まずは分水嶺を越えた。その後、ウシュク森山頂を極め、いよいよアラバラ川下降のはじまりである。

しばらくは水のない広い谷、角ばった一〇センチから二〇センチの礫が散乱し、シダ植物が点在する緩い下りである。周囲の尾根は低く明るい。危険はまったくなく、歩きやすい。

一〇時一五分。滝（F01）。二段、上一メートル、中間部からわずかに斜めに一・五メートル下り、その下は二メートル垂直になっている。全体として幅は上三メートル、下五メートル。同時に沢の幅でもある。水は布状に滝全体を覆っているが、水量そのものは多くない。壺はなく、下には大きな岩がゴロゴロしている。

一〇時二九分、一メートルの段差。上は水平な砂岩でオーバーハングになっている。その中央を水が三条に分かれて直接、浅い壺に落ちている。水量はまだ少ない。滝というほどではないが、目印となるので記録しておく。谷全体は明るく、傾斜はまだそんなにきつくはない。

一〇時三五分。二〇メートルの長さだがナメ床になっている。ここにきて、ピンクリボンが二つある。ただ、周囲を見渡しても、他にリボンはない。

一一時ちょうど。滝（F02）。高さ八メートル。滝口の幅約二メートル。左岸に向かってやや下がっているが水平に近く、中央から一本落水している。水量はすでに十分ある。垂直で通過は困難。ここは右岸を迂回する。

一一時一〇分、滝（F03）。高さ三メートル。一メートル離れて滝壺がある。全体は厚い砂岩が二層重なった感じで、全体で五メートルの高さがある。ほぼ水平で真ん中から一条、水が落ちている。谷はまだ広く林も明るいが、すぐ下流側では、両岸が迫りゴルジュになっている。ゴルジュの底に接する部分は両岸とも草木のない崖。一見通過できそうに見えるが、もし通過できなければ、大きな高巻きを強いられることになりそうな地形だ。

ゴルジュに入ってみると、一五メートル下った所に壺があり、進めなくなった。やむを得ず引き返し、左岸を迂回する。ここはかなり急峻な斜面で、さらにゴルジュを縁取っている崖が連続しており、谷へ降りることができない。しばらく崖の上を歩き、一旦、V字谷になった支流へ降り、ようやく本流へ戻る。ゴルジュを突破できれば、これほど苦労をすることもなかっただろうが、大きな迂回になってしまった。途中、支流へ降りる時は、ザイルを使おうかと迷ったくらいだ。そこでは、垂れ下がった根を利用したが、多少無理をしてしまい、最後は三〇センチを跳び降りるはめになってしまった。

一二時二四分。円い淵。長さ一〇メートル、幅八メートル。一番深い部分は二メートルくらいありそうだ。淵の最上部は落差一メートルの小滝になっている。

一二時四〇分。滝（F04）。薄い砂岩の層が重なった滝で、落差は五メートルくらいだが、緩く下っているので、全体は一〇メートルの長さになっている。中央が樋のように窪んでおり、水はその中を流れ落ちている。大変にきれいな滝だ。谷全体は比較的広く明るいが、滝がある部分だけは少し狭くなっている。

一二時四五分。再び大きな淵。あるいは滝壺といってもよいのかも知れない。長さ一〇メートル、幅一三メートルくらい。入口は二段の小滝になっている。上八〇センチ、下一メートル。滝（F05）は垂直。また、滝の右岸は薄い水平の砂岩の層が幾重にも積み重なり五メートルの垂直の壁になっている。岩壁は滝から連続して二〇メートルほど続いている。左岸は私が迂回をしている山の斜面で、緩い傾斜のある林内で危険もなく歩ける。上流側の山全体は、傾斜がきつくなく森林も明るい。なんだか、このまま快適に下っていけそうな気分になるが、地図を見る限り、下流では谷が狭まり、両岸に崖が連続して出てくるようだ。

一三時一二分。取水ダムに来た。脇に無人の監視カメラが設置されている。堰堤からは直径一五センチの塩ビパイプが伸びており、おそらく祖納集落へ送水されているのだろう。他に直径一五センチくらいの鉄パイプもあるが、かなり錆びついており、今は使っていないようだ。もう一つ、黒いゴム製のパイプもある。三本はほぼ並行して沢の脇を下っているので、これに沿って下ることにする。パイプは定期的なメインテナンスが必要だから、管理用の山道があるはずだ。しかし、人が造ったものがあると、何だか半ば遡行が終わったような気になってしまう。さらに、地図を見る限り自動車道路までそんなに遠くない。一時間もあれば余裕で出てしまうだろう。しかし、この沢はそんなに甘くない。アラバラ川に関しては、実はここからが難所なのである。

送水パイプは左岸の川床から少し上がった斜面に取りつけられている。ロープやワイヤーで地面に固定しているが、窪地ではコンクリート製の支柱に固定されている。少し下ったら、川床のほうが歩きやすそうに見えるので、そちらへ降りてみた。傾斜がゆるく、川幅が広くなり、ナメ床だったり岩石の転がる川原があったりもする。しかし、両岸は絶壁で、もはや林内へ戻ることはできない。

一三時二六分、滝（F06）。垂直。腹ばいになってのぞき込むが滝壺が見えない。無理して前に出ると、頭から転落しそうな恐怖がよぎる。滝口からは祖納港あたりの海が見えている。足下には大浜農園の建物と後ろの田んぼが見える。滝はアラバラ川とアラバラ第一支流の二俣にあり、二つの沢は直角に合流している。しかも、

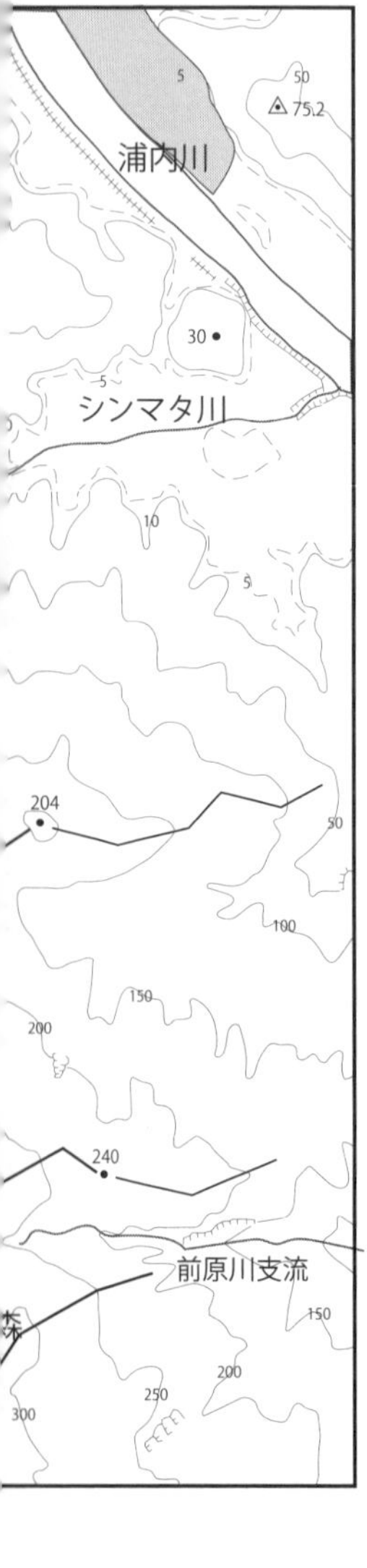

F06滝口

ウシュク森山頂

F05

F05　垂直2段.上80cm,下1m.滝壺は大きな淵になっている.

F04　斜めの滝.落差5mだが,斜面の長さ10m.真ん中が樋のように窪み,水が流れている.

④円い淵
長さ10m,幅8m.最深部2m.口は落差1mの小滝.

③ゴルジュ
壺があり,通過困難.かなり長く,大きく高巻きをして通過.

F03　全体の高さ5m.厚い砂岩が2層水平に重なった感じ.1m前に滝壺がある.

F02　高さ8m,滝口幅2m.

②ナメ床　約20m.

①高さ1mの段差
高さ1m,水平の砂岩層がオーバーハングしている.細い3条の落水.

F01　2段.上1m,中間斜めに1m下り,下は２ｍ垂直.滝口幅3m,最下段幅5m.

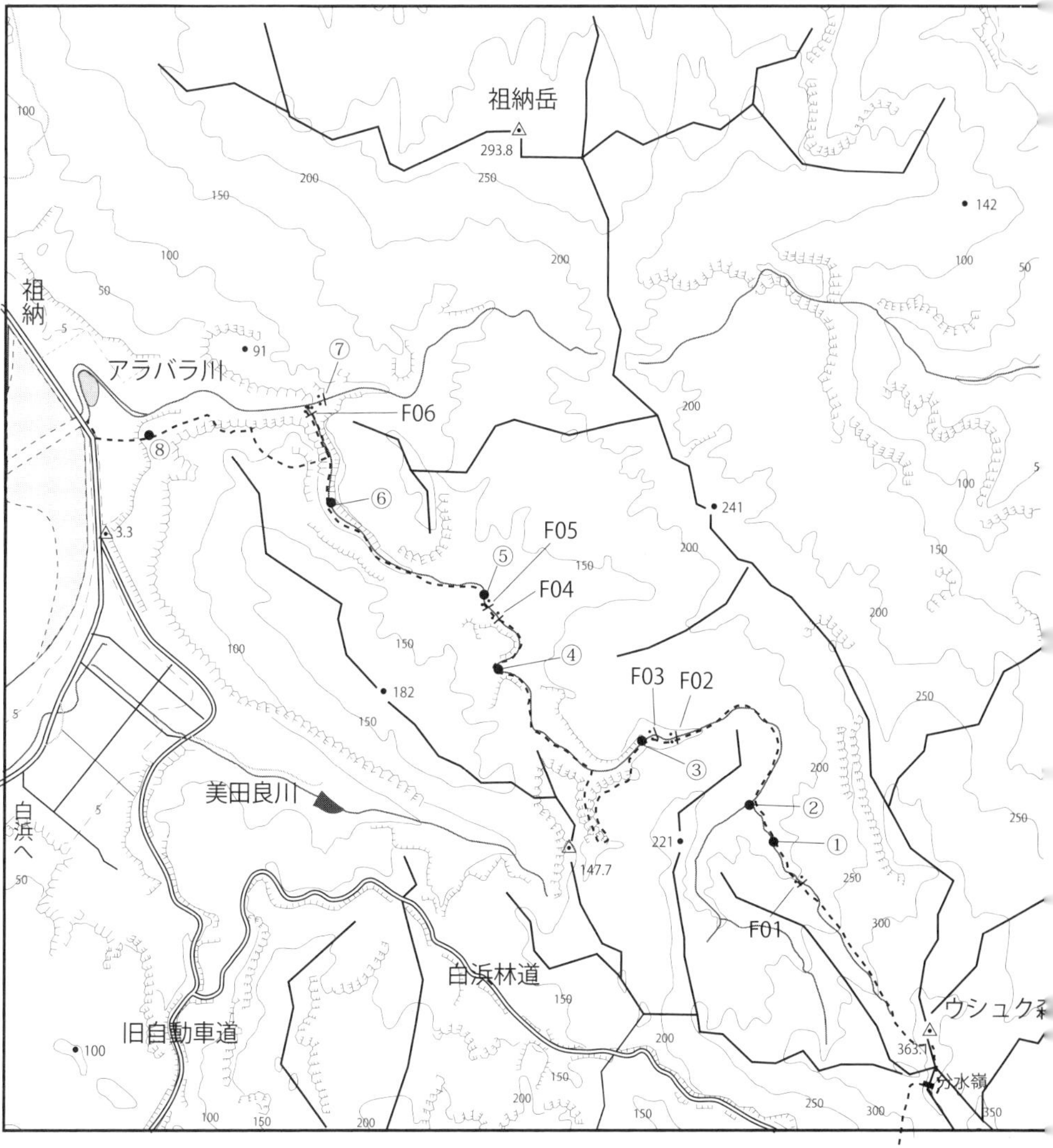

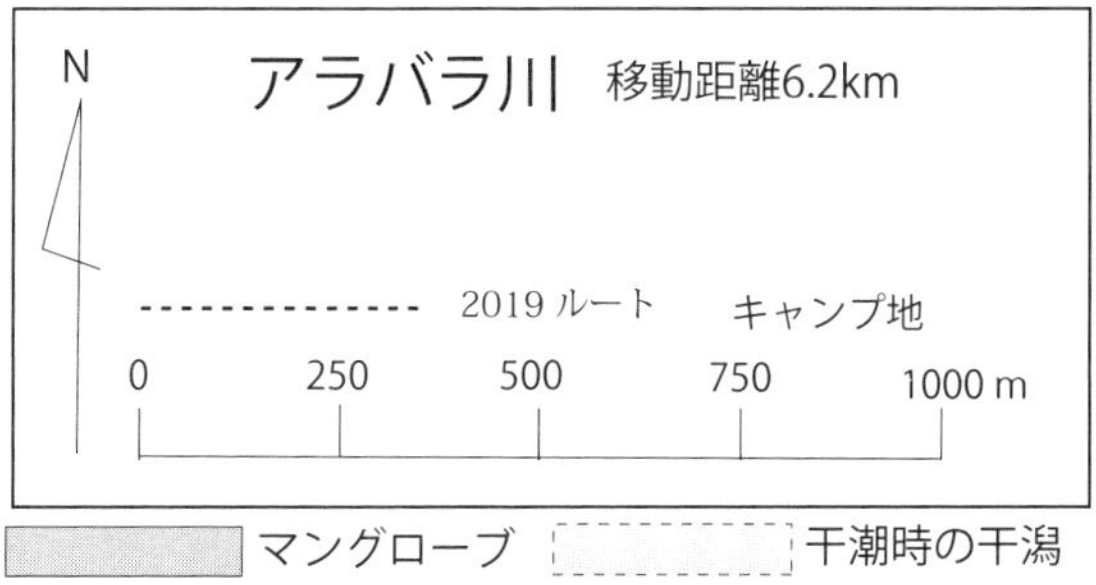

⑧ホウライチク林

⑦第1支流の滝　垂直15m.

F06 垂直,15m.滝口から滝壺が見えない.両岸断崖絶壁.滝上から祖納港あたりが眺望できる.

⑥取水ダム
祖納集落の水源池.

⑤大きな淵
長さ10m,幅13m.右岸は砂岩の壁が20m続く.

同じような垂直の岸壁に掛かる滝になっている。本流の滝口からは支流の滝がよく見えている。高さ一五メートル。下部が木々に隠れて見えないが、あるいはもう少し高さがあるのかも知れない。本流側の滝も同じくらいの規模なのだろう。滝の両側、支流を眺めても、どこも断崖絶壁。ここからの下降は私には絶対に無理だ。

一旦、送水パイプに戻り、それに沿って忠実に下ることにした。たとえ道がなくても、確実に村へたどり着けると考えた。ところが、滝のすぐ近くで大きく左に折れる地点から山が崖に変わり、パイプは垂直の崖の側面に吊り下がる形で宙に浮いていた。よくぞ、こんな所に通したものだ。敷設の際の苦労が偲ばれるところだが、これでは、通過することも困難だ。パイプの上側の斜面をトラバースしようかとも考えてみたが、ここも、垂直に近い傾斜があり、灌木を頼りにしたとしても危険極まりない。空荷であっても行くべきではない。結局、尾根に出られる場所を探しながらパイプ沿いに戻ったが、無理してでも登れるような場所がない。そうこうしているうちに、取水ダム近くのコントロールボックスの場所まで戻ってしまった。ボックスの後手に登れそうな溝がある。ここを登って脱出しよう。そこにはロープが固定されている。ボックスのメンテナンスの時に、ここを下ってくるのだろう。ロープはボックスからのケーブルと一緒になって約四〇メートル、尾根の一番上まで続いていた。ロープはここまでだが、ケーブルは左折してもっと先まで伸びている。おそらく取水ダムのカメラと繋がっているのだろう。

それにしても山道が見つからない。ケーブルがある以上、管理道路がきっとあるはずなのだが。まあ、それはよしとしよう。この尾根を辿れば、当然河口に向かうのだから、斜面をトラバース気味に進めばいいのだ。小さな枝尾根や涸れ沢を幾つか越えた。沢の部分では、そこを下ってみたりもしたが、すべて最後は崖になっていて、どうしても本流の川床に降りることができない。梢越しに見えるアラバラの田んぼや大浜農園も、ほとんど同じくらいの高さになり、そのうち右手後方に移っていった。

林内は大きな障害物もなく歩きやすいが、最後はホウライチク林にぶち当たった。迂回できる斜面もないので、そのまま突入、枯れた竹をバリバリと折りながら強引に下って行くと、突然イノシシ避けの金網フェンスが現れた。竹林の幅は二〇メートルもあったのだろうか、フェンスを乗り越えて、その先の竹をかき分けたら、足下に刈り取り後の田んぼが見える。最後は一メートルの土手を滑り降りて畔に立った。大きな滝以降、予想以上の時間と難儀を強いられたが、無事、アラバラ川を降り切った。

田んぼが終わった所でスパッツとアイゼンをはずし、自動車道を数一〇メートル歩き、アラバラ橋に辿り着いた。

さあ、ゆっくりしてはいられない。祖納発の最終バスは一五時四五分のはずだ。祖納までは、まだ二キロメートルある。頑張って歩くのだが、思うように進めない。足が重くて速足にならないのだ。どうにか間に合って、一六時一五分、上原の民宿に帰還した。

北風が強い。曇り空で冬のような天候だ。民宿では衣類と山道具の洗濯。屋根付きの物干し場に吊るした。壊れたアイゼンとスパッツ、軍手は処分することにした。

第4章 崎山半島

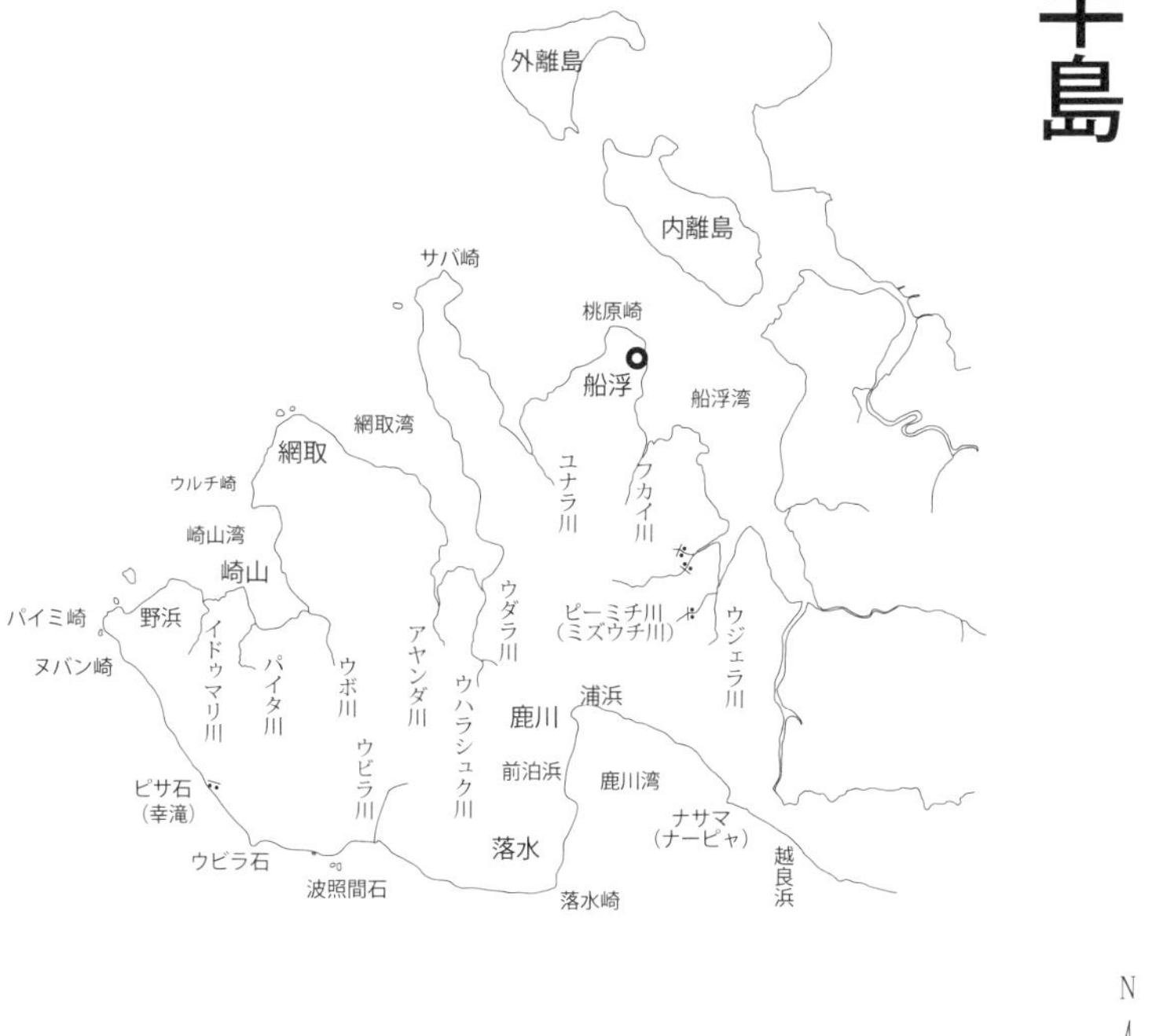

外離島
内離島
サバ崎
桃原崎
船浮
船浮湾
網取湾
網取
ウルチ崎
崎山湾
崎山
パイミ崎
野浜
ヌバン崎
イドゥマリ川
パイタ川
ウボ川
アヤンダ川
ウダラ川
ユナラ川
フカイ川
ピーミチ川
(ミズウチ川)
ウジェラ川
ウハラシュク川
鹿川
浦浜
ウビラ川
前泊浜
鹿川湾
ピサ石
(幸滝)
ナサマ
(ナーピャ)
越良浜
落水
ウビラ石
波照間石
落水崎
N
0
1
2
3
4 km

ナータ道（船浮〜ウダラ浜）

西表島にあって、崎山半島は特別な場所だ。かつては船浮、網取、崎山、鹿川の四つの村があり、船浮と網取は三〇〇年以上、崎山も二〇〇年近い歴史があった。村々を結ぶ山道があり、川沿いや湿地に至るまで広く米作りが行なわれていた。

現在は船浮集落を残すだけとなり、ほとんどの地域が無人化、往年の山道も消えて久しい年月が流れている。新時代に入って、崎山半島は「奥西表」とか「西表の秘境」といったキャッチフレーズの下、沿岸でのダイビングを楽しむ観光客が増えている。これとは別に、歴史や動植物の調査、あるいは探検のつもりで山地に分け入る人たちがいることも確かだ。

崎山半島を目指す人にとっての出発点が船浮だ。傭船して直接海路を行く人が多いが、徒歩を選ぶグループは、ナータ道を経由して海岸伝いに歩く。ナータ道とはユナラ湾と網取湾を結ぶ低い峠越えの近道のことだ。その際、必ず通過する場所が宇田良浜（ウダラ浜）で、ほとんどの場合、ここを最初のキャンプ地にする。

ウダラ浜は、「西表島のターザン」と呼ばれた砂川恵勇さんが、晩年の一〇年間を暮らした場所だ。海岸林を入ったすぐの所に、池田米蔵さんが建てた墓碑がある。高さ、幅とも五〇センチ、厚さ一〇センチのコンクリート製で、「ケイユウオジイとシロの墓」と、刻まれている。

砂川恵勇さんは、沖縄の日本復帰後、宮古島から西表島にやってきた。一九七四年頃のことだ。最初の頃は大原や豊原で家を借り、サトウキビ刈りなどの畑仕事を手伝っていた。私が大原に住んでいた当時、大家の古波蔵当清さんの所で偶然顔を合わせた時などは、一緒に酒を飲んだりしたものだった。
彼は人付き合いが下手というのか、人に頼らないだけでなく、信頼関係を作り上げることが苦手な人だった。そんな性格だったからか、西表島の集落に定着することがなかった。その後、私はボルネオ生活が長く続き、西表島と疎遠になった時期があったのだが、その間に彼は東部から西部に移り、クーラや西田川河口近くにあった空き家を転々としていた。そして行き着いたのがウダラ浜だった。「自給自足」という言葉がある。しかし、実際には一人で継続できるものではない。私は、晩年の砂川さんとの付き合いはなかったが、テレビや書き物に紹介された「ターザン」や「仙人」といった存在とは違う、淋しい生活ではなかったかと思う。

ウダラ浜から船浮へ

（クイチ道より続く）

二〇一七年六月一八日（日）くもり、頻繁に雨

五時三〇分起床、雨。この間、五日間の山行のうち四日間が雨。久しぶりというか、悪天候に見舞われた。例年だとこの時期、八重山地方は梅雨が明けている。晴天が続くものなのだが、自然現象だからどうにもならない。

今回、テント内側の床に厚手のビニルシートをヒモで固定してきた。これまでは別にビニルシートを持参、テント設営後に床に敷いていた。しかし、この方法だと均一に広げられないことが多く、降雨時にテントに染み込んだ水に触れてしまうことがあった。古いテントなので、底に幾つもの小穴が開き、雨の日には水が染み込んでくるのだ。それが、今回は固定したビニルシートのおかげで、下からの水はまったくない。予想通りの効果だ。また、フライシートをピンッと張り、テント生地に接触しないようにすると、内側に水が入ってこないことも確認できた。

これ以外に、今回、オーバーシュラフを持参した。これに入ると寝心地がいい。もう一つ、これも初めて、空気マクラを持参した。めちゃくちゃに快適だ。荷物を集めてマクラ代わりにする必要がなく、デコボコした地面であっても、マクラが微調節をしてくれるのだ。一方、ポンチョは必要ないと感じた。その代わり荷物の雨よけが必要だ。それと着替えをはじめ、関連したグッズごとにビニル袋で密封することが大事だ。ザックが濡れても、中のものが濡れなければいい。逆に濡れたテントやフライシートもビニル袋に収納してからザックに入れたほうがいい。

六時四五分、船浮に向けて出発。実は、ウダラ浜と船浮の間を歩くのは今回が初めてだ。二〇〇五年、崎山半島を一周しようと白浜から船浮への連絡船に乗ったのだが、その日に限って、まず、荷物を届けるため網取へ直行するのだという。また、その時、船浮から網取へ歩く場合、潮の関係で渡れない部分があると聞かされた。そこで、急遽、崎山半島一周を網取スタートに変更した経緯がある。そんなわけで、ウダラ浜と船浮の間は歩いたことがないのである。

何でも、普通に歩いて三時間、途中、網取湾とユナラ湾を短絡する「ナータ道」という山道があるという。サバ崎のある半島を横切るわけだ。ウダラ浜で出会った旅人から、「山道の入口には浮き球が吊るしてある」、「半島の一番低い部分を越えるのだから、行けばわかる」とも教えられていた。

出発からずっと雨が降っている。この五日間で最悪の天気だ。最後まで気を緩めずに慎重に行こう。

七時二〇分、大きな浜を通過、プーラの浜である。

七時四二分、二つ目の浜を通過、さほど大きくない浜だ。

八時ちょうど。四つ目の小さな浜にいる。真西の方向に湾を隔てて網取の桟橋が見える。もう、半島の突端が近いのではないか。ということは、ナータ道はとっくに過ぎているはずだ。目印の浮き球を見つけることができずに、ここまで来てしまったことになる。この先に山越えの道があるとしても、距離的にはサバ崎を回るのとほとんど変わらない。だったら戻ろう。つい先ほど通過した三番目の浜から、稜線が少し低く見える部分があった。そこを越えることにしよう。

岩場を越え、三番目の浜に戻った。そこから、まずは稜線の鞍部を目指す。随分急な斜面だ。ところが、鞍部に立つと、正面に網取が見える。鞍部は半島の幹尾根ではなく、小さな枝尾根のものだったのだ。そこで、網取を背に向けて、枝尾根を一番高い所まで辿ってみた。この枝尾根は、以前は人が通ることもあったのだろう。何となく、そんな感じだ。

一番高いところまで登り詰めたら、ユナラ湾、その先に内離島も見えた。間違いない。ここが幹尾根だ。改めて方向を確認し、足下の斜面を沢に向かって下ることにした。

じきに谷となり、しばらくは水のない涸れ沢を下ると、サガリバナの小群落に出た。もう、浜に近いと思うが、その後しばらくは岩石帯が続く。最後は小規模なマングローブ。オヒルギとヤエヤマヒルギの群落があった。海岸林に遮られた泥地で、海までの間は伏流になっている。もう一歩で泥地を脱出。と、その瞬間、ズボーッと膝上まで沈んでしまった。まるで底なし沼だ。幸い、溝の幅が狭かったので、倒れ込むようにして対岸の岩に掴まり、懸垂するようにして這いずり出た。もし、掴まるものがなかったら、大変なことになっていたかも知れない。最後はオオハマボウとアダンの藪に潜り込んだ。

九時三〇分、ユナラ湾に出た。比較的大きな浜で、後で知ったのだが「ウセーキ」という名の浜らしい。湾の向こう側に井田の浜が見えた。

ここからは、ひたすら海岸線を辿ればいいが、ユナラ湾の奥までは、もう少し時間がかかりそうだ。砂浜と岩石海岸の繰り返しだが、障害物が少なく、歩くことには苦労しない。

一〇時〇七分。しばらく進むと湾がグッと狭くなり、海底がうっすら褐色に見えるようになった。浅い砂地に変わった証拠だ。最後の岩場を回ると、ふと右手の先に、木に吊るした白い浮き球が見えた。

地図からみても、ここがナータ道の入口らしい。だとすると、網取湾側は、二番目の浜あたりが入口だったのだ。ナータ道は、一時間足らずで越えられると聞いている。つまり、一時間半ばかりロスをしてしまったことになる。

ユナラ湾の奥には二つの川がある。河口は一つに繋がったマングローブで、その外側は、干潮になると干潟が発達する。船浮から来る場合、ユナラ湾は浮き球を目指して渡ればいいと聞いている。ということは、今日は、浮き球を背にすればいいわけだ。まだ水があったが、最深でも膝くらいの深さだ。注意を払いながら湾を渡る。マングローブの前線から沖合二〇〇メートル。直線で四〇〇メートルの横断だ。

一〇時一八分、ユナラ湾を渡り切った。あとは、ひたすら海岸線を辿ればいい。ユナラ湾の東側の海岸線は、小さな砂浜と岩石帯の連続である。岩石帯の陸側は二メートルから五メートルの砂岩の崖になっている。その上はほとんどマツ林だ。以前はこのマツ林の中に山道があったのだろう。今は確かな跡はない。岩石帯はそんなに厳しいものではなく、深みは所々にしかない。私は思いきってそこを歩き通したが、潮が合わず、どうしても通過困難な時には、マツ林の中を迂回できそうだ。後になって池田米蔵さんから聞いた話だが、昔は小さな砂浜の奥に、それぞれ田んぼがあり、山道が通じていたそうだ。また、鹿川に住んでいた三浦オジイ、ウダラ浜の砂川恵勇さんも、マツ林の中の小道を歩いて、船浮まで来ていたという。

一一時二〇分、井田の浜に到着。バタンと寝転んで大休止とする。ここまで来れば村に着いたのと同じだが、最後の岩場で、岩に沿って海を歩いていたら、胸まで水に浸かり頭上のザックが少し濡れてしまった。浜には三組の観光客がおり、簡易テントの下でくつろいだり、サーフボードを楽しんだりする姿が見えた。

一三時ちょうど、井田の浜からは二〇分で船浮に着いた。全行程七・六キロメートルの距離だった。池田米蔵さんを訪ね、再会を喜び合うと同時に、「ふなうき荘」に今晩の宿をお願いする。その後、水浴びと着替え、洗濯。ようやく畳の部屋で落ち着き、遅めの昼食をご馳走になった。また、上原のカンピラ荘に電話を入れ、船浮にいることと、明日上原に戻ることを伝えた。

池田米蔵さんは二月に会って以来、急に老けたように見えた。持病の糖尿病があり、薬を服用しながらの生活なのだそうだ。実兄の豊吉さんは、重度の糖尿病から足の切断手術までしたが、数年前に亡くなった。お父さんも糖尿病だったそうだ。豊吉さんは、職場が違ったが、私と同時期に石垣島で教員をしていた。夜は宿泊客を交えて二三時まで歓談。たくさんの山の話を聞かせてもらった。

六月一九日（月）晴れ

船浮を一〇時三〇分発の連絡船で白浜へ。同時刻、米蔵さんが大原へ出かけるということで、当初、彼の船で白浜へ渡るつもりだった。しかし、波が高く潮を被るからと、私だけは連絡船に乗った。白浜からは米蔵さんの車に便乗させてもらい、上原まで送ってもらった。

到着後、荷物の解体。洗濯をして、すべての山道具を屋上に広げた。ようやく、八重山の梅雨が明けた。強烈な太陽の下、洗濯物がよく乾いた。

船浮からウダラ浜へ

二〇一八年六月一六日（土）晴れ

夜半過ぎから三時までの間、台風五号が八重山諸島を通過、激しい雨と風だった。その後、小降りとなるが、時々強風が突き抜けていく。台風は昨日台湾南西部で発生し、八重山諸島を通過後、朝七時には宮古島近くに行ってしまったようだ。

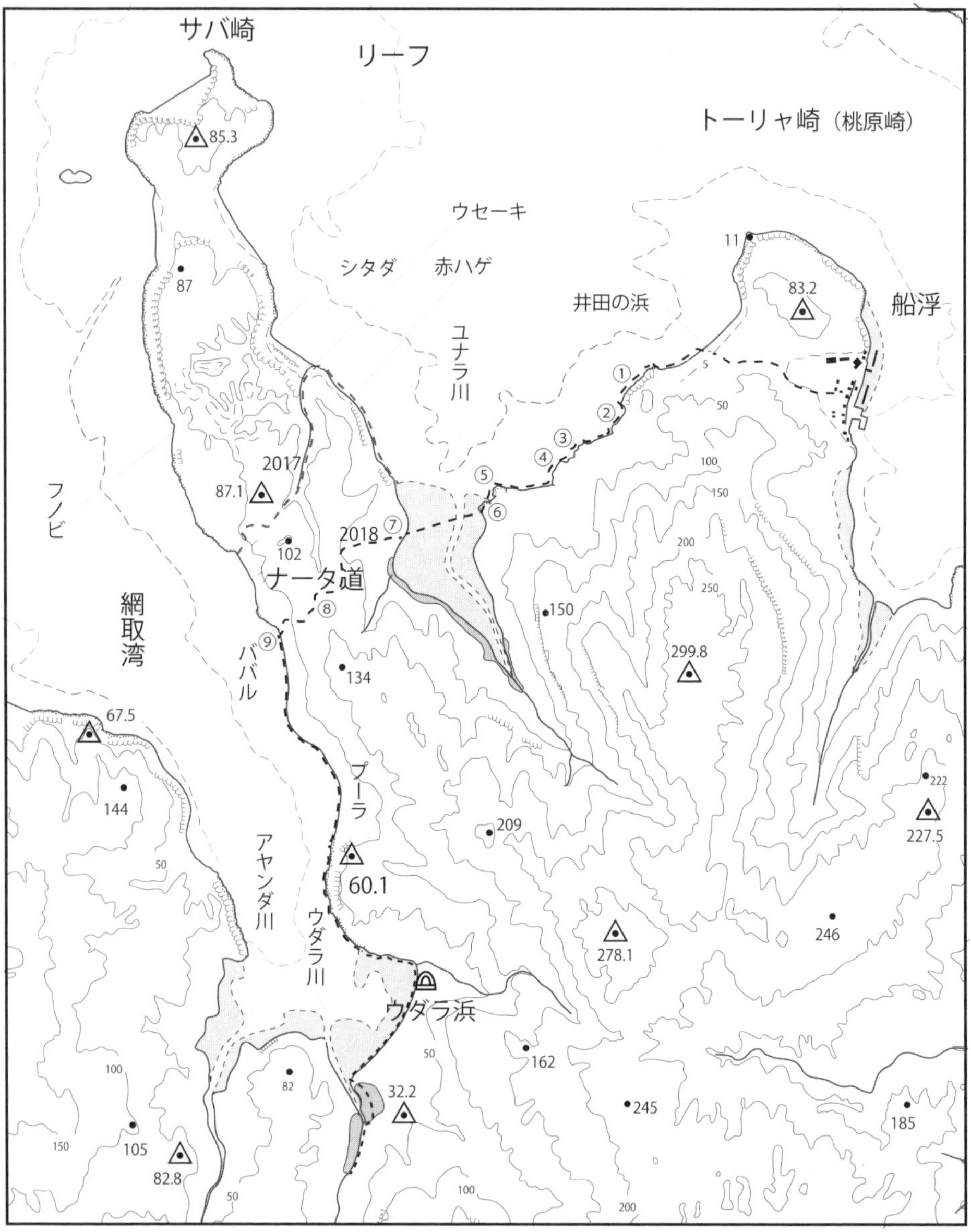

ユナラ湾の干潟とナータ道横断の他は海岸線を歩く．井田の浜南端から海岸線を行く．

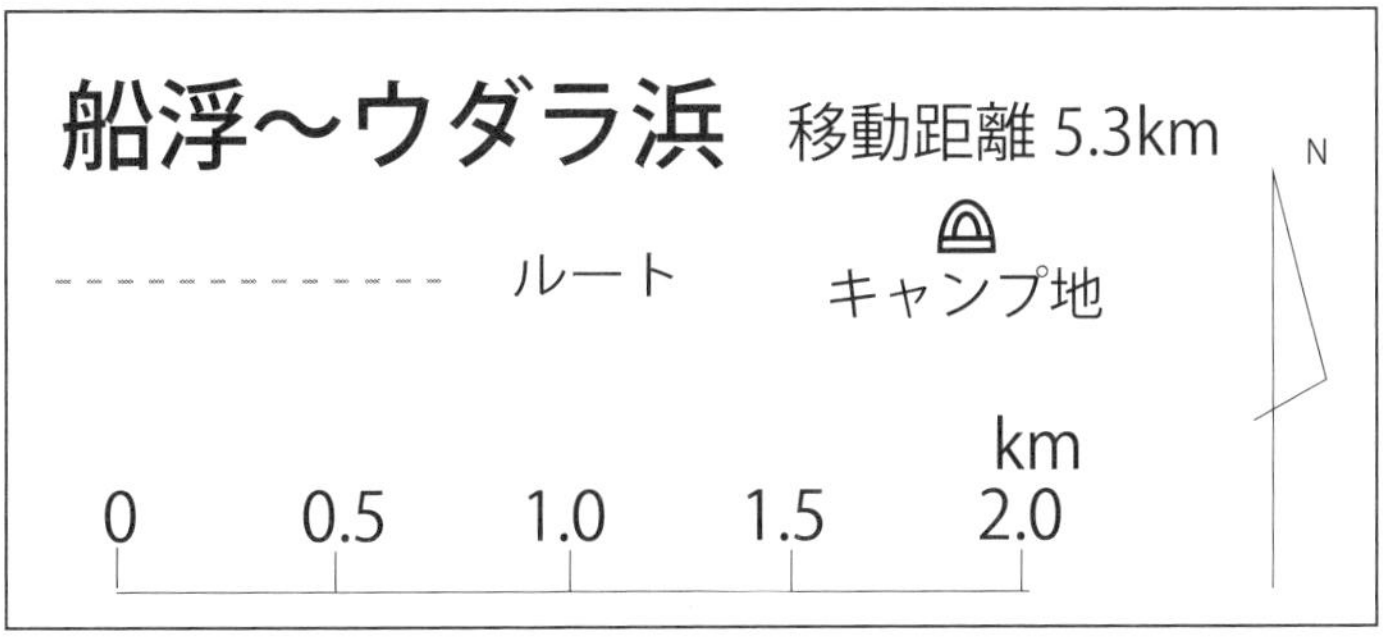

①岬
井田の浜南端に始まる．林内迂回不可．満潮時でも海岸線を辿る．大岩の上り下りと崖下を歩く．

②小岬
海が深い時は林内のアダン群落を突破．

③④ほぼ連続した小岬
間に小さな浜がある．海が深い時は林内のアダン群落を突破．
⑤小岬
海が深い時は林内のアダン群落を突破．

⑥ユナラ湾横断

⑥の小岬を回り切った地点から渡渉開始．干潮時は干潟になる浅瀬，常時横断可能．正面の小岬（岩場）の南側にあるマングローブ（西南西方向）を目指す．

⑦ナータ道起点
小規模のマングローブ．
直径 25cm クリーム色の「浮き球」2 個が目印．

ナータ道は不明瞭，所々赤テープあり．小沢に沿って登り小峠を越えると、すぐに別の沢⑧に出る.この沢を上流に遡る（下るとユナラ湾に戻ってしまう）.二つ目の小峠を越えると網取湾⑨ババルへ下る.

⑨ババル･ナータ道の網取側起点
ウダラ浜から 2 番目の小さな浜（1 番目の浜･プーラは大きい）．北端近くのオオハマボウの木に目印，直径 8cm の「浮き球」約 25 個がブドウ状にまとめて吊り下がっている．

ウダラ浜北側の岬は満潮時になると深い．山沿いぎりぎりを歩くことで通過は可能．

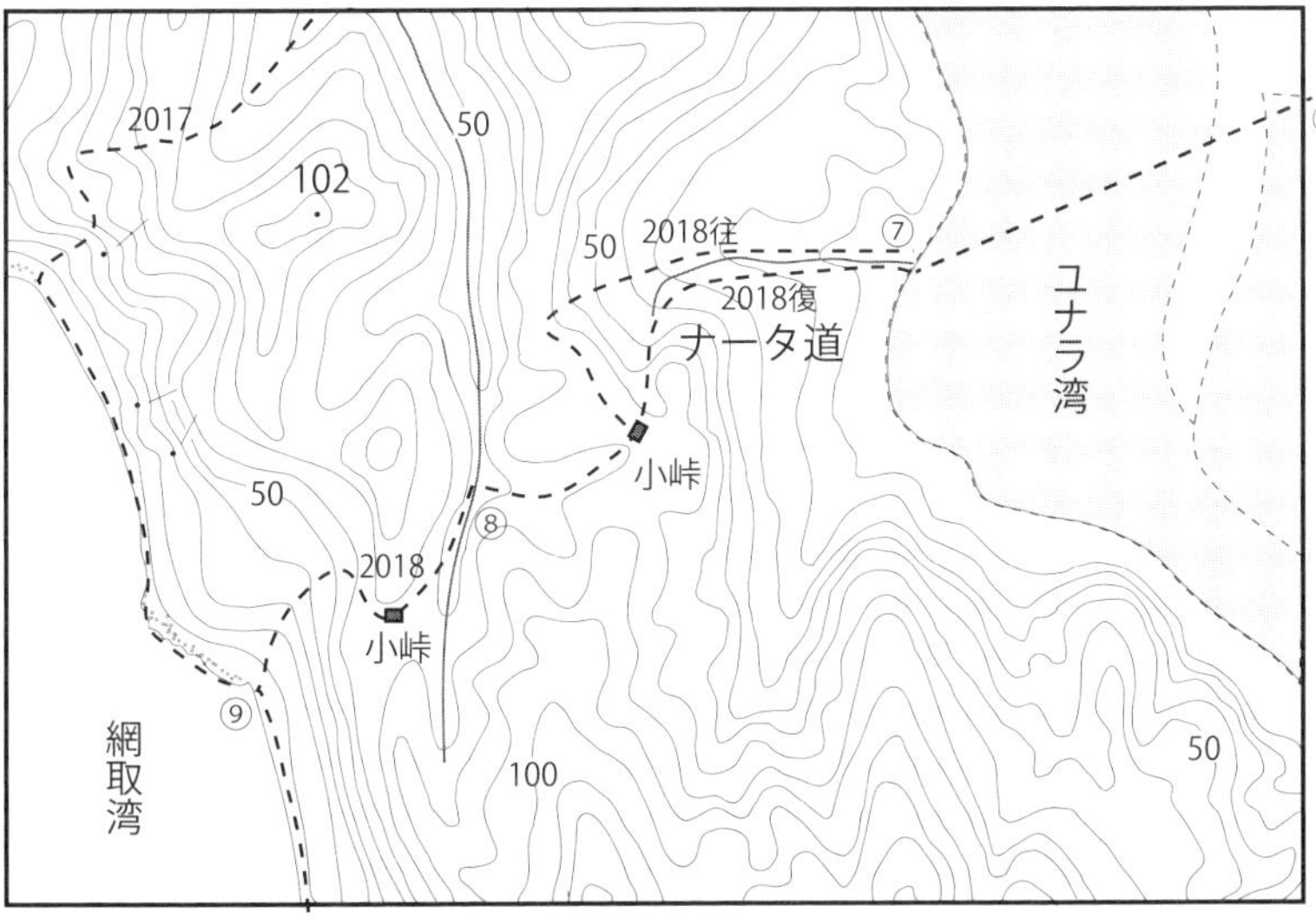

ナータ道拡大図

七時、近くでアカショウビンの声。天候が回復しつつある兆しだ。確かに、まだ雲の流れは速いが、風はほぼ収まり、普段の静けさに戻りつつある。北の空にわずかに青空が見える。全体に明るくなってきている。ただ、山は薄雲に包まれている。小雨が降っているようだ。

「台風が通過するまでは」と、一日待機していたが、この天候なら今日は出発できそうだ。予定では九時五〇分上原発のバスで白浜へ移動する。船で船浮へ渡ってからは、海岸伝いにウダラ浜まで歩くつもりだ。もし、体力的に可能ならば、今日中にウダラ川の渓流域まで入りたい。民宿を出る際に荷物を測ったら、ちょうど一八キログラムあった。今回も結構な重さだ。

九時ちょうど、上原港で白浜行きのバスを待つ。薄日が差しているが、山のほうは雨模様だ。

「安間さんですか?」。突然、声を掛けられた。同じバス停で、大原行きのバスを待っている人からだった。この日、上原発石垣行きの高速船が欠航、大原までの臨時バスが出る予定なのだ。

「はい。安間ですが、どこかでお会いしていますか?」。記憶にない顔だったから、そう答えた。すると「いや、初めてです。ご著書を拝読し、西表島を訪ねてみたくなりました」と、その人は切り出した。本にあったイラストから「この人だろう」と思ったという。顔を見て、間違いないと確信したそうだ。ぜひ山に入りたいと三〇年ぶりにトレッキングシューズを新調したとのこと。しかし、台風と梅雨前線にたたられてしまった。結局、山に入ることはかなわず、この朝、石垣島へ戻るところだそうだ。「まさか、著者に会えるなんて!」と、大変喜んでくれていた。

私の本がきっかけで西表島を訪ねてくれる人がいるとは、物書き冥利につきる話だ。もっとも私は、物書きといえるほどのことはしていないのだが。つかの間の立ち話ではあったが、うれしい出会いであった。

一〇時二五分、白浜に着く。明日は旧暦五月四日、沖縄県各地の漁港で海神祭が催される日だ。航海の安全や豊漁を祈願する漁師の祭りで、白浜でも今日が前夜祭、明日にはハーリーがある。ハーリーとは装飾を施した「爬竜舟」を漕ぎ合う競争で、海神祭りのメインイベントである。しらはま荘の嘉勢本曙さんに会った。一晩泊まってハーリーを見ていけばと勧められたが、台風で一日つぶしてしまったこともあり、このまま船浮へ渡るつもりだ。風が強いが、天気は回復していくようだ。

一一時三分、船浮に到着。桟橋から上陸し、ＧＰＳをオンにする。船浮は崎山半島への起点である。「ふなうき荘」に立ち寄り、池田米蔵さんにあいさつし、今回の予定を伝えておくことにした。

一一時一〇分、船浮集落を出発。池田米蔵さんは入れ違いで白浜へ出かけてしまったそうで、結局、会えなかった。

一一時三〇分、井田の浜。アイゼンとスパッツを装着、足回りを整える。ここからは道もなく、ずっと海岸線だ。

井田の浜が終わり、巨岩が連なる岩石海岸がはじまる。あいにく今日は潮が合わず、海の中を歩くことができない。昨年、一度だけ通ったことがあるからわかるのだが、数カ所、胸まで浸かってしまう深みがあるのだ。岩の上を伝い歩きすれば通過できるのだが、ひょっとしたら林内に迂回路があるのではないかと、浜の南端から山に入ってみた。しかし、人が歩いた痕跡はまったくない。かなり急峻な斜面で、強引に近道しようとしても、かえって時間と労力がかかりそうだ。結局、一旦浜まで下り、海岸線に沿って岩石の上を辿ることにした。

そういえば、林内にはイノシシわなが掛けられており、獲物がないまま撥ね上がっていた。今のワナは昔のものと違って全体が編んだワイヤーでできている。木を使った竿ではなく、鋼鉄製のスプリングを使っている。どうも、既製品が売られているようだ。すぐ近くに小滝のような水場がある。浜からはまったく見えない場所で、水量も十分あるから、海水浴の後体を洗うこともできそうだ。ただ、地形からすると、普段はほとんど水がないような気がする。

最初の岬は、北半分は岩石の積もった海岸で、すぐ脇は急峻なアダンの密林になっている。だから、一つ一つ岩を越えていかなくてはならない。岩の上は滑りやすいが、アイゼンがしっかり効いているので問題はない。南半分は垂直な崖になっているが、直下に満潮時でも潮に浸からない平たんな棚がある。ここも楽に通過できる。

一二時四五分、まだユナラ湾の船浮側の海岸にいる。最初の岬は、岩を上り下りしながら海岸線を通過できたが、その後の三つの小岬は海が深すぎるので、林内を迂回した。外観はマツ林だが、いざ入ってみるとアダンの密林で、通過が極めて困難。荷物が少なければ、腰まで水に浸かってでも海岸線を歩いたほうが楽に違いないが、これだけ荷物が重いと頭へ載せることも難しい。林内を通過するしか方法がなく、時間ばかり経ってしまっている。

六つ目の小岬を過ぎると、ユナラ湾奥に広がるマングローブの全景が見えてきた。また、マングローブの手前からこの岬あたりまで褐色の海底が見えていて、あまり深くないことがわかる。干潮時には干潟になるのだろうし、ひょっとしたら満潮時でも渡れるかも知れない。

対岸はサバ崎に続く半島である。ウダラ浜へ行くにはこの半島を越えて網取湾に出なくてはならない。半島の付け根にナータ道と呼ばれている山道があるはずだ。昨年、半島の海岸線を歩いた時、中くらいの大きさの浮き球が吊り下がっている場所を見ている。そこが山道の入り口のはずだ。今見えている対岸の小岬近くだ。そこをめがけて直線的に渡渉した。昨年、ウダラ浜から船浮へ戻る際、山道がわかっていたら、そこに出てきたはずだ。ところが、ナータ道の網取湾側の入口を見つけられず、ずっと遠回りをして、ようやくユナラ湾に抜けた。その時に浮き球を見つけ、次の機会には、ここから山道に入ろうと考えていたのである。

ユナラ湾を渡りきる。危険は感じない。記憶どおりの浮き球があり、林内へ入ると小規模のマングローブになっていた。そこを海岸線から直角に進むと、急に浅い谷となり少しずつ登っていく斜面になる。所々に赤や黄色の古いテープがある。しかし、それもじきに見失ってしまった。目指す峠は標高六〇メートル、大した高さではないからと、強引に斜面を登っていく。ところが、分水嶺に立ったものの、反対側は網取湾ではなかった。下ったところで、再びユナラ湾に戻ってしまうような地形なのだ。そこで稜線を南へ移動、やがて古い赤テープを見つけた。ここが、本来の峠のようだ。ところが、ここを下っても、やはり、ユナラ湾に戻ってしまうようだ。沢に沿って少し下ってみて、この沢が昨年ウダラ浜から船浮に戻る際に下った沢らしいと気づいた。そこで、この沢を逆に遡り、ようやく二つ目の峠に辿り着いた。狭い半島の横断なのに、二つの峠がある。これはユナラ湾と網取湾を隔てる分水嶺が極端に西に寄っており、分水嶺の手前に二つの沢が南から下ってきているからだ。

一三時二〇分、何回かの失敗を繰り返した後、半島を横断し網取湾に出た。ナータ道は一度通れば間違えることはないだろうが、初めての私には、わかりにくい道だった。

ナータ道の網取湾側起点もわかりにくい。後に知ったのだが、「ババル」と呼ばれている地点だ。ウダラ浜から船浮に戻る際、最初の浜は「プーラ」という大きな浜。二番目は小さな浜だが、ここがナータ道の起点だ。二番目の浜だと知っていれば何ら問題はない。また、浜の北端近くにあるオオハマボウの木に浮き球がある。ユナラ湾口と違って直径八センチくらいの小さなものだが、二五個くらいがブドウの房のようになって吊るしてあるのだ。これも、知ってさえいれば見逃すことはないだろう。しかし、何の情報もなく歩くと、つい通り過ぎてしまうかも知れない。

一三時を回っている。この時間帯になると、かなり潮が引いてきている。これからどうしようかと思うが、キャンプするため、まずは水場のあるウダラ浜まで行こう。海岸線は何の苦もなく歩くことができた。

一六時一〇分、ウダラ浜の北詰に到着。前回と比べて五〇〇メートル短縮、全行程七・一キロメートルだった。天気はいいが、海から強い風が吹きつけていて、肌寒さを覚えるほどだ。潮はかなり引いており、前の海は干潟となって広がっている。本当なら、こんな引き潮の間にマングローブを抜けてウダラ川の渓流域までしよう。

行っておきたい。しかし、疲れている。とても体力がもたない。今日はここで一泊し、明日、出発することに

ウダラ浜の北詰には、砂浜から少し入った林の中に、砂地の平らな広場がある。木の根っこもほとんどない。詰めれば、四張りくらいテントを設営できそうだ。使いやすい水場も至近にあり、キャンプするには絶好の場所だ。ここはかつて、砂川恵勇さんが一〇年ほど生活した跡だ。

後日、古い地図を見たら、この地点は「ナースノチビ」と呼ばれていることがわかった。「ナス」は「苗代」のことだそうだ。この一帯では、昔、網取の人たちが水田を作っていたが、最初の苗を育てたところが、沢からの真水が得られるウダラ浜の北詰だったのだろう。

この沢について、ある書物には一帯の詳細なイラストと共に、「アミータ川」と記されている。また、別の資料では手描きの地図に「アミヤ川」と書かれている。もっとも、その地図では、浜の北詰に沢はなく、アミヤ川はウダラ浜の中央部に河口がある。実際に現場へ行ってみると、確かに浅い水溜まりが林内にある。そこが、アミヤ川なのかも知れない。しかし、普段は山からの水の供給はなく、海岸林を削って海に流れた痕跡もまったくない。はたして、こんな場所に「川」の名前を付けることがあるのだろうか。

池田米蔵さんに尋ねたら、「名前はない」と言われた。あるいは昔、名前があったのかも知れない。しかし、網取は一九七一年に廃村となったし、ウダラ浜で田畑を作る人も、半世紀以上前から途絶えている。唯一、ここで生活した人が砂川恵勇さんだったが、彼は他所からきた人だった。書物に記さない限り、こんなふうにして古い地名や言葉が消えてしまうのだろう。ただ、アミータ、アミヤの「アミ」は、「網取」のアミ。「アミータ」は、あるいは「網取の田んぼ」という意味かも知れないと思ったりもする。

一七時五〇分、テントを設営してから水浴。簡単に洗濯を済ませて、海岸の木に干しておいた。今は、夕食の準備でレトルトを温めている。テントを張った場所は、砂川恵勇さんの墓碑の近く、少し奥まった所だ。今

日は未明に台風が八重山諸島を通過したが、夜明け以降は急速に天気が回復し、よく晴れてありがたかった。ただ、サバ半島を横断するナータ道で迷ってしまい、かなり時間をロスしてしまった。当初の予定では、今日のうちにウダラ川渓流域まで入るつもりだったのだ。夕方の干潮を利用して、マングローブを楽に抜けられることもわかっている。時間的にも一時間もあれば、十分行ける距離だ。しかし、もう、キャンプを決めたのだから、そんなことを考えても仕方がない。明日は満潮時にマングローブを歩くことになるが、奥まったあたりに浅瀬があるだろうし、そんなに心配していない。アカショウビンが海岸林の中を突き抜けて行った。

一八時五六分、今日は、確かによく晴れてありがたかったが、夕陽がまともにテントに当たっている。テント設営時、海からの風が強かったので、入口を海に背を向けて反対側にしたのだが、これは失敗だったようだ。この時間になって、テント内は蒸しかえすような暑さだ。そうかといって、すでにテント内にすべての荷物を入れてあるから、これから向きを変えるのもしたくない。

食事を済ませ、テント内の整理も終わった。いつでも寝られる態勢だ。今日の疲れ具合はいつもと同程度だと思う。しかし、荷物が重すぎた。食料を必要以上に多く持ってきたことが一番の原因だろう。すでに、当初の予定をこなせないだろうと感じている。それはやむをえない。というより、無理せず、やれる範囲内で安全に踏破すればよいのだ。私も七〇歳を過ぎた。地下足袋で、ろくな装備もなく平気で歩き回っていた若い頃とは違うのだから。

今回の南海岸の遡行で、当初の全体計画では、ウハラシュク川を上り詰めた後、アヤンダ川を下り、河口付近からアヤンダ第一支流を遡上、ウサラ道を通って崎山湾に入る。そののち、ウボ川を遡って分水嶺を越えて鹿川へ出る。さらに、越良湾に出て船浮に戻るというものだった。この計画を半分に縮小する。すなわち、ウハラシュク川を上り詰めた後、ウビラ川を途中まで下り、その支流からウボ川へ山越えをし、崎山湾に下る。崎山湾からは、ウサラ道を経てアヤンダ川、ウダラ川に出る。つまり、このウダラ浜に戻ってくるという計画だ。ここからは、同じルートを逆に船浮まで戻ることになる。

アミータ川の水場は、昨年に比べて二倍以上の水量になっている。昨日と一昨日の降雨による影響だろう。ただ、小さな沢だから、あと一日も経てば通常の水位に戻るはずだ。同じように、明日のウハラシュク川も通常より水位が高いかも知れない。しかしそれも、通常の注意をもってすれば、心配には及ばないだろう。


（ウハラシュク川に続く）

ウダラ浜から船浮へ

（ウサラ道より続く）

二〇一八年六月二〇日（水）。晴れ
六時三〇分、海風が心地よい。裸でいると肌寒いくらいだ。たまにヒヨドリの声がするが、ほとんど音のない世界。潮は思ったほど引いていないが、時間からみると、これから徐々に引いていくのだろう。浜にはヤラブの木があり、今が満開。白い小さな花だが、パラパラ、パラパラと絶え間なく落ちてくる。ヤラブに並んでハマゴウの株があり、これも満開。紫色の小さな花がびっしりと咲いている。

昨夜は降ったり止んだりの天気だったが、強い降りにはならなかった。ところが、真上に大きなオオハマボウの木があり、水に濡れて重くなったせいか、時々、花が落ちてきた。そのたびに、テントに当たって、ボタッと音を立てていた。

夜半にテントから出てみたら、数匹のオカガニがいた。海岸林にある直径五センチの穴はオカガニの巣穴だ。テントの真下にも一つあって、穴から出ることができないのか、夜中にゴソゴソとやっていて、これには閉口した。とはいえ、テントで巣穴の出口を閉ざされたオカガニは、私以上に迷惑がっていたに違いない。

先日一七日の朝、ここウダラ浜を発ち、ウハラシュク川、ウボ川、ウサラ道をまわり、昨日、戻ってきた。

今日は一日滞在して、濡れたものを干した後は休息に徹しよう。長い経験の中で、このような休息日を取るのは初めてだ。退屈するのではと、贅沢な心配をしている。

今回の山歩きでは、サキシマハブに一回遇った他、セマルハコガメに二度遇っている。一頭はウビラ川源流の湿地帯。十分に成長した大きな個体だった。もう一頭はウダラ川沿いの山道。成長した個体だが、まだ、甲羅の筋模様が鮮明に残っていた。その他、キノボリトカゲに頻繁に遇ったし、サキシマカナヘビも一度見ている。他にはアザンザの旧田んぼで、ズグロミゾゴイかゴイサギを見た。目の前の溝から飛び立ったのだが、後ろ姿だったので、種類まではわからなかった。小鳥の声も沢山聞くことができたが、私には声だけでは種類がわからない。

今のところ筋肉痛はほとんどないが、明日、船浮に出て民宿に落ち着いた時、急に痛みが出てくるのかも知れない。いつも、そうなのだ。しかし、これまでと違って、今回は初めて休息日を作った。これは想像以上に体にいいような気がする。

明日は、船浮まで出る。ナータ道の正しいルートもわかったし、今までよりずっと楽に行くことができるだろう。

六月二一日（木）晴れ

五時三〇分起床、いつもより早い時刻だ。潮はまだ半分くらいの引き。この先、もう少し引く計算だが、満ち潮に変わる前に歩き通したい。準備が整い次第、朝食をとらずに出発するつもりだ。テント内はまだ暗く、ライトなしでは作業できないが、まずは荷物のまとめからだ。さいわい天気がいいので、まとまったものから外に並べ、ザックに詰めていった。ザックも衣類も干すことができたから、荷物はだいぶ軽くなっている。三日も歩いていると食料がなくなっていくのでザックは軽くなる。ただし、テントが雨に遇ったりすると、出発前の重さに逆戻りしてしまうのだが。

六時一五分、砂川恵勇さんの墓に一礼して出発。ウダラ浜ともお別れだ。

最初の岬になる岩場は、普段から深く、満潮時はちょっとした難所になる場所だ。今朝は半分程引いていたが、それでも少しばかり水の中を歩いた。ゆっくりだが順調に歩き、ババルには七時五分に着いた。ナータ道の崎山湾側の入口にあたる浜だ。

急な斜面を登り切って一つ目の峠に立つ。ここから反対側の沢沿いに下り、途中で右折、五〇メートル程登ると次の峠に出た。すぐにはじまる別の沢を下っていく。やがてユナラ湾に出た。オヒルギの小群落があるところだ。これが本来のショートカット、すなわちナータ道だ。古い赤テープが所々にあり、今回はこれにそって歩いた。後日、GPSの記録を見たら全行程五・三キロメートルだった。初回の七・六キロはなんだったのだろう。

ユナラ湾は完全には干上がっていないが、水深一〇センチ程度、苦もなく横断する。ユナラの滝が見える。一六日の時と比べて、だいぶ水量が減っている。沢が短いから、雨が降らないとじきに通常の水位に戻ってしまうのである。

その後、ユナラ湾の東岸に沿って、岩場、浜、崖下の岩、海水の浅い部分を選んで歩き、林内を迂回する必要もなく井田の浜に着いた。ここで大休止。結局、朝食は摂らなかった。食欲が湧かないのだ。

ウダラ浜出発の際、水場まで行かずに、浜を流れている部分から飲み水を取った。ボトル半分の五〇〇ミリだけにした。これだけあれば、次の水場まで十分だと考えたからだ。次の水場はナータ道の沢。途中、水を飲むことはなかった。ところが、ユナラ湾を渡って井田の浜へ向かう途中で喉が乾いた。そこで、初めてボトルの水を飲んだ。ところが、水はスポーツドリンクのような味がして、それでいて、とてもまずいのだ。原因はすぐにわかった。砂浜から滲み出た海水を含んでいたのだ。とはいえ水はこれしかない。我慢して飲み干した。

井田の浜に着いた直後、水場へ直行した。だが、悲しいことに、水場はほとんど涸れていた。水筒を当てて少しずつ水を集め、砂混じりの水で喉を潤した。

九時三〇分、「ふなうき荘」に到着。一夜の宿を乞う。これで、今回の山歩きも無事終了。アイゼン、靴を脱ぎ、すぐに洗濯と、テントとザックを干す作業。シャワーを浴び、ようやく部屋に入った。昼はとなりの食堂でソバを食べながら池田米蔵さんと雑談、午後は部屋でゆっくりと過ごした。

六月二二日（金）晴れ
船浮発一〇時三〇分の船で白浜へ。

白浜から上原へは、船で一緒だった井上さんが軽トラックで送ってくれた。もう亡くなられたが、戦前、オトシヤマという西表島古来のワナでイノシシ猟をしていた、井上文吉さんの息子さんだ。

昼前に上原のカンピラ荘に到着。荷物をほどき、テントやフライシート、ザックなどを改めて干す。靴、スパッツなど汚れ物を洗濯し、これも屋上で乾かす。

滞在予定の日数は十分にあるが、もう山へ入らずに、ゆっくりしたい。月末には知人のグループが来島する。カンピレーの滝や古見岳を案内する予定だ。それまでに疲れを完全にとっておこう。

この日、上原ではデンサー祭りの前夜祭があった。公民館前で、ビールの早飲みやゲームみたいなことをやっていた。公民館はカンピラ荘の隣りだが、民謡や踊りがなかったので、私は見に行かなかった。

六月二三日（土）晴れ
上原では、午後からデンサー祭りが催された。古くからあった祭りではなく、沖縄の日本復帰後の「デン

満潮時のウダラ浜.北詰から南方面を見る.干潮時は大きな干潟となる.

船浮〜ウダラ浜

ウダラ浜北側の岬（北側より南を見る）.
満潮時は深いので岩場の山際を歩く.

井田の浜南の崖（南側より北を見る）．満潮時
は岩の上を歩く.

ババル.ナータ道の網取湾側起点.
房状に吊るした「浮き球」が目印.

サー節大会」という民謡大会がはじまりで、何年か前から、そこに色々な出し物を含めた祭りになったものだ。第一部では、小規模ながら弥勒行列、旗頭、綱引き、棒踊りなど。祖納の節祭に登場する弥勒行列、石垣島の豊年祭の時の旗頭、沖縄の豊年祭などの綱引き、沖縄や与那国島の盆の行事の棒踊りなどを取り混ぜたものだ。第二部では、舞台での踊りがあった。

会場にいたら、崎枝時代の生徒、福里清信君が訪ねてきてくれた。一行六名、西表島のサガリバナを見に横浜からの友人四名、その一行に那覇から妹さんが合流したのだそうだ。私がカンピラ荘にいることは知らせてあったが、ちょうど滞在が重なったのだ。最終の高速船で石垣島へ戻るというので、上原港で見送るまで一時間ほど立ち飲みしながら、雑談を交わした。そこに、祭りに居合わせた石垣長健さん夫妻と、カンピラ荘の二女、吉美さんも加わった。石垣さんの奥さんは福里君と高校の同級生。吉美さんは、福里君の妹と高校で同窓だったそうだ。世間は狭いものだ。

夕方、部屋でくつろいでいたら、吉美さんが、「石垣さんからの招待です」と、声を掛けてくれた。そこで、吉美さんのご主人、玉盛亮さんと二人で石垣さんの店へ出かけた。

店は上原の中野よりのはずれにあり、イノシシ料理専門の飲み屋である。開店したばかりで、まだ、店の名前が決まっていなかった。石垣長健さんは、長らく琉球大学熱帯研究所に技官として勤めた人だ。廃村となった稲葉の出身で、小学生時代を稲葉で過ごし、その後は干立で生活してきた。西表島でも数少ない現役のイノシシ捕りで、自分の畑に柵を巡らせ、捕獲したイノシシ三〇頭ほどを放し飼いにしている。すでに亡くなられたが、父親の石垣長有さんも猟をしており、私も「大ヤマネコ」の情報集めの際にお会いしたことがある。また、私が親しくさせていただいている石垣金星さんは、長健さんの従兄にあたる。

稲葉村の話、イノシシ猟の話、島一番の猟師であり、私の大家でもあった古波蔵当清さんの思い出など、料理に舌鼓を打ちながら、夜遅くまで歓談した。

ピーミチ川（ミズウチ川・水落川）

ピーミチ川は船浮湾の奥に開口する沢の一つで、河口は隣接するウジェラ川、別名インヌピシ川（左ミズウチ川）と一つになっている。河口から分水嶺まで約二・五キロメートル。河口一帯にはマングローブが発達し、約五〇〇メートルが感潮域となっている。西表島の川は、感潮域からいきなり渓流に入るのが特徴だ。他府県では普通にある中流域、すなわち干満の影響を受けずに淡水がゆったり流れている区間がない。そんな西表島の川の中でもピーミチ川は特別の存在だ。感潮域と渓流の境界が崖、すなわち滝になっており、真水が直接、感潮域に落ちている。この滝が「水落の滝」である。満潮時には海水が滝壺まで上がってくる。

沖縄が日本に復帰した後、八重山諸島で上水道施設が整備された。これにより、どの島にあっても、常に安定した水の供給が得られるようになった。それ以前は島ごと、あるいは集落ごとに簡易水道があったが、安定した水の供給が常時可能だったわけではない。私の記憶にあるのは一九六七年の干ばつだ。この年、八重山のほとんどの島が水に窮し、西表島と石垣島から緊急に水を運んだことがあった。この二つの島には、山地があり水が枯渇することはなかった。そんな西表島であったが、河川の水位は極度に下がり、水に不自由する集落も出てきた。そんな中、ピーミチ川の存在は貴重だった。滝壺までサバニを乗り入れることができるからだ。サバニとは、沖縄の伝統的な木造舟だ。ただし、現在はプラスチック製に代わり、ほとんど見られなくなっている。干ばつの時、船浮、白浜、祖納の人たちは、サバニにドラム缶を積み、水落の滝まで来て貴重な真水を調達した。

同様の話は昔からある。船浮湾は衝立のような崖で囲まれており風波の害を受けにくいため、古くから避難港として利用されてきた。そんな停泊船の取水場が水落の滝だった。一八八四年、イギリスの軍艦サマラン号の艦長ベルチャーが記した『サマラン号来航記』にもセイモワ湾（船浮湾）で海に流れ込む清流から取水したと読み取れる部分がある。

ピーミチ川は、御多分にもれず、今はカヌーツアーの目的地の一つになっている。船浮または白浜から漕ぎ出して、マングローブの水路を走り、滝壺で水浴びとランチ。その後、同じルートを帰っていくのである。ピーミチ川への徒歩でのアプローチは、唯一、船浮から船浮湾沿いを行くルートが考えられる。

ピーミチ川遡上

二〇一七年六月一四日（水）朝曇り、日中時折激しい雨

一一時二二分、白浜からの連絡船で船浮の桟橋に着いた。今回はピーミチ川から分水嶺を越えてアミータ川を下りウダラ浜に出る。その後、鹿川あたりを往復したいと考えている。まずは、ピーミチ川の水落の滝へ向かって出発だ。天気があまりよくないが、まだ、雨は降っていない。今日は潮が合わず、船浮湾の海岸線は岩の上を歩かなければならない箇所が多いはずだ。時間がかかっても構わない。十分に注意して行こう。山中を含めて五日間を無事に過ごしたいと思う。

海軍壕のトンネルを抜け、じきに海岸に降りた。海は満潮。干潮時だったらほとんど砂浜を歩くことができて楽なのだが。まあ、これは仕方ない。特別に深くなっている難所はない。小さな岩場があり、これを越えるとフカイ川。上流に船浮集落の水源がある川だ。フカイ川の河口も干潮時はずっと先まで干潟となり、かなりのショートカットができる場所だが、今日は、奥側の浅瀬を探しながら渡渉した。

フカイ川を越えてからはずっと岩場が続く。大石を一つ登っては下り、また乗り越える。アイゼンを装着しているから、スリップなどの心配はほとんどない。だが、砂浜を歩くことができないから、ひたすら岩の上。遅々として進まない。

一三時二七分、タク崎という岬に来た。岩場にコンクリート柱が建っている。ここから越良川に入るという標識だ。この岬までは、ずっと船浮集落が見えていた。しかし、この岬を回ると、もはや集落は見えなくなり、越良川の左岸を南方向に辿っていくことになる。少しずつ奥地へ入っていくことを実感する。

相変わらず、崖下の岩の上を一つ一つ歩いている。言っても仕方ないが、干潮時であれば、砂浜を安全に、しかも早く歩くことができる。今日は潮が合わないが、行程上、どうしてもこの時間帯に、ここを歩くしか方法がない。

一三時三二分、小一時間前から雨が降りはじめ、本格的な降雨に変わっている。ここまで海岸線を、ずっと崖下の岩の上を辿ったり、少しでも干上がっている砂地の所は、その上を歩いてきたが、どうしても通過できない場所は、膝あたりまでの水深の所を歩いた。

ピーミチ崎を通過すると、いよいよマングローブ帯に入る。マングローブでは、一番奥側の丘陵との境目を辿ることが基本だ。だが、陸からの木の枝が張り出していたり、密生した灌木が行く手を塞いでいる場所では、やむを得ずマングローブを通過しなくてはならない。水路は木が少なくて歩きやすかったりする。ところが、膝まで沈んでしまうような泥地も同じ水路にあり、見ただけでは区別しにくい。密生したオヒルギの膝根も障害物には違いない。快適に歩くことのできるマングローブなんてないのだ。泥地では、アイゼンが脱げてしまうのではと心配になったり、泥地に足をとられ、ヒルギの枝に掴まって脱出することもしばしばだった。

一五時二二分、水落の滝（F09）。ここまで結構な時間がかかってしまった。今、広い滝壺の脇に立っている。今回初めて気づいたのだが、滝のかかる崖から下流の、五メートルから一〇メートルの間が、連続して非常に浅くなっている。角張った石が堆積し、その上に砂泥がかぶさって平らになっている。現在で水深三〇センチ、この状態だと干潮時にはおそらく底が露出するだろう。あるいは土砂が溜まって地形が変化したのかも知れないが、今後は、潮の干満に関係なくここを渡河できるだろう。ずいぶん、楽になりそうだ。

古い記憶だが、一九七〇年にここを通過した時は、大潮の干潮時にもかかわらず、もっと深かったように思う。どうしても渡れなかったから、その時は滝の崖に張り付くようにして滝の直下を横断した。ちょうど足場になるような水平な岩の棚があったのだ。

八年前には潮が合わず、滝の直下の棚でさえ背が届かなかった。やむを得ず滝の右岸の崖を、時間をかけてよじ登り、ようやくピーミチ川を通過した。その時、この部分が浅かったかどうかは確認していない。水が濁っており底の部分がまったく見えなかったのだが、もし、今と同様に浅いことがわかっていれば、当然渡っていたはずだ。

※二〇一八年六月二一日、「ふなうき荘」に投宿した晩、主の池田米蔵さんから、水落の滝の話が出た。「確かに昔は深くて、大干ばつの際には船にドラム缶を積んで滝下まで行き、直接水を取っていた」。つまり、川に浅い箇所はなく、滝壺まで船で入ることができた。ところが、昨年あるダイビングサービス店が、客を滝壺で十分に遊ばせたいと考え、滝壺までボートが進入できないように石を積んでしまったのだそうだ。ツアー客は真水の滝壺で存分に泳ぎ、仮に流されても堰の所で足が着き、下流へ流される心配がなくなったというわけである。そういうことをしていいのかよくないのか。なんともいえない。ただ、客は十分に楽しむことができるだろうし、私のような通過者には、橋ができたようなもので、便利になったといえるだろう。

水落の滝の上に行くには、滝壺から見て右側（左岸）の林内を大きく高巻きするのがいい。右岸は急峻な崖

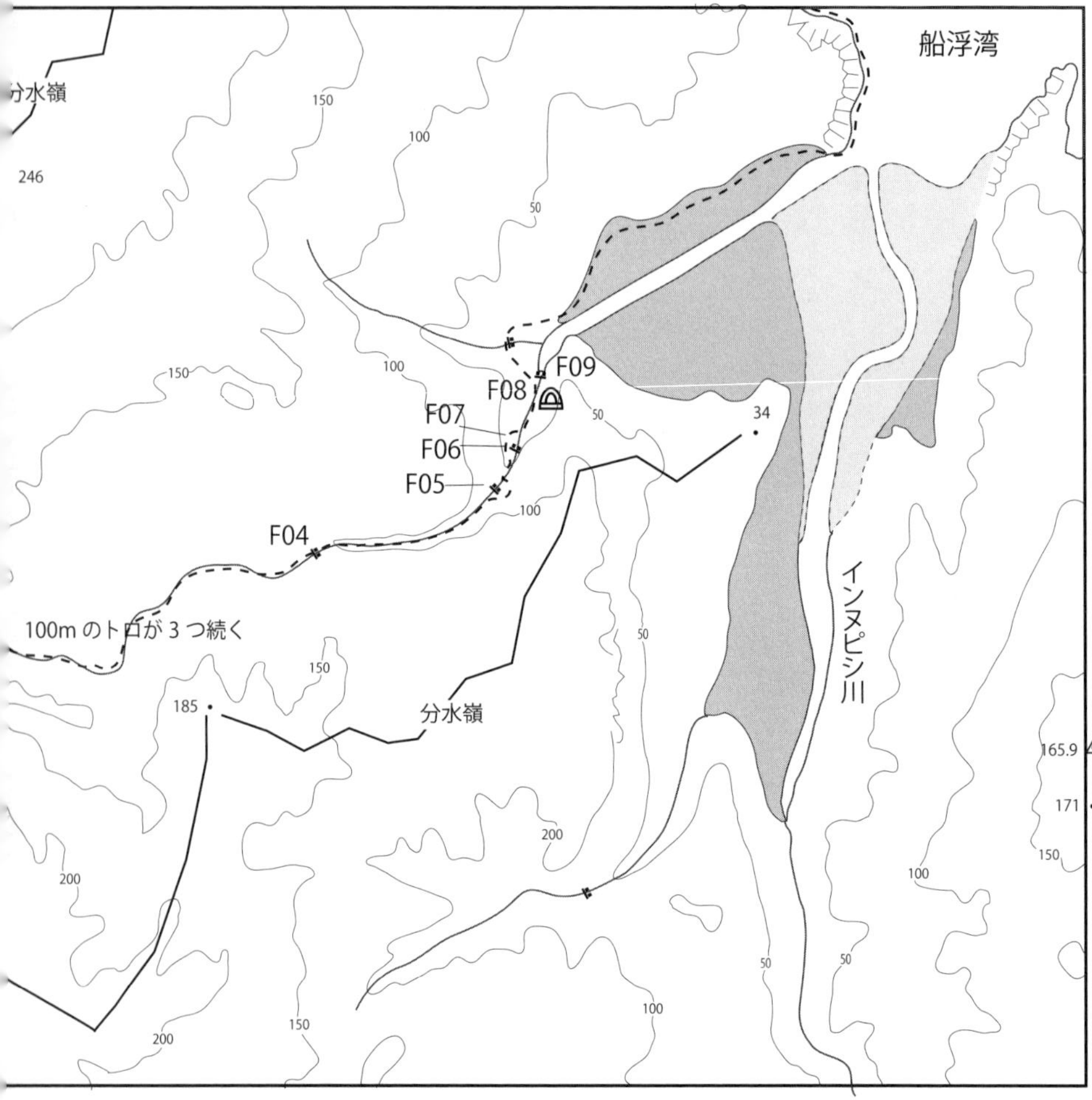

F04
2m, 斜めに落ちる滝 . 全体としてスラブ地形が続く .

F03
8m.2 段 . 上段 3m, 下段 4-5m.かなり明るい谷 . すぐ下流の右岸に同大の滝（本流ではない）.

F06
2m 垂直 .F07 の滝口の上流側15m にある . その中間に 1m の落差（小滝あり）. 展望よし .

F05
最大の難所 . 全体 30m, 大きく3 段 . 上部 10m,5 段で階段状 .中部 10m 垂直 . 下部 10m 階段状.かなり大きく迂回して通過.

F09 水落の滝
8m垂直.崖は弓状に 40m.2 つの滝を高巻きする.

F08
水落の滝のすぐ上流.高さ4m. 細い流れ.

F07
垂直 .10m. 幅 5m. 正面の壁の幅 15m, 両側に幅 20m の壁が直角に接している . 左岸を高巻き , 比較的安全 .

F02
2 段 .2m. 立派な滝壺 , 長さ 5m,幅 4m, 深さ 1m 以上 .

F01
段 3m,3 段 . 直登可 . 幅 10m, 緩やかに弓状に川幅一杯に広がる .10m 上流に 1m の落差あり . 南から下る本流にあり , 横断ルートではない .

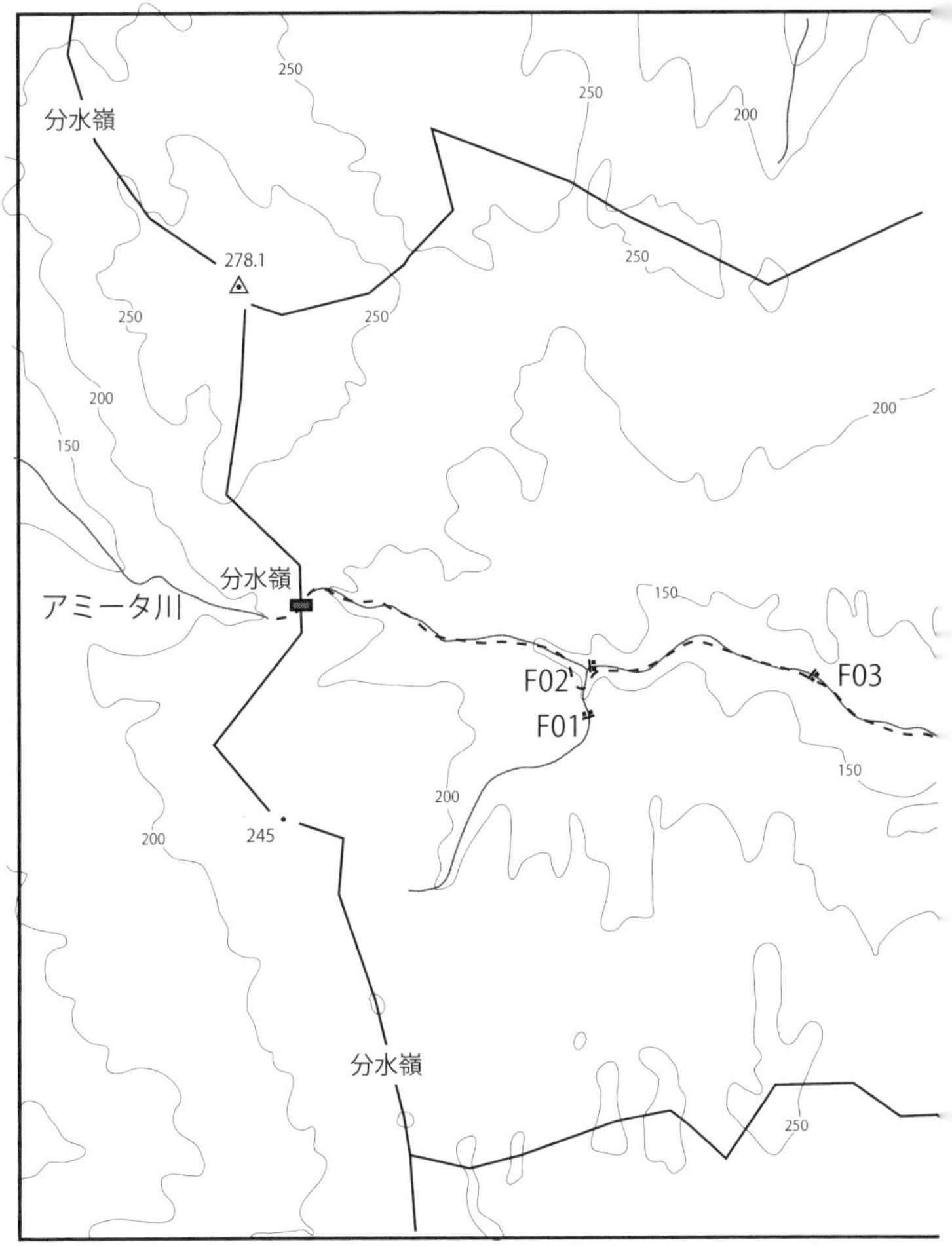

感潮域 (マングローブ約 0.5km)

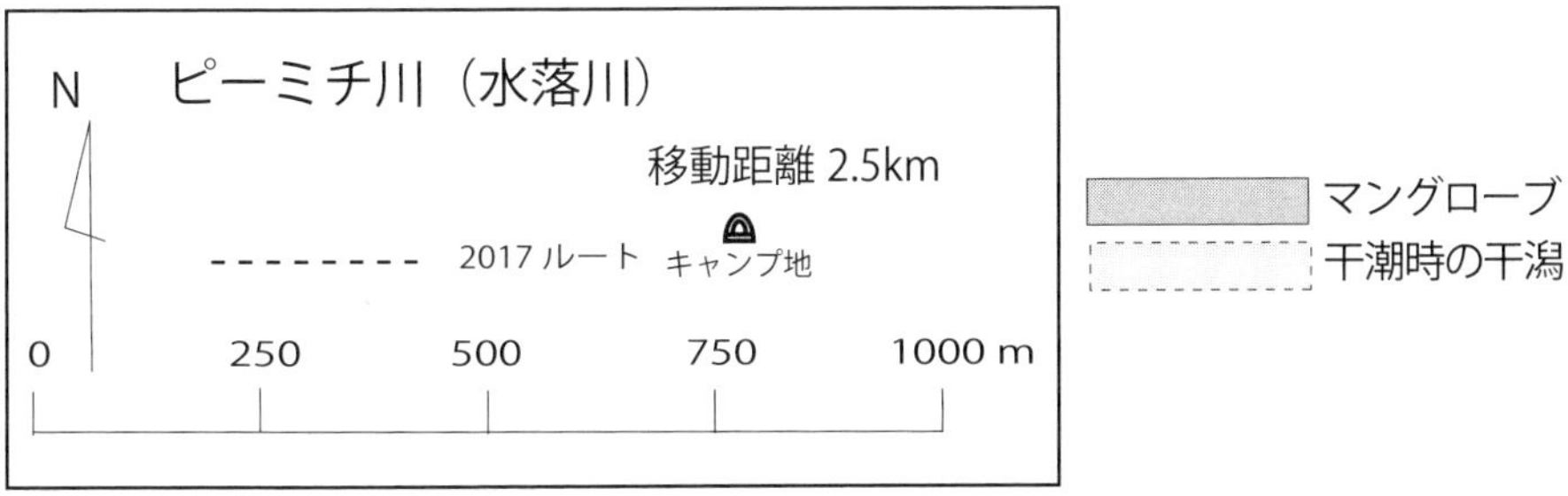

になっていて、重荷を背負っての登りは困難だ。左岸ならば、普通に林内を通過するだけであり、特に危険はない。

水落の滝が掛かっている崖は、屏風状になっている。全体の高さ八メートル、約四〇メートルもの長さで広がっている。中央付近は一段と高く約一五メートルあり、小さな尾根の先端部になっている。崖には二つの沢が落ち、中央にある尾根で隔てられているのだが、崖下で合流する地形になっている。沢の一つがピーミチ川だ。もう一つは小さな沢で、あるいは名前がないのかも知れない。高巻きの際は、この崖の上を、滝壺を眺めながら通過するといった感じだ。

滝の上に来た。滝口の部分は、正面から見ると一枚岩のような滑らかな岩。約一〇メートルの水平なナメ床になっている。その上流には高さ約四メートルの垂直な細い滝（F08）があり、その上は膝くらいの深みが二〇メートルほど淵を作っている。そこから先は様相ががらりと変わり、巨岩ではないものの、大きな岩がゴロゴロする急斜面の沢になっている。水も浅い。これでは、この先テントサイトも簡単に見つかりそうにない。すでに一六時、今日はこのあたりでテントを張ることにしよう。

沢には大きなテナガエビがうようよいる。ここまで、わざわざエビ捕りにくる人はいないのだろう。オオコウモリが一頭、六から一〇メートルの高さを、沢を横切って飛んでいった。

今日のテントサイトは、水落の滝の上にある二〇メートルの淵のすぐ上流側だ。川岸に山の斜面に接して平たい石がある。わずかに傾斜があるが、テントを張るには絶好のスペースだ。確かに、川の中というリスクはある。しかし、あえてここに決めたのは、他に適当な場所が見つからないということ。と同時に、ここは安全だと結論したからである。水面から岩の上面まで一メートルの高さがある。もっとも、この程度の高さでは、大きなスコールがあったらたちまち浸水してしまう。しかし、ここは極度に増水しても、水位はほとんど上がらないはずだ。谷が広く、滝へ向かって急激に下っている地形だからだ。さらに、すぐ脇の斜面に、水に洗われた形跡がまったくない。

一七時二七分、まだ十分に明るい時刻だが、すでにテントの中にいる。疲労のせいか食欲が湧かないので、弁当の残りをボチボチと口に入れる。弁当は昼めし用だが、これ自体、民宿で出た朝食の残りをタッパーに詰めてきたものだ。嗅いでみる限り傷んでいないし、味もおかしくない。もう少し経って、空腹を感じるようだったら、改めて夕食の準備をしよう。

結構、雨が降っている。テントの縫い目から水が滲みてくるのがわかる。フライシートをピンッと張っておくべきだった。

一八時一七分、夕食を摂る。レトルトのライスとカレー。外は結構な雨だ。増水の心配はないが、木の枝に吊した衣類はびしょ濡れだ。

一八時四七分、夕食を終え、歯磨きも済ませた。いつでも寝られる態勢だ。雨は止んだようだ。

今朝、白浜から船浮へ渡る船の中で、船長から「白浜の駐在へ入山届けを出すように」と言われた。携帯を持っていないので、船長から借りて電話をした。ところが、当然のことながら、「一人の入山は認められない。山中ではテントのペグ一本でも打ち込むことはできない」と、山には絶対に立ち入らぬように釘をさされた。最初からそういう話になるとわかっていたので、「船浮の池田米蔵さんが知人なので、どの辺で過ごせるかなどを相談します」と思ってもいない返事をして電話を切った。

駐在さんは、「浜には竹富町が管轄する所があり、そこではキャンプが可能かも知れない。ただ、警察は、そちらのことはわからない」とも言っていた。私は常に一人で山を歩いている。届け出をしたとしても許可が出ないことはわかっている。若い頃から歩き続けている西表島だから、多少、複雑な気持ちになるが、自己責任で無事故の山歩きを成すしかないと考えている。

今日は雨に降られたが、全体的には特にひどい雨ではなかった。ただ、潮が合わなかったので、ザックを肩まで持ち上げて、やっと通過した部分がいくつかあった。

明日は、このピーミチ川を登り詰めて反対側へ降りる。ここから一五〇メートルくらい先に次の滝がある。鬱蒼とした樹冠に遮られ、全貌を望むことはできない。しかし、垂直で結構大きな滝だということはわかる。難所かも知れない。まずは近づいてみて、どのように迂回するか考えることになるだろう。分水嶺を越えて反対側の沢を下り切ったら、そこがウダラ浜だ。その後、ウダラ川、鹿川へと行く予定だ。

二一時二分、トイレに起きた。テントを開け、ライトで周辺を照らす。雨は止んでいる。しかし、星はまったく見えていない。夜間、テントから出る場合には、まず、安全を確認する。基本だ。西表島で危険なものといったらハブくらいだが、たまに大きなムカデがいたり、川が増水していることもある。

扉から一メートルの範囲、異常なし。沢に向かって伸びる一枚岩の上も変化なし。さらにていねいに周囲全体と、テントの脇も見まわしたが、特に異常なし。ようやくテントを出る。岩の先端へ行き、川へ向かって小用を済ませた。

さて、戻ろうと振りかえるとハブがいた。テントの正面一・五メートルの所、水辺である。テント側からは見えない石の陰に入っていたのだ。

ハブはとぐろを巻いていた。灰色の濃い、俗にいう銀ハブである。襲われる心配はないが、あとでテントの下に潜り込まれてもいやだ。シダの茎を使って川の中へ放り投げると、首を持ち上げて泳ぎだし、対岸へ渡っていった。八〇センチ程の個体だった。

今夜は鳥やカエルの声がない。遠くからジージーと虫の声が聞こえたりもするが、ほとんど水音だけの静かな夜だ。テントに入って眠りに就いた

六月一五日（木）雨、降ったり止んだり

七時二二分、朝食をすませ、出発。ピーミチ川は、短い沢の割には標高差があって滝が多そうだ。一にも二にも慎重に行動しよう。

七時二五分、さっそく滝（F07）。高さ一〇メートル、垂直の岩壁だ。崖全体の幅一五メートル。水は五メートルの幅で落ちている。岩壁の両側には、それぞれ幅二〇メートルの壁が直角に付いている。つまり、コの字型の地形で、行き止まりになっている。どこを見ても直登は危険だし不可能だ。両側の斜面を見渡してみる。どうやら、左岸に迂回路が探せそうだ。

急斜面を川床から二〇メートルの高さまで登り、滝から連続している岩壁の、さらに延長部分に取りつく。高さ三から五メートルの低い岩壁がずっと下流方向に続いている。その崖の下を辿りながら、登れる箇所を探していく。

じきにルンゼが見つかる。高さ二メートル。足場がないが、ちょっと無理をすれば、登れそうだ。しかし荷物が重いし、もし登りきれなかった場合は転がり落ちてしまうだろう。安全第一だ、ここは避けることにした。

さらに一五メートル移動すると斜めの溝が見つかる。ここだったら登り切れるだろう。わずかに露出した木の根をホールドに使える。じきに気づいたのだが、途中から上に直径一〇ミリのザイルが垂れ下がっていた。三〇センチ間隔で結び目がつけられている。かなり古い代物で、吊り下がったら切れてしまうだろう。ここは、木の根を掴みながら慎重に登った。

登りきったら、踏み分け道らしいものが見つかった。ツルアダンの茎に切断された痕跡があり、少なくとも一カ月以内に誰かが歩いているようだ。

※あとで知ったことだが、池田米蔵さんがピーミチ川の奥にイノシシワナを仕掛けたのだそうだ。見回りの道がこのルートで、沢の中ではなく、斜面の上部をほぼ水平に歩いているらしい。この滝と、さらに上流の大きな滝も

迂回が可能で、比較的楽に上流部にある淀みに行けるのだそうだ。

七時五二分、滝の上に来た。今いる場所は滝口から一五メートル上流で、足元に高さ二メートルの小滝（F06）がある。この二つの滝の間はテラス状のナメ床になっている。ナメ床には途中一メートルの段差があり、下流部は長さ幅とも一〇メートル、大きな岩が五つ転がっている。

滝上からの展望はかなりいい。足下はピーミチ川の深い谷。中景は下流のマングローブ。遠くに見えているのは白浜の後方、祖納岳からウシュク森へ続く稜線である。

現在位置から上流側は、大きな岩が沢を埋めつくす巨岩帯。これまで以上に急峻な谷になっている。

八時一五分、大きな滝（F05）にぶち当たる。標高七〇メートルあたりだ。滝の高さは二〇メートルくらいの部分までは見えているが、もう少しありそうだ。幅は谷と同じ一〇メートル。水は五条に分かれて落ちている。見えている部分の上部一〇メートルは、ほぼ垂直に水が落ち、その下が棚になっている。棚には人間が歩けるほどの幅がある。そこから下は細かな階段状の滝で、斜めになっている。下半分は直登できそうだが、上側は無理だ。滝の直下からは、左側からしか迂回できそうにない。しかし、そことてかなり手ごわそうだ。

九時一二分、上に出て、滝の全貌を知る。下からだと二〇メートルくらいに見えた。ところが、登り切ってみると、さらに一〇メートル、五段の階段状の滝があった。つまり、全体は三〇メートルの大きな滝だということだ。

この滝の迂回は困難を極めた。最初からわかっていれば、ずっと下流から大きく高巻きすればいい。逆に下降する時は、滝近くの崖ではなく、右岸でも左岸でも枝尾根を辿って、もっと下流で川床に降りるべき場所だった。

私は滝に突き当たってしまったので、なるべく遠回りをしないで登ろうと考えた。それでも三〇から五〇メートルは離れていたが、右岸の急峻な斜面を直登した。

　樹木や木の根がなければ、絶対に登らないだろう崖のような斜面だ。取っ付きの岩にはイチジク科の大小の根が網をかぶせたように張り付いている。これは幸いと思い、それを足場にして八メートルの高さまで登った。そこから先は、しっかり根を張った、信頼できる灌木や、根そのものを慎重に選んで掴みながら、また、それらを足場として登っていった。一歩進んで休み、また登っては休む。時間をかけ、例え一つのホールドが崩れても、残りの三点で確実に体を確保できるようにしながら少しずつ登った。灌木とはいえ、しっかりと根を張っているから剥がれ落ちる心配はまずない。難所には違いないが、そこまでの危険は感じなかった。ただ、本来ならば避けるべき斜面だったかも知れない。

　滝の上からは、先程の滝（F06）上よりさらに素晴らしい展望が広がった。中景はピーミチ川のマングローブ。一部は右岸の森に遮られているが、河口から水落の滝近くまでほぼ全景が見えている。越良川河口域から船浮湾にかけて広く見渡せる。先程は見えていた白浜集落は、すでに左岸の森の陰になっている。正面のウシュク森は雲の中、雨が降っているようだ。

　ピーミチ川最大の難所を越えると、沢はナメ状、もしくは小石混じりの川原に変わり、比較的歩きやすくなってきた。サキシマツツジがポツン、ポツンと赤い花を付けている。谷全体が明るくなってきており、稜線までは、そんなに遠くないようだ。

　九時三七分、高さ二メートル、斜めに落ちる滝（F04）。滝とはいえないほどの落差だが、二メートルは、自分の西表島における「滝」の定義だから、記録に加えた。このあたり、全体的にはスラブ地形が続く。

　小さな滝のすぐ上流から長い淀みがはじまった。最初のものはS字状に約一〇〇メートル。平たい岩で一旦淀みは終わるが、実質的にはこの岩を挟んで、次の淀みが続く。この淀みも約一〇〇メートルある。その後、さらに同じような一〇〇メートルの淀みが続く。

三つの淀みを通過し終わったのが一〇時五分。この先は緩やかな川原に変わっている。平たい石が多く、非常に歩きやすい。周囲の林は明るく、大きな木はすべてリュウキュウマツだ。皆伐後に植栽されたものだろう。一九六〇年代、この一帯の森林はパルプ材として伐採されているはずだ。

一〇時三二分。滝（F03）に出る。全体の高さ約八メートル。はっきりと二段になった滝で、上段は三メートル少々、きれいな段々になっている。下段は四から五メートルあるが、最下部が手前の岩に隠れて見えない。ここは左岸を迂回できそうだ。本流のすぐ上流にスラブ状の岩がある。標高一三五メートル。周囲はかなり明るくなってきた。

この滝のすぐ下流、右岸には同じ大きさの滝が掛かっている。しかし、遡上している本流ではない。支流であり、本流との合流点が滝になっているのである。

一一時二二分。滝（F02）。高さ二メートル、二段。滝壺が立派だ。幅四メートル、これは同時に沢の広さになっている。長さ五メートル、深さは一メートル、あるいはもう少しあるかも知れない。周囲は、ますます明るくなっており、空も見えてきた。緩傾斜を淡々と歩くのみである。

一一時三七分、滝（F01）。高さ三メートルあるが三段になっており、直登可能。滝の幅は同時に川幅でもあるが、約一〇メートル。滝口は水平だが、滝の両端が湾曲しながら前に出てきているので、全体が緩やかな弓状になっている。水はかなり少なくなってきた。周囲はどんどん明るくなってきており、稜線までそんなに遠くはないようだ。

この滝の上流一〇メートルの位置に、高さ一メートルの落差がある。川幅は約六メートル、ほぼ水平な岩で、真ん中にのみ細く水が落ちている。

ここまで上ってくると、どの沢も同程度の規模で、どれが本流だということはできない。ただ、現在立っている沢がピーミチ川の本流だと思われる理由は、地図で見る限り、分水嶺までの距離が一番長いからだ。この先、小さな滝が一つ二つありそうだ。しかし、この沢はここから南西方向に上り、西の網取湾方向には向かっていない。つまり、私が目指している方向ではない。少し引き返し、真西へ向かう別の支流を遡ることにする。

一二時一七分、川原に出る。直径一〇から一五センチの丸い石が敷き詰められたように広がっている。この限られた一帯だけが平らな地形で、小さな谷が十字に交わっている。そんなに広くはなく、水がほんのわずか流れている。左手、つまり南から来ている沢が一番広い。右手は、幅はあるが奥行きのあまりない谷、この沢には水がない。ほぼ正面の右側に、しっかりと水が流れている沢がある。ただ、谷そのものは狭い。

進むべき方向がわからないので、コンパスで方向を調べてみる。ウダラ浜は真西にあり、越えるべき分水嶺も真西にあるようだ。つまり、正面の小さな沢を詰めることになる。

傾斜はかなり緩くなってきているが、最後は少し急な斜面を登ることになりそうだ。すでに、かなり奥へ来ており分水嶺も近いと思うのだが、沢の水はまだ結構な量がある。

じきに、沢の水がなくなった。その後は涸れ沢に沿って斜面を登る。一帯は灌木林だが、ツルアダンのような障害物がないので、グングン登っていける。

一二時四七分、分水嶺に到達。標高二四六メートル。水落の滝から五時間半も経っている。灌木に覆われた狭い尾根で、眺望はきかない。しかし、ここが目的とする船浮湾と網取湾の分水嶺に間違いないと思う。両斜面は非常に急峻である。伐採跡地だと思うが、リュウキュウマツがない。植物は自然のものかも知れない。ツルアダンもわずかにあるが、これほど少ない尾根は珍しい。

改めて地図とコンパスを見る。間違いない。斜面は真西に下っている。この谷を下れば網取湾のウダラ浜に出ることができるはずだ。ピーミチ川遡上が終わった。

（アミータ川に続く）

ピーミチ川

ピーミチ崎.岩場をまわりこむとマングローブ,ピーミチ川河口となる.

F09.「水落の滝」.滝壺は汽水,干満の影響を受ける.

F05の滝口より. 手前ピーミチ川の谷,中央マングローブ,後方船浮湾.

F05滝上より. 中央が直登した岩壁（灌木に覆われて岩肌が見えていない）.

岩壁（滝F05の右岸）.最大の難所.木の根が頼り.危険を避けて高巻きするほうがよい.

アミータ川

ウダラ浜は網取湾の最深部、ウダラ川河口から南北に延びる浜である。浜の長さ六〇〇メートル、船浮にある井田の浜よりさらに大きな浜だ。

このウダラ浜北詰にある小さな沢がアミータ川である。分水嶺まで一キロメートルそこそこと短い。船浮の池田米蔵さんに尋ねた時、「名前はない」と言われたが、『イリオモテのターザン』（水田耕平著）に「アミータ川」と出ていたので、ここでは、その名称を使うことにする。ここは、まだ網取集落があった頃、網取の人たちが出造り小屋を建てて、田んぼを開いていた所だ。だから、アミータは、あるいは「網取の田」という意味かも知れない。もっとも、網取は「アントゥリ」と読むのが普通だ。海岸林の一部は耕作地として利用され、シークワサーなどが植えられていた。それらは、網取が廃村になって半世紀近く経った今も、夏になると青い果実を付けている。

また、池田米蔵さんは、沢の下流部分を「ナースノチビ」と呼ぶと言っていた。ナースは現地の言葉で「苗代」のこと。チビはおそらく「尻」だから、「苗代の場所」または「田んぼのすみ」という意味だったのではないだろうか。

ウダラ浜は砂川恵勇さんが一〇年も生活をした所だ。私にとっては、一晩あるいは数日間の滞在には、便利でとても居心地のいい場所だ。

墓碑が建つ場所は海岸林の入口にあたり、ヤラブの大木が生えている。木陰は板づくりの机と椅子が置かれていた場所で、恵勇さんが、稀にある訪問者を迎えたり、ひねもす海を眺めて過ごす場所であった。そこから左手に折れ、沢に突き当たった平地に彼のテントがあり、すぐ後ろに物置小屋があった。

沢とは、私が下ってきたアミータ川のことで、恵勇さんは小屋から二〇メートルほど上流を水場として使っていた。沢は幅二メートル、水場は一メートルの段差になっていて、深さ五〇センチほどの広い滝壺ができている。水場としては理想的な地形だ。食器洗いなどは上側の沢を使い、水浴びは滝壺でする。滝壺の下流では表面が平たい大きな石が、なだらかなスロープを作っている。このあたりが恵勇さんの水洗トイレだったようだ。石の下からは感潮域で、大潮の満潮時にはここまで潮が上がってくる。三〇メートル下るとマングローブだ。

（ピーミチ川遡上より続く）

アミータ川下降

二〇一七年六月一五日（木）くもり時々雨

昨夜は水落の滝上でキャンプ。今朝七時二二分にキャンプ地を出発、ピーミチ川を遡上し、一二時四七分、標高二四六メートルの分水嶺に到達。ここから、ウダラ浜までのアミータ川下降がスタートする。水落の滝から分水嶺まで五時間半もかかっている。同じ標高差を海岸まで下るわけだから、下るとはいっても、結構時間がかかりそうだ。それでも二時間もあれば大丈夫だろうか。

一三時二二分、ＧＰＳで位置を見る限り、今下っている沢は間違いなく網取湾に向かっている。目指す方向は問題ない。今のところ滝には出会っていないが、そのうち現れることだろう。ちょうど今、雨が降り出した。まとまった量の雨になりそうだ。

一四時六分、最初の滝（F01）。ここを巻いて、今その下側にいる。水は滝の途中から落ちているが、最上部

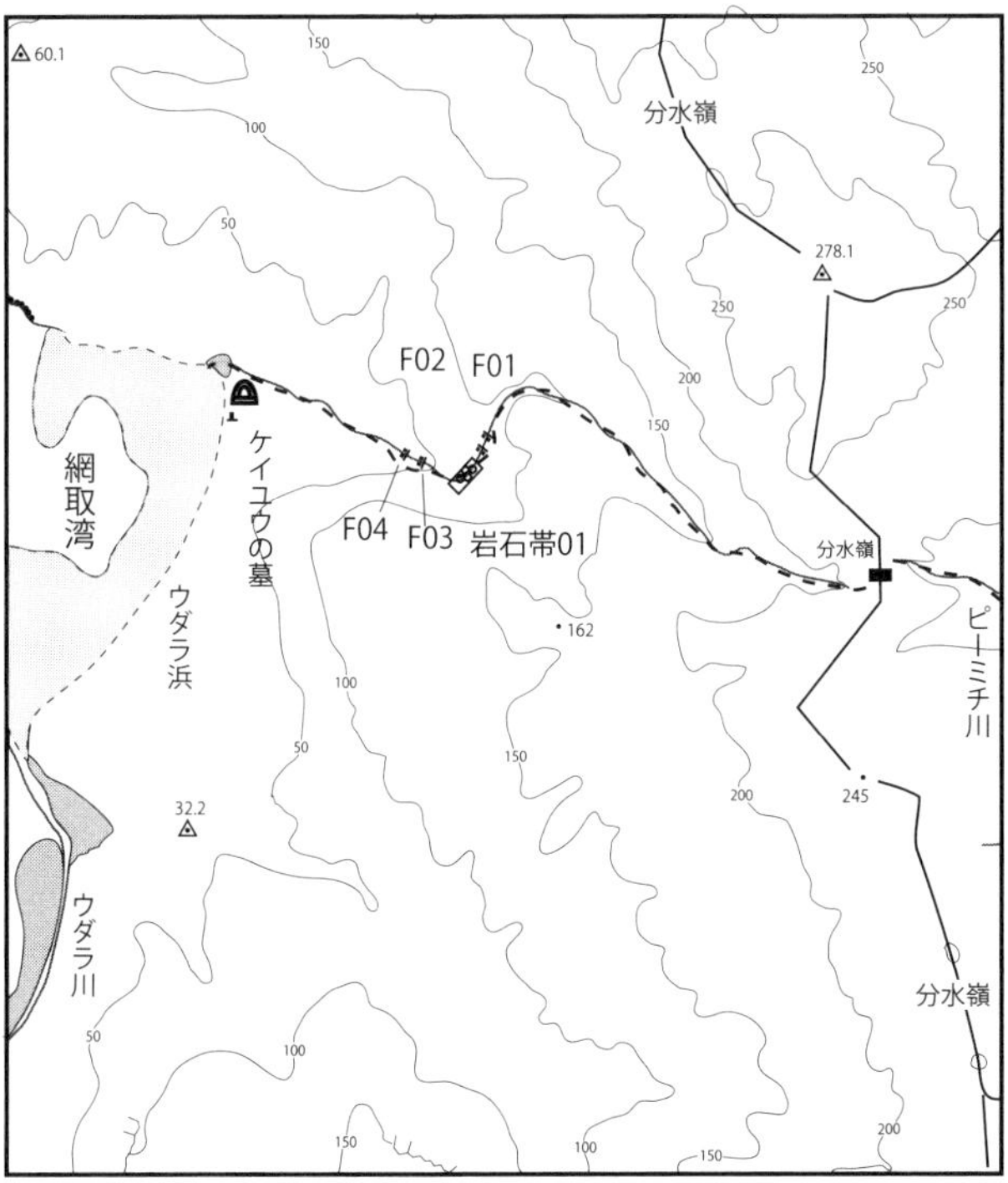

F01
中途から落水,一番上部から5m,真ん中に大きな空洞,人が潜ることが出来る大きさ.

F02
F01のすぐ下流にある.伏流になっており,単に岩が積み重なっているだけにしか見えない.

岩石帯 01
F02のすぐ下流,かなり急峻な谷.左岸に滝が1本あり,本流に合流.この滝も上半分は伏流.

F04
3m,幅5m.左右2条になって落水.滝というより,水が岩を伝って落ちる感じ.

F04を下るとにわかに緩やかな谷となり,サガリバナ群落が現れ,昔の田んぼ跡だとわかる.河口には僅かにマングローブがあり100m足らずの感潮域がある.

F03
7m3段.上段1m,中段1m,下段5m.2つのテラスは幅1m.テラスまでは下りることが可能.下段5mは直登不可.

マングローブ
干潮時の干潟

アミータ川（ウダラ浜北端の小沢）

移動距離2.3km

2017 ルート

キャンプ地

0 250 500 750 1000 m

ウダラ浜は,砂川恵勇氏が晩年の10年間を過ごした場所で,アミータ川が炊事,水浴びの場所だった。

までは約五メートルの高さ。そんなに大きな滝ではないが、真ん中が大きな空洞になっていて、人がもぐり込めるぐらいのスペースになっている。しかし、この滝の直登や直下降は無理だ。滝の下には大きな石がゴロゴロとある。

最初の滝のすぐ下流に次の滝（F02）がある。伏流になっていて、下からは幾つかの岩が積み重なっているだけのようにしか見えない。高さ八メートル。積み重なる岩に隠れて、滝というより単に崖という感じだが、直登は不可能である。

二つ目の滝のすぐ下流からは巨岩帯となり、急峻な谷に変わる。左岸から、滝が一本落ちている。この滝が沢となって本流と合流している。これも伏流で、崖の途中から水が噴き出している。この一帯、かなり急峻で危険な谷である。

一四時三八分、三つ目の滝（F03）。標高四八メートル地点。滝はきれいな三段。最上部が一メートル、その下に長さ一メートルのテラスがある。中段も一メートル、その下のテラスは五メートルの長さ、下段は五メートルの高さがある。上から二段目のテラスまでは直降可能。しかし、下段の五メートルの滝は登り下りとも不可能である。ここは右岸を迂回して下に降りた。

一四時四八分、四つ目の滝（F04）。高さ三メートル。水は右と左に分かれ、二条の滝となって落ちている。全体の幅は五メートルほど。滝というより、水が岩の表面を伝い落ちているといった感じだが、しっかりと三メートルの高さがあるのだから、やはり、滝と呼んで差し支えないだろう。

雨は、かなりひどい降り方だ。加えて谷は相変わらず急峻である。地図を見ると、分水嶺は半島の半分よりかなり西に偏っている。それでいてピーミチ川と同じ標高差を下るのだから、急峻なのも当然だ。

あと、どれくらいしたら浜に下ることができるだろうか。標高にしても、現在位置は四〇メートル程だろうから、あまり遠くではないと思う。滝も、もうないかも知れない。

アミータ川

アミータ川河口（中央）.宇田良浜北端に開口する.

F04.高さ3m,2条（左の1
条は岩の陰）.

ケイユウオジイの墓. 砂川恵勇さん
とシロの墓,池田米蔵さんが造った.

一五時七分、オヒルギからなる小規模のマングローブがあり、そこを抜けると目の前にパッと網取湾が広がった。潮はかなり引いており、ボートでさえ通行できない広い干潟になっている。今日の目的地、ウダラ浜に着いた。同時に、アミータ川下降が終了したことになる。分水嶺からの所要時間は二時間二〇分だった。

ウダラ浜に着く一五分程前から、沢沿いでサガリバナの木が見えていた。最盛期には早いが、それでも林床には幾つもの花が落ちていた。

海岸林の中のアミータ川沿いにテントを設営する。意識してフライシートをピンッと張り、テント本体と触れないようにした。これで、雨がテントに染み込むことはない。横着せずに、いつもこのように張るべきなのだ。今後は徹底することにしよう。

使いこなしたテントで、底地は擦り切れたり小穴が開いたりしている。穴はガムテープなどで塞いであるが、雨降りの時は水が染み込んでくる。しかし、今は厚手のビニルシートを内側に固定してあるので、荷物が濡れたり、体が水に触れる心配もない。今夜もテントの中は快適だ。

雨が降り続けている。明日も続くようだったら、ウダラ浜で連泊してもいい。あるいは、可能であれば山越えをして鹿川まで行ってみたい。

（クイチ道へ続く）

クイチ道（ウダラ浜～鹿川）

クイチ道は、ウダラ川に沿って峠まで登り、反対側を南海岸の鹿川湾へ下る山道である。まだ、鹿川に村があった時代、崎山あるいは網取と鹿川を結ぶ重要な、そして唯一の道であった。峠の名は「大原越地」。越地は峠の意味である。峠から鹿川湾の浦浜までの間では、水田耕作が行なわれていた。田んぼは、どれも数坪の狭いものばかりだ。急な斜面に、広い一枚田など開くことができなかったのだ。鹿川村は田んぼから離れて山の中腹にあり、峠を越えた先から、右手の山沿いに「ユサザ道」という村への道があった。

鹿川が廃村となったのは一九〇四（明治三七）年のこと。以来、クイチ道はイノシシ猟のルートとして使われることはあったが、一帯は長らく歴史に埋もれてきた。

鹿川に再び人が訪れるようになったのは、一九六〇年代に入ってからである。稀にイノシシ捕りの猟師、海の漁師が滞在することもあったが、大学の探検部やワンダーフォーゲル部が、秘境「西表島」のさらなる秘境として、鹿川に注目したからであろう。クイチ道も、こうして日の目をみるようになったわけである。現在は、決して整備された状態ではないが、通常の注意をもってすれば、迷うことなく通ることが可能である。

ウダラ浜から鹿川を往復

（アミータ川より続く）


二〇一七年六月一六日（金）日中雨なし。夜、にわか雨
五時四五分、甲高い小鳥の声に起こされた。サンコウチョウだと思うが、他府県で聞く声とは違うので、本当にそうなのかはわからない。録音したので、後日、わかる人に聴いてもらうことにしよう。今もさかんに鳴いている。雨は止んでいる。昨日より空は明るいが、全体的に曇っている。

七時四五分、出発。予定より三〇分遅れ。テントをはじめ、干してあった衣類が、夜の雨でぐしょ濡れになっていたからだ。小鳥の声が途絶え、あたりは静かだ。わずかだが、青空が見えている。天気はそんなに心配なさそうだ。

八時ちょうど。長いウダラ浜の波打ち際を歩き、ウダラ川の河口に来た。幅一〇メートル。今は渡渉できないが、干潮時には、ほとんど干上がってしまうように見える。対岸はウダラ川とアヤンダ川に挟まれた半島状の山だ。こちらの岸は砂浜だが、対岸は連続した低い崖。浜がまったくなく、崖の下には岩が並んでいる。見える限りの海岸線は、網取湾の出口まで崖になっている。海岸線に沿って網取へ行くとしたら、結構な難所が連続して出てきそうだ。

河口を過ぎるとマングローブが広がっていた。川に面してヤエヤマヒルギが生えている。そこを行くのが最短距離だが、まだ水深がある。奥側はほとんどオヒルギの群落だ。このあたりは泥に砂が混じって固いので、靴が沈むことなく歩きやすい。ただ、密生したオヒルギの根は注意が必要だ。つまずきやすいのだ。

深い水路を越えて山に辿り着く。裾は高さ二メートル前後の崖だが、下の部分が棚状に川に突き出ている。その幅一メートルから二メートル。水に浸かっていて、ポツン、ポツンとオヒルギの巨木が生えている。崖上

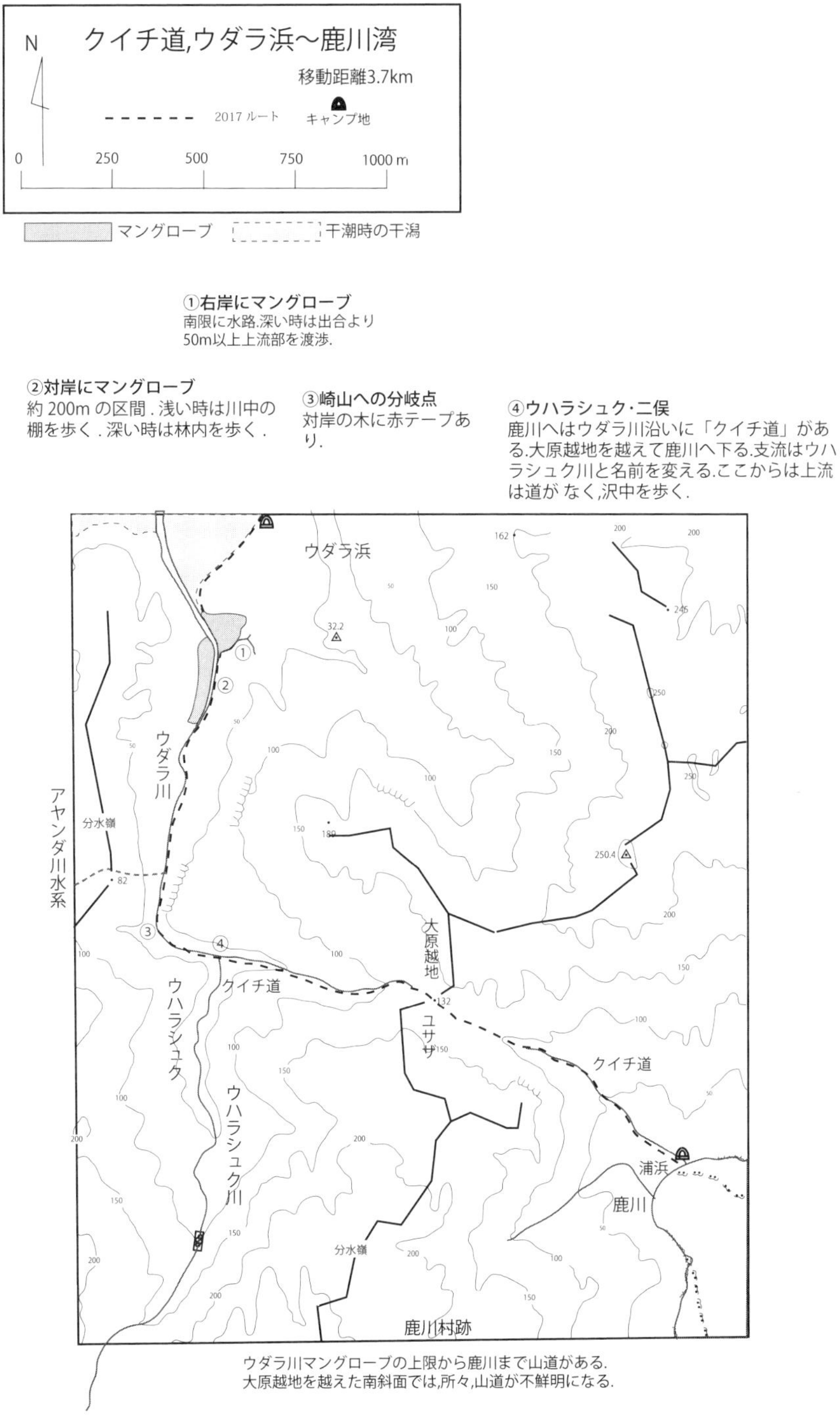

①右岸にマングローブ
南限に水路.深い時は出合より
50m以上上流部を渡渉.
②対岸にマングローブ
約 200m の区間 . 浅い時は川中の
棚を歩く . 深い時は林内を歩く .
③崎山への分岐点
対岸の木に赤テープあ
り.
④ウハラシュク･二俣
鹿川へはウダラ川沿いに「クイチ道」がある.大原越地を越えて鹿川へ下る.支流はウハラシュク川と名前を変える.ここからは上流は道が なく,沢中を歩く.

ウダラ川マングローブの上限から鹿川まで山道がある.
大原越地を越えた南斜面では,所々,山道が不鮮明になる.

の林内に山道がありそうに見える。しかし、ちょっと深いが、棚の上を進んでみよう。障害物が少なく歩きやすい。対岸では、山裾に細長くマングローブが続く。なんだかそちらのほうが歩きやすそうに見えるが、川が深いので、渡れない。

八時五九分。対岸のマングローブが終わる地点が、同時に感潮域が終わる場所だ。ここから渓流に変わる。最初のピンクリボンがある。森林事務所が付けたものだ。おそらく、ここまでボートで入り、鹿川へ向かうルートを示しているのだろう。少しの間、川原を歩くが、川は靴が水没しない程度の深さだ。ピンクリボンに導かれて、左手の林内に入る。そこには、鮮明な山道があった。

しばらく進むと、山道が一旦、沢に降りる場所がある。対岸の木に赤テープが巻かれていて、何かの目印だということがわかる。地図で確認すると、ここはアヤンダ川、さらに崎山湾へ向かうルートの分岐点であるようだ。鹿川は南の方向なので、迷わずウダラ川を遡る。じきに、ピンクリボンがあった。

九時四〇分、ウハラシュクに着く。ウダラ川が二俣になり、ウハラシュク川の起点となっている場所だ。クイチ道はウハラシュク川を対岸に渡るが、川幅三メートル、ウダラ川より、こちらの沢のほうが大きい。現在の水深は一〇センチ。ただし、大きなスコールがある時は、注意が必要だろう。

鹿川への山道は、ウダラ川の源流に沿って続いている。道は鮮明だ。傾斜はこれまでより増すが、さほど急峻ではなく、左下に流れを見ながら高度を上げていく。水はずっと上部まであるが、最後は小石がつまった涸れ沢に変わり、そこが山道の一部にもなっている。

一〇時三五分、峠に立つ。標高一〇〇メートル、「大原越地」である。登りはずっと森の中だったが、峠ではクロツグ、ノボタン、アカメガシワ、ツワブキが茂る。すぐ手前には、一株だけだがホウライチクがある。人為の影響を感じさせる移入植物だ。峠からはまったく眺望がきかないが、灌木の葉を透かして海が見えている。

西表島の古い民謡「大原越地節」では、祖納の番所から役人が来るという知らせがあると、鹿川村の娘たちは、この峠で迎え、手を取って役人を村まで案内したと歌われている。

大原越地は、当時、崎山村と船浮村を隔てる重要な峠であったようだ。ちなみに鹿川村は、崎山村に所属する三村の一つで、現在の「字」に相当する集落であった。また、「大原越地節」では、峠から先の道を「ユサバザ道」と呼んでいる。他の書物にある「ユサザ道」のことである。

峠を越えるとやや急な斜面で、鹿川の浜に向けて一気に下っていく。ここからは南斜面となり陽当たりがよく、灌木と草が繁茂し、風景もがらりと変わる。ススキ、巨大なカヤツリグサ、ツルアダンが入り混じる大変なブッシュで、たまには人が通るのか、トンネルみたいになった所を、腰をかがめて強引にかき分けて進んでいく。

山道は沢沿いの小径で、頻繁に沢を渡り、左岸、右岸と行ったり来たりを繰り返す。直接、沢の中を歩くこともある。上のほうでは小さな礫が詰まった川原、中段からは岩石帯になるが、沢の中を歩く部分は、多くが川原になっている。

かつてユサザ道があったと思われる山を右に見ながら中段まで下ると、平らな土地が点々と現れてきた。ビロウ、クロツグ、サガリバナ、ホウライチクなどがあり、明らかに人が生活をした跡だ。かつての田んぼだった所なのだろう。ただし、それにしても小さすぎる。田んぼの一枚が畳六枚か八枚の広さしかないのだ。

一一時三〇分。下りに下って、さらに沢の中を一〇〇メートルほど歩き、野生化したイトバショウの小群落を抜けると、ポッと浜に出て目の前に海が広がった。鹿川湾の浦浜である。

五年前と比べ、ずいぶん変わったように思える。以前は、浜の手前一〇〇メートルの間は木々に覆われて薄暗く、昼間からイノシシが歩き回っていた。今は森が消えて、砂地の沢と石ころだらけの斜面になっている。海側の砂丘も二メートルの高さがあったが、今は一・五メートルにも達していない。

近くの岩場にテントとフライシートを干し、汚れた衣類や靴も洗って干した。当初の計画は、鹿川から落水川、ウボ川、アヤンダ川を回って船浮に戻るというものだった。しかし、ここへ来て体力的に難しくなってきた。そちらは次の機会にして、今回は、今日来た道を戻ることにしよう。さすがに若い頃のようにはいかない。無理は禁物だ。

一八時五〇分。天気がよかったので、厚手の靴下などを残して、干したものは夕方までには乾いてしまった。明日は多少とも荷物が軽くなっていることだろう。

テントは浜の一番奥の部分、岩場の脇に設営した。砂地は天然のクッションになり快適だ。さらに、オオハマボウやハマオモトの葉を刈り取って、テントの前に敷き詰めた。テントに入る際、足についた砂をここで払い落とすのだ。

夕食を終え歯磨きもすませ、テントの中でくつろいでいる。正面には波照間島が見えている。いつも以上に空気が澄んでいるようだ。静かな夕方だ。波の音しか聞こえてこない。森から離れているので、虫やカエルの声が聞こえてこない。まだ十分に明るい。今日は六月一六日。二一日が夏至だから、日没は二〇時頃だ。

小雨がぱらつきはじめた。しばらくは降り続けるかも知れない。フライシートはしっかり張ったから、問題はない。天気というものは、どうこうできるものではないので、気にしても仕方ない。

二一時〇七分、波照間島の灯りがたくさん見えている。昔は考えられなかった光景だ。短い周期で点滅しているのは灯台だ。二つある。一つは島の中央にある大きな灯台、もう一つは港がある場所だろう。あとは集落の灯りで、横方向に伸びている。曇りがちだが、南の空には幾つかの星が見える。よく見る星座の一部だが、名前がわからない。遥か南東の低い空で、時々、稲光がしている。

六月一七日（土）雨、時々止む

五時四五分、起床。未明、二時間おきくらいに、にわか雨があった。今は曇り空だが、雨は止んでいる。

七時三〇分、出発。昨日のルートを戻るだけだから、心配はいらない。ただ、潮が合わないので、マングローブの水路あたりで難儀をするかも知れない。それより、途中、雨に降られるかも知れない。ＧＰＳやカメラ、ＩＣレコーダーが濡れないようにしなければ。

八時四〇分、峠に着く。ここまでの登りは非常にきつかった。ようやくたどり着いたという感じだ。しかし、昨日の下りと比べて一五分しか余分に掛かっていない。結構、順調にきたということだろう。また雨が降りはじめた。

九時二〇分、ウハラシュクに出る。上流の方向を眺めてみると、そんなに高くないところに稜線が見えている。そこが分水嶺にあたるのかどうかはわからない。しかし、沢としては、そんなに険しく危険なものではないように思える。そのうち、歩く機会もあるだろう。

九時二〇分。異常なくらい疲れている。ひょっとしたら暑さのせいかも知れない。汗がたまらなく噴き出して、シャツもズボンも水に浸かったようにびっしょりだ。特にズボンの腰の部分がひどい。休息中は上半身裸になるが、それでも暑い。帽子までぐしょぬれだし、軍手を着けていると、手の平まで暑くておかしくなる。

一一時三〇分、ほぼ予定の時間でウダラ浜に着いた。満潮で、浜はおろか、海岸林のぎりぎりにまで潮が来ている。本当に疲れた。疲れが貯まっているのだろう。雨は止み、うす陽が差しはじめている。

ここでテントを設営。一昨日と同じ場所をそのまま利用した。洗濯もすませた。衣類が乾くことはありえないが、汚れを落としただけでもよしとしよう。

一八時一五分、いつでも寝られる態勢だ。一四時以降、ずっと雨が続いている。かなりまとまった量。扉を開けておくと、テントにも入ってくる。うんざりする。

昨日の昼はよく晴れて、鹿川では洗濯後、テントを含めてよく乾いた。それが今日は、移動の際に汗でびっしょり。ここにきて洗濯をし、しぼって干したのはいいが、その後ずっと雨。外に吊るしたままの洗濯物が、たっぷりと水を含み、しずくがしたたり落ちている。今回、すでに梅雨が明けているものと予測してきたが、連日の降雨。寒くはないので濡れるのは構わないのだが、寝具や食料、電子機器は濡らさないように気を配らなくてはならない。テントの扉を開けっぱなしにできないのも辛い。

二二時二五分。ホッホー、ホッホー、ホッホー。アオバズクの声だ。一昨晩は同じ場所でコノハズクが鳴いていた。そういえば、今も遠くでコノハズクが鳴いている。こんな天候だが、野生の音には心癒される。

明日は船浮まで出る予定だ。順調に歩いて三時間程度だと聞いている。特に危険な場所もないようだ。ただ、網取湾からユナラ湾への山越えの道は、入口がわかりにくいかも知れないと聞いている。

（ウダラ浜から船浮・二〇一七年へ続く）

河口のマングローブ.
手前が宇田良浜南詰.

ウダラ川

汽水域右岸の棚(手前). 本流(中央)を挟んで対岸のマングローブ.

汽水域から淡水域へ.大潮の満潮時には海水が進入.

ウハラシュク川

ウハラシュク川は「ウダラ川の上流域」のことだ。崎山湾に開口するウダラ川だが、渓流域に入って「ウハラシュク」と呼ばれる唯一の二俣がある。ウダラ川は左手から合流している沢を指し、「クイチ道」はこの沢沿いに鹿川へ向かっている。二俣はウハラシュク川の起点でもある。ほぼ直線的に上っていくのがウハラシュク川で、控えめに見てもウダラ川源流より大きくて長く、水量もある。「ウダラ川主流は、ここからウハラシュク川と名前を変える」と、言ったほうがいいような気がする。

ウハラシュク川遡上

（船浮からウダラ浜へ・二〇一八年より続く）

二〇一八年六月一七日（土）晴れ

五時三〇分、起床。昨日は船浮からウダラ浜まで歩き一泊した。今日はここからウダラ川を遡る。ウダラ川は途中からウハラシュク川と名前を変えるが、実質的には一本の沢を遡り、分水嶺を越えてウビラ川源流域へ下ることになる。

五時四〇分、アカショウビンの声が聞こえてくる。昨夜は何度も目が覚めたが、それでも十分に休めた。疲れもとれたように思う。空はどんよりしており、天気が心配だ。前の海は午前〇時から二時にかけて、砂浜が五メートル程の幅になり、満潮の状態だった。ドーン、ドーンと音を立てて波が打ち寄せていた。今はかなり引いている。今日の行程に関して詳細は決めてない。全行程のルートを、無理せずあせらず、慎重に歩くだけだ。

六時五四分。朝食をすませ身支度を整え、出発の準備が完了。七時ちょうどに出発。雲が多いが、幸い青空が見え、日差しも出てきた。当面、雨の心配はなさそうだ。

浜を見るとまさに満潮時だ。先程感じた「引き潮」は錯覚だったのだろうか。さしあたって、今日の難関はマングローブ帯だ。水路をどこで横切ればいいのか、渡渉地点を見つけることがポイントとなる。ただ、昨年二度、同じ場所を経験しているから、あまり不安はない。

ウダラ川遡上のルートは上流に向かって左側にあるが、マングローブ帯では、ことのほか苦労した。まず、最初の水路は、干潮時なら靴を濡らす程度の湿地帯だ。ところが、今日は腰まで水に浸かってしまった。ようやく渡りきって、じきに次の水路。ただしここは、水路というより、ウダラ川の一つの支流である。一番の難所で、相当に深くなっているが、渡渉のためのロープが二カ所に渡してある。もっとも、大潮の干潮時ならともかく、普段は深すぎて渡れない。私は、少し上流部のわずかに浅い部分を渡渉し、その後は、山に張りつくようにして古ロープの所まで戻った。マングローブは、ここで終わっている。対岸は、まだしばらく流れに沿ってマングローブが続いているが、ルートのある右岸は、急峻な斜面が川まで落ちている。それでも、ほんのわずかな区間で川の縁が棚状になっていて、そこを利用した。ポツン、ポツンとオヒルギの大木があり、満潮時でもそんなに深くはない。しかし、この棚を過ぎると、干潮時でない限り進めない深さとなってしまった。やむを得ず林内へ入り、急斜面の上側をトラバースするようにして進んだ。この行程で、何だか疲れてしまった。あるいは昨日の疲れが残っているのだろうか。

八時一五分。ウダラ川の渓流域に来た。出発から一時間一五分を要しているが、ここからは、いつもの沢歩きとなる。

八時五五分。ウハラシュク川出合に着く。ここから、ウハラシュク川を遡上するのだが、この先はまったく道がない。滝でも現れない限り、ずっと川の中を歩くことになる。

正直、とても疲れている。荷物が重すぎるのだ。すでに昨日、ウダラ浜で泊まった時点で、当初の計画を大幅に変更している。最初の予定では、ウハラシュク川遡上後、アヤンダ川を下り、そこから崎山へ抜け、改めてウボ川を遡上し、鹿川へ行く。そこから越良川経由で船浮に戻るというものだった。それを、途中、鹿川からウダラ浜経由で船浮に戻るルートに変更した。しかし、ここまで疲労を感じるようでは、計画をさらに縮小しないとだめだろう。

一つには、ここから鹿川まで行って戻る方法が考えられる。でも、それだと昨年と同じだし、何だか惨めだ。とにかく、せめてウハラシュク川を登り詰めたい。そうなると、帰りのルートをどこにするのか決めなくてはならない。アヤンダ川かウボ川を下ることが考えられるが、地図から見てウボ川が面白そうだ。日数をかけてでもウボ川を下ってみたい。ウボ川へ下った場合は改めて山越えをして崎山湾からアヤンダ川河口へ戻ることになるが、それをあえてやってみようか。そんな代替案を考えながらウハラシュクで一休みしている。

一一時ちょうど、ウハラシュク川を順調に登ってきた。ずっと川原を歩いた。最大でも直径二〇センチくらいの丸石と、もっと小さな礫が詰まったような川原で、傾斜も少なく、緩やかな流れだ。その後、直径一メートルくらいの大きな石がたくさんある沢に変わってきたが、岩石帯と呼ぶほど密に岩が積み重なっているわけではない。地図で見る限り、すでに中間地点あたりに来ているはずだ。少なくとも、ここまで危険な場所はまったくなかった。ただ、傾斜は徐々に増してきている。

しばらく行くと、さらに傾斜が増し、岩石がほぼ沢全体を埋めるようになってきた。水が岩の表面を伝って五〇センチから一メートルの落差を作っていたり、滝のように直接落ちている場所も現れるようになった。こ

①右岸にマングローブ
南限に水路.深い時は出合より50m以上上流部を渡渉.

②対岸にマングローブ
約200mの区間.浅い時は川中の棚を歩く.深い時は林内を渉く.

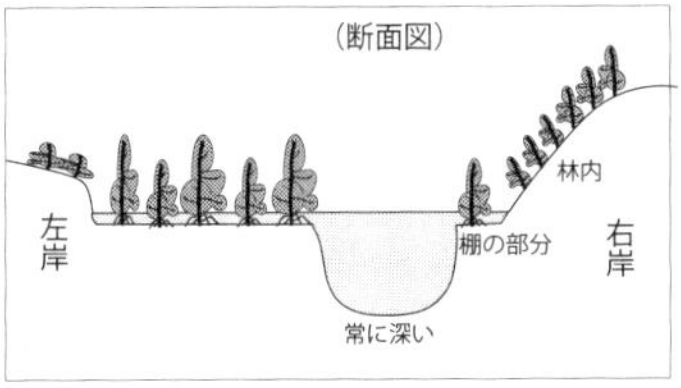

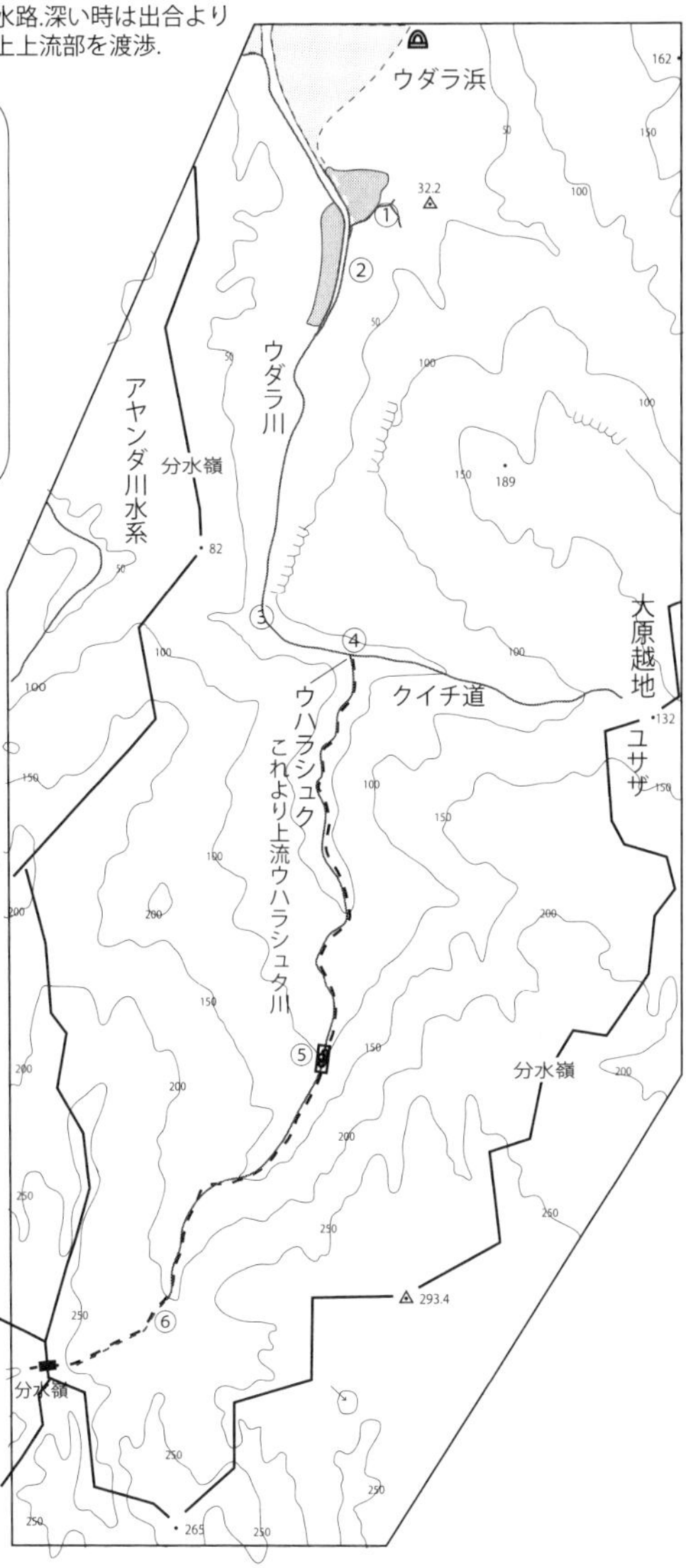

③崎山への分岐点
対岸の木に赤テープあり.

④ウハラシュク出合
鹿川へはウダラ川沿いに「クイチ道」がある.大原越地を越えて鹿川へ下る.本流はウハラシュク川と名前を変える.ここからは上流は道がなく,沢中を歩く.

⑤岩石帯
傾斜が徐々に増し,岩石が沢を埋めつくすようになってきた.滝とは言えないが50cm～1mの落差を石伝い,または直接水が落ちる場所がある.

⑥急登
普段は水がない谷部で,上部の土の斜面には大形シダ類が密生する.分水嶺は幅3m,一見山道があるかのように,ほとんど樹木がない.

ウダラ川・ウハラシュク川に
滝はなく,大半は緩傾斜の岩石帯.

N

ウハラシュク川

移動距離 4.0km

- - - - - - 2018 ルート

キャンプ地

0　250　500　750　1000 m

マングローブ
干潮時の干潟

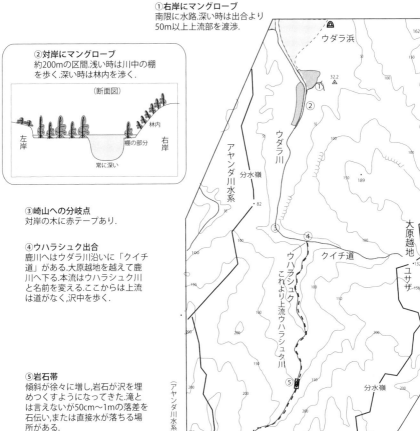

んな沢がしばらく続きそうだ。両側の尾根は低く、谷全体はかなり明るい。すでに源流域に入っており、こんな感じのまま、ウハラシュク川を登り詰めてしまうのだろうか。しかし、沢の水はまだ十分にある。

一二時四五分、分水嶺に達する。標高二六六メートル。反対側はウビラ川、南海岸の波照間石近くに下る急峻な沢である。分水嶺は三メートルと比較的幅広く、一見、道があるかのように木がほとんど生えていない。しかし、木のない状態は尾根の前後一五メートルほども続かない。以前の道だったということでもなさそうだ。結局、ウハラシュク川には、滝が一つもなかった。遡上半ばは、傾斜のある岩石帯が続いた。しかし、後半は、同様の岩石帯でも、比較的傾斜が緩やかだった。岩石帯が終わると、明らかに源流域に達したとわかる川原。そして最後の急登は、水のない狭い谷で、斜面には大きなシダ植物が茂っていた。

ウビラ川を下りはじめると、すぐ右手に緩やかに上る谷がある。大雨の時にだけ沢になるような浅い谷だ。ここを遡ると別の分水嶺があり、その先はアヤンダ川だ。当初の計画では、こちらのコースを辿る予定だった。

一三時三五分、サキシマハブ。沢中を下っている時、突然に現れた。岩陰で見えなかったのだが、気づいた時は、膝からわずか五〇センチのところにいた。攻撃されてもおかしくない距離だ。幸い、襲われることはなかった。

ハブはその後少し態勢を変えたが、静止したままだ。結構大きい。とぐろを巻いているがゆうに一メートルはあるだろう。西表島では最大級の個体だ。太くて迫力があり、頭の三角形が実に顕著だ。地が赤褐色の、いわゆる「赤ハブ」で、これがまた美しい。瞳孔もきりっとスリット状に見えている。濡れた岩に上体を載せ、下体は川床の砂利の上。体の一部は、澄んだ山水に触れている。背景は岩に取りついた緑色のコケとシダ。こんな見事な存在が、なぜ、人に嫌われるのだろうか。もっとも、私だってこんな山中で咬まれたくはない。一メートルの距離から写真数枚を撮り、離れた。

ウハラシュク川

最上部の谷.普段は水がなく,上部には大形シダ類が密生.

岩石帯.傾斜が徐々に増し,岩石が沢を埋めつくすようになる.

快適な夜のために.　テント設営のために大量のシダ類を敷き詰める.

サキシマハブ.昼夜とも遭遇はつきもの.特に川沿いのテント場では要注意.

一四時一〇分。そろそろ、ウボ川へ向かう支流近くだろうと思いながら下っていたら、滝に出てしまった。約三メートルの高さ。水量が多く、二条になって落ちている。右岸を迂回して滝の下に降りた。

ここから沢が急峻になり、滝の下からは大きな岩がたくさんある沢に変わっている。気になったので、滝の写真を撮ってから、GPSで位置を確認してみた。案の定、目標とする地点は、すでに過ぎている。

一四時二五分。一〇〇メートルほど戻ったら、ウボ川へ向かう沢が見つかった。想像していたより小さく、しかも、完全に木々に隠れてしまっている。気づかずに通り過ぎてしまうわけだ。小さな沢だし時間も早かったので、登り切ってしまおうと考えた。しかし、今いる一帯だけ、谷がわずかに広く、テントを張れる十分なスペースがある。傾斜も緩やかだ。水場は近いし、地形から見て鉄砲水の心配もない。ここで一泊することに決めよう。この先、これ以上の適地は探せそうにないし、なにより、疲れている。林床に石や木の根が少なく、それだけでもありがたい。シダ植物をたっぷり敷き詰めて、テントを設営。時間もたっぷりあるので、石鹸を使っての水浴び。簡単に洗濯もして、木に渡した一本の枝に干した。

一六時三〇分、テントの中でくつろぐ。イワサキヒメハルゼミが鳴いている。

今日は荷物の重さがことさらに気になった。具体的な軽量化が必要だろう。しかし、どこまでできるか。食料以外、軽量化できるものはほとんどない。テントをツェルトに替える方法もあるが、西表島では必ず雨がある。この年齢になって我慢の夜は過ごしたくない。食料は必要な分を持つが、今回は余ってしまった。山用の乾燥フードに替えることも考えられるが、値段が高いし、なんだか味気ないような気もする。

一八時四〇分、タイワンヒグラシの声。少し前にも鳴いていた。沢にはテナガエビが多い。しかも、大きい。今回は、アカショウビンと頻繁に出会った。ものすごいスピードで飛んでいたり、朝も夕も鳴いていた。こんな山奥なのに、カラスが普通にいる。

（ウボ川へ続く）

ウボ川

ウボ川の源流域、標高二〇〇メートルあたりには広大な湿地帯がある。昔は崎山村の人たちが稲作をしていた所だ。当時、崎山湾の奥から山道があり、ウボ川下流の滝や岩石帯のある危険地帯を避けて行き来することができた。湿地帯では、ウボ川の両岸から川中に張り出した棚があり、そこが田んぼだった。田んぼは特別に深く、田植えや収穫の際は常に「田舟」を使っていたという話だ。

棚になった部分だけでなく、周辺の湿地もすべて田んぼだったようだ。一帯ではヤツデの葉のように、湿地が一つ一つの小さな谷の奥にまで広がっている。すべて田んぼの跡だ。今はサガリバナの群落に変わっている。人頭税制度の下、こんな奥地まで来て田んぼを開いていたことを思うと胸が痛くなる。あるいは昔、このルートから鹿川を行き来した人もいたのかも知れないが、文献を当たっても、山道の話は出てこない。

ウボ川下降

（ウハラシュク川より続く）

二〇一八年六月一八日（月）前夜から未明まで雨。途中大雨、のち晴れ

昨日はウハラシュク川を遡上し、ウビラ川の源流で一泊した。

五時半、起床。空はうっすらと明けてきたが、林内はまだ暗い。昨夜の二一時から、ずっと雨降りだったが、それほど強い降りではなかった。一夜明け、今は止んでいる。当然のことだが、テントのフライシートはびっ

しょりと濡れている。テント内の大きな荷物を整理しながら明るくなるのを待ち、明るくなったら出発の準備にとりかかろう。今日は、ウボ川を下ることが中心となる。

七時。食事をすませ、出発の準備も完了。五分もしたら出発できるだろう。ウボ川は、今回の行程を通して最も注意を要する部分だ。地図にも滝の印が入っている。川中の岩での転倒、滝の迂回の際のスリップなど、十分注意して、事故を起こさないようにしなければならない。

七時五五分、分水嶺に立つ。さあ、いよいよウボ川だ。しかし、GPSに入力しておいた山越えは、まだ四〇メートル先だ。「どうしたことだろう」。多少気になったが、そのまま下降する。地図で見る限り、一帯は平らな土地である。実際には山中に真っ平な土地などないのだが、一〇メートル以内の起伏は、地図には載らないのである。

山中に入ると、小さな尾根と沢がいくつも絡み合っていて、自分が地図上のどこにいるのか正確にはわからない。あらかじめGPSへ目的地を入力したとしても、「ピンポイント」というわけにはいかない。昔の人は、どうやって西表島の山を覚えていったのだろう。

急斜面を五〇メートル程下った。標高差で一〇メートルくらいだ。そこは、「ワサビ田」を連想させるような湿地だった。水は全体に広がっているが極めて浅く、床マットが水を含んでいるような感じだ。灌木がパラパラとあり、ツワブキの小群落が散在している。小さな丸石を敷き詰めたような所や、細い木や草の根が密生している所、泥土になった所もある。泥の部分は少しぬかるんでいて、わずかに靴が潜るが、障害物が少なく、歩きやすい。イノシシの足跡があちらこちらにあって、セマルハコガメも一頭、ノコノコと歩いていた。

ウボ川だと信じて下ってきたが、湿地帯が終わると「ドーン」という音が聞こえた。明らかに海鳴りだ。ということは、南海岸へ向かっていることになる。GPSを読むと、確かにウボ川とは反対の方向だ。湿地の中心まで戻り、改めて方向を確認、ようやくウボ川へ向かう谷に取りついた。

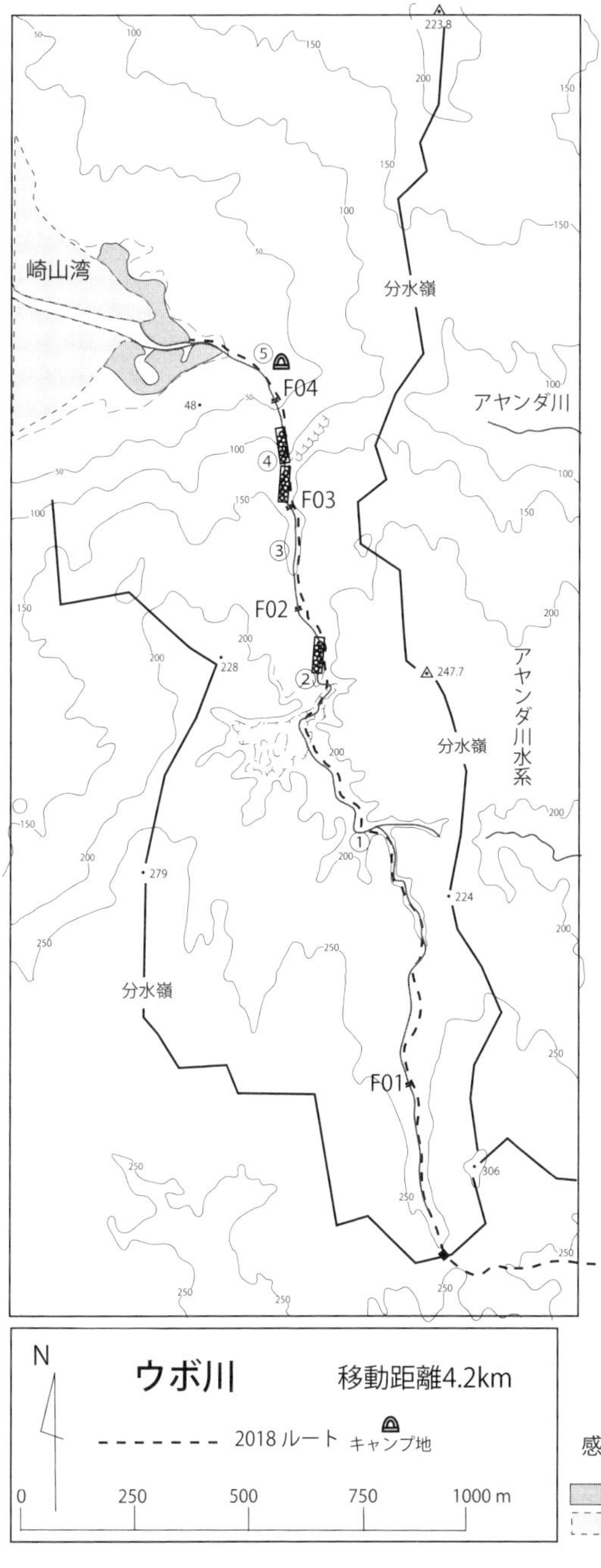

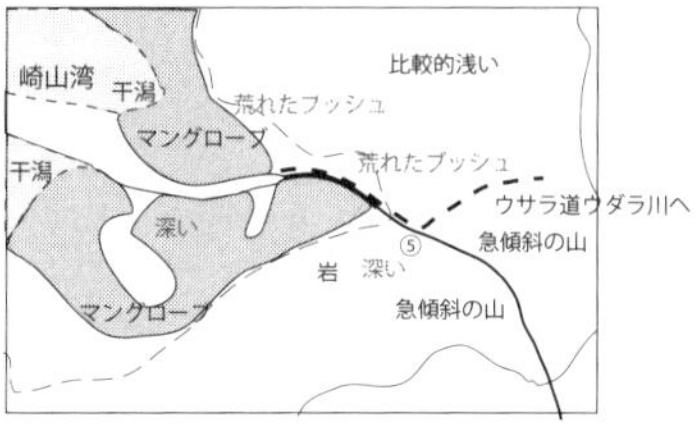

⑤ウサラ道起点
ウボ川最下流の支流.

F4
高さ5m,幅5m.3条.両脇に岩石帯,直登可能だが林内の迂回が安全.

④ゴルジュ
急峻.巨岩が谷を埋めつくしている.

F3
4段.最上段3m細かな階段状.第2段5m斜め.第3段2m垂直.第4段幅10mの岩盤.

③川原
緩傾斜の川原.巨石はない.

F2
高さ8m,幅10m.地図上に記された滝.

②ゴルジュ
僅か20mの長さだが急峻な地形で,両側は岩石が積もっている.この下流は谷幅がやや増すがさらに急峻となり,巨岩が谷を埋め尽くしている.

①湿地帯のほぼ真ん中
川の流れは止まっている.川幅10m.両側は急峻な森.両脇2mずつは棚状の湿地.草があり浅いが,大変ぬかるんでいて,歩行困難.
周辺にはヤツデの葉のごとく小さな谷が広がり,すべてが平たんな湿地になっている.林内を歩くことが基本.

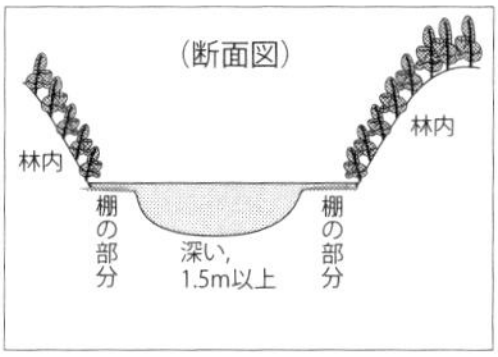

感潮域(約0.3km, マングローブ約0.2km)

マングローブ

干潮時の干潟

八時四〇分。ウボ川へ下るための、確かな分水嶺に立つ。標高二六〇メートル。曇り空だが、今のところ雨はない。先ほどの湿地は下るにつれ泥が深くなり、とうとう靴が潜ってしまった。靴は泥だらけだが、そのうちに、沢で洗われてきれいになるだろう。さあ、いよいよウボ川の下降だ。

九時〇三分、最初の滝（F01）。高さ約八メートル、岩壁の幅は三メートルあり、真ん中に太く一条になって落水している。大雨になり、カメラを取り出すことができない。標高はおよそ二三一メートル。

一〇時一五分、大湿地帯の中間あたりに来た。地図を見ると、ほとんど平らで、川の流れも止まっているかのように見える。川沿いを歩けば、上流と下流を間違えることはない。ところが、一旦林内を迂回し、ふたたび流れに会った時など、どちらが下流なのか戸惑ってしまうことがある。木の葉や泡が、例えば左から右に流れていても、少しでも風が吹くと、逆方向に動き出す。流れが緩やかなのだ。

さらにどしゃ降りの雨。危険を感じたら、沢を離れて山へ避難することを考えながら下ってきたが、水は濁り、飲むことに抵抗があるほどになった。それが、ここまで来ると赤黒い色に変わり、透明度はなくなり水の中が見えなくなってしまった。これは雨のせいだけではなく、むしろ泥炭湿地の本来の色なのかも知れない。土がタンニンをたっぷり含んでいるのだろう。

川全体は一〇メートルの幅、両脇は急な山の斜面で灌木が茂っている。川の中は両側とも幅二メートルの湿地状の棚になっている。

川は、数えきれないほどの蛇行を繰り返している。まだ浅いうちは頻繁に渡渉をし、ショートカットするが、そのうちに深さが増し、ボートなしでは不可能だと判断。林内を迂回することに決める。急斜面を、スリップしないよう、灌木につかまりながら、一歩一歩進んでいく。灌木の枝先が、二度も目の至近を直撃した。

そのうちに、小さな崖で行き詰ってしまい、川中の棚に降りたのだが、ここが相当にぬかるんでいて、膝あたりまでズブズブと潜ってしまう。ほとんど歩行困難だ。

「対岸へ渡ろう」。すでに大湿地帯の出口近くに来ており、川幅もそんなに広くはない。しかも、両側の棚が同じ高さなので、そんなに深くはないはずだ。ところが、一歩踏み込んだ瞬間、ズボーンと胸まで沈んでしまった。「まずい」。しかし、ザックの浮力が幸いして、落ちた反動で少し浮き上がった。すかさず灌木につかまり体を支えた。だが、岸に登ることができない。足場がないのだ。これには困ったが、それでも、どうにか這いあがることができた。同じことがもう一度あった。底が見えない場所で、こういう危険を冒してはいけなかった。

大湿地帯は想像以上に広く、沢も幅の割には深すぎた。ぬかるみも馬鹿にならない。こういう場所があるということが驚きだった。西表島の奥深さを改めて知る思いだ。

一一時一〇分。長い淀みが終わると、にわかに流れが速くなり、急峻なゴルジュに変わった。両側が巨岩の山、恐ろしい形相をしたゴルジュだ。すでに、一番の危険地帯に入ったのかも知れない。水は岩の間を急速に流れるようになり、ある所では滝のようになって下っている。水はほとんど無色透明に戻っている。小雨直後の濁り程度だ。もう、何の抵抗もなく飲むことができる。さっきまでの赤茶色の水が、こんなにまで変わるものかと思う。

ゴルジュはわずか二〇メートルで終わったが、下流は大きな岩が谷を埋めつくす巨岩帯だ。ますます急峻になり、もはや、連続した危険地帯だと確信。しかし、急ぐことはない。安全に慎重に、着実に下ることだ。改めて気持ちを引き締めた。雨が続いているが、小降りになってきている。

一一時三五分、大きな滝（F02）の上に出る。高さ八メートルくらい、幅は一〇メートルある。かなり水量のある立派な滝だ。標高一八〇メートル、おそらく、地図にある滝だろう。霞んではいるが、湾らしいものが見えている。晴れていれば、崎山湾が一望できることだろう。

一二時二二分、再び滝（F03）。標高一四〇メートルあたり。大きく二段になっている。いや、四段というのが正しい。最上部三メートル、細かな階段になっており、すぐ下のテラスまでは直接降りられる。その下約五メートル、ここは危険を感じる。さらに下に二メートルの段差。水は一旦左岸の岩にあたって、その下の滝壺に落ちている。

滝（F02）から滝（F03）の間は、沢の中休みとでもいうのか、比較的緩やかな川原だった。ところが、滝（F03）から下は、再び急峻なゴルジュ。巨岩が狭い谷を埋め尽くしている。

一三時二五分、滝（F04）。高さ五メートル、幅も五メートルの岸壁で、水は三条になって落ちている。両脇に岩石帯があり、そこを降りることができる。

ウボ川は、大湿地帯から急峻な谷となって下っているが、その割には滝が少ない。本来滝となるような場所が多量の岩で覆われ、全体が階段状になっているのだ。この岩石帯が実際どれくらい連続しているのか、後でＧＰＳや地図で確認しようと思うが、三〇〇メートルくらい連続しているように思われる。

長い岩石帯の中でも、下部にあたる標高一四〇メートルから四〇メートルの間がもっとも急峻で、険しい。さらに最下部は傾斜が少し緩くなるせいか、岩が流出せずにうずたかく盛り上がり、城壁のようになっている。右岸の高い所に、むき出しになった岸壁がある。見ているうちにも岩が落ちてきそうだ。岩壁自体は高さ四〇メートル程で、標高一〇〇メートルから一五〇メートルの間を帯状に伸びている。ここから岩が落下して、ウボ川の谷に堆積しているのである。それにしてもこれだけ大規模な巨岩帯は、「西表島広し」といえども、他にはないだろう。当初の計画どおり、まず崎山に来てウボ川を登っていたら、どうだっただろう。岩石帯で相当苦労をしたことだろうし、あるいは途中で断念していたかも知れない。

下降中、アイゼンでも滑りやすい岩があった。ていねいに観察すると、どうも砂岩ではなく、変成した石灰岩のように思える。昔、古波蔵さんの床の間にあった石と同じだろう。地の色が濃いねずみ色で、弓型の白斑が沢山入っており、研磨すると表面がすべすべになる。同じ石は、翌日のアヤンダ第一支流にもあった。

一三時四〇分。岩石帯が終わると、少しの間、大きな石のある川原が続き、じきに、マングローブの上限に来た。ようやく、ウボ川下降が終わったような気がした。

マングローブはオヒルギが優占し、ウダラ川に比べるとはるかに密生している。膝根がびっしり突き出ているので、非常に歩きにくい。

アヤンダへ向かうウサラ道は海岸から入るはずだ。マングローブを抜けて、まずは崎山湾の海岸へ向かう。浜には一四時ちょうどに着いたが、人っ子一人いないし船も見当たらない。昔、網取から海岸伝いに歩いてきたことがあったが、その時も同じだった。

海岸沿いの山やアダン林の中を探してみたが、道らしいものは見つからない。そこで、ウボ川を戻りながら道を探すことにした。

一五時ちょうど。大きな石が散在する川原まで戻ったら、ウサラ道の起点が見つかった。ウボ川最下流にある支流の出合だ。イヌビワの幹に古い赤テープが巻かれていた。

ウボ川を下ってくると、このあたりだけ、盛り上がった中洲になっており、沢が隠れてしまっているのだ。結局、一時間二〇分も余分な時間を費やしてしまったが、ウボ川を分水嶺から河口まで完全に踏破できたわけだから、悪い気はしない。

テントを張る手ごろなスペースもある。さらに、翌日わかったことだが、ウサラ道への沢は一〇〇メートルも進まないうちに完全な涸れ沢となり、テントも張れないような急斜面だった。もし、早くからウサラ道へ入っていたら、キャンプ地にも困っただろう。回り道をしたことが、結果的には幸いしたようだ。

今日はここでキャンプだ。一帯は、ことのほかコミノクロツグが多い。逆にリュウビンタイやヒカゲヘゴはほとんどない。テントを設営後、水浴。簡単に洗濯をして、周辺の木の枝に干した。

一六時ちょうど。先ほどまでパラパラと雨があったが、今は止んでいる。これ以上、降って欲しくない。今

ウボ川

ゴルジュ.標高100〜150m.狭く急峻で,巨岩が谷を埋めつくしている.

急峻な谷.ウボ川,標高200mより下は特に急峻で巨岩が積み重なっている.

回は荷物のすべてがびっしょりだ。ザックカバーがあっても、大雨から完全に守ることはできない。川にも二度落ちているし、渡渉やちょっとした深みでは、ザックの底部がどうしても水に浸かってしまうのだ。ただ、衣類をはじめ、小物は小分けにしてビニル袋に密封してあるから問題はない。

一六時三〇分、風がまったくない。蒸し暑く、裸でいても汗が出てくる。テントを全開にしたいが、虫が入るので、それもできない。

この場所、ことのほか沢の音が大きい。ほとんど騒音だ。テントの両側に沢が流れている。支流には小滝があり、しかも、その滝と並んで別の沢があり、岸壁全体を覆う滝になっている。だから水量の割にとてつもなく音が大きいのだ。しかし、自然界の音とは不思議なものだ。フッと気づくと大きな音でも、音に神経質になっていない時には、まったく気にならない。

それにしても、ウボ川は想像以上に手ごわ

い沢だった。無事に踏破できてホッとしている。明日のルートは廃道ではあるが、まれにワンゲルなどが通るようだ。目印のテープがあるかも知れない。なくても心配ない。もともと当てにしていないし、狭い谷だから、沢を辿れば分水嶺に達するだろう。峠までは標高差一〇〇メートルそこそこ。順調に行けば、午後の早い時間にウダラ浜に着くだろう。

（ウサラ道へ続く）

ウサラ道

（ウダラ川〜崎山湾）

かつて、「ウサラ道」と呼ばれた峠越えの道があった。ウダラ川と崎山を結んでいた。四〇年前には、船浮の猟師が通ることがあった。他には、内地から来るワンゲルや探検部の学生くらいだろう。しかし、多くても一年で数パーティー。そんな状況なので、ウサラ道はすでに廃道になっている。大昔からのルートだと聞くし、昔の道は、この谷筋ではなく、もっと北側の山を通っていたと聞くこともある。手元に五万分の一の地図がある。一九七〇年前後に私が使っていたものだ。そこには、ウダラ川のマングローブを起点とし、ナチパリと呼ばれる丘陵を越えてアヤンダ川下まで続く道が描かれている。道はさらに伸び、アザンザを通り、尾根に沿って北西方向に上っている。道は標高二〇〇メートルの稜線部で二手に分かれ、一つは網取へ、もう一つは崎山に向かっている。これが、話に聞く山を通る道なのだろう。「アザンザ」は地名の一つで、アヤンダ第一支流の田んぼ一帯を指している。

鹿川が廃村になったのは一九〇四（明治三七）年。当時は崎山と網取に村があった。網取と崎山は、舟で行き来したのだろう。もちろん、海岸を歩いたり、山越えもしていたはずだ。鹿川との行き来は、網取からは山越えと、あるいはウダラ川まで舟で入り、クイチ道を利用したのだろう。崎山からは、おそらく、このウサラ道からクイチ道を経由して行ったのに違いない。一八九三（明治二六）年、笹森儀助が崎山から鹿川を往復したルートも、ここだったはずだ。

崎山は第二次世界大戦直後の一九四〇年代後半に廃村になった。以降、ウサラ道は使われることがなくなった。

網取は一九七一年廃村になった。沖縄の日本復帰の前年のことだ。それまで、アザンザやウダラの田んぼは網取の人たちが耕していた。つまり、地図にあった道は、徒歩であれ、あるいは舟を使うにせよ、網取から田んぼへ通う生活路だったのだ。この道も今は消失している。

（ウボ川下降より続く）

ウサラ道を歩く

二〇一八年六月一九日（火）晴れ

六時起床。夜半に雨があったが、そんなに強いものではなかった。今は止んでいる。夏至が近いが、日本の最西端に近い西表島では、午前五時になってもまだ真っ暗だ。五時半くらいになると、浜は十分に明るくなっているが、林内ではまだライトが必要だ。六時をまわって、ようやくライトが必要なくなる。今日の天気は、まだわからない。空はどんよりしているが、比較的明るく感じる。沢の音はあいかわらずだが、鳥の声もなく静かな夜明けだ。今日はウダラ浜まで移動する予定だ。距離的にはそんなに遠くないので、少し遅い出発でも構わないと考えている。

七時三一分。出発の準備が完了。雲が多い。雲が南から北へ流れているが、雨の心配はしばらくなさそうだ。

今日のルートは往年の「ウサラ道」。道は消失しているが、助かったのは入口に古い赤テープがあったことだ。なかったら、ルート探しに苦労したかも知れない。赤テープは、山中にも涸れ沢にも、たまに見つかることがある。稀であっても、ここを通るパーティーがあるのだろう。今、ウサラ道そのものは完全に消えている。ただ、ウサラ川は支流がない涸れ沢なので、沢に沿って登れば、必ず峠に出る。

キャンプ地もそうだったが、沢沿いはコミノクロツグが大変多い。幹を持たないヤシ科植物だ。この時期、小さな赤い花を付け、何ともいえない優雅な芳香を放っている。西表島の多くの谷では、リュウビンタイやヒリュウシダ、ヒカゲヘゴなどシダ植物のほうが圧倒的に多い。植えたものとは思わないが、ウサラ川沿いのコミノクロツグの多さは、ちょっと不思議だった。

八時三三分、峠に到達。標高一〇九メートル。ここからアヤンダ第一支流がはじまる。峠を挟んだ両側とも、かなりの急斜面だ。ただ、峠そのものが標高一〇〇メートルそこそこだから、急峻な部分も距離にすればわずかなものだ。

アヤンダ第一支流を下降

峠を下っていくと、おぼろげながら山道の痕跡が見つかり、急斜面を下り切った所から沢がはじまった。標高七〇メートルあたりだろう。ところが、じきに、流れが緩やかになり水量も減り、直後には伏流になってしまった。平坦な伏流がしばらく続くが、やがて水が流れ出るようになり、標高六〇メートルあたりで右手（南側）から沢が合流している。二つの沢が合わさり、水量も一気に増してきた。

九時五五分。標高五〇メートルあたりまで下がると、谷がにわかに広くなった。明るい丘陵で、ほとんど傾斜がない。ちょっとした広場のように見える。一帯は、サガリバナの群落だ。ポツンポツンと花が落ちているが、満開の時期はもう少し先になりそうだ。「アザンザ」と呼ばれた田んぼに違いない。そう意識して眺めると、人が並べたと思われる石や水路、田んぼの区画などが浮かび上がってくる。

丘陵の中央を、アヤンダ第一支流が流れている。幾度も蛇行を繰り返しながら、ゆったりと下っている。両岸が二メートルの切り立った赤土の壁なので、降りることはできない。水量もまずまずで、たとえ降りることができても、沢は歩きたくない深さだ。

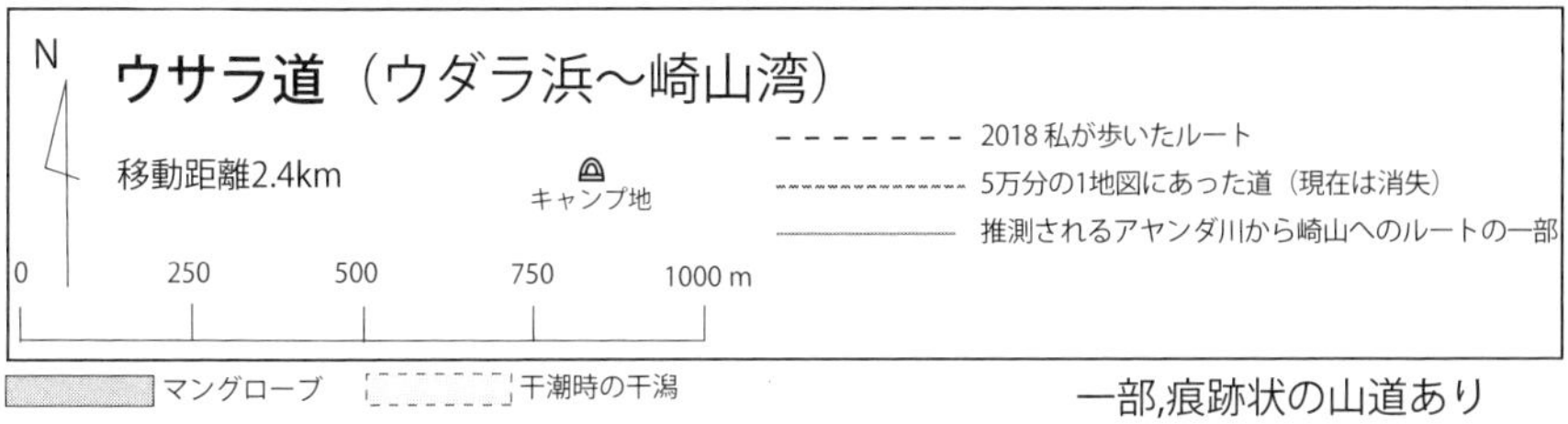

一部,痕跡状の山道あり

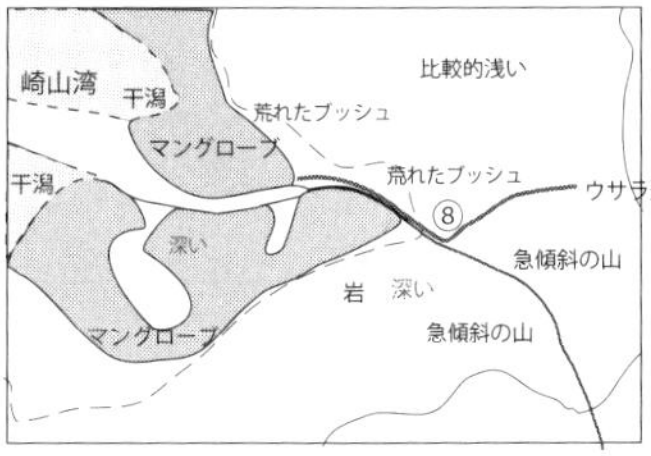

③アヤンダ川二俣
巨岩が谷を埋めつくす岩石帯.通過は困難.
アヤンダ川本流の右岸を迂回する.

④崩落地
幅10m,長さ20mの急峻な崩壊地.コシダなどに覆われている.ウサラ道からアヤンダ川河口への山道があったと思われる.通過には細心の注意が必要.

⑤田んぼ跡
一帯は昔の水田跡.現在サガリバナ群落.

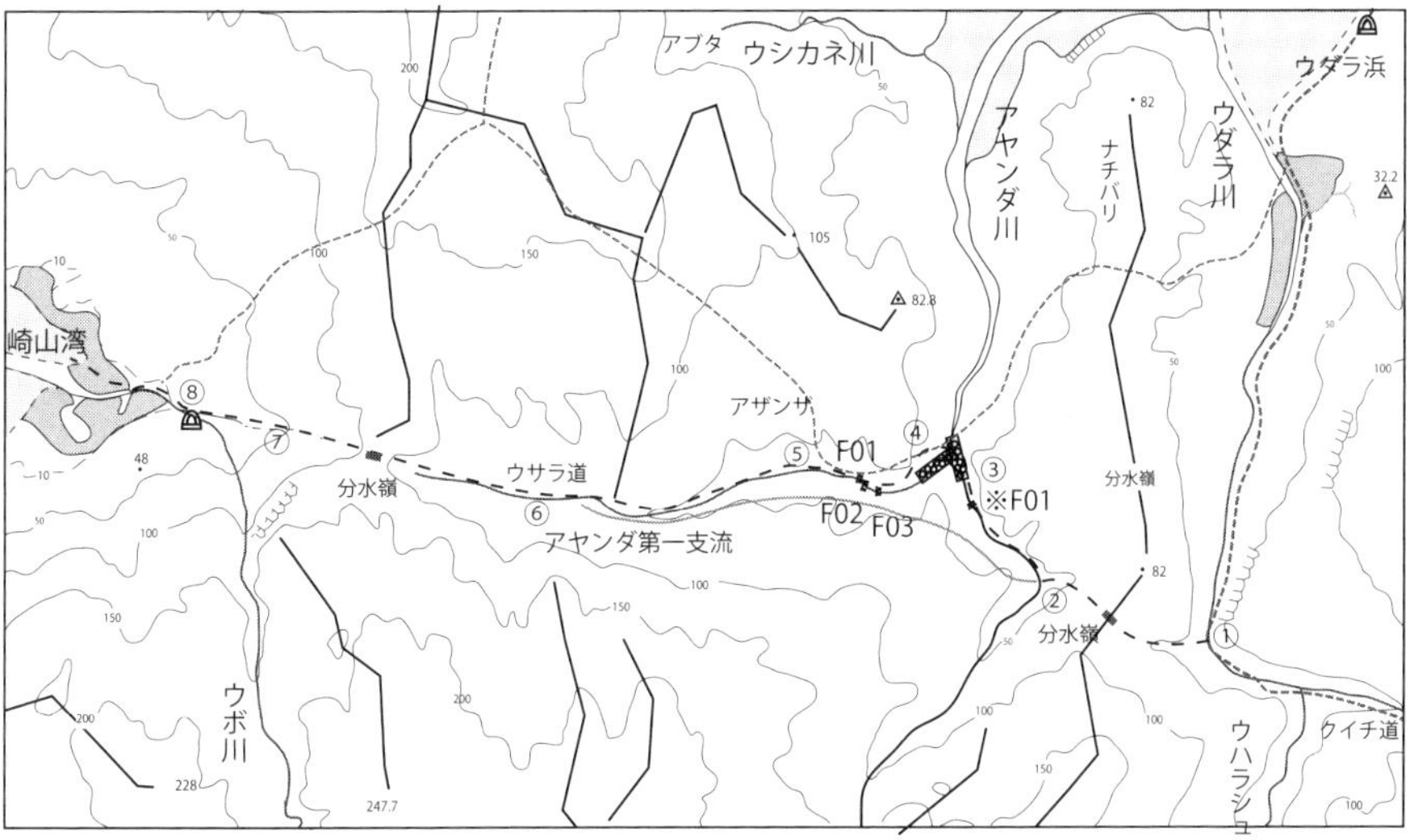

⑧ウサラ道の崎山側起点
ウボ川右岸,最下流の支流.小滝があり,この沢を詰める.

⑥伏流帯

アヤンダ第一支流
F1 高さ5m.太い1条.
F2 高さ3m
F3 高さ7m

※アヤンダ川F1
高さ2m,幅10mの斜め滝.

①崎山への分岐ウボ川右岸,ウダラ浜から鹿川へ向かう「クイチ道」が,一旦沢を歩く地点.対岸の木に目印の赤テープあり.

⑦ウサラ川
ほとんどが涸れ沢.シダ類が少なく,コミノクロツグの群落.

②アヤンダ川
対岸に目印も山道もないが,図示した位置に「ウサラ道」があると考えられる.アヤンダ川を下り支流を遡るルートは巨岩帯通過に困難を極める.

①～②峠越え
標高差30mの峠越え.山道消失,赤テープ所々にあり.アヤンダ川に出る.

丘陵には何本もの溝が走っている。わずかに水が流れているか、涸れている。ぬかるむ所もあるが、すべての溝が本流と繋がっている。

丘陵は、林床が乾いていて下草もなく、とても歩きやすい。何本も溝を越え、下流を目指して直線的に進んでいった。

一〇時一〇分。田んぼ跡を通過すると、にわかに谷が狭くなった。これまでほとんど平らだったのに、急に傾斜が増し、一気に下る地形になっているようだ。ここからアヤンダ川本流までは、直線で三〇〇メートルくらいだろう。三〇分もあれば本流に出られるだろうが、時間を気にする必要はない。陽ざしがあり、天気の心配もなさそうだ。

狭いゴルジュとなり、滝（F01）が現れる。ほぼ垂直、約五メートルの高さがある。滝壺も深そうだ。滝壺の両側は垂直の崖、直降は無理。左岸の林内を迂回する。滝の少し下流は淵になっていて、約五〇メートル続く。ここも深そうなので、そのまま林内を進む。

再び沢に降りると、次の滝（F02）。高さ三メートル。連続して深そうなので、同じ左岸を迂回する。するとまた滝（F03）。最初の滝から五〇メートルしか離れていない。前の滝と比べてやや大きい感じだが、高さはわからない。沢から離れて、少し高い場所を迂回しているからだ。このあたりから、明らかに道だった痕跡があり、古い赤テープも残っている。

一〇時一五分。山刀がない。大事な山刀が鞘から抜け落ちている。アザンザの田んぼ跡までは確かにあった。ザックを降ろし、まずは、すぐ下の沢を探してみる。ところが、水が濁っていて底が見えない。一〇メートルばかり戻ってみたが、探しようがない。どこでなくしたのか、冷静になって考えてみた。ここでの紛失ではないはずだ。沢では大きな登り下りはなかったし、山刀の鞘が前倒しにならない限り、抜け落ちることはないからだ。そうなると、沢に下る急峻な斜面あたりだろう。しかし、そのあたりは土、枯れ枝、枯葉が積もった場所だから、戻ったところで、探し出すのは難しいだろう。

山刀はもともと抜けやすいので、鞘に特別なストッパーをつけている。収めた後、それを確認しておけば問題はなかった。ただ、今回は、ストッパーが少し曲がって外れやすくなっていた。ペンチがないから石でたたいてみたが、うまく直らない。だましだまし使ってきたが、ここにきて失敗してしまったわけだ。あきらめるしかない。帰宅後、新しいものを作ることにしよう。今回は、ウダラ浜でのキャンプを残すだけなので、なくても、どうにかなるだろう。

ズボンもボロボロで、もはやすだれのようになっている。夏用の作業ズボンは布地が薄く、沢登りには不向きだ。砂岩で擦られると、すぐに破れてしまうのだ。藪漕ぎでも小枝に引っかかって破れる。わかってはいるのだが、古いものから処分しようと思って持参した。いまや「はいていないよりまし」、といった感じだ。

アヤンダ川本流

一〇時三〇分、稜になった斜面に出た。パッと視界が開けた。恐ろしく急な斜面で、眼下にアヤンダ川が見える。途中まで岩石が川を埋めつくし、その先は汽水域のようだ。しかし、マングローブがない。両岸が切り立った崖になっているから、マングローブが発達しないのだろう。

足下の急斜面は、比較的新しい崩壊地のようだ。幅一〇メートル。二〇メートルの高さで、切り立っているように見える。全体は一メートルにも伸びたコシダで覆われていて、まったく足元が見えない。さすがにここを下るのは危険だ。上側も、おそらく崩壊した一部なのだろう、急斜面と赤土の壁になっている。どうしたものか。

かなり躊躇したが、横切るだけならどうにか行けそうな気がする。左手でしっかりとコシダを束ねて掴み、足元を確認しながら慎重に一歩ずつ進むことにした。ちょっとでも滑ったら、即、滑落だ。コシダだけで私の体を支え切れるはずがない。

右手でコシダをより分けていたら、突如、大きな赤土の部分が現れた。新たな崩壊で、まだ草一本生えていない。だが、幸いにも、その上に木の根が露出して横に伸びている。根は直径一〇センチ、しっかり生きている。しかも、両端は土の中、固定されたパイプのようになっているわけだ。一瞬ためらうが、これを足場とし、左手でコシダの束をしっかりと握り、崩壊地を渡り切った。

渡り切った林内も急斜面だが、ここは木に掴まりながら問題なく下れる。下りきった川床は、岩石で埋めつくされていた。ウボ川の下流域と似ている。慎重に下っていくが、右手にあるはずの本流が見つからない。そこで、振り返って丹念に探してみると、狭いゴルジュが見える。支流より細いようだが、そこしか山の窪みがないので、近づいてみた。確かに本流だ。一帯は本流も支流も岩石帯で、二俣の部分が、積み重なった巨岩の下に隠れていたのだ。

ようやく見つけた本流。ところが、ゴルジュの部分は巨岩だらけで直接遡ることができない。そこで、一旦左側（右岸）の林内に入り、急斜面を川に沿って登ることにした。

一〇〇メートル程進んだら、滝に出た。幅は一〇メートルもあるが、高さは二メートルそこそこ、斜めに滑り落ちている。

滝を越えてからは、直接川の中を歩く。傾斜がやや緩くなってきている。大きな石もない。水量があり、膝のあたりまで水の中だ。しかし、このあたりは、沢の中が一番歩きやすい。

沢は東南に上っていくが、やがて南向きになり、じきに、大きく南西に向きを変えた。地図で見る限り、この左側（右岸）の浅い谷にウダラ川からのルートがあるはずだ。

赤テープがある。ここに間違いない。今、ウダラ浜から崎山へ行く人は誰もいない。しかし、稀にでも誰かよいことになる。

通るとしたら、ウダラ川から必ずこの地点に来る。だから、私の場合、この谷を登り切って反対側に降りれば

ところで、今の私には関係ないが、ここから、今朝私が出てきた崎山へ行きたい時は、どこを通ればいいのだろう。赤テープはどこにも見当たらない。アヤンダ川の対岸にもない。その先を調べなかったが、多分、アヤンダ川を渡り、アヤンダ第一支流の右岸（南側）の高い所にルートがあるのではないだろうか。というのも、アヤンダ川本流との出合い一帯は巨岩帯で、沢中のルートは考えにくい。では、私が下った道は何だったのだろう。古い地図にあった網取からウダラ川への道の一部だったとしか考えられない。

一二時〇五分、アヤンダ川から小谷を登って峠に着く。標高七八メートル。この分水嶺を下り切ればウダラ川だ。そこには山道がある。それを辿ってマングローブを抜ければ、そこがウダラ浜だ。ここまで来れば、ほぼ危険地帯を抜けることになる。

一二時二五分、ウダラ川に出る。対岸にクイチ道の赤テープが見えている。今越えてきたアヤンダ川とウダラ川の間は、古い赤テープがあったりもするが、道は消えていて、目印がないも同然だ。しかし、谷を登り詰めて、反対側を下り切ればいいのだから、迷うことはないはずだ。危険な箇所もない。

ウダラ川は、ここから感潮域に達するまでは、曲がりなりにも山道がある。沢中に急峻な場所はない。しかし、水量が多く、直径二メートルもある大石が川原を埋めつくしている。山道を利用できるのはありがたい。

一四時、ウダラ浜に到着。四日目のキャンプ地と決めて、荷物を解く。

一五時五〇分、到着後一休みしてテントを設営。その後、水浴と洗濯。陽が照っているので、洗濯物もよく乾くことだろう。

一八時ちょうど、まだ昼間のように明るい。風がかなり強い。雲も南から北へ速いスピードで流れている。天気が下り坂なのかも知れないが、ここまで来ていれば、船浮へ出るのにも、そんなに苦労することはない。

今考えているのは、明日もウダラ浜に泊まってみようかということだ。これまでの山歩きでは、一カ所で二泊以上したことがない。大雨の時でさえ、一泊限りで移動していた。同じ場所で二日。日中どのように過ごせるのか、やってみてもいいなと思っている。

かなり潮が引いている。一四時に到着したときは、満潮からわずかに引きはじめた状態だった。そうなると、明日も、朝六時には引いていることになる。明後日の出発時間は、七時を考えているが、まだ引いている計算になる。小潮であっても、九時頃までは、引いた状態の浜を歩けることになる。

一九時〇三分。あまり食欲が湧かなかったので、ラーメンで済ませた。ラーメンに航空機内で配られるピーナツを入れてみたら、これが意外にいける。こういう食べ方もいいなと思う。潮は、まだだいぶ引いている。

※帰宅後の装備の修理など。山中で宿泊中、テントのポールが折れた。
①壊れたジョイント部分を修理。または、家にあるスペアと交換。その後、全ジョイント部分をビニルパイプで補強する。
②アイゼンの修理。全部の爪を研磨して鋭くする。前後のパートの長さを調整し固定。
③ザックの雨よけカバーを補修。
④靴の全面を縫う。このままでは剥がれそう。
⑤山刀を新たに作成。
⑥ザックおよびポシェットのベルト先端部分の修理（剥がれたりしている）。

今回の山歩き、もし最初の計画通り、ウハラシュク川遡上からアヤンダ川下降、ウサラ道を経て崎山湾、ウボ川遡上……と歩いたとする。そうなると、アヤンダ川河口あたりで、やる気が失せていたかも知れない。仮に崎山湾まで行ったとしても、ウボ川の岩石帯で挫折していただろう。荷物が重すぎることもあり、体力的に無理だと判断したに違いない。

今回は、予定を縮小してしまったが、ウハラシュク川とウボ川、ウサラ道を踏破し、往時の生活を偲ぶことができただけでも満足している。

翌六月二〇日、ウダラ浜でもう一泊した。日中何もしないで、のんびりと過ごした。テントの中は最高だ。何も、ベッドやフトンの上よりテントのほうが快適だといっているのではない。しかし、限られた自分だけの空間、雨が降ろうが風が吹こうが、限りなく落ち着いてくつろぐことができる。食べたい時に食べ、眠りたいだけ眠る。

思い出にふけり、明日を夢見て、そして、幸せとは何だろうと考えることもある。私はこれまで、自分のやりたいことを自由にやってきた。今でも、こうと思ったことは納得の行くまでやり通している。そんな生き方に「無職の風来坊」と陰口をたたかれたこともある。しかし、人様に、そして社会に迷惑をかけることをしなければ、自分の金で、思うように自由に生活をして構わないと思う。だから今は、自分の足で歩いた西表島の様子を記録する、という生活に満足している

（ウダラ浜から船浮・二〇一八年へ続く）

あとがき

私は高校卒業まで静岡県清水市（現静岡市清水区）で暮らした。両親の郷里である。就学前から山に親しんできた。材木商であった父が山へ入る時、一緒に連れていってくれたからだ。父は良材を求めて、大型バイクで富士川、大井川、天竜川、木曽川まで走っていた。いつ居眠りするかわからない私は、燃料タンクにまたがった姿勢で、紐で括り付けられていた。父が山林主と交渉する間、私は山や沢で虫を探したり小鳥を見たりして、時間を過ごしていた

生き物が好きで、大人になったら動物学者になろうと決めていた。山も好きで中学時代には泊りで出かけたり、南八ヶ岳を単独縦走したりした。高校では山岳部に在籍した。ところが、二年の時に父を亡くし、材木屋を継ぐべく大学は法学部に進んだ。大学では部に所属することなく、一人で山歩きや旅行を続けた。当時、山岳部やワンダーフォーゲル部の事故が相次いでいたこともあったし、体力的にも自信がなかった。それでも大学時代は、たくさんの山に登った。冬の金峰山、甲斐駒ヶ岳、八ヶ岳全山縦走。初秋の中央アルプス縦走、北岳。夏の穂高連峰。富士山は幾度も登頂している。

当時の私は、多くの山好きがそうだったように、北方志向だった。生まれが内モンゴルだったこともある。いつも母に「生まれ故郷はどんなところ?」と尋ねていた。「日本にはない。あるとすれば北海道でしょう」というのが母の決まり文句だった。成長するに従って、北海道への憧れが強くなった。一九六四年、東京オリンピックによる大学の臨時休講を利用して、初めて北海道を旅行した。積雪五〇センチの羅臼岳に登頂、単独

で知床横断も果たした。北海道は私を存分に魅了した。来年も北海道だ。そう決めて、旅費稼ぎのアルバイトに専念した。

ところが、翌一九六五年三月。「西表島で未知のヤマネコ発見」という、私にとって衝撃のニュースが流れた。「そんな所がまだあったのか」。その年、パスポート持参、種痘を済ませて西表島へ渡った。沖縄の日本復帰前で、現地ではドルが使われていた時代だ。この時以来、私と南方とのかかわりがはじまった。ちょうど二〇歳の夏だった。当時の西表島は戦後の入植から二〇年、まだ移民が続いていた。全島を覆う密林。大自然が人間を圧倒し、開拓者の姿がちっぽけに見えた。しかし、何よりも、海や山の遊びに長けた子どもたち、彼らの存在が不思議でならなかった。「どうしてこんなに逞しいのだろう。こんな子どもたちを生む西表島には、今の私にはわからないが、何か素晴らしいものがあるに違いない」。

西表島の姿をもっと見たいという衝動に駆られた私は、道もない海岸線を伝って島を一周した。初めての西表島滞在は一〇日程であったが、私の人生において何か決定的なものを与えてくれたように思う。

法学部卒業後、改めて生物学を学んだ。西表島へは毎年通った。それでも足りないと、現地で教員の職を得て、仕事をしながら研究を進めた。しかし、教員の仕事に時間を奪われ、それはそれで楽しく充実したものではあったのだが、研究の時間が確保できない。大学院に戻り、現地で生活し研究に専念した。研究対象はもちろんイリオモテヤマネコだった。

山野での調査はまったく苦にならなかった。微小だが厄介なダニやヒルへの対策。沢の水を飲み、木に登って方向を確かめたりと、小さい頃からの経験が役に立った。

私がこだわったのは、誰もやったことのない、イリオモテヤマネコの夜間の直接観察だ。しかし、たった一人で過ごす夜の森は不安だし怖い。これはどうしても克服しなければ先に進めない課題だった。

夜の森で怖いものとはなにか。ハブ、サソリ、ムカデ。どれも、積極的に向かってくることはない。幽霊や魔物。仮にいたとしても、まさか力づくで襲ってくることはないだろう。怖いのは、むしろ人だ。中学三年の夏、木曽の開田高原の原野で一泊した時、怖い目に遭ったことがある。それがトラウマになっていたのかも知れない。しかし万が一、悪意を持って私を狙う人間がいたとしても、山道から外れた闇の森にいる私を探し当てることはまず無理だ。そう考えるようになって、一人で過ごす森がむしろ楽しくなってきたのである。

イリオモテヤマネコを主とした研究の過程で、琉球列島にはアマミノクロウサギ、ヤンバルクイナなど古い形質を持つ固有種が多いという特徴があり、その謎を解く鍵は「南にあるのでは」と考えた。そして訪ねたのがボルネオ島だった。一九八五年のことである。一人キナバル山に登り、山頂で、「再訪できますように」と祈ったものである。

夢はかなうものだ。二カ月後、国際協力機構（ＪＩＣＡ）から電話が入った。「ボルネオ島で研究プログラムがはじまる。参加しないか」との要請だった。「渡りに舟」とはこのことで、迷わず参加した。以来、足掛け二五年間、正味一六年間をボルネオ島のカリマンタン（インドネシア）、ブルネイ、サバ（マレーシア）で暮らした。仕事の内容は動物の調査ならびに現地の若手研究者の育成であった。高い山へ登る機会はなくなったが、熱帯雨林と、標高一〇〇〇メートル前後の高原地帯を歩き続けた。ここでも、山の経験が生きた。

あらゆる樹木が実を結ぶ一斉開花という現象がある。「人間なにも働かなくても食べていける」。そんなふうに思ったりもする。沢に水がなくても、切ると水が出てくる蔓植物がある。そんな森林の魅力は歩いて初めて知る。自分自身が、山の動物の一員となること。畏敬の念をもって自然と接することの大切さを学んだ。

二〇一九年一二月七日、私は日本山岳会年次晩餐会において、秩父宮記念山岳賞を受賞した。世界の高山や未踏峰登頂といった華々しい業績ではないが、ボルネオ島における動物研究と民俗学調査、それらを通しての発展途上国若手研究者の育成、さらに、西表島の多数の峰と沢を踏破し記録し続ける「山岳文化」での業績が評価されたものと伺った。「西表島とボルネオ島の自然と人々の営みを、あるがままに記録する」というライフワークに大きな力を与えられたことに心から感謝している。

私の専門家としての海外生活は二〇一〇年を最後に終了したが、二一世紀に入ってから、日本にいる期間が増えたことを機に、西表島の山歩きを再開した。

実際に歩きはじめると、西表島の山や沢は、地形も気候的なものも、さらに体力的にも自分にピッタリで、無理なく歩けるように感じた。そして、「せっかくなら、西表島のすべての沢を歩いてみたい」と思うようになった。私なりに定義した沢は二〇〇を超えるし、滝となると優に一〇〇〇を超えている。私はすでに七五歳を過ぎてしまった。しかも、西表島に住んでいるわけではないので、あるいは一生かけても、すべての沢は踏破できないかもしれない。それでも、体力の続く限り島へ通い、若い頃から培った山の知識と技術から、一つでも多くの沢を、時間をかけて、無理せず安全第一で歩き続けたいと思っている。

今の私は、ヘリコプターから目隠しで任意の場所に降ろされても、西表島であれば確実に村まで出てくることができる。それは、前述したような長い経験があるからであり、趣味ではじめる山歩きとは違う。

本書を読んで、「自分も行ってみようか」と思われる方がいるかも知れない。その時は、山の十分な経験があり、技術を持った人の指導、同行を心がけてほしい。西表島の内陸部は元々情報が少ないし、かつての山道も消失している。ツルアダンなど他府県にない植物も繁茂しているし、巨岩や急峻な崖も多い。崩落などで地形そのものが変わっていることもある。誰もが気楽に立ち入れるという場所ではない。くれぐれも、ご注意いただきたい。

行動記録

前良川遡上→西船着川遡上

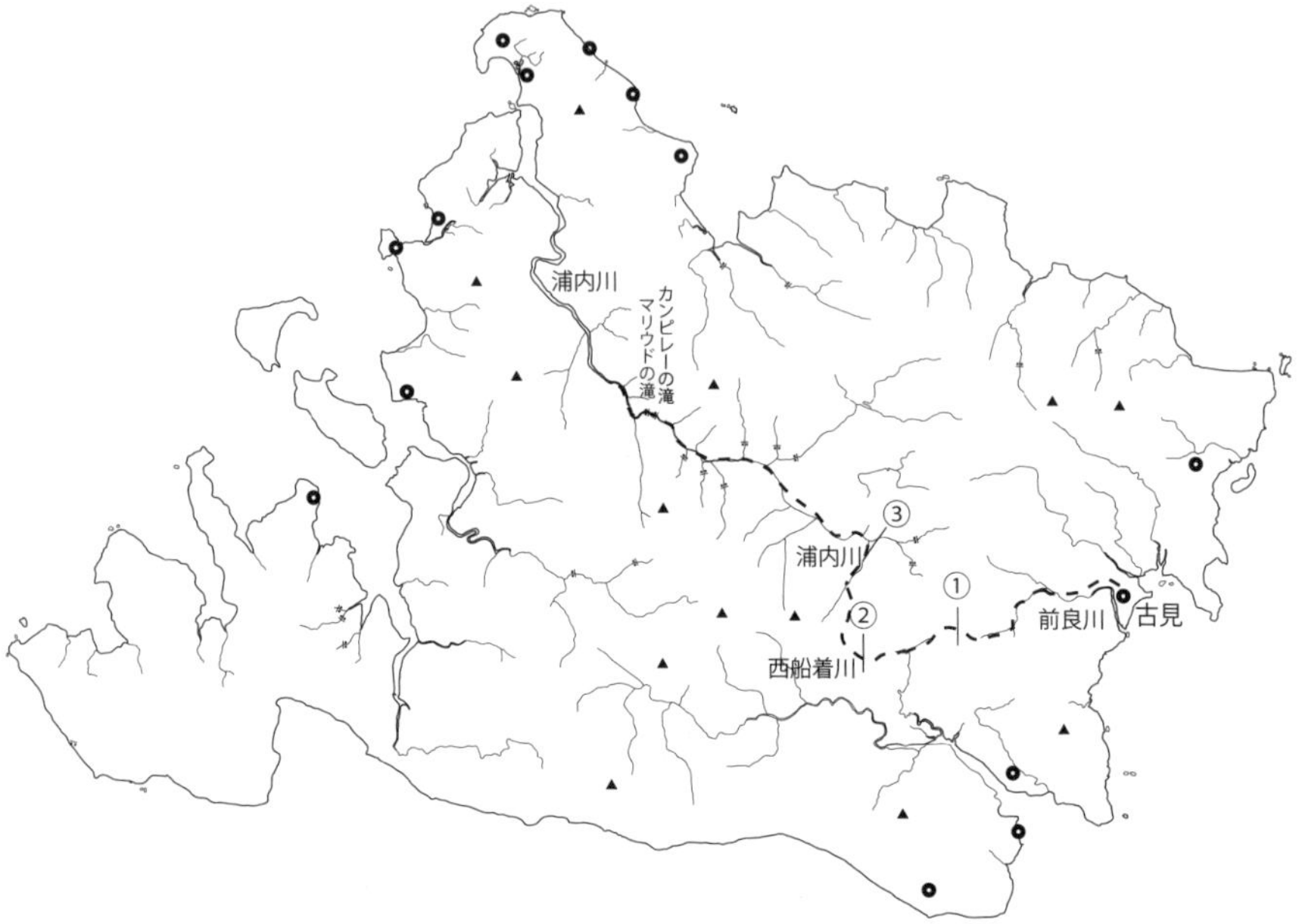

2015/06/15〜06/18
前良川〜西船着川〜浦内川（3泊4日）

06/15 (晴れ)
古見(9:12) 農道終点(9:21) 二俣01(10:20) 〜支流沿いに横断山道を行く. 間違いと気づき, 1時間のロス, 二俣01に引き返す〜 前良川に入る (11:30) 岩石帯01(13:21) 二俣02(13:40) 滝F02 (14:00) 岩石帯02(14:30) 巨大石(15:15) 上流域(16:05), キャンプ①日目.

06/16(晴れ)
出発(7:00) 滝F01(7:45) 礫河原・二俣03(8:59) 分水嶺・西船着川水系へ入る(10:45) 西船着橋に近い二俣01(12:40)西船着川を遡上し,滝F03(13:28)水源地ダムの上流(14:40),キャンプ②日目.

6/17(晴れ)
出発(6:50) 西船着川を遡上し,滝F02(7:00)滝F01(7:12)分水嶺(11:25)浦内川・横断山道に出る(12:05)第一山小屋跡(15:45),キャンプ③日目.

06/18(晴れ)
出発(6:35) 浦内川を下り, 軍艦石(14:56) 〜 (観光ボート) 〜 浦内橋 〜 (バス) 〜上原.

ホーラ川源流遡上→相良川源流下降→深里川下降

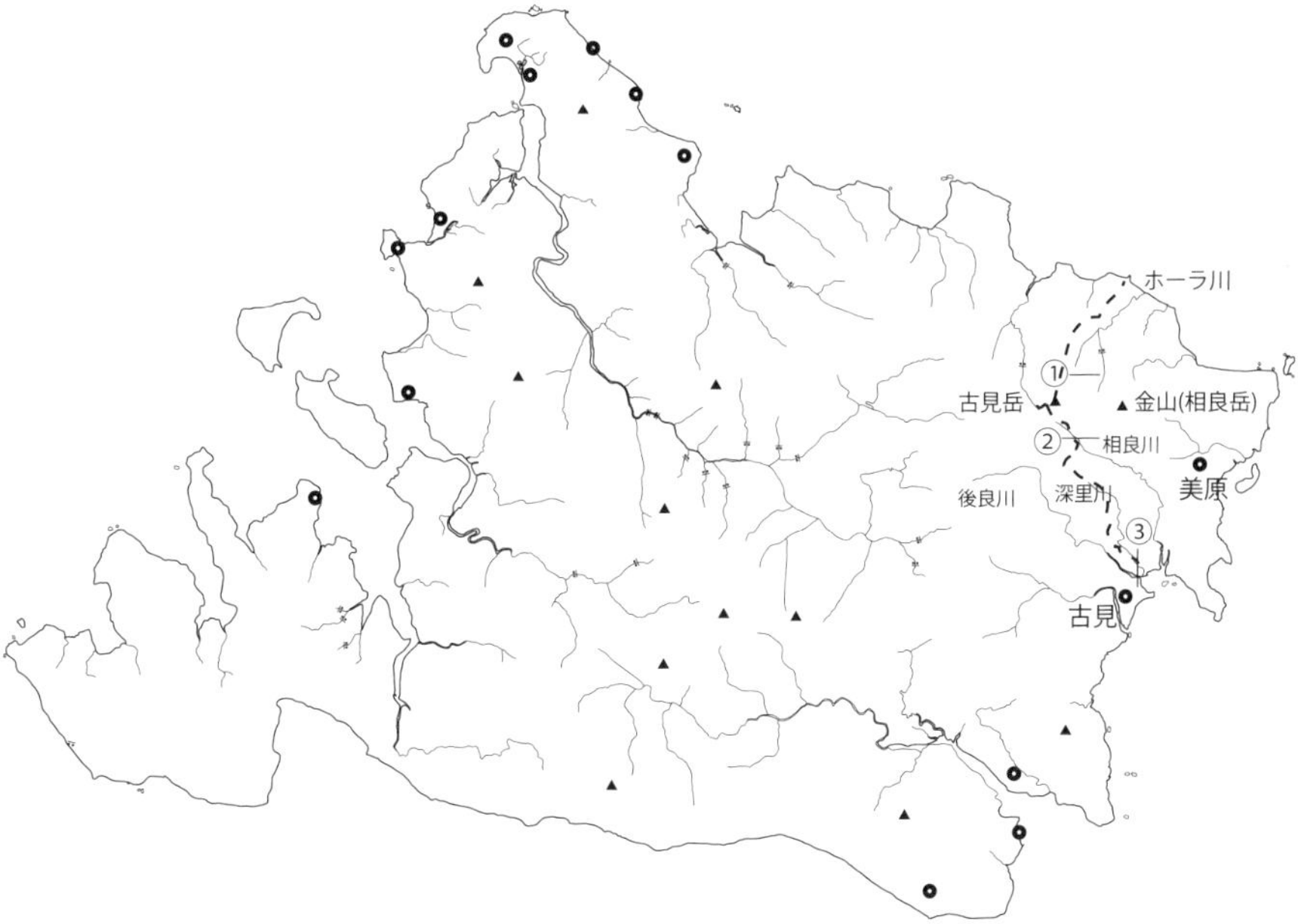

2018/10/18〜10/21
ホーラ川〜相良川〜深里川(3泊4日)

10/18(くもり)
上原〜バス〜高那・パイヌマヤリゾート入口バス停(8:40),屋外プールの奥・ホーラ川遡上開始(8:52),二俣・東西本流の分岐(10:50),滝F03・古い取水ダム(12:30),三段の滝F02下(14:25),三段の滝F02上(15:40),三段の滝F02の上流250m・キャンプ①日目(16:00).

10/19(くもり,夜スコール)
出発(7:45),滝F01(7:50),分水嶺(9:10),その後古見岳を往復.相良川源流との分水嶺・相良川下降開始(11:59),滝F01(12:20),F03滝下(13:07),滝F04(13:13),滝F05(13:50),急峻な岩石帯(14:09),滝F06の上(14:23),新しい崩壊地上(15:15),崩壊地から林内へ(15:28),滝F07(16:00),キャンプ②日目.

10/20(朝小雨,くもり)
キャンプ地(7:50),滝F08(8:17), 滝F09(8:40),古見岳登山道・相良川最後の渡渉地点(9:05)(9:40),分水嶺(10:30),深里川源流・深里川下降開始(10:55),滝F01(11:53),滝F02(12:55),仲新城の田〜西表野生生物保護センター斜面下の田(14:15),キャンプ③日目.

10/21(くもり,時々小雨)
出発(8:18),野生生物保護センター入口バス停(8:30)〜バス〜上原.

スタダレー沢遡上→セイゾウガーラ下降→ナームレー沢遡上→御座岳北沢下降→カーシク川遡上

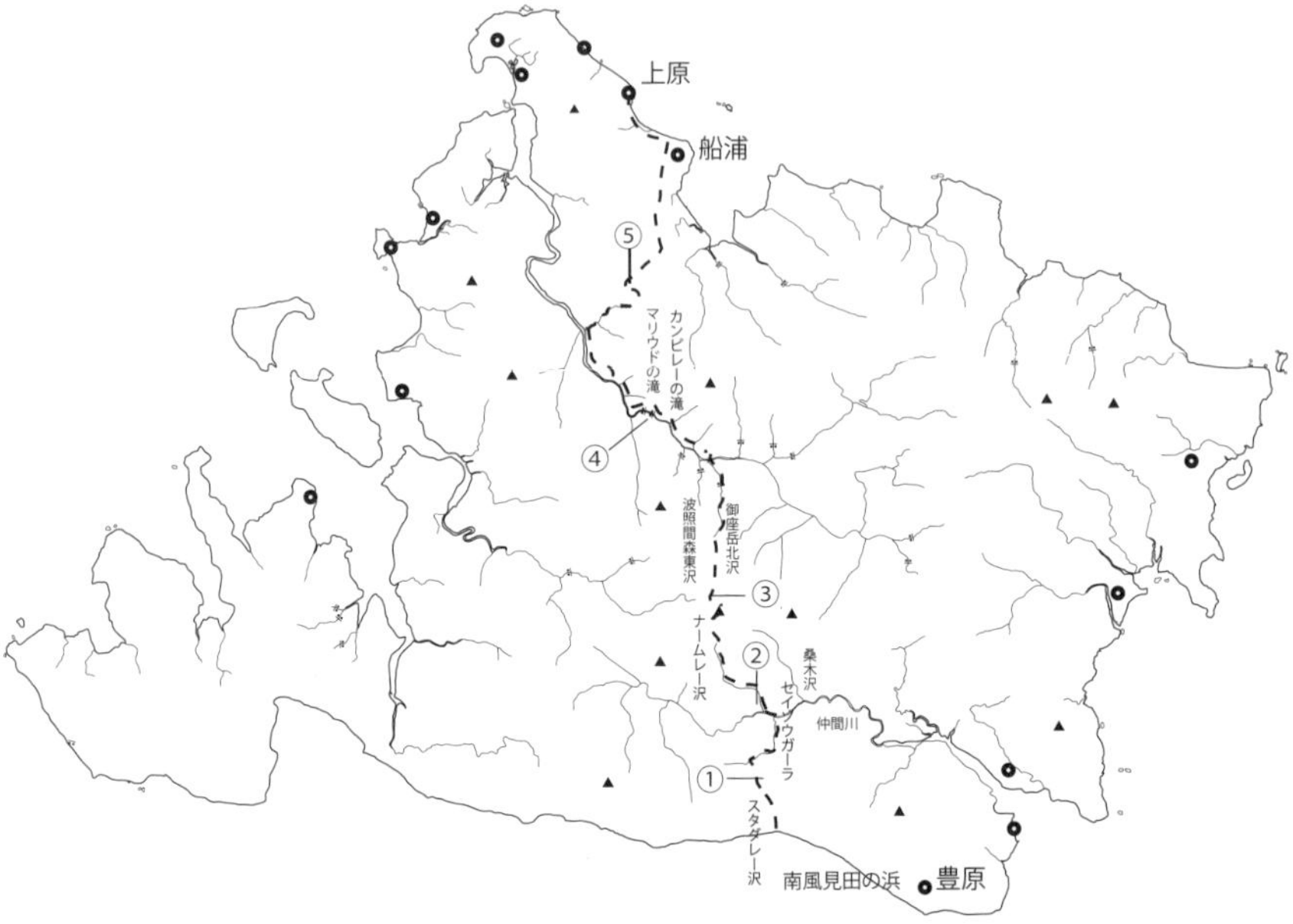

2019/06/13〜06/18　スタダレー沢〜セイゾウガーラ〜ナームレー沢〜御座岳北沢〜浦内川横断山道〜カーシク川〜ヤシミナト川源流(5泊6日)

06/13(くもり)
上原(8:15)〜バス〜豊原バス停(9:30),南風見田の浜(10:25),スタダレー沢遡上開始(10:45),取水ダム(11:00),分水嶺・セイゾウガーラ下降(13:50),滝F01(14:32),キャンプ①日目(15:25).

06/14(晴れ)
出発(7:15),滝F02(7:34),滝F03(8:39),セイゾウガーラ出合・仲間川〜ナームレー沢出合(11:00),キャンプ②日目(13:10).

06/15(晴れ)
出発(7:00),滝F08(7:05),滝F07(7:14),滝F06(7:43),滝F05(8:10),滝F04(8:40),滝F03(9:00),滝F02(9:21),滝F01(10:21),分水嶺(12:35),〜御座岳山頂(13:48)〜仲良川源流・キャンプ③日目(16:00).

06/16(晴れ)
出発〜仲良川源流ゴルジュ〜分水嶺(8:40),〜御座岳北沢下降〜滝F01(9:18),滝F02(9:45),滝F03・ゴルジュ高巻き中(10:05),滝F04・ゴルジュ下部(12:04),滝F05(12:25),滝F06(12:40),滝F07下(13:58),御座岳北沢出合・浦内川(15:30)〜浦内川〜カンピレー滝最上部,キャンプ④日目(16:40).

06/17(晴れ)
出発〜軍艦石〜カーシク川出合(12:20)(12:50)〜(カーシク川遡上)〜滝F05(12:55),支流に入る(13:13)(13:36),滝F04(14:35),滝F03・キャンプ⑤日目(15:27).

06/18(くもり,時々雨)
出発(7:25)〜(カーシク川遡上)〜滝F02(7:50),滝F01(7:59),分水嶺(8:53)〜(ヤシミナト川の一源流を下る)〜船浦農道・マンゴー温室(11:15),農道三叉路(11:33),船浦(12:11),上原(12:45).

大見謝川遡上→板敷第一支流下降→板敷第二支流遡上→ヒナイ川下降

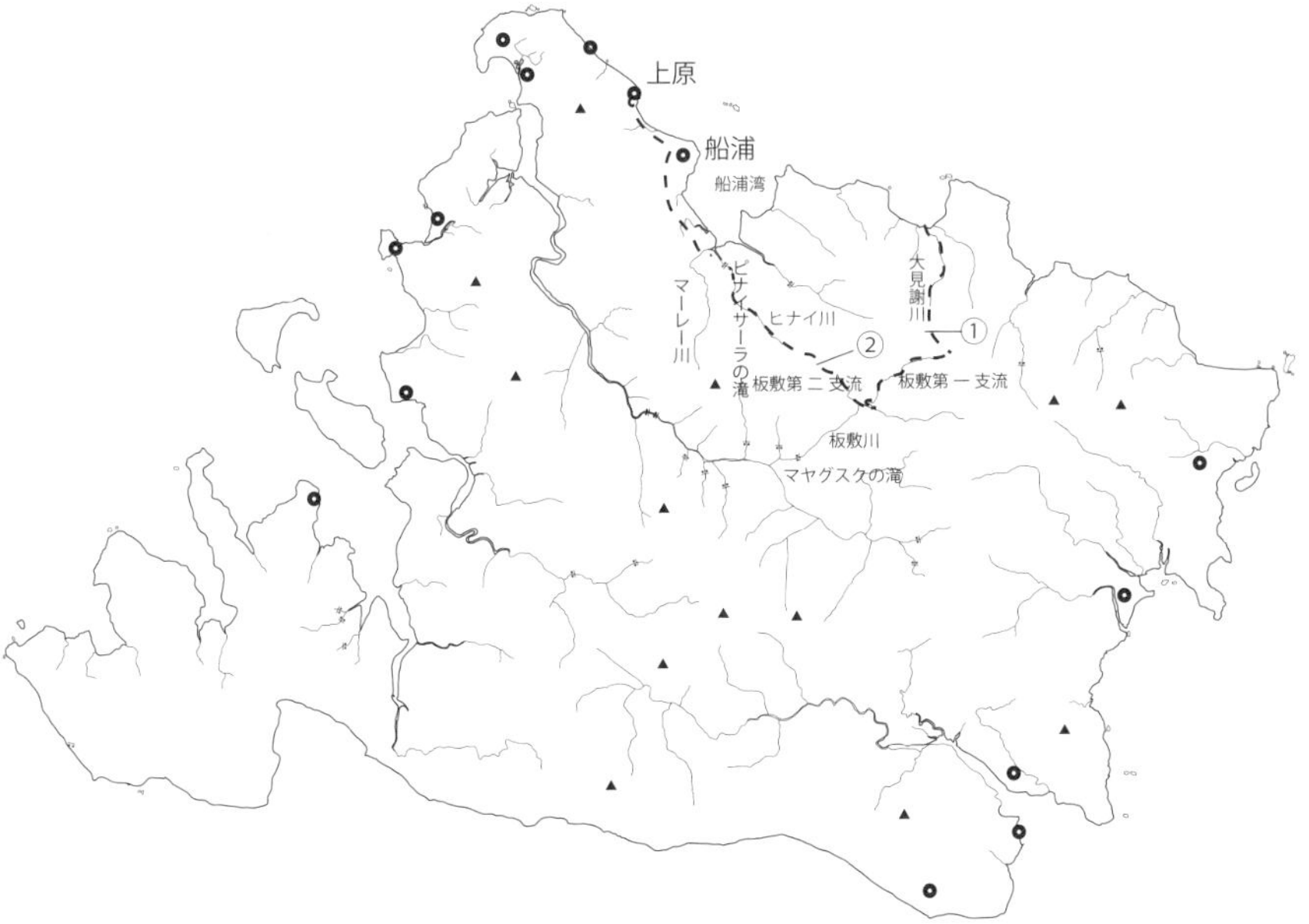

2013/06/21～06/23
大見謝川～板敷第一支流～板敷第二支流～ヒナイ川 (2泊3日)

06/21(くもり,時々晴れ　朝と夜半にスコール)
上原～(バス)～大見謝橋(8:35),遊歩道・渡渉地点(11:25),滝F05(12:18),滝F04(13:30),滝F03(13:50),大見謝分岐01(14:30),キャンプ地(16:00),キャンプ①日目.

06/22(晴れ)
出発(6:50),滝F02(7:15),滝F01(7:30),分水嶺(9:05),板敷第一支流を下る･初めて水が見えた(9:35),滝F01(9:45),約100mの長さのナメ床(11:30),すぐ下流に滝F02,滝F03.滝F04(11:45), 板敷川との出合(13:20)～板敷川本流～板敷第二支流遡上～滝F01(14:30),キャンプ地(14:45),キャンプ②日目.

6/23(晴れ)
出発(7:10)～ 板敷第二支流を遡上～岩石帯01(7:19),分水嶺(9:00)～ヒナイ川下降開始～滝F01(9:25),滝F02(11:05),ナメ床01(10:40) ゴルジュ01(11:05) 滝F03(12:10)淵01(12:59)ピナイサーラの滝F04上(13:10) 大休止の後,山道を経て, 船浦農道, 自動車道を歩き, 上原(16:00頃).

マーレー川遡上→前原川遡上

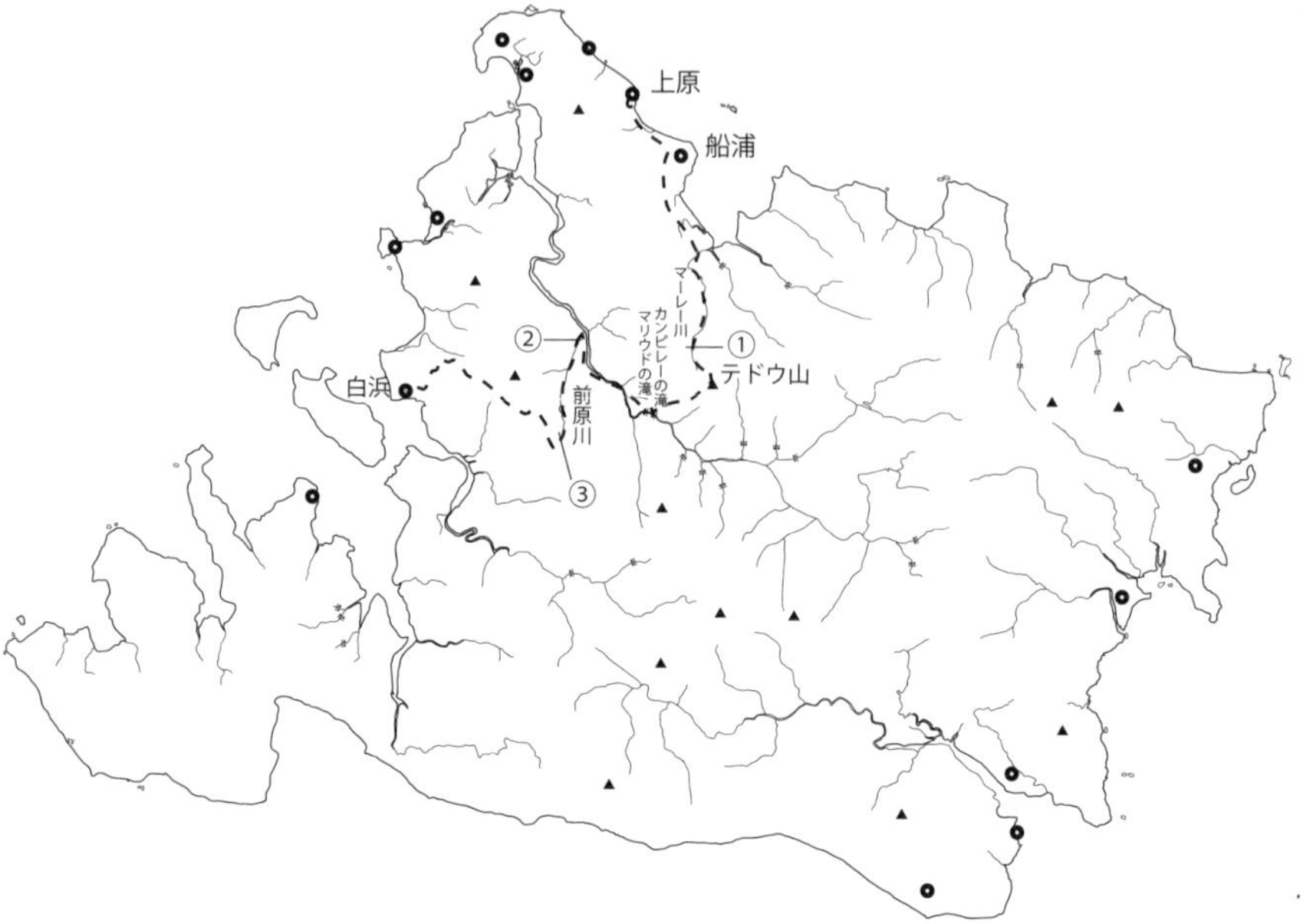

2014/06/12〜06/15
マーレー川〜テドウ山〜浦内川〜前原川〜白浜(3泊4日)

06/12(くもり)
上原〜(車)〜船浦農道終点〜マーレー川遡上開始(8:30),取水ダム(8:50),最初の滝F11(10:09),滝F10(10:14),小ゴルジュ・滝F09(10:48),滝F08(11:00),小さな滝F07(11:14),階段状の滝F06(11:28),滝F05(11:46)階段状の滝F04(12:41),滝F03(13:20),滝F02(13:34),滝F01,2本並ぶ(15:20),キャンプ①日目.

06/13(くもり,夜にわか雨)
キャンプ地(7:00),尾根に出る(7:45)〜テドウ山〜軍艦石〜稲葉村跡(13:55)〜前原川遡上.〜前原川感潮域上流部(14:45),キャンプ②日目.

06/14(くもり,夜にわか雨)
出発(7:15)〜キャンプ地から100m・渓流に入る(7:47)〜滝F13(7:48)〜大岩石帯(8:10)〜ゴルジュ(8:34)〜滝F12(8:45)〜滝F11(8:55)〜滝F09,滝F08(9:50)〜滝F07(9:58)〜滝F06(10:30-10:44)〜滝F05(11:08)〜滝F04(11:28)〜滝F03(11:35)〜滝F02(12:42)〜滝F01通過困難,約2時間脱出を試みるも諦めてキャンプ地決定(14:30),キャンプ③日目.

06/15(小雨,夜は雨)
出発(7:13)〜小尾根〜岩倉沢〜岩倉沢水場・旧安藤道(9:00)〜東島峠〜白浜林道起点〜白浜(11:30).

ゲーダ川遡上→西田川下降

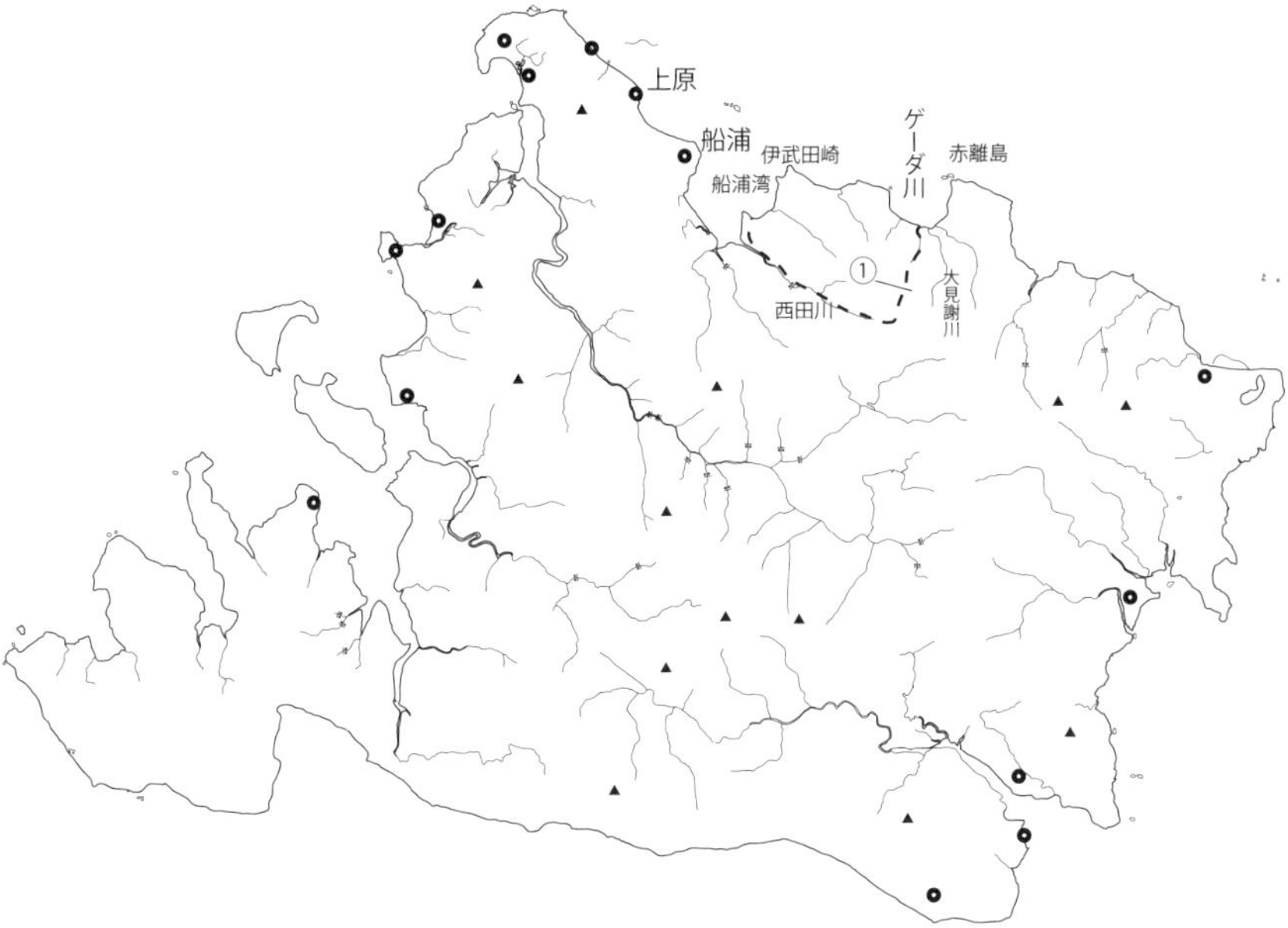

2016/06/16～06/17
ゲーダ川～西田川(1泊2日)

06/16(晴れ)
上原～(バス)～ゲーダ橋(8:30),最初の渡渉地点(8:55),滝F07(10:20),滝F03(12:00),滝F02(12:45),滝F01(13:40),キャンプサイト(15:30),キャンプ①日目.

06/17)晴れ)
出発)6:50),分水嶺(8:00),滝F01(8:50),滝F02(9:12),滝F03(9:30),休憩・昼食(11:45),サンガラの滝(14:10)(15:10)～北岸道路(16:10).

由珍川東本流遡上→由珍川西本流下降

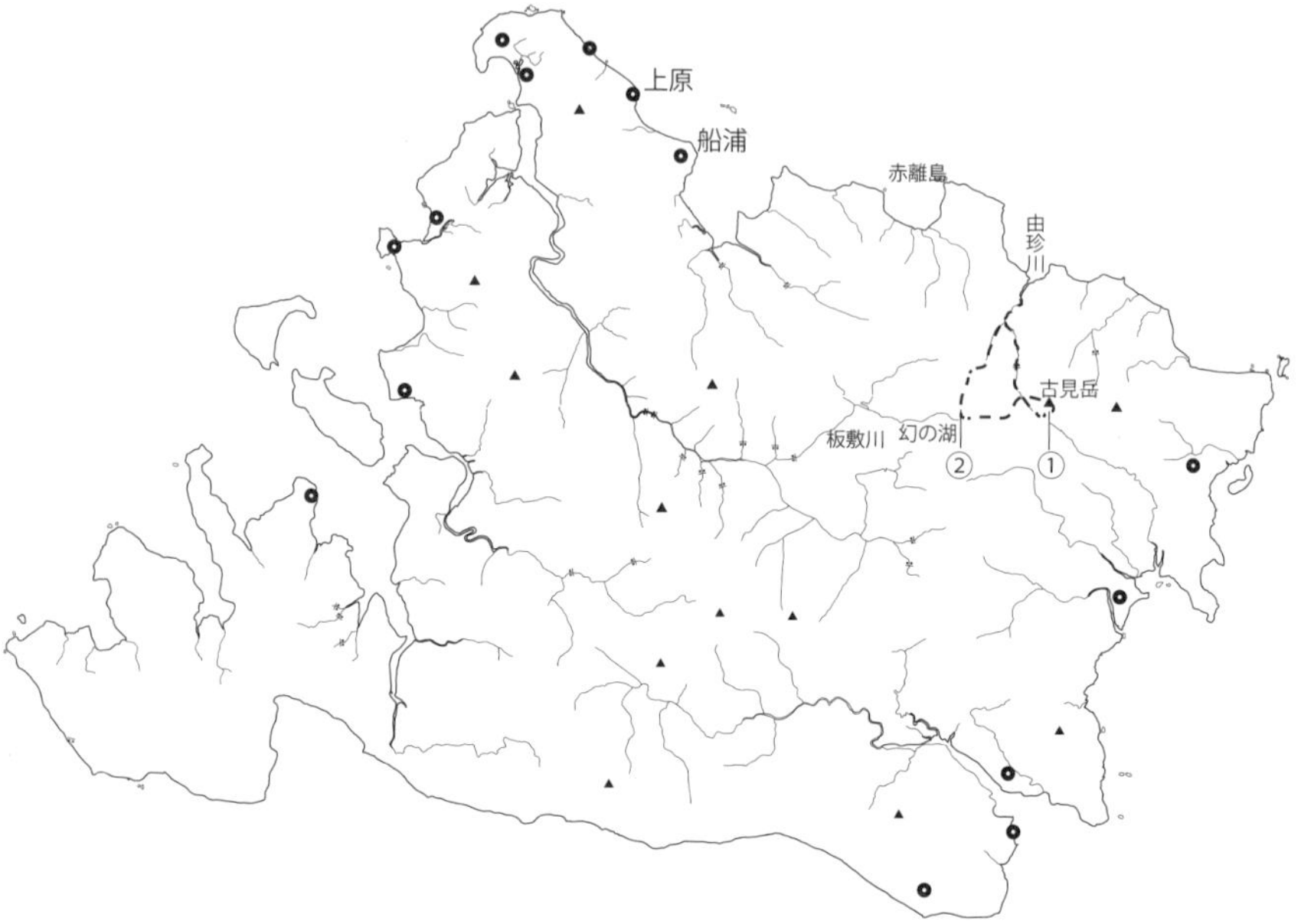

2017/03/13～03/15
由珍川東本流～古見岳～幻の湖～由珍川西本流(2泊3日)

03/13(くもり,夜雨)
上原～(バス)～ユチン橋(8:50),由珍川二俣(9:30)～東本流遡上～中洲状の地から右岸赤土の斜面・ロープあり(9:55),ナメ床(10:10),約80m後、右岸の森林に入る.再びナメ床((10:30)由珍三段の滝・連爆帯の真ん中の滝下部(11:00),最上部の滝・F06の滝口(11:30),板敷川方面への分岐(12:30),古見岳登山道分岐(12:50),分水嶺(13:55)～古見岳登山道・最後の水場近く(15:10),キャンプ①日目.

03/14(くもり,時々雨)
出発(9:55),古見岳～分岐より山越えして板敷川～幻の湖(16:20),キャンプ②日目.

03/15(晴れ)
出発(8:15),分水嶺(10:30)～西本流下降～1mの落水(11:40),大きな滝F01の上(11:45),滝を迂回して川床に降りる(12:45),滝F02(12:50),滝F03(13:00),滝F04(13:25),滝F05(14:20),由珍川二俣(14:40),ユチン橋(15:20)～(バス)上原.

ナダラ川遡上→クーラ川下降

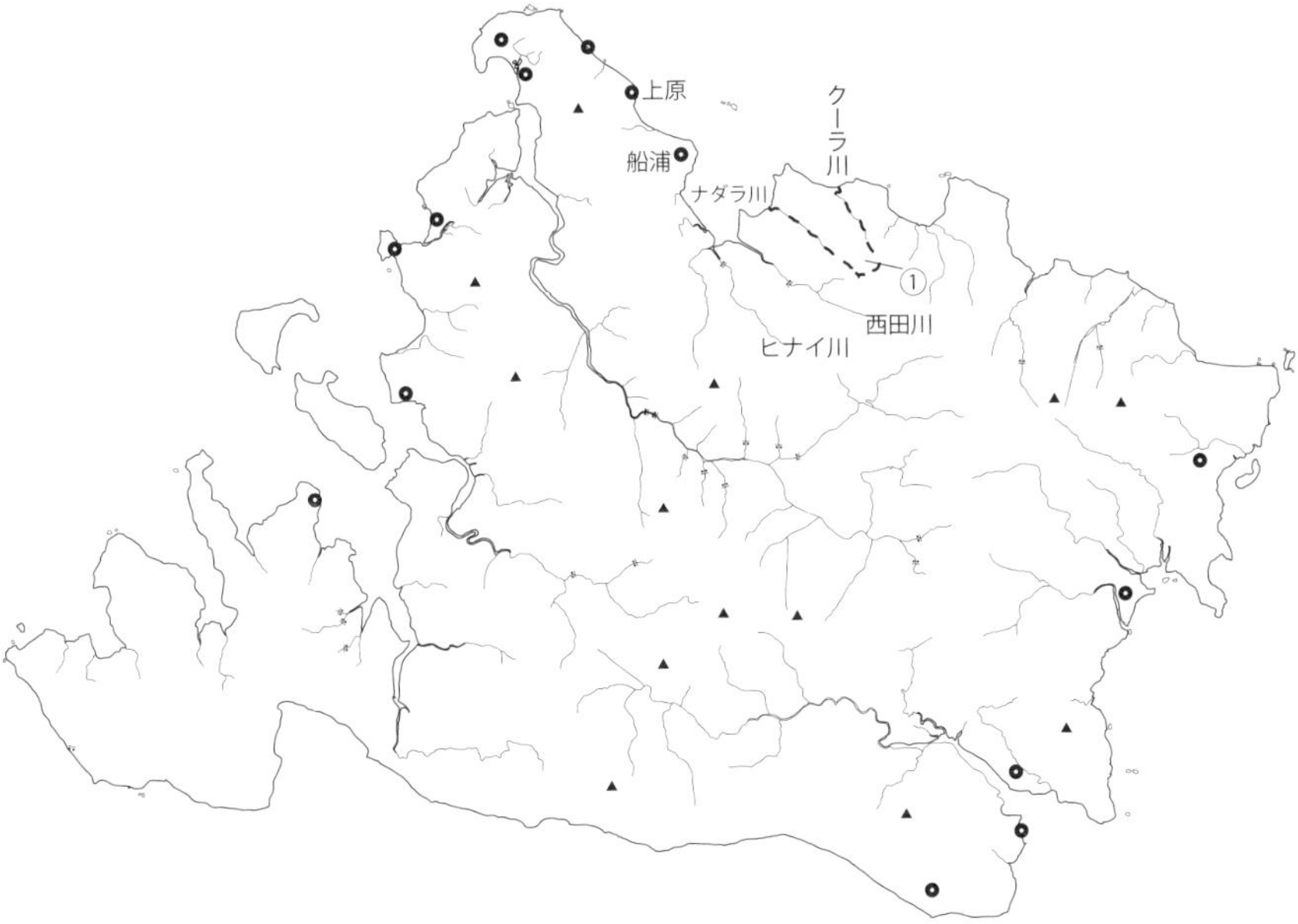

2019/10/10〜10/11
ナダラ川〜クーラ川 (1泊2日)

10/10(木)晴れ
上原(8:08)〜バス〜船浦バス停(8:45)〜徒歩〜ナダラ橋(9:00)ナダラ川遡上開始(9:15)汽水域・淡水域境界(9:50),左岸に小沢・小滝(10:29),滝F03下(10:32),滝F03上(10:45),岩屋(11:50),滝F02上・ゴルジュ下流(11:03)(12:03),滝F01(12:34),分水嶺(13:50)〜西田川支流遡上〜分水嶺・クーラ川下降(14:55),初めての水場・キャンプ①日目(15:25).

10/11(金)晴れ
出発(7:30),滝F01(7:45),滝F02下(8:40),樋状の岩(8:58),岩石帯(9:12),垂直に重なる岩(9:17),ナメ床(10:05),岩の段差(10:35),滝F03下(10:53),淡水域・汽水域境界(11:04),クーラ橋(11:30)〜徒歩〜上原(13:30).

アダナテ川下降

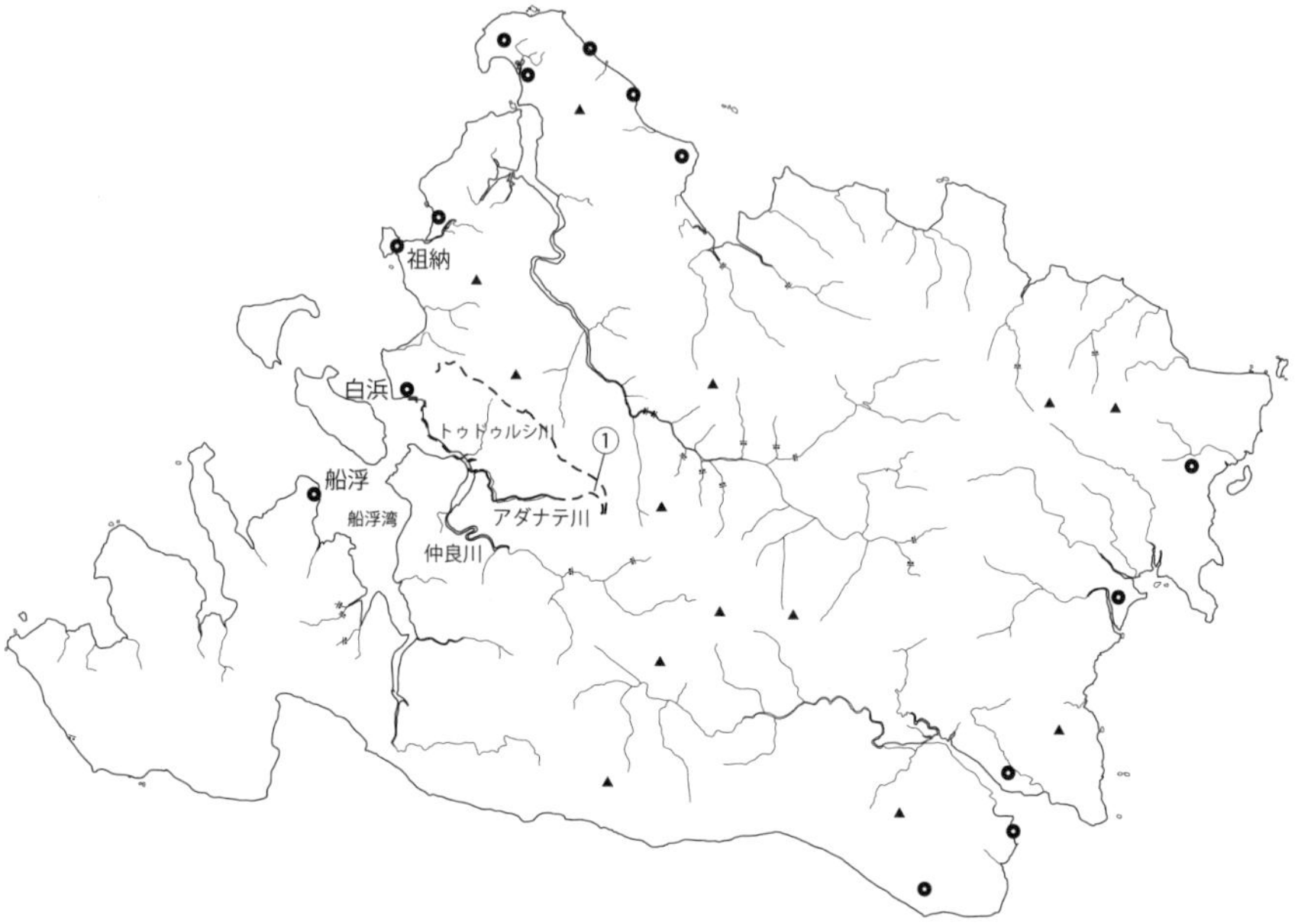

2016/06/21〜06/22
美田良〜白浜林道〜アダナテ川〜白浜(1泊2日)

06/21(晴れ)
上原〜(バス)〜旧道入口(10:25),白浜林道入口(10:50),林道終点(12:10),東島峠(13:35),岩倉沢(14:35),白井峠(15:50),キャンプ地・標高300m水場(17:00),キャンプ①日目.

06/22(晴れ)
出発(6:50),アダナテ川源流・安藤道ヒューム管(7:10)(7:30)),滝F01(7:45),滝F03(8:10),滝F04(8:50),滝F05(9:08),滝F06(9:30),滝F07(9:40),滝F08(11:15),滝F09(11:40)(12:30),20mの淵(12:51),感潮域(12:55),トゥドゥルシ川渡渉〜仲良川最下流マングローブ渡河〜最後の水場から白浜集落はずれ(16:10).

ウタラ川遡上

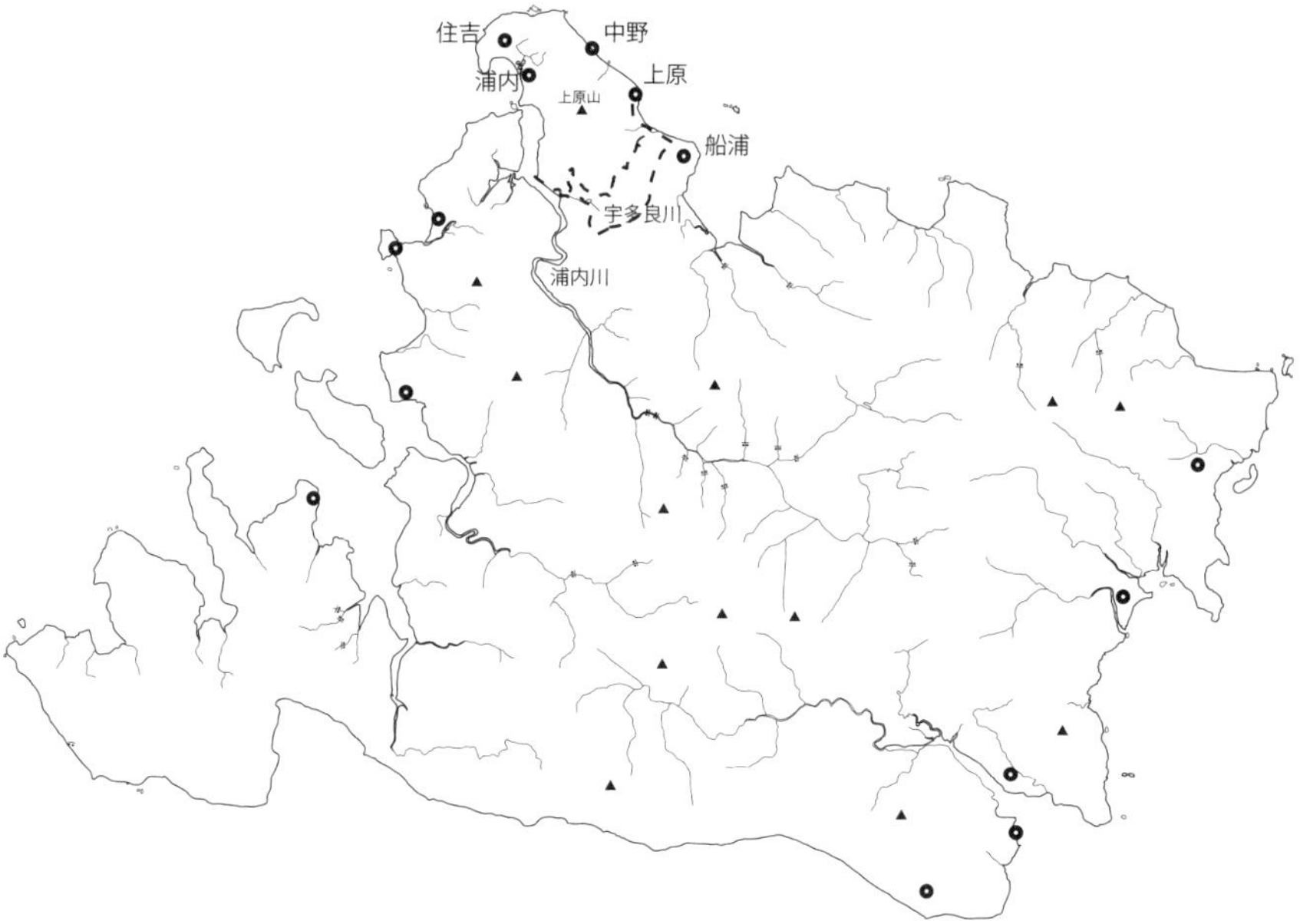

ルートを変え,2度とも日帰り

2017/03/12(晴れ)
浦内川観光ボート発着所(13:05),ウタラ橋を渡り,左岸を遡上,船浦農道の終点(14:40),船浦を経由して上原(16:00).

2017/06/26(晴れ)
上原(8:25)～自動車道路～浦内橋(9:50),ウタラ炭鉱跡(10:25)(11:10)～ウタラ川右岸の山道を辿る～上原耕作地～上原カンピラ荘(13:35).

トゥドゥルシ川遡上→アラバラ川下降

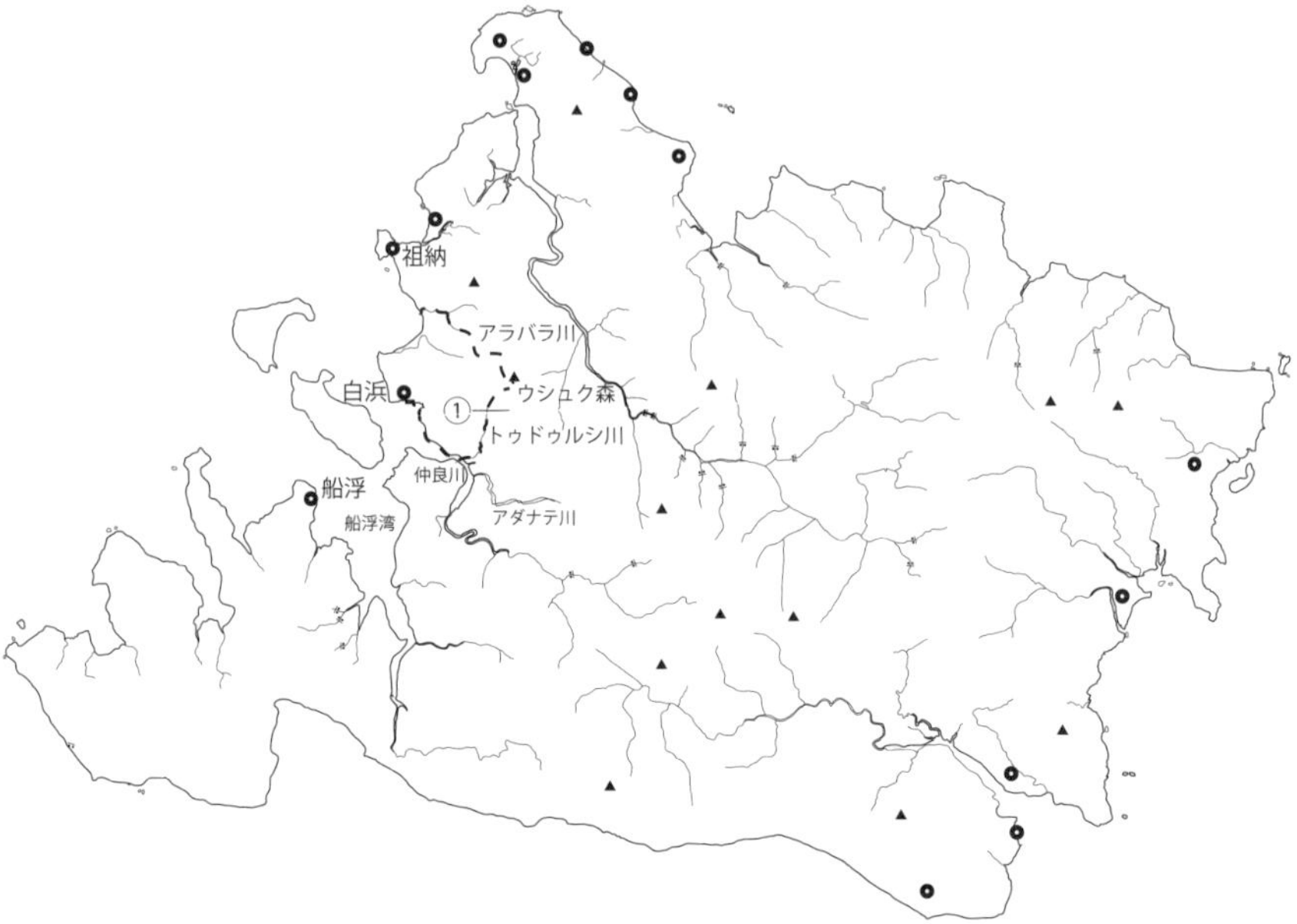

2019/10/13～10/14
白浜～仲良川～トゥドゥルシ川～ウシュク森～アラバラ川～祖納(1泊2日)

10/13(日)晴れ
上原(9:56)～バス～白浜(10:30)(10:58)～徒歩～トゥドゥルシ川河口・遡上開始(11:40),汽水域・淡水域境界(12:56),右岸支流の滝(13:43),滝F06(13:56),滝F05(14:16),滝F04(14:30),滝F03(14:35),滝F02(14:55),白浜林道(15:12),白浜林道・キャンプ①日目(15:19).

10/14(月)晴れ
出発(7:35),大量のワイヤー(7:48),滝F01(7:453)分水嶺(9:01)ウシュク森・山頂(9:25)アラバラ川源流域・涸れ沢(9:54),滝F01(10:15),岩の段差(10:29),ナメ床(10:36),
滝F02(11:00),滝F03(11:10),ゴルジュ上部(11:15),円い淵(12:24),滝F04(12:40),
滝F05(12:45),取水ダム(13:12),滝F06(13:26)～少し引き返して山中を迂回～ホウライチク林(15:00),アラバラ橋(15:15)～祖納バス停(15:45).

ナータ道(船浮〜ウダラ浜)

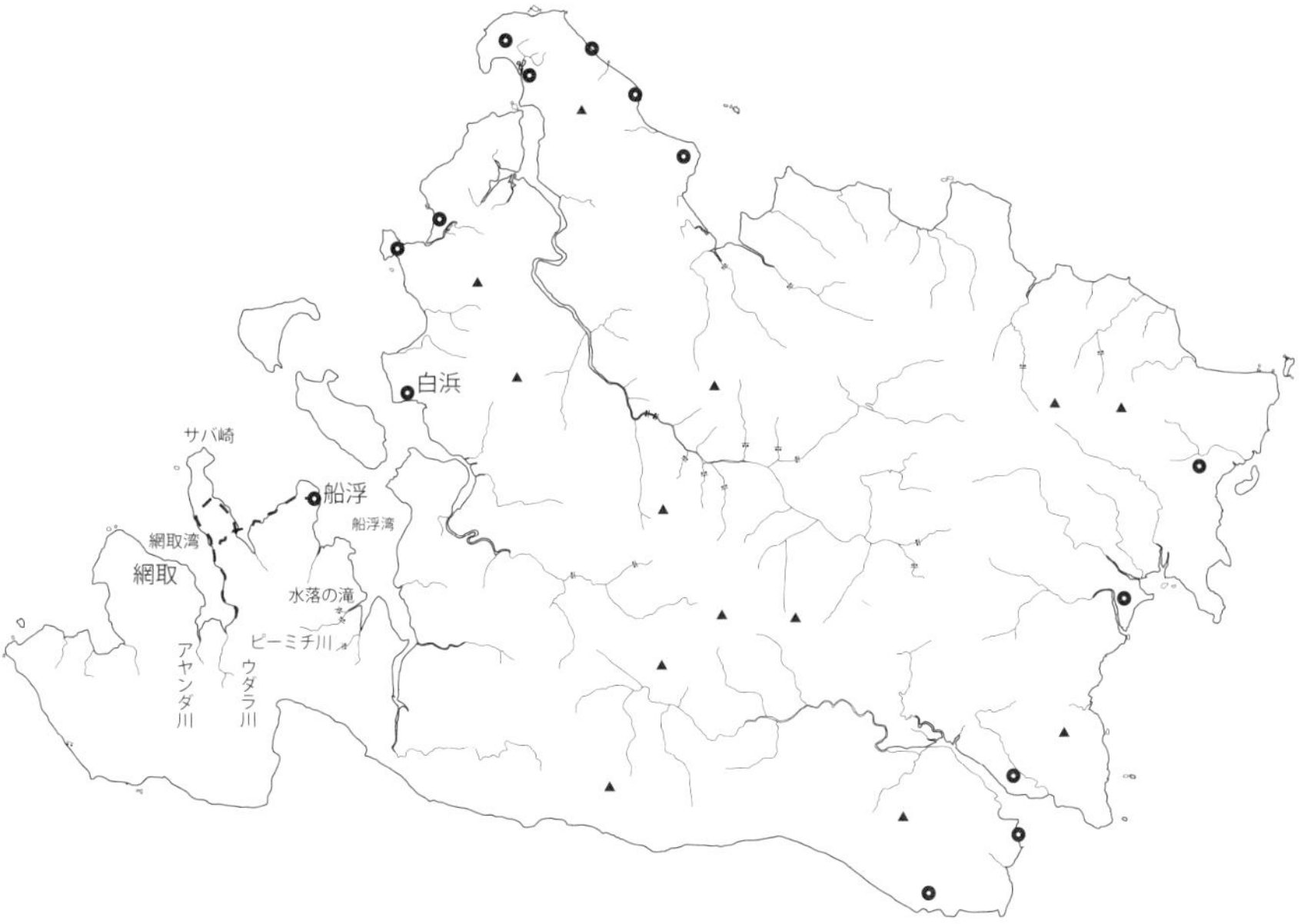

(ピーミチ川･アミータ川およびウハラシュク川･ウボ川･ウサラ道行動記録と一部重複)

2017/06/14〜06/18　ピーミチ川〜アミータ川〜宇田良浜〜鹿川〜宇田良浜〜船浮(4泊5日)

06/14(朝くもり,日中時折激しい雨),上原〜(バス)〜白浜〜(船)〜船浮〜水落の滝上･キャンプ①日目.
06/15(雨、降ったり止んだり),ピーミチ川遡上〜アミータ川下降.宇田良浜･キャンプ②日目.
06/16(日中雨なし.夜,にわか雨),宇田良浜〜鹿川.キャンプ③日目.
06/17(雨、時々止む),鹿川〜宇田良浜.キャンプ④日目.
06/18(くもり,頻繁に雨)
宇田良浜(6:50)〜網取湾側より入山(8:08)〜ユナラ湾・ウセーキ(9:30)〜ナータ道・ユナラ湾口(10:06)〜ユナラ湾横断〜ユナラ湾東岸(10:20)〜井田の浜(11:20)〜船浮(11:40)ふなうき荘泊.

2018/06/16〜06/21　船浮〜宇田良浜〜ウハラシュク川〜ウボ川〜宇田良浜〜船浮(5泊6日)

06/16(晴れ),上原〜(バス)〜白浜〜(船)〜船浮(11:10)〜井田の浜(11:30)〜ユナラ湾渡渉起点(12:59)〜ナータ道・ユナラ湾口(13:05)〜ナータ道・網取湾口(15:20)〜宇田良浜(16:10),キャンプ①日目.
06/17(晴れ),宇田良浜〜ウハラシュク川〜ウビラ川支流･ウボ川へ向かうためのルート(14:10),キャンプ②日目.
06/18(前夜から未明まで雨.途中大雨,のち晴れ)ウボ川〜崎山湾〜ウサラ道・崎山起点(15:00),キャンプ③日目.
06/19(晴れ),キャンプ地(7:31)〜ウサラ道〜宇田良浜(14:00),キャンプ④日目.
06/20(晴れ),宇田良浜に滞在.休息日.キャンプ⑤日目.
06/21(晴れ),出発(6:15)ナータ道・網取湾口(7:15)〜ナータ道・ユナラ湾口(8:15)〜ユナラ湾横断〜ユナラ湾・船浮側岸(8:38)船浮(9:30).ふなうき荘泊.

ピーミチ川遡上→アミータ川下降

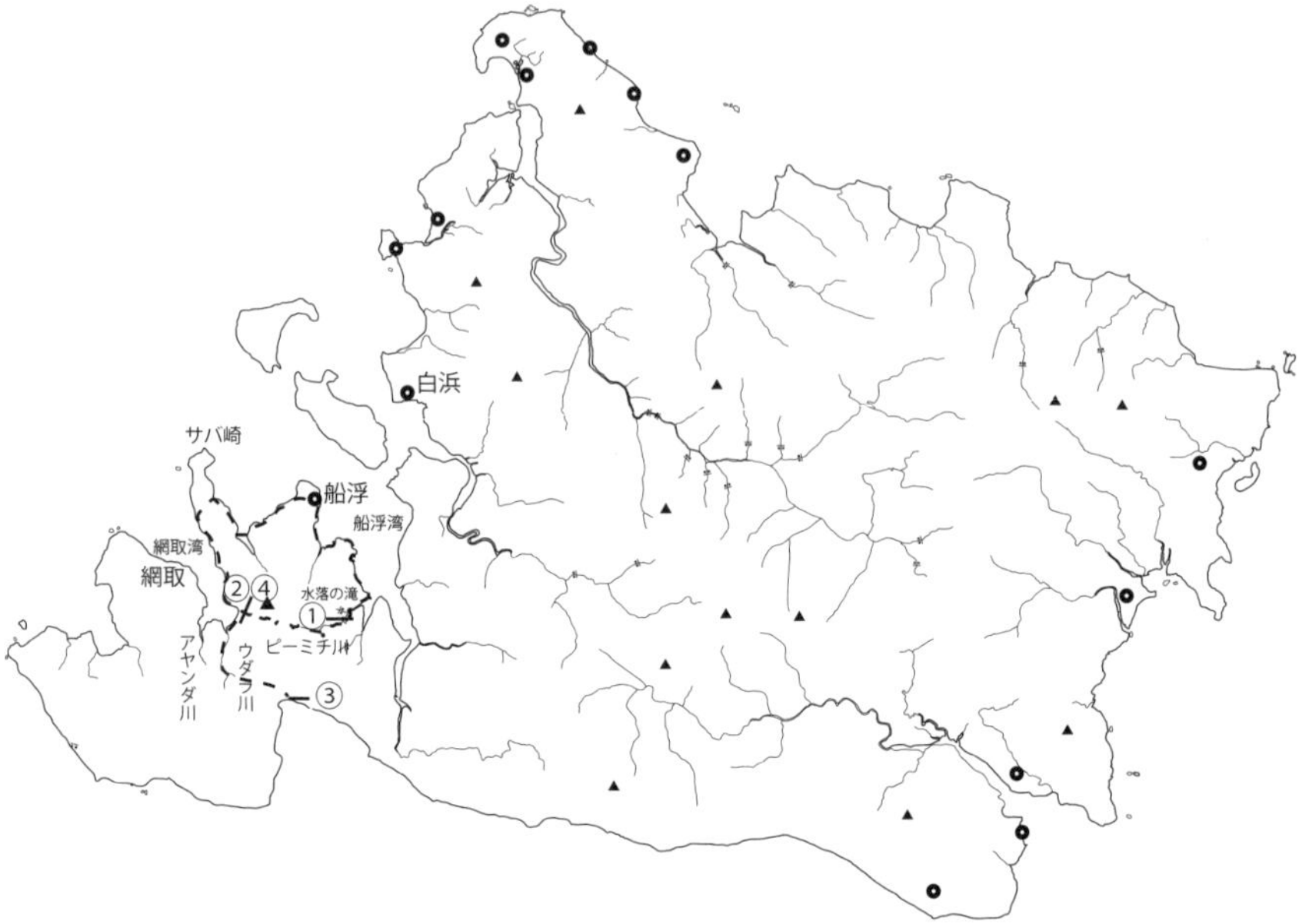

2017/06/14〜06/18
ピーミチ川〜アミータ川〜ウダラ浜〜鹿川〜ウダラ浜〜船浮(4泊5日)

06/14(朝くもり,日中時折激しい雨)
上原〜(バス)〜白浜〜(船)〜船浮(11:20)〜船浮湾海岸線を歩く〜 タク崎(13:25)ピーミチ崎(14:30)水落の滝F08下(15:20) 滝口の上流40m・キャンプ①日目(16:00).

06/15(雨,降ったり止んだり)
出発(7:22)〜滝F07下(7:25)〜 F07滝上(7:52)〜滝F05下(8:15)〜 F05滝上F05(9:12)〜滝F04下(9:37)〜滝F04上(9:53)〜滝F03(10:32)〜滝F02(11:22)〜滝F01・ルート上ではない(11:37)〜礫の川原(12:17)〜分水嶺(12:47)〜アミータ川を下る・滝F01(14:06)〜滝F03(14:38)〜滝F04(14:48)〜ウダラ浜(15:07),キャンプ②日目.

6/16(日中雨なし.夜にわか雨)
ウダラ浜(7:45)〜鹿川(12:00),キャンプ③日目.

06/17(雨,時々止む)
鹿川(7:30)〜ウダラ浜(11:30), キャンプ④日目.

06/18(くもり,頻繁に雨)
出発(6:50)〜網取湾側より入山〜ユナラ湾・ウセーキ(9:30)〜 ユナラ湾横断〜井田の浜〜船浮(11:40).

クイチ道(ウダラ浜～鹿川)

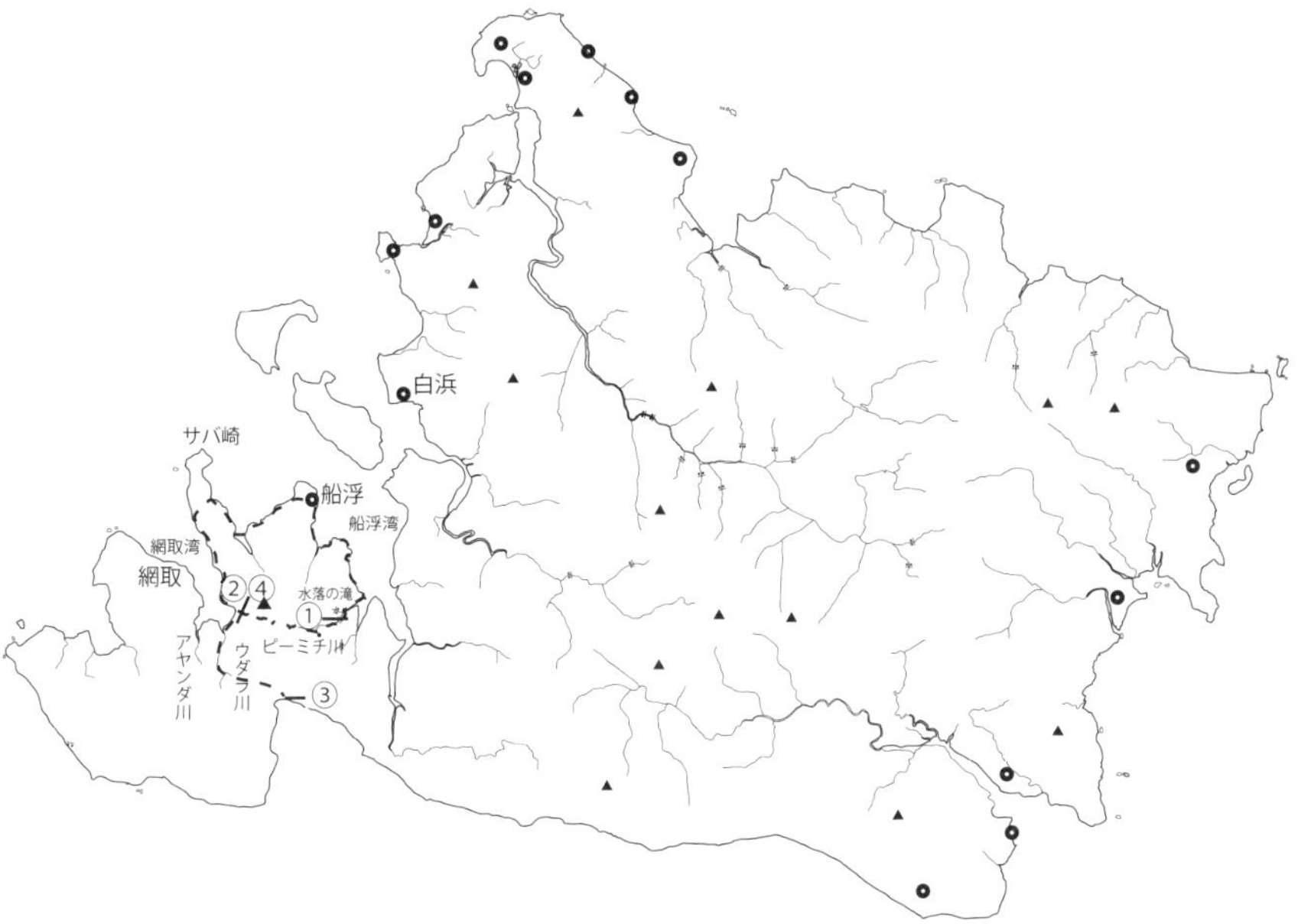

(ピーミチ川・アミータ川行動記録と一部重複)

2017/06/14～06/18
ピーミチ川～アミータ川～宇田良浜～(クイチ道)～鹿川～宇田良浜～船浮(4泊5日)

06/14(朝くもり,日中時折激しい雨)
上原～(バス)～白浜～(船)～船浮(11:20)～船浮湾海岸線を歩く～ピーミチ崎～水落ちの滝～滝口の上流40m・キャンプ①日目(16:00).

06/15(雨,降ったり止んだり)
出発(7:22)～ピーミチ川遡上～分水嶺～アミータ川を下る～宇田良浜(15:07),キャンプ②日目.

06/16(日中雨なし.夜にわか雨)
出発(7:45),宇田良川河口(8:00),ウハラシュク川出合(9:42),分水嶺(10:35),鹿川・浦浜(12:00),キャンプ③日目.

06/17(雨,時々止む)
鹿川・浦浜(7:30),分水嶺(8:50),ウハラシュク川出合(9:20),宇田良川河口(11:04),宇田良浜(11:30),キャンプ④日目.

06/18(くもり,頻繁に雨)
出発(6:50)～網取湾側より入山～ユナラ湾・ウセーキ(9:30)～ユナラ湾横断～井田の浜～船浮(11:40).

ウハラシュク川遡上→ウボ川下降→ウサラ道(ウダラ川〜崎山湾)

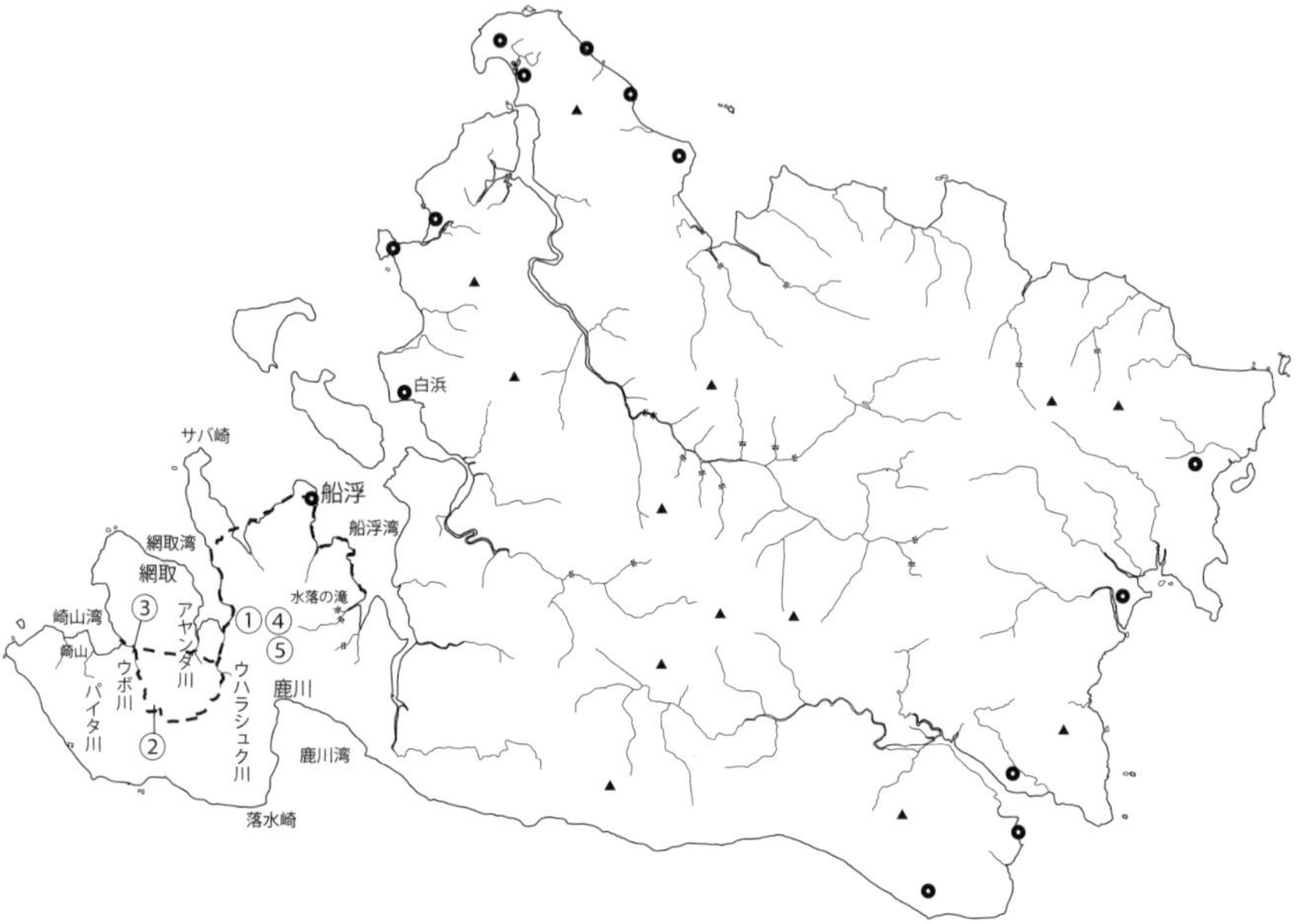

2018/06/16〜06/21
船浮〜ウダラ浜〜ウハラシュク川〜ウボ川〜ウダラ浜〜船浮(5泊6日)

06/16(晴れ)
上原〜(バス)〜白浜〜(船)〜船浮〜ウダラ浜(16:10),キャンプ①日目.

06/17(晴れ)
ウダラ浜(7:00)ウハラシュク出合(8:55)〜(ウハラシュク川遡上)〜分水嶺(12:45)〜ウビラ川からウボ川へ向かうためのルート着(14:10),キャンプ②日目.

06/18(前夜から未明まで雨.途中大雨,のち晴れ)
出発(7:05)ウビラ川別支流へ下る〜ウボ川への分水嶺(8:40)〜滝F01(9:03)〜大湿地帯中央あたり(10:15)〜長い淀みの最下流(11:10)〜滝F02上(11:35))〜滝F03(12:22)〜滝F04(13:25)〜マングローブ上限(13:40)〜崎山湾(14:00)〜戻る.ウサラ道・崎山起点(15:00, キャンプ③日目.

06/19(晴れ)
出発(7:31)ウサラ道を登る.分水嶺(8:33)アヤンダ第一支流を下る.アザンザ・ウサラ田跡(9:45)滝F01(10:10) 滝F02, 滝F03と続く.アヤンダ川二俣(10:45)アヤンダ川とウダラ川の分水嶺(12:05)〜ウダラ川を下る〜ウダラ浜(14:00),キャンプ④日目.

06/20(晴れ)
ウダラ浜滞在.キャンプ⑤日目.

06/21(晴れ)
ウダラ浜(16:15)〜船浮(9:30).ふなうき荘泊.

西表島の沢一覧

東海岸	与那良川			3
	相良川源流			**2**
	相良川～古見岳			1
	深里川			**2**
	後良川本流			1
	前良川			**2**
	ウブラ川			3
	アカイダ川			3
	仲間川本流			1
	仲間川水系	仲間西源流		3
		仲間北西源流		3
		仲間第一支流		3
		仲間山東沢		3
		ナームレー沢		**2**
		セイゾウガーラ		**2**
		桑木沢		1
		ナハーブ沢		3
		西船着川		**2**
		モンバナレ川		3
		後湊川		3
	大原川			3
西海岸	浦内川本流（源流の白水川）			3
	浦内川水系	浦内源流東沢		3
		浦内源流北沢		1
		桑木山北沢		1
		御座岳北東沢		1
		板敷川本流		1
		板敷川水系	**板敷第一支流**	**2**
			板敷第二支流	**2**
			板敷第三支流	3
		カンナバラ沢		3
		御座岳北沢		**2**
		波照間森東沢		1
		ギンゴガーラ		1
		カーシク川		**2**
		前原川		**2**
		シンマタ川		3
		宇多良川		**2**
	与那田川			3
	アラバラ川			**2**
	ミダラ川			3
	仲良川本流			1
	仲良川水系	波照間森南沢		3
		タカミチ川		3
		トイミャーバラ川		3
		ナーミチ川		3
		フカナザ川		3
		アダナテ川		**2**
		トゥドゥルシ川		**2**

	ヒドリ川	3
	越良川本流	1
北海岸	ヤシミナト川	3
	マーレー川	**2**
	ヒナイ川	**2**
	西田川	**2**
	ナダラ川	**2**
	クーラ川	**2**
	西ゲーダ川	3
	ゲーダ川	**2**
	大見謝川	**2**
	ヨシケラ川	3
	由珍川	**2**
	高那川	3
	ホーラ川	**2**
	平川（ヘラ川）	3
	西船良川	3
	船良川	3
崎山半島	ウジェラ川	3
	ピーミチ川	**2**
	フカイ川	3
	ナータ道（船浮～宇田良浜）	**2**
	ユナラ川	3
	アミータ川	**2**
	クイチ道（宇田良浜～鹿川）	**2**
	ウハラシュク川	**2**
	アヤンダ川	3
	ウサラ道（宇田良川～崎山湾）	**2**
	ウボ川	**2**
	パイタ川	3
	イドゥマリ川	3
	ウビラ川	3
	落水川	3
南海岸	大浜沢	3
	ボーラ沢	3
	スタダレー沢	**2**
海岸線	東海岸線	3
	北海岸線	3
	西海岸線	3
	崎山半島海岸線	1
	南海岸海線	1
	南東海岸線	3
	内離島	3
	外離島	3

1：『西表島探検』（既刊）に収録

2：本書に収録

3：踏査していない、歩いているが資料不足の沢。後に収録予定（未刊）

参考文献

河村只雄、一九七三。『南方文化の探究』沖縄文教出版社。
喜舎場永珣、一九七七『八重山民族誌』（上下）沖縄タイムス社。
笹森儀助、一九七三。『南島探験』国書刊行会。
高良倉吉編、二〇〇二。『沖縄県の地名 日本歴史地名大系四八』平凡社。
竹富町誌編集委員会、一九七四。『竹富町誌』竹富町役場。
竹富町史編集委員会、一九九六。『竹富町史 第十二巻 戦争体験記録』竹富町役場。
竹富町制施行五〇周年記念誌編集委員会、一九九八。『ぱいぬしまじま五〇』竹富町。
西大桝高壱、二〇〇三。『南の島の物語』大里印刷。
牧野清、一九七二。『新八重山歴史』牧野清。
松村正治編、二〇〇〇。『記録されなかったムラの記憶』浦内川観光。
三木健、一九八三。『西表炭坑概史』ひるぎ社。
水田耕平、二〇〇九。『西表のターザン』南山舎。
安間繁樹、二〇一一。『ネイチャーツアー西表島』東海大学出版会。
安間繁樹、二〇一六。『イリオモテヤマネコ 狩りの行動学』あっぷる出版社。
安間繁樹、二〇一七。『西表島探検』あっぷる出版社。

著者プロフィール

安間繁樹（やすま しげき）

1944年　中国内蒙古に生まれる。
1963年　清水東高等学校（静岡県）卒業。
1967年　早稲田大学法学部卒業。法学士。
1970年　早稲田大学教育学部理学科（生物専修）卒業。理学士。
1979年　東京大学大学院農学系研究科博士課程修了。農学博士。哺乳動物生態学専攻。世界自然保護連合種保存委員会（IUCN・SSC）ネコ専門家グループ委員。熱帯野鼠対策委員会常任委員。公益法人平岡環境科学研究所監事。日本山岳会会員。
市川市民文化ユネスコ賞受賞（2004年）。秩父宮記念山岳賞受賞（2019年）。
初めての西表島は1965年7月、20歳のとき。島の自然に魅せられ、琉球列島の生物研究に没頭、特にイリオモテヤマネコの生態研究を最初に手がけ、成果をあげる。その後、おもに国際協力機構（JICA）の海外派遣専門家として、カリマンタン、ブルネイ、サバに足掛け25年、正味16年間居住。ボルネオ島の動物調査および若手研究者の育成に携わる。
現在も西表島とボルネオ島へ通い続け、両島の自然と人々の営みを、着せず飾らず、あるがままに記録し続けることをライフワークとしている。

主な著書　琉球列島関係

『西表島探検』、『イリオモテヤマネコ狩りの行動学』（あっぷる出版社）。『ネイチャーツアー西表島』、『琉球列島――生物の多様性と列島のおいたち』（東海大学出版会）。『西表島自然誌』、『石垣島自然誌』（晶文社）。『動物がすき イリオモテヤマネコをとおしてみえたこと』（福音館書店）。『マヤランド西表島』（新星図書）。『野生のイリオモテヤマネコ』（汐文社）。『やまねこカナの冒険』、『闇の王者イリオモテヤマネコ』（ポプラ社）。

ボルネオ島関係

『キナバル山』（東海大学出版会）。『ボルネオ島アニマル・ウォッチングガイド』（文一総合出版）。『ボルネオ島最奥地をゆく』（晶文社）。『カリマンタンの動物たち』（日経サイエンス社）。『熱帯雨林の動物たち』（築地書館）。『失われゆく民俗の記録』（自由ヶ丘学園出版部）。

その他

『ヤスマくん、立ってなさい』（講談社）。『アニマル・ウォッチング』（晶文社）。
「熱帯の自然誌」。2016年より連載。（『文化連情報』日本文化厚生農業協同組合連合会）
「熱帯雨林のどうぶつたち」。2010年より96回にわたり、ネットマガジン『どうぶつのくに.net』に連載。

南島探検　西表島の沢を歩きつくす

2020年11月15日　初版第1刷発行

著　者　安間繁樹

発行者　渡辺弘一郎

発行所　株式会社あっぷる出版社
〒101−0064 東京都千代田区神田猿楽町2−5−2
TEL 03−3294−3780　FAX 03−3294−3784
http://applepublishing.co.jp/

装　幀　佐々木正男

組　版　Katzen House　西田久美

印　刷　モリモト印刷

定価はカバーに表示されています。落丁本・乱丁本はお取り替えいたします。

好評既刊

西表島探検
亜熱帯の森をゆく

安間繁樹／著

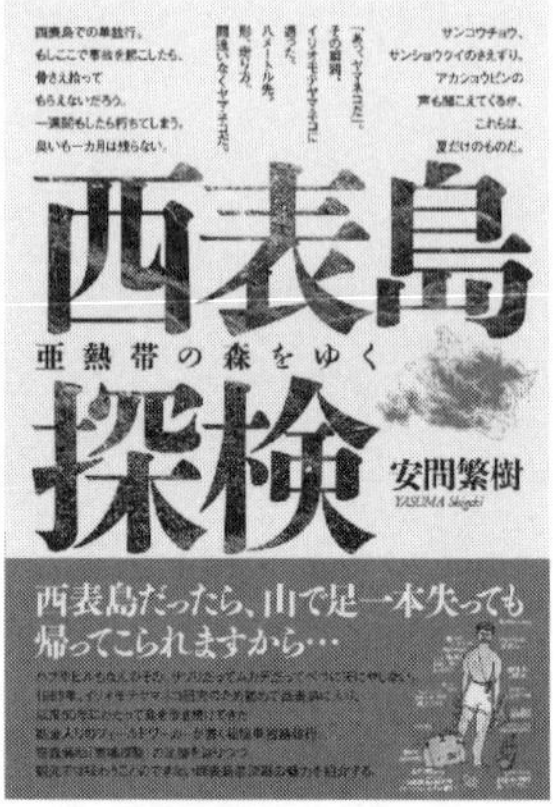

「西表島だったら山で足一本失っても帰ってこられますから……」
50年に渡って島を歩き続けてきた筋金入りのフィールドワーカーによる秘境単独踏破行。観光では味わうことのできない西表島最深部の魅力を紹介。詳細地図、装備等の資料も収録。

A5判並製344頁／巻頭カラー 8頁
定価：本体2400円＋税／ISBN:978-4-87177-342-3

イリオモテヤマネコ
狩りの行動学

安間繁樹／著

フィールドワークの究極型ともいえる「直接観察」の手法で研究を続け、世界で初めての、自然環境におけるイリオモテヤマネコの補食行動の観察記録。
自然科学を目指す若者や研究者、自然観察を趣味とする読者にもおすすめの１冊。

A5判並製240頁／巻頭カラー 8頁
定価：本体2500円＋税／ISBN:978-4-87177-335-5